中国债券市场
2018

李扬　王芳/主编

社会科学文献出版社

目 录

第一篇 背景

第1章 宏观经济形势与展望／003
1.1 2018年中国宏观经济运行态势／004
1.2 2019年经济增长展望／010
1.3 对2019年政策的展望／013

第2章 宏观金融形势／020
2.1 金融运行的宏观经济背景／021
2.2 2018年中国金融运行态势／024
2.3 2018年的货币政策操作／035
2.4 2019年总体趋势及政策建议／038

第3章 国际债券与外汇市场／042
3.1 全球债券市场发展／043
3.2 全球债券收益率／047
3.3 人民币外汇市场／052
3.4 人民币跨境资本流动／061
3.5 国际外汇市场形势：主要货币对／062
3.6 全球场外衍生品市场／069

第 4 章　全球利率环境分析／081

4.1　全球主要国家和地区的官方基准利率／082

4.2　全球金融市场主要利率：在动荡中分化／085

4.3　理论探讨：中央银行是否能影响长期利率？／099

4.4　全球未来利率走势展望／105

第 5 章　全球大宗商品市场／108

5.1　全球大宗商品市场走势分析／109

5.2　大宗商品市场主要影响因素分析／117

5.3　2019 年大宗商品市场走势预判／122

第二篇　市场发展

第 6 章　货币市场运行／129

6.1　货币市场概况／130

6.2　货币市场主要子市场发展动态／135

6.3　货币市场利率走势／146

6.4　货币市场改革持续推进／148

第 7 章　债券一级市场／155

7.1　债券一级市场及结构分布／156

7.2　同业存单／161

7.3　金融债／166

7.4　非金融企业债／174

7.5　附认股权证公司债／188

第 8 章　债券交易及存量特征／196

8.1　债券市场交易总量及结构／197

8.2　债券二级市场走势及其特征／205

8.3　投资者数量分布和持仓结构／213

第 9 章　债券收益率曲线／230

- 9.1　债券市场收益率波动的总特征／231
- 9.2　债券收益率的期限结构和风险溢价／236
- 9.3　金融加强监管对债券收益率的影响／241
- 9.4　信用事件影响趋弱，但重点行业仍备受关注／246
- 9.5　违约债券处置方式对收益率的影响／254

第 10 章　债券衍生品市场／265

- 10.1　利率互换市场／267
- 10.2　国债期货市场／276
- 10.3　其他债券衍生品／286
- 10.4　信用衍生品／287

第 11 章　政府债券市场／292

- 11.1　国债市场／293
- 11.2　地方政府债券市场／296
- 11.3　城投债市场／310

第 12 章　资产支持证券市场／326

- 12.1　资产支持证券市场运行情况／327
- 12.2　监管政策和市场规则发展／333
- 12.3　供应链 ABS 专题／337
- 12.4　资产支持证券违约专题／343

第 13 章　中国债券市场对外开放／350

- 13.1　中国债券市场对外开放新政策／351
- 13.2　2018 年中国债券市场对外开放实践／352
- 13.3　中国债券市场对外开放展望／359

第三篇 专题

第 14 章 从去杠杆到稳杠杆／367

14.1 杠杆率最新进展／368

14.2 债务规模与社会融资规模的关系／384

14.3 高杠杆率之困实为体制之困／386

14.4 从去杠杆到稳杠杆／389

第一篇 | **背景**

第1章 宏观经济形势与展望*

- 2018年经济增长已经出现下行压力，2019年三大攻坚战仍需要深入持续推进，房地产市场处于僵持状态，市场风险仍有待释放；消费需求、投资需求受压制；中美贸易战可能持续恶化，出口对经济增长贡献将下降，经常项目逆差的可能性加大；国内区域经济增长继续分化，广东等沿海大省经济增速放缓，中部地区仍保持较快增长；需要高度关注部分产业链从中国转移至其他国家的可能性，以及由此带来的国内失业问题。美国经济高增长持续性虽然尚存疑问，但发达国家目前的经济发展环境优于新兴市场国家。鉴于这些现实因素，结合未来潜在经济增长率，预计2019年中国GDP增长6.3%左右。

- 2019年国内外经济环境有所恶化，经济走势以稳为主。应紧紧抓住稳增长这个主基调，全面维稳——稳就业、稳金融、稳外贸、稳外资、稳投资、稳民企、稳预期；有针对性地强化对外开放，提高对外开放水平，有效对冲化解中美贸易摩擦的负面冲击；以开放促改革，继续深入推进供给侧结构性改革，显著加大减税降费力度，积极改善营商环境，释放经济活力，提振市场主体的信心；借助"三去"之威调整国有与民营经济结构、调整国民收入分配结构、调整产业结构，提升技术创新能力，培育经济增长新动能；找民生差距、补民生短板，让经济发展成果惠及更多百姓，彰显公平正义；同时辅之以需求侧管理，统筹把握稳增长与去杠杆，防范系统性金融风险。

---

* 本章作者：汪红驹、冯明，均供职于中国社会科学院财经战略研究院。

1.1 2018年中国宏观经济运行态势

1．经济增速继续保持在合理区间，但下行压力持续加大

2018年前3个季度，尽管我国国民经济运行稳中有变，但经济增速整体上继续保持在合理区间，按照可比价格计连续12个季度保持在6.7%~6.9%。第三季度以来，国际经济环境的变化加剧，对国内生产预期的消极影响有所加大，经济下行压力持续加大，部分企业经营困难明显加剧。预计2018年全年经济增长6.6%左右（见图1-1）。

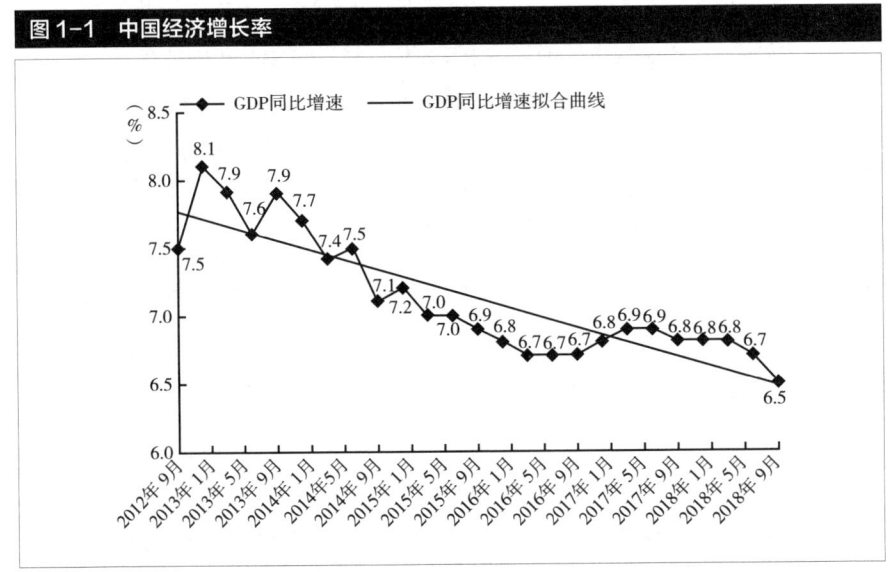

图1-1 中国经济增长率

资料来源：WIND。

2．就业形势总体稳定，需关注贸易摩擦对就业的滞后影响

由于劳动力市场对冲击的反应会滞后于产品市场，当前尚没有明显证据表明贸易战导致了周期性失业。9月全国城镇调查失业率是4.9%，比上月和上年同期都分别下降了0.1个百分点。前3个季度城镇新增就业超过1100万人，提前1个季度完成了全年的目标任务。预计第四季度调查失业率仍然有望远低于年度目标。第四季度及未来一段时期，应当谨防中美贸易摩擦的消极效应向劳动力市场传递。制造业部门出口受限的预期加剧，一方面可能继续削弱新增就业机会，另一方面企业开工不足可能导致现有劳动者工资性收入减少，甚至部分企业可能会裁减一部分劳动力。

3．物价走势基本平稳，供给冲击导致物价略有上升

2018年以来居民消费价格指数（CPI）走势基本平稳，第三季度CPI同比回到"2时代"，主要是受原油价格和食品价格上涨推动（见图1-2）。随着第四季度天气转凉，受禽蛋供给增多、蔬菜生产基地灾情缓解、冬季应季蔬菜大批上市等影响，蔬菜价格预计有所回落。非洲猪瘟疫情尚未完全消除，猪肉价格将继续平稳上涨。医疗、房租等服务商品价格持续走高。10月底以来原油价格有所回落。总体而言，2018年CPI不具备大幅上涨的基础，但推动CPI上涨的供给冲击因素不容忽视，预计2018年全年CPI上涨2.1%左右，PPI上涨3.9%左右。

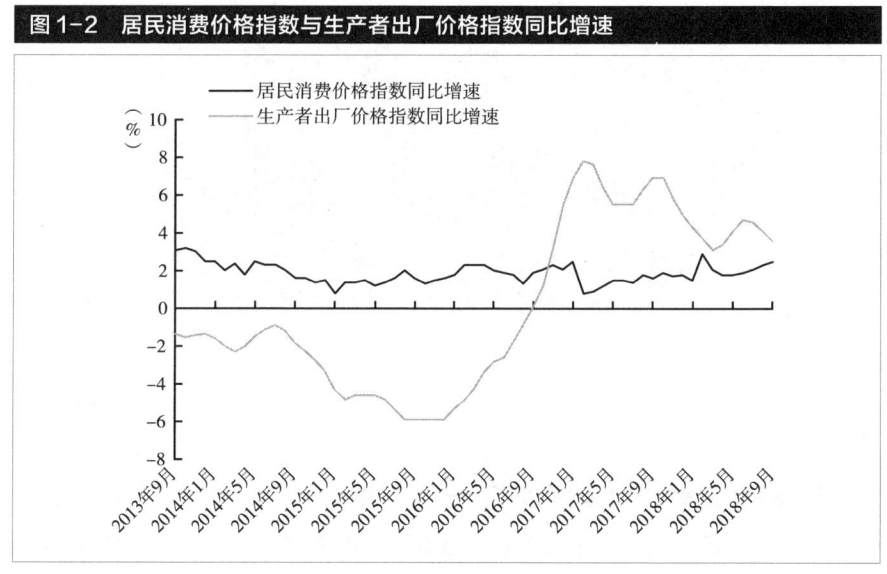

图1-2 居民消费价格指数与生产者出厂价格指数同比增速

资料来源：WIND。

4．进出口贸易整体较好，全年可能出现经常项目逆差

进出口贸易整体较好，贸易顺差收窄。以美元计价，1~9月我国货物贸易出口增长12.2%；进口增长20.0%（见图1-3）。根据外管局的国际收支口径，按美元计值，2018年前3个季度，我国经常账户逆差128亿美元，其中，货物贸易顺差2561亿美元，服务贸易逆差2295亿美元，初次收入逆差292亿美元，二次收入逆差102亿美元。第四季度，预计进出口将持续保持较快增长，结构进一步优化，动力转换加快。同时，我国传统外贸竞争

优势正在消减,中美贸易摩擦对出口的消极效应可能进一步显现,货物贸易顺差会进一步收窄,加上服务贸易逆差扩大,2018年我国经常项目可能出现自1994年人民币汇率并轨以来的首次逆差。经常账户赤字压力将加大外部平衡难度。

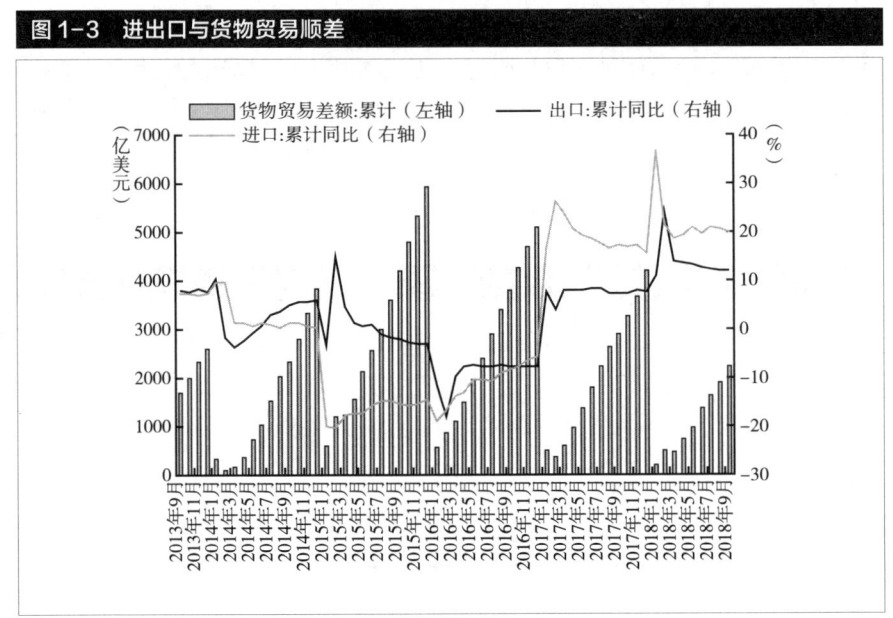

图1-3 进出口与货物贸易顺差

资料来源:WIND。

5. 部分沿海经济大省经济下行压力凸显

广东、江苏、山东、浙江是位居全国前四的经济大省,经济总量占全国的35%;然而2018年上半年四省GDP增速下降幅度均大于全国平均降幅。2018年上半年全国GDP增速比上年同期降低0.1个百分点;而广东、江苏、山东和浙江四省分别比上年同期降低0.7个百分点、0.2个百分点、1.1个百分点和0.4个百分点。四个经济大省经济增速降幅同时大于全国平均水平,突出反映了一些深层次问题。

从生产侧看,工业增加值增速放缓,下游行业和小微企业赢利能力恶化,企业亏损面较大。一是工业增加值增速放缓。1~7月全国平均工业增加值增长6.6%,广东、江苏、山东、浙江四大省工业增加值分别增长5.9%、5.8%、5.3%、8%。除了浙江省工业增加值增速高于全国平均水平以外,其余三省都低于全国平均水平。广东、山东自 2009 年国际金融危机冲击以来首次跌破 6%，江苏自 2000 年以来首次跌破 6%。二是大企业利润增速较高，小微企业利润增长停滞。前 7 个月广东规模以上工业企业实现利润总额同比增长 6.6%，其中，大型企业增长 9.1%，中型企业增长 6.0%，小型和微型企业仅增长 0.7%。三是中上游行业利润增长较快，制造业利润增长缓慢。前 7 个月广东规模以上采矿业实现利润总额同比增长 37.3%，电力、热力、燃气及水生产和供应业增长 25.5%，而制造业仅增长 3.8%。22 个行业利润总额同比增长。四是企业亏损面仍然较大。前 7 个月，广东规模以上工业企业 47242 家中，亏损企业 9792 家，亏损面为 20.7%。虽然亏损面比上半年收窄了 1 个百分点，但亏损企业占比仍然较高。

从需求侧看，投资和消费增速持续回落。一是因实体经济盈利预期受限，企业投资增速持续回落。1~7 月，广东、江苏、山东、浙江四大省固定资产投资累计同比分别增长 10.1%、5.4%、6.1%、6.2%，分别比上年同期回落 4.7 个百分点、2.2 个百分点、3.0 个百分点、3.2 个百分点。除江苏外，其他三省降幅均大于全国平均降幅。四大省属于我国经济相对发达地区，基础设施相对完善，后续基础设施大幅扩张的空间比西部地区小，基础设施投资增速较低。二是居民长期收入增长预期放缓，消费增速下降。1~7 月，广东、江苏、山东、浙江四大省消费品零售总额累计同比分别增长 9.3%、8.9%、9.2%、9.9%，分别比上年降低 1.1 个百分点、2.2 个百分点、1.1 个百分点、0.2 个百分点。

6. 固定资产投资增速保持低位

2018 年，我国固定资产投资增速持续下滑的态势没有得到根本扭转。1~9 月，全国固定资产投资完成额同比增长 5.4%，比上半年增速降低 0.6 个百分点。在三大类投资中，基础设施建设领域投资增速快速下滑至 3.3%；制造业投资增速逐月回升至 8.7%；房地产业投资基本保持平稳（见图 1-4）。

基建投资增速下滑是造成全国投资增速回落的主要因素。全国固定资产投资增速的回落尽管部分受全国多个省份实行新的投资统计制度（由形象进度法改为财务支出法）的影响，但是这种影响是次要的，主要原因在于基础设施建设投资，电力、热力、燃气及水生产和供应业投资，教育卫生等社会领域投资增速下滑较快。

金融去杠杆和严肃财政纪律加剧了投资增速结构性下滑的趋势。对城投债、非标等融资渠道的监管日趋严厉，财政纪律对地方债务的约束不断趋紧，限令整改的 PPP 项目范围迅速扩大，导致基建资金来源大幅收紧。无论是金融监管的加强还是财政纪律的趋严，都是为了抑制不断上升的部门杠杆率，防范和化解系统性金融风险，初衷无疑是正确的，不过同时应当避免造成项目可融资金规模急剧收缩，以致相关投资项目难以开工或停滞。

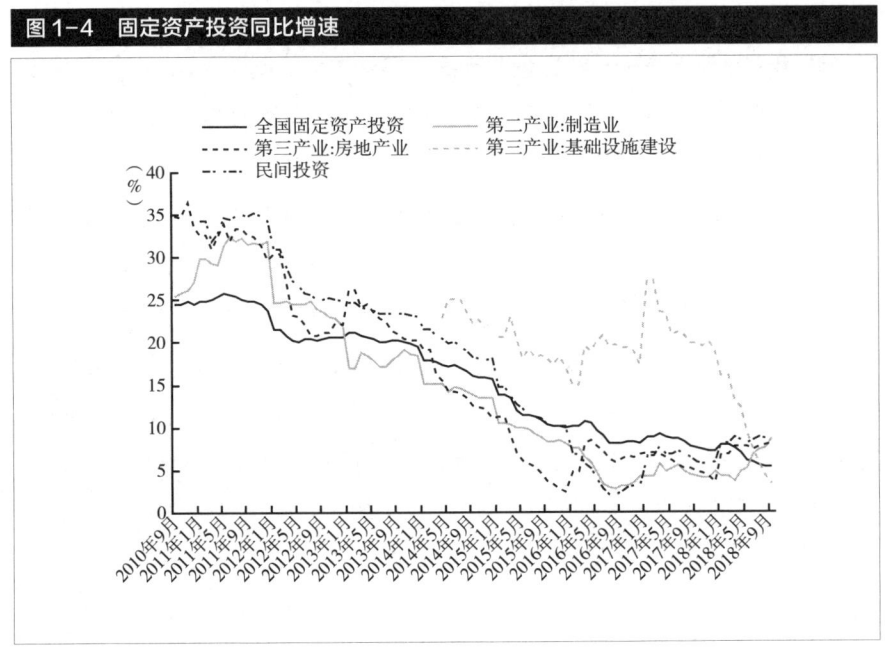

图1-4 固定资产投资同比增速

资料来源：WIND。

7．实体经济面临的困难更加突出

当前，实体经济面临的困难集中体现在传统制造业和服务业领域的中小民营企业上。

第一，企业用工成本持续显著上升。其一，人口年龄结构的变化，使新增劳动年龄人口数量边际下降，农村青壮年进城务工人员数量减少。其二，在移动互联网技术的带动下，快递、物流、网约车等行业创造了大量报酬较高且工作时间具有一定自由度的新型就业岗位，对"85后""90后"年轻劳动力吸引力较强，分流了传统制造业和服务业的劳动力供给。其三，社保费率较高，本轮征管体制改革可能提高企业实际社保费率，导致综合用工成本抬升。调研发现，传统领域的中小民营企业对社保改由税务部门统一征收后的补缴、严监管问题普遍感到忧虑。

第二，企业实际税费负担普遍加重。税收收入增速持续超过同期GDP名义增长率，不少企业反映税负加重，与减税政策的轻税目标形成强烈反差，这主要是由于2016年以来中国税收征管水平迅速提高。一是营改增之后，增值税抵扣链条逐步完善，显著扩大了增值税税基。二是税收征管系统的完善和大数据分析显著改进了税收征管技术，企业纳税行为逐步规范，实际税负加重。

第三，中小民营企业融资困难有所加剧，综合融资成本抬升，民营企业在证券市场的质押风险加大。融资难、融资贵是中小民营企业长期面临的"老大难"问题，最近之所以表现得尤为突出，主要原因是对"影子金融"系统的集中整治。2017年以来，在金融去杠杆、强化金融监管的过程中，信托、私募、保理、P2P等非正规渠道"影子金融"系统业务开始受到严格限制，之前依靠其进行融资的中小民营企业短期内陷入融资无门的境地，证券市场价格下跌，民营上市公司的资产质押风险上升。这也是尽管正规渠道统计的"一般贷款加权平均利率"在下降，但大量民营企业感到融资困难加大的原因。部分"影子金融"系统业务的出现存在一定合理性，恰当的做法是引导其规范健康发展，避免"一刀切"简单地以"禁止"代替"监管"。

第四，上游原材料价格短期内继续上涨，压缩中下游企业利润空间。一方面，2016年下半年以来，美、欧、中、日等主要经济体先后开始了共振式复苏，国际经济周期上行导致钢铁、石油、煤炭、化工等基础工业品价格明显攀升。相比2016年初，2018年第三季度石油价格上涨了150%，铁矿石价格上涨了80%，动力煤价格上涨了100%。另一方面，国内"去产能"和环保督察"一刀切"在一定程度上加剧了基础工业品的价格上涨。目前，部分钢材、化工原材料的国内价格已经高于国际市场价格。

8．金融运行总体平稳，金融风险不可低估

2018年，为打好防范化解金融风险的攻坚战，金融监管力度加强，同时执行稳健中性的货币政策，金融运行总体平稳。人民币存款和货币供应增速下降，贷款增速保持平稳。金融防风险举措促进社会融资从表外转表内，社会融资规模存量结构调整。市场利率稳中略降，人民币兑

美元汇率降低。地方债和公司信用债发行节奏加快。当前，在美联储不断加息的外部环境下，新兴市场的波动将加剧，而过去每一次美联储的加息周期都会导致世界上的某个地区爆发货币危机，美联储加息的外溢效应不可低估。此外，我国地方政府、国有企业、居民的杠杆率都已经不低，房地产市场高度金融化，不少家庭债务负担沉重，地方隐性债务规模不小，金融风险不可低估。

1.2　2019年经济增长展望

1. 国际环境与经济走势分析判断

2019年，全球和区域经济政治形势依旧错综复杂，国际环境中挑战大于机遇。一方面，国际政治右倾风险继续累积。美国共和党在中期选举中扩大了在参议院的优势，美国政府推行单边主义和贸易保护主义的势头不减，多边主义和多边贸易体制继续遭受冲击；巴西社会自由党候选人博索纳罗当选新一任巴西总统，导致巴西跟随美国政策的倾向增大。英国"硬脱欧"风险加剧，欧洲维护一体化体系力不从心。主要发达经济体宏观经济政策调整外溢效应持续显现，全球公共和私人债务负担继续上升，金融脆弱性日益加剧，基本面脆弱的新兴经济体深陷危机困境难以自拔。地缘政治问题此起彼伏，恐怖主义、武装冲突阴霾难去，伊朗遭制裁，叙利亚政局混乱；能源资源安全、公共卫生安全等全球性问题更加突出，国际和地区"黑天鹅事件"难以避免。另一方面，机遇因素犹存，中国成为全球发展机遇的重要贡献者。南南合作有望更加紧密，"一带一路"沿线国家"五通"方面合作继续巩固扩大，中非经济合作务实推进。

各经济体经济增长步调预计将继续分化，全球经济增速维持平稳的同时潜藏下行风险。全球经济增速预计将与2017年和2018年持平，然而由于经济扩张政策效果衰减，加上贸易保护主义拖累，全球经济增速或将在2019年登顶后下行。美、欧、日等主要发达经济体经济增速预计会同步下行，特别是随着美国财政刺激减弱，美联储加息对市场造成压力，企业盈利增速将放缓，美国经济下半年存在较大下行风险，并且泡沫化的美股存在重新估值风险。新兴经济体经济增速则出现明显分化，石油输出国和非洲国家有望继续保持稳健复苏，拉丁美洲国家、中东和欧洲新兴国家的经济增长将继续减缓，亚洲新兴经济体增速走势则保持稳中有降。此外，新兴市场国家债务风险加剧会对其主要债主欧美国家造成拖累。受到贸易保护主义负面影响，预计2019年全球贸易增速将有所回落，全球价值链继续受到干扰，资源配置效率和企业利润率都随之出现下滑。由于扩张周期濒临结束，经济前景预期暗淡，全球投资增速预计也将在进入下行通道。受大宗商品价格走高推动，预计2019年通胀水平将同步走高。

2. 高质量发展促进潜在经济增长保持稳定

党的十九大报告指出，我国经济已由高速增长阶段转向高质量发展阶段。2018年中央经济工作会议再次强调："推动高质量发展是当前和今后一个时期确定发展思路、制定经济政策、实施宏观调控的根本要求。"我国转向高质量发展的本质，是要从"物质"生产体系转向"以人民为中心"的消费升级、创新、高效、包容的可持续发展轨道。改革开放40年来，中国已经步入中等偏高收入的发展阶段，2017年世界银行公布的中国人均国民收入（GNI）为8690美元，预计到2025年左右将迈入高收入国家行列。在人口老龄化加快、城市化速度放缓、中国与前沿国家差距缩小、增量改革红利缩减等供给因素约束下，必须加快落实创新、协调、绿色、开放和共享的五大发展理念，提高全要素生产率，促进我国潜在经济增长率保持平稳。

根据潜在经济增长率的测算结果[1]，基于近五年（2013~2017年）全要素生产率（TFP）贡献和资本产出弹性平均水平外推，2018~2022年潜在经济增长率平均水平在6.2%左右，但如果参照发达经济体增长经验，将未来五年TFP贡献设定为30%，潜在经济增长率将达到6.45%，此时要求TFP增速至少维持在1.88%。因此通过技术进步和制度改革提升全要素生产率对潜在经济增长的贡献，是确保中国未来经济增速保持平稳的必然选择。

3. 中美贸易摩擦对中国经济的负面影响明显加大

短期看，中美贸易摩擦的直接影响是对加征关税行业出口的冲击，相关企业经营困难、财务状况恶化、就业岗位减少会对经济增长和就业形成

---

[1] 参见张平、刘霞辉主编《中国经济增长报告（2017-2018）》，社会科学文献出版社，2018。

压力；10月制造业和非制造业新出口订单PMI分别为46.9和47.8，前者创出2016年初以来的新低，后者创出2018年3月以来的新低。对美国进口产品对等加征关税的反制措施在短期内会导致相关产品，如大豆及其下游产品油脂、饲料和畜禽产品价格的上涨，从而对CPI和居民生活产生一定的影响。与短期对相关行业的直接影响相比，更应高度关注美国在贸易摩擦中的反复无常和讹诈战术在短期内对市场预期的巨大冲击，市场普遍存在的悲观预期不仅影响股市和汇市，也会干扰企业的投资决策，悲观情绪蔓延引发的连锁反应对当前中国经济运行的影响更大。从中长期看，美国挑起的贸易摩擦如果持续较长时间会对国际产业分工格局产生重大影响。尽管中国在跨国公司产业链布局中的地位短期内无法替代，但中美贸易摩擦及其体现的美国对外战略调整会促使跨国公司和美国进口商寻求替代中国的生产地和进口来源地。对中国而言，改革开放以来，尤其是2001年加入WTO以来相对有利的外部经济环境将发生某种程度的调整甚至逆转。

我国经常项目出现逆差的可能性上升，在中美贸易摩擦及美元加息等多重因素影响下，人民币贬值的压力可能会明显加大，汇率可能出现阶段性波动。此外，还需警惕中美贸易战向金融、军事、政治、地缘关系等领域蔓延，也不排除美国可能针对中国进行更大力度的技术封锁和制裁。

4．2019年主要经济指标预测

2018年经济增长已经出现下行压力，2019年三大攻坚战仍要深入持续推进，房地产市场处于僵持状态，风险仍有待释放；消费需求、投资需求受压制；中美贸易战可能持续恶化，出口对经济增长的贡献将下降，经常项目逆差的可能性加大；国内区域经济增长继续分化，广东等沿海大省经济增速放缓，中部地区仍保持较快增长；需要高度关注部分产业链从中国转移至其他国家的可能性，以及由此带来的国内失业问题。美国经济高速增长的持续性虽然尚存疑问，但发达国家目前的经济发展环境优于新兴市场国家。鉴于这些现实因素，结合未来潜在经济增长率，预计2019年我国GDP增长6.3%左右。这一增速足以保证实现"十三五"规划提出的小康社会目标（见表1-1）。

表 1-1 中国主要宏观经济指标预测

主要经济指标	2018年上半年实际值	2018年前3个季度预测值	2018年全年预测值	2019年全年预测值
1. GDP 实际增长率（累计同比，%）	6.8	6.7	6.6	6.3
2. 工业增加值实际增长率（累计同比，%）	6.7	6.4	6.3	6.0
3. 生产者出厂价格指数（PPI）上涨率（同比，%）	3.9	4.0	3.9	3.6
4. 居民消费价格指数（CPI）上涨率（同比，%）	2.0	2.1	2.1	2.0
5. 社会消费品零售总额名义增长率（累计同比，%）	9.4	9.3	9.0	8.8
6. 全社会固定资产投资名义增长率（累计同比，%）	6.0	5.4	5.5	6.0
7. 出口总额名义增长率（以美元计累计同比，%）	12.6	11.8	10.0	6.6
8. 进口总额名义增长率（以美元计累计同比，%）	19.9	19.9	17.5	11.3
9. M2 增长率（同比，%）	8.0	8.8	8.8	8.4
10. 人民币信贷余额增长率（同比，%）	12.7	13.2	13.1	12.8

资料来源：中国社会科学院财经战略研究院。

1.3 对 2019 年政策的展望

过去两年实施"三去一降一补"供给侧结构性改革，"三去"工作（去产能、去库存、去杠杆）有力推进，着力打好防范化解重大风险、精准脱贫、污染防治三大攻坚战，成效明显。钢铁、煤炭等重点领域的过剩产能明显去化，城市（包括三四线城市）新房积压库存基本得到消化，宏观杠杆率快速上升的势头得到初步遏制。相对而言，"一降一补"的进度略显滞后，成效尚不明显。

2019 年，国内外经济环境有所恶化，经济走势以稳为主，建议紧紧围绕"降成本"和"补短板"两大主线，落实五大发展理念，统筹稳增长、促改革、调结构、惠民生、防风险，立足当前，着眼长远，应对经济"稳中有变"之变局。

应紧紧抓住稳增长这个主基调，全面维稳——稳就业、稳金融、稳外贸、稳外资、稳投资、稳民企、稳预期；有针对性地强化对外开放，提高对外开放水平，有效对冲化解中美贸易摩擦的负面冲击；以开放促改革，继续深入推进供给侧结构性改革,显著加大减税降费力度,积极改善营商环境,释放经济活力,提振市场主体的信心;借助"三去"之威调整国有经济与民营经济结构,调整国民收入分配结构,调整产业结构,提升技术创新能力,培育经济增长新动能;找民生差距、补民生短板,让经济发展成果惠及更多百姓,彰显公平正义;同时辅之以需求侧管理,统筹把握稳增长和去杠杆,防范系统性金融风险。

1. 显著加大减税降费力度

在经济下行压力加大、财政征管技术大幅提高、财政性资金沉淀长期累积的背景下,建议继续加大减税力度、下调社保费率,以此稳定国内外对于中国经济的预期,提振全社会特别是民营企业的信心,促进活力的释放,推动中国经济加快转向高质量发展轨道。

第一,以供给侧结构性改革为主线,推进结构性减税为企业降成本。考虑到长期财政支出的压力,可以在方案中明确部分减税政策为临时性措施,规定时限。一是进一步降低增值税名义税率。2018年增值税16%和10%的两档税率可再下调1~2个百分点。建议将食品、日化用品等生活必需品的税率降至6%,有针对性地降低中低收入阶层的税负,同时进一步扩大留抵退税的范围。二是调低企业所得税税率。统一各地区企业所得税税率,定为15%,以促进各地区公平竞争、市场统一,同时也有利于招商引资,促进沿海外资企业向中西部转移。三是降低个人所得税边际税率。信息化技术促进税收征管手段大幅度改进,个人所得税收入近年来增速较快,与减税降费的总方针明显不符,减税的实际效果大打折扣。《中华人民共和国个人所得税法》将个人所得税综合所得最高边际税率定为45%,还可以进一步降低最高边际税率并下调其他各档边际税率,提高综合性扣除额度。

第二,显著下调社保费率。我国企业社保名义税费负担在全球189个国家中排名第二,是其他主要国家的2~3倍。我国社保缴费约占企业盈利的49%,既超过美国10%的水平,也超过瑞典35%的水平。要想提高企业的国际竞争力,需加大力度为企业减轻社保负担。建议将社保费率总体下调10~15个百分点,其中企业养老保险费率可降至14%左右。在税务部门统一征收后,过去不依规缴纳的企业将依法足额缴纳,社保实际收入不会减少。同时还应对中小企业制定明确的过渡期政策,对征收率提高无法弥补的收入缺口通过社保费全国统筹和划转国有资产等措施解决。

2．加大力度"补短板"，释放民间投资新活力

第一，加大基础设施领域补短板的力度，合理控制"去杠杆"节奏。固定资产投资增速的过快下滑仍是当前经济运行面临的突出矛盾，已经对市场信心造成较大冲击。要优先安排跨区域互联互通且涉及国计民生的基础设施建设项目，提升省级统筹基础设施建设的能力，适度管控市区县自行安排建设的一些低效基础设施小项目，避免市区县的过度举债带来金融风险压力。在风险可控的范围内放松政府主导领域的融资约束，缓解基础设施建设领域的资金来源收紧问题是"稳投资"的关键所在。避免漫无目标地"放水"，要有目标地"引水"，即通过精准的结构性措施而非"一刀切"，将资金引导到那些有偿债能力的地区和项目上，避免对无效率和无偿债能力项目的过度投资可能导致的更大的债务风险。

第二，大力支持民营企业发展壮大。民营经济是我国经济制度的内在要素，要多措并举，积极改善营商环境，深化"放管服"和市场准入改革，不断释放民间投资新活力。通过加快"放管服"改革、破除市场准入壁垒和缓解"融资难、融资贵"问题，可以有效释放民间投资的活力。要加快落实鼓励民间投资的政策措施，在铁路、民航、油气、电信等领域推出一批有吸引力的项目，向民间资本放开。要进一步放宽科教文卫领域市场准入，大力破除市场准入壁垒，加强与国际通行经贸规则的对接，为各类所有制企业、内外资企业打造一视同仁、公平竞争、国际一流的营商环境，激发民间投资活力。对于垄断性的行业，要根据不同行业特点放开竞争性业务，这不仅有利于扩大民间资本进入，也有利于提升行业整体竞争力。严格保护各类产权，显著加大知识产权保护力度，激励企业家创业创新。

第三，加强与服务消费相关的基础设施建设，通过补投资短板促进服务业消费。近年来，我国服务消费持续快速增长，但优质供给相对不足，存在结构性供需失衡。要加大对旅游、医疗、教育、养老、文化、体育等有利于我国消费升级的相关基础设施的投资力度，优化大城市郊区及三四线城市的交通出行条件；完善现有社区、商务区内部及周边的商业设施建设；加快老旧住宅区电网负荷扩容改造，适应新能源汽车发展要求。发挥市场和政府两个方面的作用，通过显著增加投资来增加服务消费供给和提升服务消费质量。

3．供给侧改革与需求侧管理配合，确保经济增速基本稳定

当前，我国经济供给侧问题与需求侧问题并存。供给侧结构性改革着

眼于中长期视角，从根本上提升中国经济的内生增长动力；而短期内确保经济稳定则主要通过需求侧宏观调控工具来实现。2019年，受贸易摩擦等因素的影响，需求侧的压力可能增大。因而，在继续深入推进供给侧结构性改革的同时，要辅之以需求侧管理，加强二者协调配合，确保经济增速基本稳定。

第一，加大积极财政政策的力度，提高财政资金使用效率。积极财政政策要着眼于降成本和稳预期，在结构调整和扩大内需上发挥更大作用。一方面，要显著减税降费，让减税降费在宏观数据上有所反映，切实降低实体企业税费负担。营改增后税收征缴水平提高，企业收支信息透明度提高，税收征管强化导致的增税效应大于减税效应，导致2018年税收收入增速高于名义GDP增速，亟待加大减税降费力度。另一方面，要调整支出结构，防止必要的基础设施建设项目因资金不到位而拖延停工，切实扩大需求并改善供给。此外，要规范地方政府债券发行，为地方政府融资提供可预期的规范渠道。

第二，坚持稳健中性的货币政策，保持流动性合理充裕。既要防止货币供应过于宽松产生加杠杆效应和放大资产泡沫，又要提防政策收缩过快、监管共振，导致风险暴露过度叠加。要把好货币供给总闸门，保持流动性合理充裕，为实体经济营造较为稳定的流动性环境，有效降低中小微企业融资成本，防止出现资金链断裂和"半拉子"工程。明确货币政策与宏观审慎政策的分工与协调关系。增强货币政策独立性，以降准置换MFL等政策工具提供流动性，保持流动性合理充裕。构建利率走廊，实现存贷款基准利率与市场利率的并轨。遏制房价过快上涨，确保货币信贷资源流向实体经济是当前宏观调控政策成败的关键所在。要下决心从实质上解决好房地产市场问题，坚持采用市场化、法制化手段，因城施策，促进供求平衡，合理引导预期，整治市场秩序，有效遏制房价过快上涨，建立促进房地产市场平稳健康发展的长效机制。

4．统筹把握稳增长与去杠杆平衡，防范系统性金融风险

要统筹做好稳增长与去杠杆，既要做好稳就业、稳金融、稳外贸、稳外资、稳投资、稳预期工作，又要坚定做好去杠杆工作，推动经济高质量发展。在稳增长过程中，不搞"大水漫灌"，防止地方政府隐性债务和居民债务过快上升。

第一，要保持去杠杆政策定力，以优化资金配置效率为主推进结构性去杠杆。对于生产率低下、资不抵债、不符合经济转型提质增效大方向的"僵尸企业"，要大胆地去杠杆，允许其违约并采用市场化的方式进行破产重组。要在法律框架上完善破产重组机制，推出若干项有代表性的案例作为示范，增强《中华人民共和国破产法》及相关法律法规在实践中的可操作性和指导意义。对于运行健康的企业以及虽暂时遇到困难但前景光明的企业，则要满足其正常的生产经营性融资需求，容许其杠杆率的合理适度上升。要合理把握加强监管的力度和节奏，保持表内融资合理适度增长，避免表外融资收缩过快引发融资成本攀升。

第二，要加快推进纵向财政关系改革，为地方政府融资开"正门"。地方政府事权与财力不匹配是目前我国财政体制的一个典型特征，这使得地方政府通过融资平台以及采用明股实债等手段举债融资，金融市场也普遍默认上级政府会为下级政府的债务兜底。解决这一问题的根本之策在于深化财税改革，调整央地及省以下纵向财政收支关系，平衡事权与财力。根据地方财政能力和政府信用，赋予地方政府一定规模的自主发债权力。

第三，继续清理高风险民间借贷。居民部门杠杆率过去两年快速攀升，主要原因在于购房相关债务的增加。其中既包括银行正规渠道的住房抵押贷款，也包括各种非正规渠道的"首付贷"。房价快速上涨助长了购房者的非理性情绪，部分购房者通过互联网 P2P 平台、小贷公司、银行短期消费贷款等渠道借取"首付贷"，意图规避住房抵押贷款的首付比例要求。"首付贷"具有次级贷的性质，值得高度警惕，必须坚决遏制。清理有问题的 P2P 平台，通过法律手段为投资者追讨资金，将非法集资者绳之以法。

5．加快提升技术创新能力，培育经济增长新动能

提升创新能力既是经济转型升级的内在要求，也是应对美国单边主义的形势使然。经过改革开放 40 年来的快速发展，中国经济与世界"技术前沿"的差距已经越来越小，未来想从发达国家获取技术将变得越来越难。美国等发起这一轮贸易战的重要目的在于遏制中国的技术进步和产业升级。前沿核心技术通过交易是买不来的，通过市场也是换不来的。对此必须有清醒的认识。未来，中国经济的发展必须依赖自主创新。

第一，深化科研体制改革，全面激发技术创新热情。一是要深化科研体制改革，在科技人才聘用评价、科研资金使用、科技成果所有权和收益权等

方面打开制度枷锁，探索更为灵活的制度安排，给科研人员更大的创造空间和更充分的激励。二是要在幼儿教育、中小学基础教育、高等教育、基础理论研究、实验室研究、工程技术应用研究等各个阶段和各个环节夯实基础，系统地激发全社会的创新热情，全面提升国民技术创新能力。

第二，加强知识产权保护，活跃知识产权市场。一是要加强产学研交流合作，允许和鼓励科技人才在高校、科研院所、企业之间跨界流动，避免闭门造车、"专利沉睡"的现象出现。二是要加强知识产权保护，建设活跃、高效的知识产权市场，多管齐下支持创新成果产业化，促进科技创新与产业升级之间的良性互动，落实创新驱动战略，不断增强我国经济的创新力和竞争力。

第三，加快关系国计民生和国家安全的重大科技项目攻关。在国防军工、芯片、电动汽车、癌症防治、雾霾治理等领域，加大人才和资金投入，推动重大科技项目攻关。加强科研合作，促进科研资源共享，鼓励高校科研院所向社会开放创新资源，以及与市场化企业共建实验室。

6．提高对外开放水平，对冲化解中美贸易摩擦的负面冲击

要从战略上做好中美贸易争端长期化的准备，持续完善社会主义市场经济体制，构建良好营商环境，坚定不移推动对外开放，对冲化解中美贸易摩擦的负面冲击。

第一，进一步扩大进口，放宽市场准入，加快落实吸引外资进入的相关举措。在电信、医疗、教育、养老、汽车等普通制造业领域放宽市场准入，放宽外资持股比例限制。加快落实金融服务业对外开放的相关举措，有序开放银行卡清算等市场，放开外资保险经纪公司经营范围限制，放宽或取消银行、证券、基金管理、期货、金融资产管理公司等的外资股比限制，统一中外资银行市场准入标准。加强与国际通行经贸规则对接，建设国际一流营商环境，简化外资企业设立程序。全面实行准入前国民待遇加负面清单管理模式，继续精简负面清单。加快推进上海自贸区深化发展，在上海证券交易所设立科创板并试点注册制；支持长江三角洲区域一体化发展并将其提升为国家战略。

第二，加快推进东亚、东南亚经济合作，促进区域贸易投资便利化。美国的稳定发展长期以来受益于其在北美和拉美地区较为健康的区域政治关系和经贸环境。东亚、东南亚等周边地区是中国的近邻。与近邻的经贸关系是影响中国经济稳定和战略安全的最重要因素。虽然东亚、东南亚的地缘政治关系由于历史原因较为复杂,但中国作为该地区的大国,应当抓住一切可能的机会甚至创造机会,继续推动区域经济合作不断提高层次。既要加强推进中日韩自由贸易区、中国-东盟自由贸易区等既有合作框架的落地深化,也要积极运用"一带一路"、亚洲基础设施投资银行等新机制拓展合作。

第三,防止制造业企业过快流出。鉴于我国整体贸易顺差已大大收窄,服务贸易逆差未来还可能快速扩大,维持制造业领域的国际竞争力显得尤为重要。应通过降成本、补短板等供给侧结构性改革措施为制造业健康发展创造条件。既要大力发展战略性新兴产业,也要促进中低端制造业的效率升级,防止中低端制造业企业过快向海外转移。

第四,以底线思维确保能源供应安全。在中美贸易战进一步升级的背景下,能源供应安全是中国经济最大的软肋之一。中国的石油对外依存度高达60%,天然气对外依存度高达40%。一旦石油和天然气供给出现短缺,除了公路、航空、海运、河运可能瘫痪外,部分制造业领域和居民取暖也会受到影响。可以说,能源供应安全是中国经济的生命线,也是中国的战略底线。为此,要重点维护与俄罗斯、沙特阿拉伯、安哥拉、伊朗、土库曼斯坦等油气来源国,以及缅甸、巴基斯坦等油气通路沿线国家的经贸互利关系,并增强与这些国家的战略互信。

第 2 章 宏观金融形势*

- 全球经济在本轮复苏中经历了 2016 年的企稳和随后两年的持续改善，但 2018 年的经济运行呈现逐步逼近短周期顶部的迹象。2018 年以来，中国经济的下行压力有所凸显，只有通过制度改革提高全社会资源的配置效率和加快企业的技术进步，进而提高全要素生产率对增长的贡献水平，才能实现中国经济可持续和高质量的发展。

- 在金融运行方面，货币供给增速继续放缓；表外融资下降幅度收窄，新增社会融资规模收缩步伐放缓；金融机构贷款增长较快，上市银行资产质量持续改善；货币市场利率中枢明显下行，市场交易活跃；股票市场量价齐跌，债券违约风险增大；人民币贬值幅度加大，外汇储备出现连续负增长。

- 从长期趋势和短期波动的角度看，2018 年以来中国经济增速的稳步、适度下行，有助于经济恢复其自身内在的运行规律。综合考虑当前相对宽松的宏观金融形势、人民币短期贬值压力、国内经济持续推进结构性供给侧改革的需要以及导致实体融资困境的主要因素等，货币政策需要坚持"稳健中性"的政策定力，将金融支持实体经济的工作重心放在疏通货币政策传导机制上。同时，积极的财政政策要注意"减税"与"增加支出"并行。

---

* 本章作者：费兆奇，国家金融与发展实验室高级研究员，中国社会科学院金融研究所副研究员；杨晓龙，中国工商银行城市金融研究所。

2.1 金融运行的宏观经济背景

全球经济在本轮复苏中经历了2016年的企稳和随后两年的持续改善，但2018年的经济运行呈现逐步逼近短周期顶部的迹象，主要体现在：2018年全球经济持续改善的动能有所衰竭，IMF近期将2018年、2019年经济增速的预测值均下调至3.70%，与2017年的增长水平基本持平；全球贸易增速出现显著下滑，从2017年的5.2%下降至2018年的4.2%，预计2019年将继续下探；虽然2018年的原油价格增速再创新高，但非燃油价格增长已显露疲态（见图2-1）。主要原因在于：金融危机以来，人口老龄化危机、全要素生产率显著下降等严重制约全球潜在增长率的问题尚未得到根本性解决；2018年全球不断升级的贸易摩擦、地缘政治冲突以及金融环境持续收紧等因素，使全球经济的持续复苏面临越来越多的不确定性。

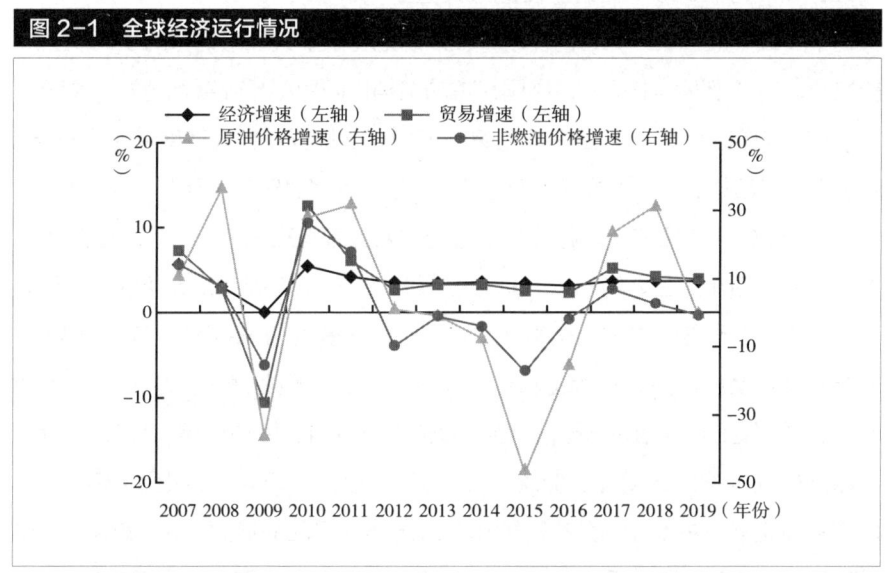

图 2-1 全球经济运行情况

资料来源：根据IMF数据整理；2018年和2019年数据为IMF预测值。

在主要经济体中，美国是自次贷危机以来经济复苏最为稳健的，主要源于其推动经济复苏的宏观经济政策实现了有效切换。第一阶段采用以量化宽松为代表的非常规货币政策，随着美联储加息和缩表进程的持续推进，奥巴马时期的需求端刺激逐步转向第二阶段的特朗普时期以减税为代表的供给侧改革，进一步拉长了经济复苏的周期。如果特朗普的减税和基建等经济政策能同时发力,美国经济在未来两年的复苏进程仍将保持强劲。问题在于,尽管政府赤字的扩张推动了美国 2018 年的经济增长,但美国如果不尽快放缓债务增长,未来两年的经济增长势必会受到较大阻碍。同时,贸易摩擦升级引发的美国输入型通胀,叠加减税、基建投资带来的需求拉动型通胀,可能倒逼美联储在未来两年持续加息,进而增加发债的财务成本。在此背景下,如果政府债务的增长受限,大规模基建投资便会存在很大的不确定性,经济复苏在边际上很难继续走强。种种迹象表明,依靠量化宽松或债务拉动型的增长模式难以长期持续,全球经济的可持续增长或全面复苏,最终只能依靠提升劳动生产率和全要素生产率来实现。

在国内供给侧结构性改革和需求端拉动的合力下,中国经济增长与全球经济的复苏保持同步,2016 年企稳,2017 年持续改善。但 2018 年以来中国经济的下行压力有所凸显,前 3 个季度经济增速逐步下移,并于第三季度录得 6.5%,略高于 2009 年第三季度的最低值 6.4%。然而,经济下行压力并没有撼动中央政府推进供给侧结构性改革和以防范化解重大风险为首的三大攻坚战的决心。经过近两年的努力,中国经济的结构性问题不断改善,例如,中国工业过剩产能初步出清,工业企业的赢利能力逐步增强,房地产库存明显去化,宏观杠杆率趋稳。这为中国经济的可持续发展提供了坚实的基础。

引致 2018 年经济增速趋势性下行的主要因素有三个。其一,净出口成为中国经济近两年的主要扰动项,其对经济增长的贡献率从 2016 年的 -9.6%,跃升至 2017 年的 9.1%,再跌至 2018 年第三季度的 -9.8%。在中美贸易争端长期化及我国主动扩大进口的趋势下,货物和服务净出口增速可能持续收窄,进而会继续对第四季度的经济增长造成负向的拉动作用。其二,2018 年以来的基础设施建设投资增速出现了大幅下滑,带动全社会固定资产投资增速持续走低。主要原因是在防控地方政府债务风险的背景下,"堵偏门"和"开正门"等相关政策没能实现有效衔接。受资产新规和政府财政整顿的影响,地方政府的融资渠道受到极大限制,然而,地方政府举债的"正门"并未及时扩容,地方政府债的发行量没有相应增长,反而在 2018 年前 8 个月一直呈现萎缩的趋势。随着第四季度地方政府债发行的提速,基建投资增速有望企稳,进而缓冲由基建投资不稳引发的经济下行压力。其三,实体融资遭遇困境。在经济下行压力增大时,中小企业融资通常出现恶化。但 2018 年以来导致实体部门融资困境的因素还包括:首先,资管业务一直是中小企业成本相对较低的重要融资渠道，在银行"回表"之后，部分中小企业失去了通过表外融资的渠道，但由于缺乏资质又无法以传统信贷或标准债权等方式获得融资。其次，部分实体部门融资需求受到管控，在去杠杆的背景下，对地方政府隐性债务的管控会持续加强，此外，从房地产企业杠杆率居高不下和中央"严控房价上涨"的政策导向看，房地产的融资政策在短期也较难改变。实体经济两个主要融资部门的需求受到抑制，导致实体经济融资需求的降低。

从供给端看，表 2-1 描述了要素投入和 TFP 对中国经济增长贡献的关系。其一，中国经济的潜在增长率在次贷危机以来出现了显著的下滑，但资本存量的增速没有跟随潜在增长率下滑，反而小幅上升，这就导致资本效率大幅下滑，即资本边际收益递减。其二，在人口老龄化背景下，劳动投入增长率在危机后也呈现大幅下滑的迹象，进而导致劳动投入对潜在增长的贡献下滑。其三，在经济潜在增长率下滑的同时，TFP 对增长的贡献份额也出现了显著的下降。上述数据说明，次贷危机以来的经济增长主要依靠大规模刺激资本积累的方式实现，但是在人口老龄化和资本边际收益递减的背景下，如果不能扭转 TFP 对增长贡献份额较低的现状，经济的潜在增长率会持续下滑。为此，只有通过制度改革提高全社会资源的配置效率和加快企业的技术进步，进而提高 TFP 对增长的贡献水平，才能实现中国经济可持续和高质量的发展。

表 2-1 中国经济生产函数分解

时间	1978~2018 年	1978~2007 年	2008~2018 年
潜在增长率（生产函数拟合）（%）	9.50	10.03	8.08
资本贡献份额（%）	71.96	64.83	87.05
劳动贡献份额（%）	8.73	11.84	2.23
TFP 贡献份额（%）	19.58	23.33	10.72
资本投入增长率（%）	10.99	10.96	11.04
劳动投入增长率（%）	2.27	3.26	0.50
TFP 增长率（%）	1.86	2.34	0.87
资本效率	0.24	0.30	0.08
劳动生产率增长率（%）	3.74	3.88	3.43

资料来源：中国经济增长前沿课题组《迈向中高端的结构变革》，载李扬主编《中国经济增长报告（2016-2017）》，社会科学文献出版社，2017。

2.2　2018年中国金融运行态势

2.2-1　货币供给和社会融资规模概况

前3个季度我国经济增长虽总体平稳，但稳中有变，面临的形势依然复杂严峻，如消费和投资双双走弱、中美贸易摩擦加剧、企业亏损面扩大等。在此背景下，中国人民银行紧紧围绕服务实体经济、防控金融风险和深化金融改革三项重点任务，运用多种货币政策工具，把好货币总闸门，保持流动性合理充裕，为供给侧结构性改革营造适宜的货币金融环境。2018年以来，货币供给和社会融资规模呈现以下鲜明特点。

第一，货币供给增速继续放缓。截至9月末，M2余额180.17万亿元，同比增长8.3%，增速比2017年同期低0.7个百分点；M1余额53.86万亿元，同比增长4%，增速较上年同期低10个百分点（见图2-2）。近年来，M2增速持续下滑，从2010年的27.7%下降至2018年9月末的8.3%，自去年4月增速跌至9.8%的个位数以来，一直在8%~9%的低位运行。M2增速放缓的主要原因在于：在金融业加速去杠杆的背景下，以"去杠杆"为核心的监管政策频频出台，银行用于购买同业理财、资管计划以及其他通道类业务的资金规模大幅度下降，资金多层嵌套和资金空转现

图2-2　M1和M2同比增速变化趋势

资料来源：WIND。

象明显减少，更多的资金流向实体经济。

M2增速放缓的主要影响有：一是企业资金趋紧，2017年下半年以来，通道类业务大幅萎缩，拖累企业表外融资总额增速降低，企业融资环境持续承压，甚至导致债务违约频发；二是银行负债增速放缓，M2增速放缓，一般性存款在银行资金来源中的占比呈现下降趋势，银行为增加资金来源，加大主动负债力度，如通过发行大额存单等方式吸收资金，同时主动负债成本相对较高，其占比的增加也拉高了银行的总体资金成本；三是企业融资成本上升，随着银行负债成本的上升，上浮利率的贷款占比也总体上升，无疑增加了企业的融资成本。

我们预计，中国人民银行未来一段时期的货币政策将继续坚持稳健中性的基本取向，既不会"放水"，也不会收紧，总体会保持货币供应量适度增长和市场利率水平的基本稳定，理由如下：一是目前总体流动性保持合理充裕；二是金融去杠杆大方向不变，需要稳健中性的货币政策环境；三是美联储持续缩表并多次加息，也要求我们要保持一个稳定的政策环境。

第二，表外融资下降幅度收窄，新增社会融资规模收缩步伐放缓。前3个季度，社会融资增量累计为15.4万亿元，较上年同期少增2.3万亿元，结构上呈现以下鲜明特点。一是人民币贷款快速增长。前3个季度发放本外币贷款12.6万亿元，同比多增1.2万亿元，但人民币贷款和外币贷款呈现分化态势。人民币贷款增加12.8万亿元，同比多增1.34万亿元，占社会融资增量的83.2%，较上年同期提高18.4个百分点。人民币贷款能够实现较快增长，主要原因在于部分表外融资回归表内。外币贷款减少1913亿元，同比多减1608亿元，占社会融资增量的-1.2%。二是表外三项（委托贷款、信托贷款、未贴现汇票）同比均显著减少。前3个季度，表外三项融资减少2.3万亿元，同比多减5.2万亿元，占社会融资增量的-14.9%，同比下降31.5个百分点。其中，委托贷款、信托贷款和未贴现汇票分别减少1.2万亿元、4652亿元和6786亿元，同比分别多减1.8万亿元、2.3万亿元和1.1万亿元，分别占社会融资增量的-7.5%、-3%和-4.4%，同比分别下降11.4个百分点、13.1个百分点、7个百分点。三是资本市场分化明显，企业债券融资同比多增，但股票市场融资额下降。前3个季度，企业债券净融资1.6万亿元，较上年多1.4万亿元，占社会融资增量的比重提高9.3个百分点。但是，与企业债券表现不同，股票融资较上年下降 2918 亿元，占社会融资增量的比重下降 1.4 个百分点（见表 2-2）。

表 2-2 前 3 个季度社会融资增量

项目	社会融资（万亿元）	人民币贷款（万亿元）	外币贷款（亿元）	委托贷款（万亿元）	信托贷款（万亿元）	未贴现汇票（万亿元）	企业债券融资（万亿元）	股票融资（亿元）
前 3 个季度	15.4	12.8	-1913	-1.16	-0.4652	-0.6786	1.59	3099
同比增减	-2.32	1.34	-1608	-1.84	-2.25	-1.14	1.41	-2918

资料来源：中国人民银行。

总体来看，在"资管新规"等强监管背景下，表外融资大幅度萎缩，进而拖累了社会融资规模的增速，信贷逐渐回归为实体经济服务。我们预计，一是未来表外融资会继续回表，非标转表仍然是主要趋势；二是随着"资管新规"和"理财新规"的落地以及债券融资的增加，表外融资的收缩态势会有所缓解，但下行趋势仍将延续。

2.2-2 金融贷款增长较快，上市银行资产质量持续改善

第一，贷款继续保持较快增长。2018 年 9 月末，金融机构本外币贷款余额为 138.9 万亿元，同比增长 12.8%。境内贷款为 135.2 万亿元，其中，住户贷款和非金融企业及机关团体贷款分别为 46.2 万亿元和 88.1 万亿元（见表 2-3）。一是中长期贷款占比高。从期限看，住户贷款和非金融企业及机关团体贷款中的中长期贷款占比均比较高。二是信贷结构继续优化，小微企业贷款持续发力。普惠领域小微企业贷款快速增长，今年前 3 个季度已经超过去年全年的增量水平，而且中国人民银行持续引导金融机构增加对小微企业的信贷投放力度，可以预见，未来支持小微企业的政策效果还将进一步显现。三是贷款利率总体保持稳定。在严监管背景下，委托贷款、信托贷款等高成本表外融资大幅度萎缩，但银行贷款和债券在全部融资中的占比上升，确保社会综合融资成本保持基本稳定。但是，受美联储加息及部分经济体货币政策变化影响，外币存贷款利率有所提升。四是房地产部门贷款同比延续负增长趋势，融资压力持续增加，到位资金以销售回款为主。

表 2-3 金融机构信贷收支表　　　　　　　　　　　　　　　　　　　单位：万亿元

项目	2016.09	2016.12	2017.03	2017.06	2017.09	2017.12	2018.03	2018.06	2018.09
一、各项贷款	109.5	112.1	116.6	120.2	123.2	125.6	130.5	134.8	138.9
（一）境内贷款	106.4	108.8	113.1	116.7	119.8	122.2	127.0	131.2	135.2
1.住户贷款	31.8	33.4	35.2	37.2	39.1	40.5	42.3	44.1	46.2
（1）短期贷款	9.5	9.6	10.0	10.6	11.1	11.4	11.9	12.5	13.2
消费贷款	4.7	4.9	5.3	5.9	6.4	6.8	7.1	7.6	8.2
经营贷款	4.8	4.6	4.7	4.7	4.7	4.6	4.7	4.9	5.0
（2）中长期贷款	22.3	23.8	25.3	26.6	28.0	29.1	30.4	31.6	33.0
消费贷款	18.7	20.1	21.4	22.6	23.8	24.7	25.8	26.8	28.0
经营贷款	3.6	3.7	3.9	4.0	4.2	4.4	4.6	4.8	5.0
2.非金融企业及机关团体贷款	73.6	74.5	77.2	78.9	80.0	81.0	84.1	86.2	88.1
（1）短期贷款	27.5	27.6	28.6	29.2	29.2	29.2	29.8	30.1	29.9
（2）中长期贷款	38.6	39.6	42.3	43.8	45.1	45.9	48.2	49.5	50.7
（3）票据融资	5.7	5.5	4.4	3.9	3.7	3.9	3.8	4.3	5.1
（4）融资租赁	1.6	1.6	1.7	1.8	1.9	1.9	2.1	2.1	2.2
（5）各项垫款	0.2	0.2	0.2	0.2	0.2	0.1	0.2	0.2	0.2
3.非银行业金融机构贷款	1.0	1.0	0.7	0.7	0.7	0.6	0.6	0.9	0.9
（二）境外贷款	3.1	3.3	3.5	3.5	3.4	3.4	3.5	3.6	3.7

资料来源：WIND。

第二，上市银行资产质量持续改善。前3个季度，26家上市银行继续保持稳健发展态势，盈利增速创近年新高，不良贷款率有所下降，拨备覆盖率、资本充足率水平继续上升，风险抵补能力进一步增强。一是不良贷款率继续延续下降态势。截至9月末，26家上市银行整体不良贷款率为1.54%，较2017年末下降0.05个百分点。其中，城商行不良贷款率最低，仅为1.23%；股份制银行不良贷款率最高，为1.69%；五大行和农商行不良贷款率分别为1.51%和1.50%（见图2-3）。从变化看，农商行不良贷款率下降幅度最大，较去年同期下降0.12个百分点；城商行降幅最小，较去年同期下降0.01个百分点。银行资产质量的改善主要得益于：在供给侧改革背景下，各项降杠杆和去产能政策为企业注入新的活力，带动资产质量回升；银行利润增速回升，使得银行有充足的财务资源核销不良贷款，前3个季度共实现净利润1.23万亿元，同比增长6.7%，高于2018年上半年净利润同比增速6.1%和2017年净利润同比增速4.5%，整体盈利情况向好。二是拨备覆盖率有所回升。截至9月末，26家上市银行拨备覆盖率为196.6%，较去年末提高19.4个百分点。其中，农商行拨备覆盖率最高，为257.5%；股份制银行拨备覆盖率最低，为190.4%；五大行和城商行拨备覆盖率分别为194.8%和257.1%。三是资本充足率继续上升。截至9月末，上市银行资本充足率13.57%，较第

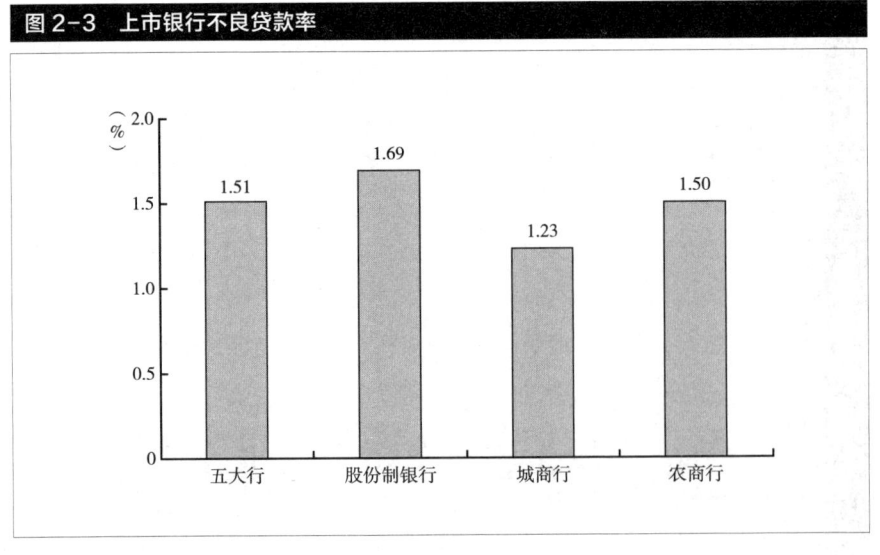

图2-3 上市银行不良贷款率

资料来源：银保监会。

二季度末提高 0.23 个百分点。26 家上市银行中有 16 家资本充足率上升，有 10 家下降。五大行与农商行资本充足率提升较显著，分别较第二季度末提升 0.04 个百分点与 0.98 个百分点，而股份制银行与城商行资本充足率则继续下行。

我们预计，随着"六稳"政策的落地，贷款将呈现如下趋势：一是银行贷款将保持扩张态势，特别是国有大中型银行将加大对小微企业的贷款支持力度；二是信贷结构将继续优化，顺应货币政策引导方向，银行对企业的中长期贷款投放力度将会稳步增长；三是根据实现房地产市场平稳健康发展和抑制房价上涨的总体要求，国家将会进一步严格限制信贷流向投资投机性购房，银行对抵押贷款的审核将会更严格；四是随着市场化债转股进程的加快以及不良资产证券化的实施，上市银行资产质量会进一步改善，不良贷款率会延续下降态势。

2.2-3 货币市场利率中枢明显下行，市场交易活跃

第三季度，货币市场成交 244.2 万亿元，较去年同期增长 27.3%。其中，信用拆借成交 40.8 万亿元，较去年同期增长 115.6%；质押式回购成交 200.3 万亿元，较去年同期增长 21.6%；买断式回购成交 3.2 万亿元，较去年同期下降 61.4%。货币市场呈现如下特点。

第一，流动性充裕，货币市场利率下行。随着中国人民银行多次实施降准和公开市场操作，货币市场利率中枢已经明显下行，如 SHIBOR 各品种大部分期限利率普遍下行，其中，截至 9 月 30 日，隔夜、3 个月、6 个月、1 年期 SHIBOR 分别报 2.653%、2.847%、3.2870%、3.521%，较年初分别下行 0.004 个百分点、1.957 个百分点、1.544 个百分点、1.226 个百分点（见图 2-4）；1 个月、6 个月银行间质押回购加权利率分别为 3.3917%、3.500%，较年初分别下降 0.8816 个百分点、1.3625 个百分点。

第二，商业银行是主要资金净融出方，证券公司、基金和农村金融机构是主要资金净融入方。大型商业银行是资金净融出额最大的金融机构，高达 40.8 万亿元；政策性银行资金净融出额为 28.2 万亿元，排名第二；股份制银行资金净融出额为 23.8 万亿元，排名第三。证券公司是资金净融入额最大的金融机构，高达 27 万亿元；基金的资金净融入额为 22.9 万亿元，排名第二；农村金融机构资金净融入额为 13.7 万亿元，排名第三。

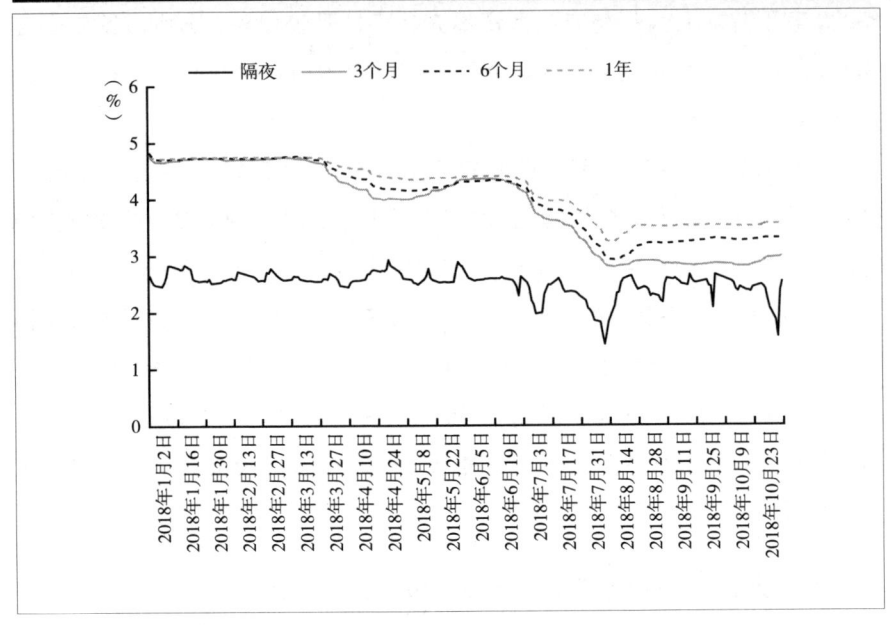

图 2-4 隔夜、3 个月、6 个月、1 年期 SHIBOR 报价

资料来源：WIND。

2.2-4　股票市场下跌，债券违约风险增大

第一，股票市场量价齐跌。从 A 股主要指数看，第三季度上证指数、深证成指、中小板指数、创业板指数、沪深 300 指数、上证 50 指数均出现不同程度下跌，较第二季度末分别下跌 0.92%、10.43%、11.22%、12.16%、2.05%、5.11%。从市值看，第三季度全部 A 股市值较第二季度末减少 1.77 万亿元，市值下跌 3.22%，其中，深证 A 股和深证主板 A 股市值较第二季度末分别减少 1.95 万亿元和 0.49 万亿元，市值分别下跌 9.48% 和 7.28%（见图 2-5）。

第二，债券市场违约风险增大。2018 年前 3 个季度债券市场违约事件数量较 2017 年大幅增加，共有 74 只债券发生违约，违约金额 714.61 亿元。其中，首次违约发行人 25 家，当期违约规模 532.70 亿元，违约时待偿付债券本金余额 1133.61 亿元。前 3 个季度债券市场违约事件频发，主要原因包括：一是在金融监管趋严、融资渠道收窄背景下，部分企业特别是民营企业偿付能力下降；二是 2018 年恰好是债券到期的高峰期，企业债务压力加大。

图 2-5　A 股市值变动幅度

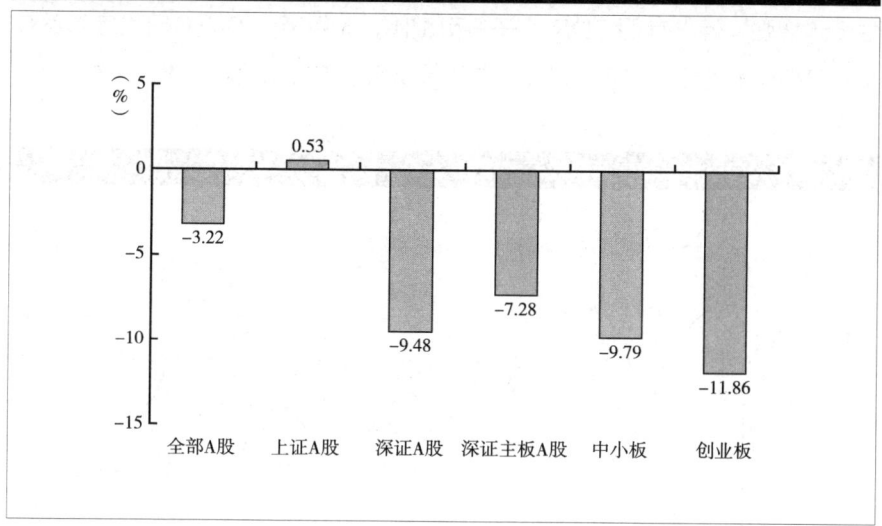

资料来源：WIND。

我们预计，股市方面，随着稳杠杆政策的见底、风险偏好提振，股市将出现估值修复，有望迎来趋势偏弱的触底反弹窗口；债市方面，由于企业融资环境的不断趋紧，一些赢利能力较差的民营企业或将继续出现违约，未来债券市场仍将面临较大的债券集中兑付压力。

2.2-5　人民币贬值幅度加大，外汇储备出现连续负增长

第一，人民币贬值幅度加大。第三季度，全球经济金融形势更加错综复杂，贸易摩擦、地缘政治、主要经济体货币政策正常化等因素叠加，加大了全球经济和金融市场的不确定性，受美元指数走强和贸易摩擦等因素影响，人民币贬值幅度相比上季度有所扩大。随着央行 8 月 10 日上调外汇风险准备金率和 8 月 24 日重启逆周期因子，8 月底以来，人民币汇率开始企稳，单边贬值预期有所逆转。一是人民币贬值幅度增加。截至 9 月 30 日，人民币实际和名义汇率指数分别为 122.45 和 119.01，较 5 月 30 日分别下降 4.81 和 5.51（见图 2-6）。外部因素成为人民币贬值的主要原因，如 6 月 14 日美联储加息，6 月 15 日特朗普批准对中国 500 亿美元产品征税，再加上美元指数持续上行，市场对人民币贬值的担忧再次上升。二是政府加大稳预期管理。央行相继重启了外汇风险准备金要求和逆周期因子，有效熨平市场的过度波

动,稳定了汇率下跌预期。需要指出的是,尽管近年来人民币兑美元汇率弹性逐步增强,但与其他 SDR 篮子货币相比,人民币汇率的波动幅度依然较小,只相当于美元、欧元、日元、英镑等货币汇率波动幅度的 1/3 左右。

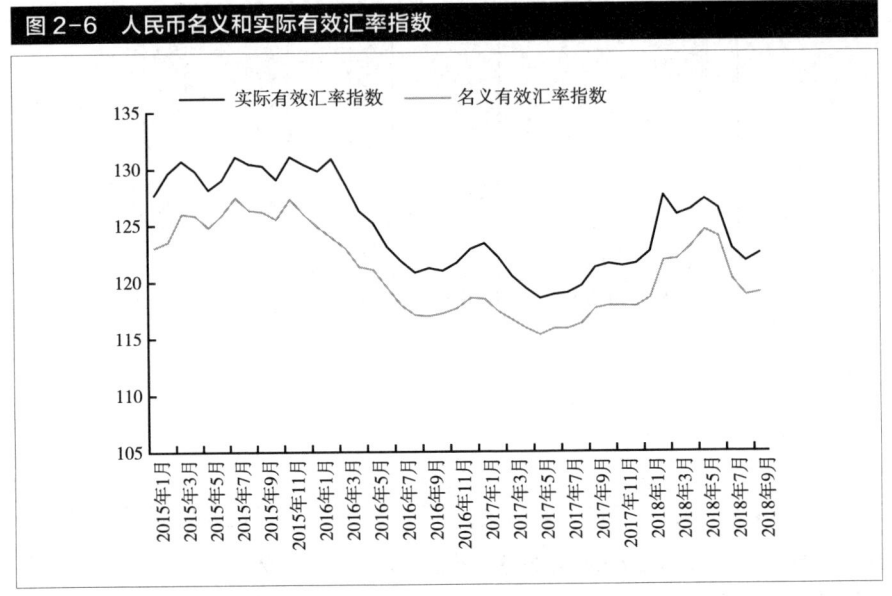

图 2-6 人民币名义和实际有效汇率指数

资料来源:WIND。

我们预计,未来人民币贬值空间有限,继续大幅贬值的概率较低,而在合理均衡水平区间双向波动的可能性则较大。一是中国经济的基本面良好,宏观管理审慎、政策工具丰富、外汇储备充足,而且央行并未动用外汇储备来保汇率,而采取外汇风险准备金、重启"逆周期因子"的方式,总体看央行还有足够的政策工具。二是美国已处于加息后半期,其后续的加息也基本反映在当前的市场走势中,人民币前期贬值也已经充分反映了市场的预期。

第二,外汇市场交易量稳步增长,衍生品交投活跃。第三季度,银行间外汇市场共成交 6.2 万亿美元,较去年同期增长 13%。一是衍生品市场交投活跃。第三季度,外汇衍生品成交 4.1 万亿美元,较去年同期增长 11.5%,占银行间外汇市场交易量的 2/3。从结构上看,外汇期权增长显著,较去年同期增长 64.4%;外汇掉期较去年同期增长 9.6%。二是自 2017 年 12 月交易中心推出美元兑人民币即期撮合交易以来,人民币即期撮合交易系统运行平稳。总体来看,撮合交易方式具有双边点差较小、价格透明度高、成交更高效便捷的优势,受到市场欢迎。第三季度,通过撮合交易机制成交 1.21 万亿美元,占人民币外汇即期成交量的比重接近 60%。

第三,外汇储备出现连续负增长。外汇储备是我国官方储备中最重要的资产,占比超过 96%。2018 年 9 月,我国官方外汇储备 30870.25 亿美元,较上月减少 226.91 亿美元,连续两个月下跌(见图 2-7)。汇率折算和资产价格变动是官方储备负增长的主要原因。一是汇率波动有负向影响。9 月,美元指数由月初的 94.69 上涨 0.53% 至月底的 95.19;欧元兑美元汇率由月初的 1.1668 下降 0.55% 至月底的 1.1604;美元兑日元汇率由月初的 110.98 上涨 2.45% 至月底的 113.70。二是债券收益率变动有负向影响。9 月,5 年期美债收益率单月上涨 20BP 至 2.94%;5 年期德债收益率全月上涨 15BP 至 -0.09%;5 年期日债收益率全月维持不变。

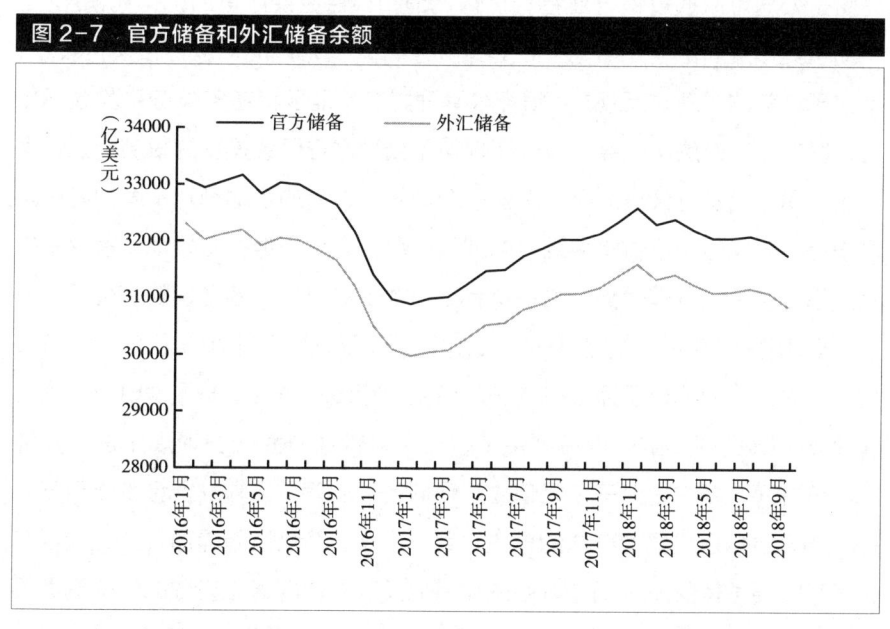

图 2-7 官方储备和外汇储备余额

资料来源:国家外汇管理局。

我们预计,美联储加息操作以及人民币贬值压力不会成为中国人民银行货币政策方向的决定性因素。一是国内广义货币 M2 增速持续低于实际 GDP 和 CPI 增速之和,金融对实体经济的支持仍然有待加强。二是人民币兑美元汇率经过前期的下跌之后,中国人民银行对跨境资本流动的管理总体是收紧的,预计未来进一步收紧的概率仍然较高。

2.2-6 出台《商业银行理财子公司管理办法》

第一，银行理财市场现状。一是产品规模有所增长，但产品数量明显下降。第三季度，403家商业银行（不包括外资银行）季末存续规模估计为29.48万亿元，较2018年第二季度环比增长1.32%；存续117579款理财产品，较2018年第二季度减少9070款，环比下降7.16%。二是结构分化明显。与第二季度相比，零售理财与机构理财存续规模有所上升，而同业理财业务大幅下降，降幅超过20%。

第二，《商业银行理财子公司管理办法》要点及影响。一是销售起点和销售渠道进一步放开。在销售起点上，理财子公司发行的公募理财产品不再设置销售起点，预计银行理财门槛下降导致发行规模增长；在销售渠道上，理财子公司可以通过银行业金融机构代销和银保监会认可的机构代销产品，有助于其拓展新的客户渠道。二是理财子公司公募产品可以直接投资股票，相较于之前的"理财新规"，银行公募理财产品需要借道各类公募基金间接进入股市，该办法从制度上放开了理财子公司进行股票投资的限制。三是理财子公司可以发行分级产品，理财子公司将有充分的余地针对不同的客户需求设计不同风险和收益水平组合的理财产品，有利于银行更好地发挥对基础资产组合的风险管理优势，为投资者提供更多的选择。四是理财子公司注册资本要求为10亿元，门槛相对较低，有利于加快推动中小银行理财业务转型的步伐，充分体现了监管机构鼓励商业银行设立子公司开展理财业务的监管思路。五是高度重视投资者保护，在风险管理方面的各项规定进一步细化。一方面，要求理财子公司建立风险准备金制度，风险准备金主要用于弥补操作风险和合规风险产生的损失；另一方面，强化风险隔离，加强关联交易管理，要求理财子公司与其股东和其他关联方之间建立有效的风险隔离机制，与关联方设置严格的防火墙，按照商业化、市场化原则开展业务合作，防止风险传染、利益输送和监管套利。

第三，未来走势。一是将有越来越多的银行积极响应理财转型要求，设立理财子公司，推动商业银行资管业务向更独立、更高效的运作模式转变，未来银行理财子公司具备较大的发展空间。二是商业银行理财将逐渐回归资产管理业务的本源，通过建立"防火墙"阻隔银行理财业务与其他业务的风险传导，提升银行理财业务的市场竞争力。三是在政策环境与市场环境发生较大变化的情况下，缺乏独立管理能力、实力相对较弱的中小银行或将放弃理财业务，重新回归银行存贷本业。

2.3 2018年的货币政策操作

2.3-1 加大中长期流动性投放

前3个季度中国人民银行综合考虑流动性和监管环境变化等因素，采用下调存款准备金率、开展逆回购等增加长期流动性投放，保持市场利率在低位平稳运行。第一，中国人民银行多次降准以增加中长期流动性，一是为降低企业融资成本，年初部分达标金融机构降准0.5~1.5个百分点；二是为加大对小微企业的支持力度，第二季度部分金融机构降准1个百分点；三是为促进债转股市场发展、继续支持小微企业，第三季度实施定向降准，针对5家大型银行、12家股份制银行以及邮储银行等机构降准0.5个百分点；四是为再次置换中期借贷便利，大型银行和股份制银行等机构再次降准1个百分点。通过有针对性的降准，金融机构资金来源明显扩容，流入实体经济的中长期资金明显增加，在服务实体经济方面发挥重要作用（见图2-8）。第二，中国人

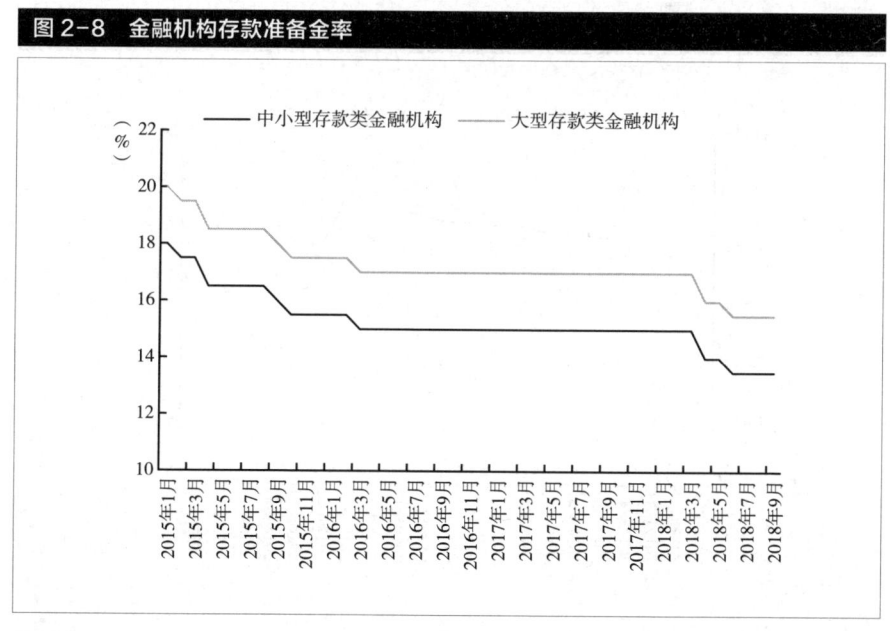

图2-8 金融机构存款准备金率

资料来源：WIND。

民银行运用逆回购操作对流动性的季节性波动"削峰填谷"。之前，由于流动性整体处于较高水平，中国人民银行曾一度暂停逆回购以回笼流动性，但是随着资金面边际收敛，为确保流动性合理充裕又重启逆回购操作。例如，9月19日有600亿元7天逆回购到期，为确保银行体系流动性合理充裕，中国人民银行开展了600亿元逆回购操作，以确保逆回购投放与到期的总体持平。

2.3-2　运用借贷便利工具加强流动性管理

前3个季度，中国人民银行综合运用中期借贷便利和常备借贷便利等工具，增强流动性管理的有效性和灵活性。第一，开展中期借贷便利，确保基础货币供给。中国人民银行每月开展中期借贷便利操作，增强银行体系的流动性，保证基础货币供给。其中，2018年9月，中期借贷便利操作共4415亿元；截至9月末，中期借贷便利余额为5.4万亿元。第二，开展常备借贷便利，满足金融机构的临时流动性需求。中国人民银行前3个季度多次开展常备借贷便利操作，确保货币市场利率平稳运行，常备借贷便利的利率走廊作用更加显著。其中，2018年9月，常备借贷便利操作474.7亿元；截至9月末，常备借贷便利余额为474.5亿元（见图2-9）。

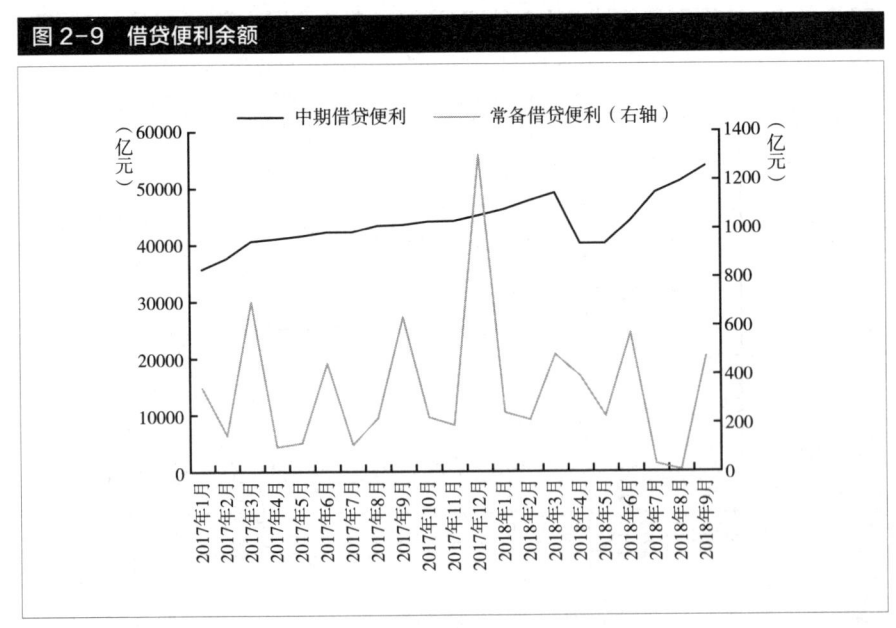

图2-9　借贷便利余额

资料来源：WIND。

2.3-3 继续完善宏观审慎政策框架

宏观审慎管理是在金融危机后提出的,核心在于从宏观和逆周期视角制定相关措施,防范系统性金融风险,维护金融体系稳定。前3个季度,中国人民银行主要从以下两个方面不断完善宏观审慎政策框架。第一,根据宏观调控需要完善宏观审慎评估。从第一季度开始,中国人民银行将资产规模5000亿元以上的金融机构发行的同业存款纳入MPA同业负债占比指标进行考核,同时,对资产规模5000亿元以下的金融机构进行监测。总体来看,将同业存款纳入MPA考核对银行体系影响并不大,基于三点理由:一是大部分银行同业负债占比已经符合监管要求;二是中国人民银行之前已经给予了充分的调整时间;三是同业负债考核分值较低,100分的资产负债考核总分中,同业负债仅占25%。第二,按照金融机构评级完善宏观审慎评估。第一季度,中国人民银行首次启动针对4000多家金融机构的评级工作,作为宏观审慎政策框架的基础,金融机构评级将是未来中国人民银行对金融机构差别化管理的重要依据,也是核定存款保险差别费率和确定MPA结果的重要依据。

2.3-4 加大国民经济薄弱环节支持力度

中国人民银行运用再贷款、再贴现等工具引导金融机构加大对小微企业、"三农"等薄弱环节的支持力度。第一,扩大中期借贷便利担保品范围,将不低于AA级的小微企业、"三农"金融债券及优质小微企业贷款等均纳入担保品范围,引导金融机构进一步加大对小微企业等领域的支持力度。第二,两次增加再贷款和再贴现额度,6月增加1500亿元的支小和支农再贷款额度,且下调支小再贷款利率0.5个百分点;10月在此基础上再增加1500亿元再贷款和再贴现额度,进一步加大对小微和民营企业的信贷投放,降低企业融资成本。

2.3-5 深入推进金融机构改革

第一,推动政策性金融机构改革方案落地。一是国开行商业化改革稳步推进,年初董事会正式成立并运转,改革后国开行仍然以中长期信贷业务为主;二是进出口银行按照改革方案搭建现代公司治理架构,设立董事会及专门委员会。第二,持续完善存款保险制度功能。一是《中国存款保险条例》

的出台为深化金融改革打下基础,截至第三季度末,各项工作稳步实施,金融机构存款平稳增长,总体存款格局保持稳定;二是继续推动风险差别费率的实施,研究探索保险费率形成机制,未来存款保险将实行基准费率与风险差别费率相结合的制度,高风险的金融机构适用较高的费率,低风险的金融机构适用较低的费率。从历史经验看,在制度起步阶段,存款保险费率相对比较低,具体费率将综合考虑国际经验、机构风险承受能力等因素确定,同时也可以根据市场环境变化进行必要的调整。

2.4 2019年总体趋势及政策建议

从中国经济发展的长期趋势看,支撑经济高速增长的要素环境正在发生逆转,人口老龄化的快速发展正在终结我国传统意义上的人口红利。老龄化不仅使我国劳动密集型产业的规模下降和外移成为不可避免的趋势,而且通过影响全社会的储蓄水平,对我国资本自主供给提出挑战。此外,从中美贸易争端及发展趋势看,中国通过技术引进,在"干中学"过程中进行技术升级的路径在未来可能会受到极大的限制,这对于国内的自主创新能力提出了更高的要求。从短期波动的视角看,虽然中国经济在2015年和2018年均面临较大的下行压力,但二者在短周期运行中所处的阶段并不相同:2015年的先行指数在"-1"以下波动,表明经济处于偏冷的状态,此时从需求端发力的宽松货币政策有助于拉动先行指数向上回归"0",即刺激经济从偏冷状态回暖或回归长期趋势;先行指数的正向缺口在2017年以来不断拉大,并在2018年上半年"筑顶",存在向下回归"0"的需要,此时如果从需求端发力出台大规模的货币刺激政策,先行指数的正向缺口会持续扩大,表明经济的短期波动越来越偏离长期趋势(见图2-10)。为此,无论从长期趋势还是短期波动的角度看,2018年以来中国经济增速的稳步、适度下行,有助于经济恢复其自身内在的运行规律,即在经济周期下行过程中出现的市场出清、价格调整、库存调整及就业市场波动是经济自我调节的必然过程。

在上述背景下,当前的宏观经济政策需兼顾短期"稳增长"、长期"可持续发展"和"防范系统性金融风险"等多重目标。其中,"稳增长"是指引导经济增速平稳下行,而不是通过大规模的货币刺激拉动经济增速上行;

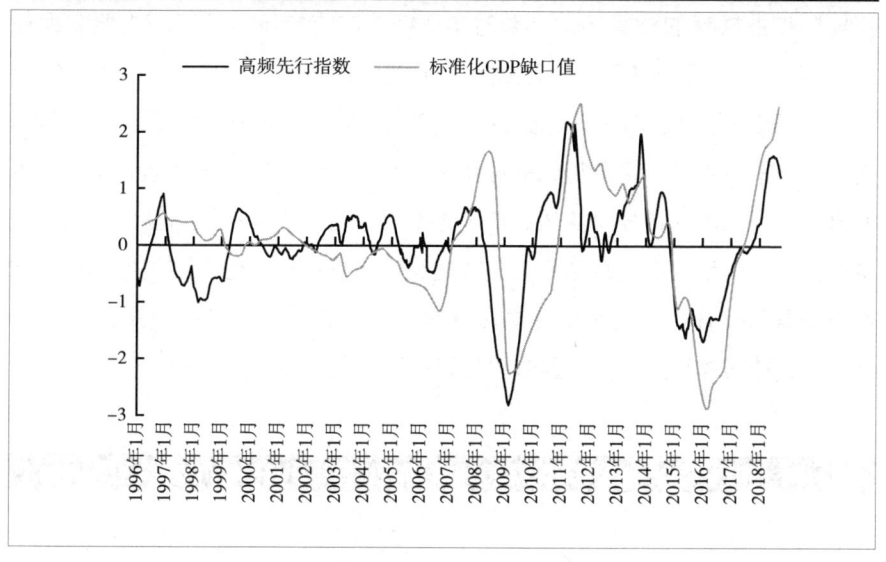

图 2-10　中国高频宏观经济先行指数和 GDP 运行趋势

注：① GDP 数据经过去趋势和标准化处理。
②构建先行指数的指标包括国债利差、股票指数、货币供应量、消费者预期指数、工业产品产销率、社会货运量、沿海主要港口吞吐量、商品房新开工面积和固定资产投资新开工数。
③指数的研究团队包括费兆奇（国家金融与发展实验室）、Wang, Jiaguo（University of Manchester, UK）、刘康（中国工商银行金融市场部）、Jacob B., Schumacher（University of Oxford, UK）、Ksenia, Gerasimova（University of Cambridge, UK）。

"可持续发展"是指更多地着眼于国内经济供给层面的要素投入和全要素生产率，坚持"调整结构、促进转型、深化改革"的调控重心。

　　首先，货币政策要坚持"稳健中性"的政策定力，重在疏通政策传导机制。随着经济下行压力的加大，中央政府先后提出"扩内需"和"六稳"，货币政策的相关操作也从"稳健中性"转为"稳健的货币政策，把好货币供给总闸门，保持流动性合理充裕"。在此背景下，中国的宏观金融形势在第二季度以来逐步转向宽松。图 2-11 描述了高频金融形势指数的波动特征和运行趋势，受"紧货币"和"资产新规"的影响，金融形势指数在 2018 年初至 2 月上旬出现了深度、快速的下行，意味着系统性金融风险的压力陡增；在中国人民银行加大公开市场投放力度和数次降准等政策的推动下，金融形势指数在第二季度稳步上行，进入第三季度以来，金融形势指数的波动中枢处于（0.5，1），意味着金融形势在整体上是相对宽松并且稳健的。但问题在于，宽松的金融形势并没有带动实体经济资金供给的改善，在"资产新规"和去杠杆的背景下，金融对实体经济的支持不升反降，主要表现在2018年以来M2增速和社会融资规模增速屡创新低，并且M2增速持续低于名义GDP增速。其主要原因并非货币政策偏紧，而是在"严监管、紧信用"的政策背景下，金融机构的信用扩张受到抑制，货币政策边际宽松提供的流动性无法顺利传导至实体经济。为此，综合考虑当前相对宽松的宏观金融形势、人民币短期的贬值压力、国内经济持续推进供给侧结构性改革的需要以及导致实体融资困境的主要因素等，货币政策需要坚持"稳健中性"，将金融支持实体经济的工作重心放在疏通货币政策传导机制上。

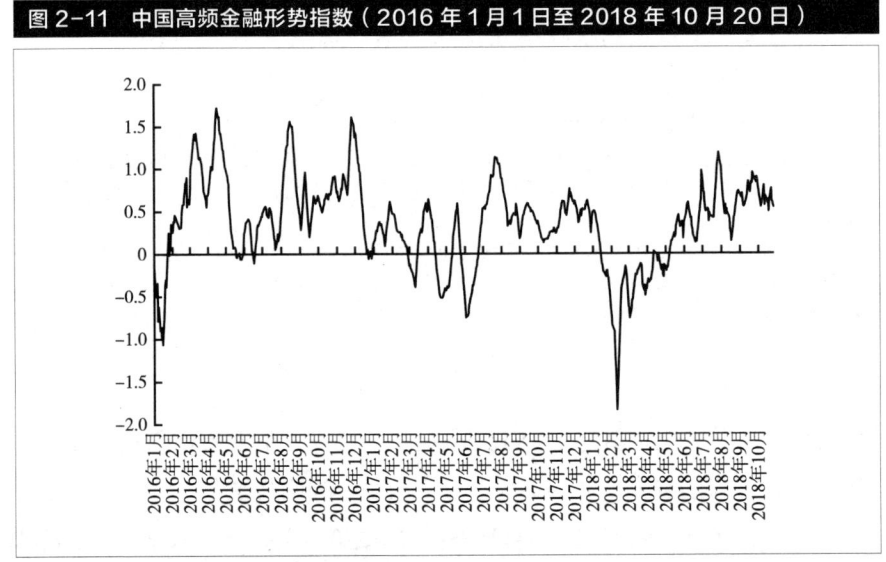

图2-11 中国高频金融形势指数（2016年1月1日至2018年10月20日）

注：①构建金融形势指数的指标包括利率、汇率、股价、房价、大宗商品价格和货币供应量。
②由于高频金融形势指数波动性较大，为了更为清晰地描述金融形势的短期波动和运行趋势，本图只截取了2016年1月1日至2018年10月20日的金融形势指数。
③研究团队同本章图2-10。

其次，积极的财政政策要注意"减税"与"增加支出"并行。一是从"降成本"出发，切实减轻企业税费负担，适当降低增值税税率，推进个人所得税改革，同时，辅以结构性减税，重点投向符合产业结构升级的高端服务业、先进制造业和战略性新兴产业。二是中央政府在扩大赤字率增加开支的基础上,应通过定向调控重点支持教育、社会保障等领域,提升供给侧的人力资本潜力,为我国"第二次人口红利"的开发和利用提供要素积累。三是通过加大基建投资力度"补短板"。相关政策应注重支持形成最终需求,为实体经济创造新的动力和方向。近期的中央政治局会议明确指出,将补短板作为当前深化供给侧改革的重点,加大基础设施建设领域补短板力度。这就对基础设施投入提出了新的要求,即提高投资效率,改善结构,并最终形成实际的有效需求,进而实现可持续发展,而不是在房地产、落后产能等领域通过加杠杆来增加需求。

第3章　国际债券与外汇市场*

- 2018年，全球未偿债券余额（含国际债券）同比上涨9.8%。美国国债收益率呈现"熊平"，中国则呈现"牛陡"局面；中美利差持续收窄，中美10年期国债收益率可能会进一步出现倒挂。新兴经济体陷入资本外流、货币贬值的困境，收益率水平被迫大幅上扬，需警惕美国经济持续复苏对新兴经济体的负外溢影响。同时，美国经济复苏也存在诸多不确定性因素，国债收益率曲线持续走平，需关注美国金融体系流动性变化导致的全球风险。

- 外汇市场上，近一年来人民币汇率呈现先升后降的态势，近期存在资本外流的迹象。美元指数走强，日元、欧元兑美元汇率下挫，新兴市场国家（和地区）汇率分化显著。前期人民币兑美元汇率变动的主要原因是中美经济基本面差异，未来将受国内经济结构调整的影响，也会受制于美国经济等外部不确定性因素。如果美元走强，则人民币存在进一步贬值的可能；如美国金融体系流动性出现转折，人民币贬值压力短期内会得到缓解，但全球再次进入衰退带来的影响将更加复杂。

- 美国10年期国债利率隐含波动率上升导致VIX指数上升，美股下行风险增大；美国机构间信用利差开始上升，流动性出现微妙变化；中美一年期IRS利差倒挂，人民币面临贬值压力；美元兑主要货币基差互换持续扩大，海外美元流动性紧缩或将冲击全球市场。美元指数短期走强，但需要关注未来美国金融体系流动性的转折变化。

---

* 作者：胡志浩，中国社会科学院金融研究所研究员，国家金融与发展实验室副主任；李晓花，国家金融与发展实验室研究员；李重阳，国家金融与发展实验室研究员；叶骋，国家金融与发展实验室研究员。

3.1 全球债券市场发展

3.1-1 全球债券市场存量

截至 2018 年第一季度，全球债券未偿余额（含国际债券）为 103.2 万亿美元，同比上升 9.8%，占全球 GDP128%。债券市场规模最大的国家依次为美国、日本、中国和英国，其全部债券的未偿余额分别为 40.1 万亿美元、13.5 万亿美元、12.5 万亿美元和 6.3 万亿美元，与 2017 年同期相比均有增加（见图 3-1）。美国债券未偿余额约占全球的 38.7%，四国之和约占全球整体规模的 70%。美国、日本、中国和英国的债券未偿余额占各自 GDP 的比重分别为 200%、269%、92% 和 233%，美国债券未偿余额占 GDP 比重由 2017 年第一季度的 204% 降为 200%，日本由 253% 上升为 269%，中国由 87% 上升为 92%，英国由 214% 上升为 233%。

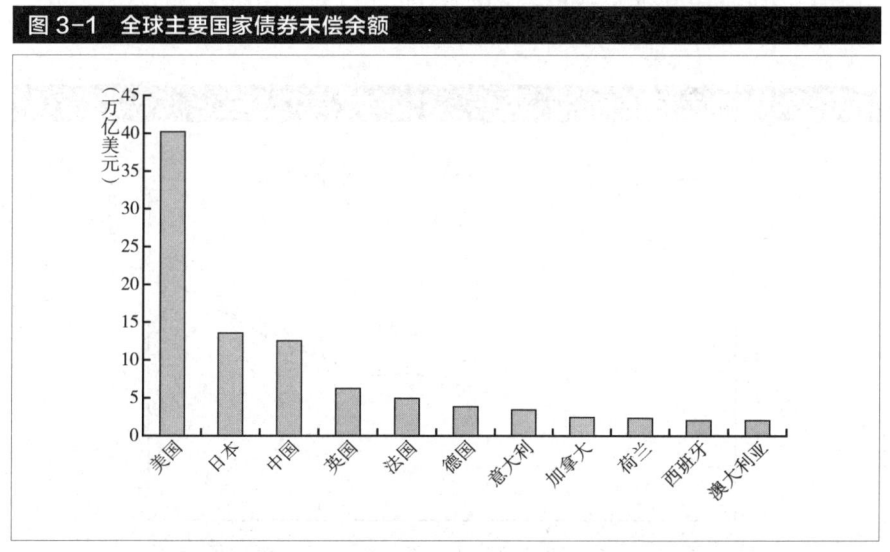

图 3-1 全球主要国家债券未偿余额

注：未偿债券包括国内债券和国际债券，各国债券未偿余额为 2018 年 1 季度末公布数据。
资料来源：BIS。

全球债券市场未偿余额中约有 24% 为国际债券[1]，其中，发达国家发行的国际债券未偿余额占比为 72.1%。目前，国际债券未偿余额总体规模为

1　发行人居住地如与证券注册地、发行法规颁布地、挂牌市场所在地三项中的任一项不一致，则视为国际债券。

24.6万亿美元,约占全部债券未偿余额的24%。其中,发达国家国际债券未偿余额始终占据主导地位,其规模约占全球国际债券未偿余额的72.1%(见图3-2)。随着经济回暖,发达国家国际债券未偿余额自2017年开始触底反弹,目前已接近历史最高水平,但其占全球国际债券未偿余额的比例不断缩小,由2010年第一季度的83.5%下降为2018年初的72.1%。发展中国家国际债券未偿余额在全球占比较小,但其规模和份额均稳步上升。危机以来,由于发展中国家受冲击较小,资产收益率远高于发达国家,国际债券发行稳步增加,余额从2008年末的0.89万亿美元增长到2018年第一季度末的2.51万亿美元,占总规模的比例也从4.7%上升到10.3%。其中,中国国际债券余额从2008年的200亿美元增长至2018年第一季度的2036.9亿美元,占发展中国家国际债券余额的比例从2.3%上升至8%,尤其是2010年中期以来增速上升明显,其主要得益于2010年开启的人民币离岸市场的蓬勃发展、国内企业的海外扩张及海外发债程序的简化。

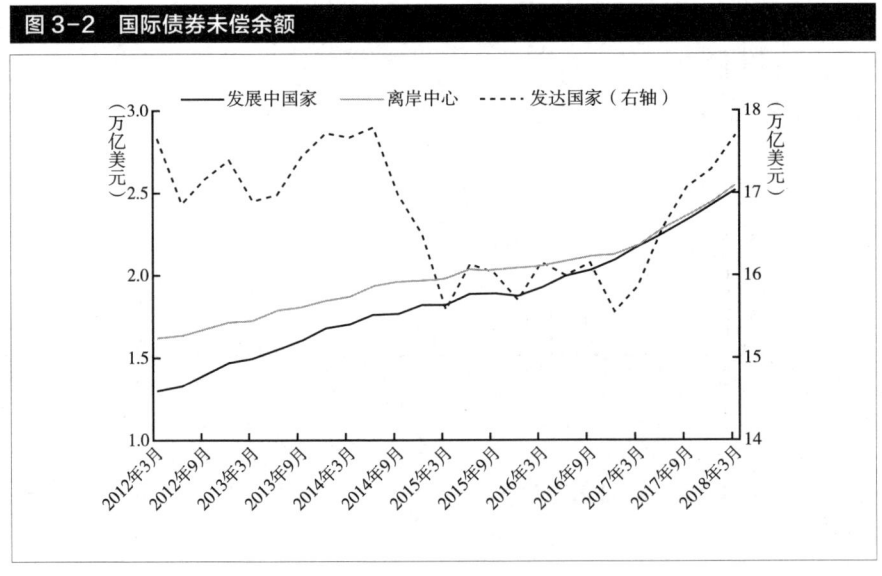

图3-2 国际债券未偿余额

资料来源:BIS。

3.1-2 全球债券市场发行量

2018年发达国家国际债券净发行额同比降幅较大,但发展中国家略有增加。随着美联储加息和"缩表"进程的持续推进，2018年第一季度，发达国家净发行国际债券945亿美元，与去年同期1547亿美元相比，下降38.9%；发展中国家国际债券发行保持稳定，略有增加，发行量为731亿美元，较去年同期增加5.9%（见图3-3）。

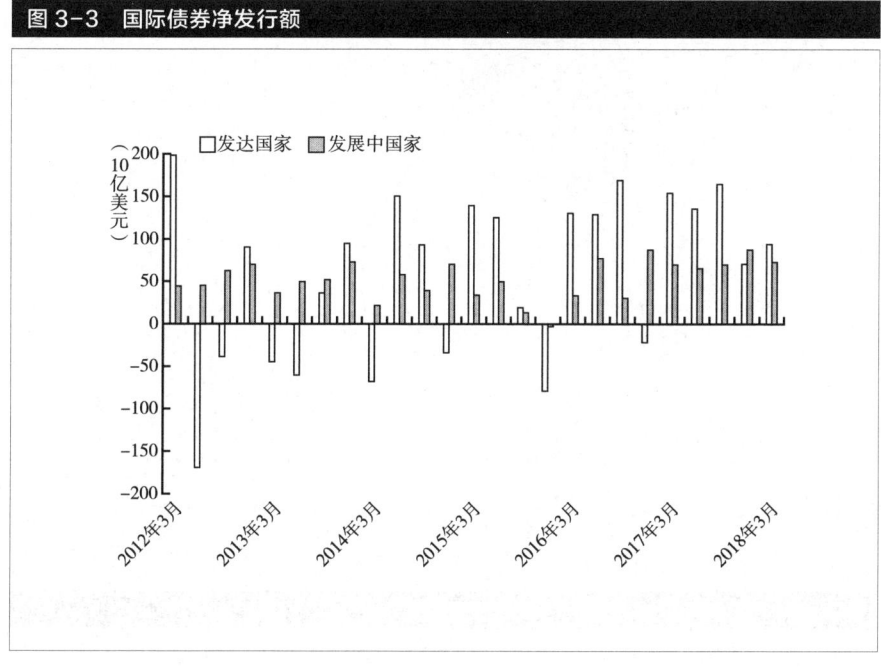

图3-3 国际债券净发行额

资料来源：BIS。

2018年美国债券发行规模略有下降。随着利率上扬导致发行成本增加以及美联储缩表导致需求减弱，2018年1~9月，美国债券发行规模为5.5万亿美元，较去年同期减少约2.3%。由于财政政策刺激，美国国债发行与2017年同期相比增加17.8%，占美国债券市场总发行额比重升至35%；除此之外，其余各类债券发行较去年均有所下降（见图3-4）。

欧元区金融机构债券发行额增长迅猛，非金融企业债券发行规模下滑（见图3-5）。2018年1~8月全部债券净发行额为2786亿欧元，相比去年略有上升。随着欧洲央行减少QE规模预期加强，金融机构债券净发行总额956亿欧元，比去年同期增加95%。中央政府是债券净发行最重要的主体，净发行总额为1539亿欧元，比去年同期增长2.3%，占全部债券净发行额

图 3-4 2018年1~9月美国债券市场的发行构成

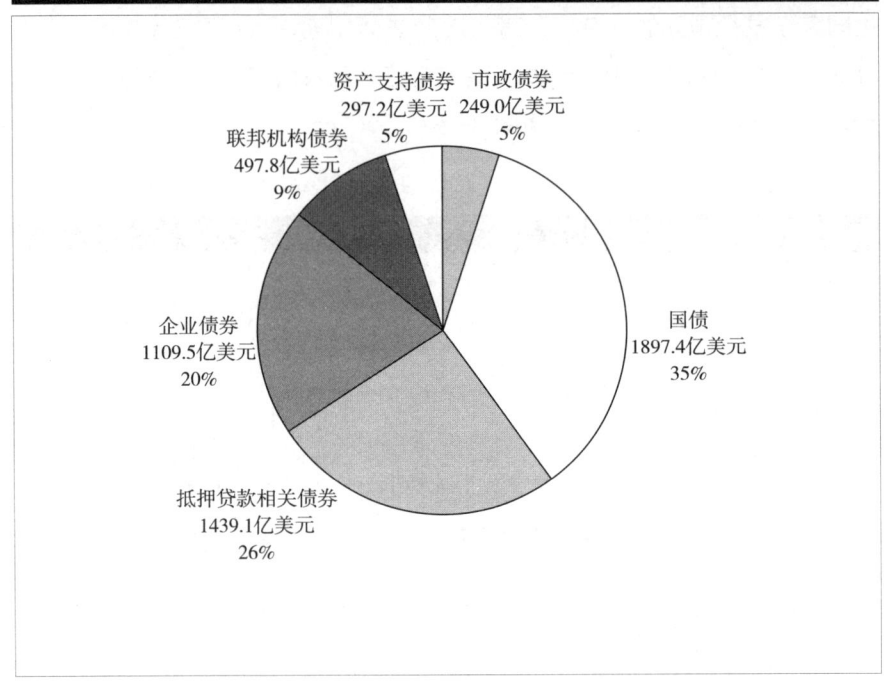

资料来源：WIND。

图 3-5 2018年1~8月欧元区债券发行情况

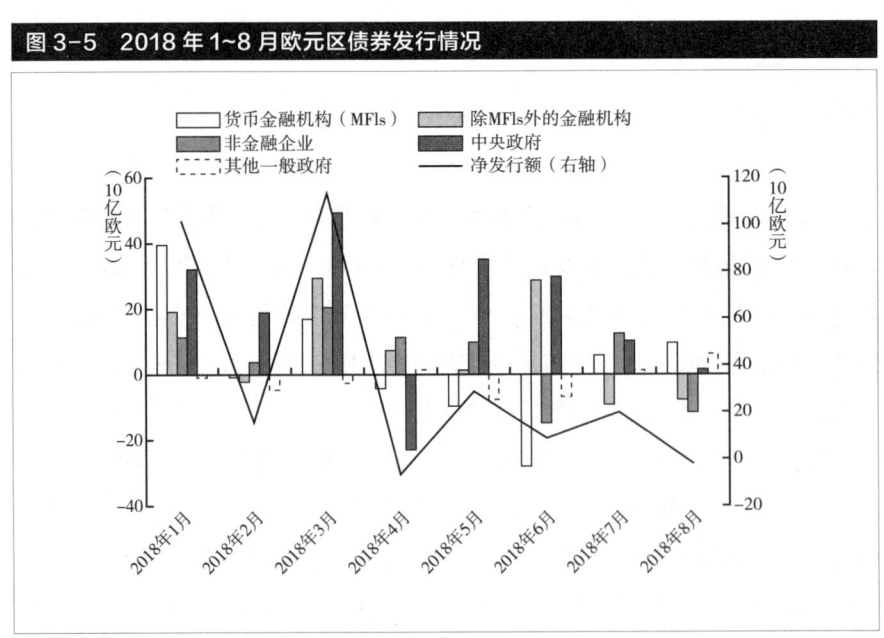

资料来源：WIND。

的55%。由于贸易摩擦升级以及地缘政治斗争加剧，未来经济增长不确定性增强，非金融企业债券净发行426亿欧元，比去年同期下滑39.3%。

3.2 全球债券收益率

3.2-1 发达经济体国债收益率情况

长期来看，国债收益率曲线水平主要取决于经济增速与通胀水平，短期内也会受货币政策和监管政策的影响。危机以来，美、日、欧发达经济体国债收益率曲线水平保持振荡下行态势，自2016年下半年开始触底反弹，其中，美国表现明显，日欧较为温和。同时，发达国家收益率曲线斜率一直持续振荡下行，扁平化趋势明显。

近一年来，美国国债收益率曲线水平加速上行，接近危机以来峰值；曲线斜率持续扁平化，已达到危机以来最低点，收益率曲线"熊平"特征明显（见图3-6和图3-7）。基本面和政策面的协同作用造成美国国债收益率快速上升。美国经济率先从危机中复苏，通胀率连续12个月在2%以上，就业持续向好，再叠加税改刺激以及货币政策正常化的推进，美国国债收益曲线水平延续了2016年中期以来的上升态势。其中，10年期国债到期收益率由年初的2.76%升至3.15%；收益率曲线斜率却不断下降，达到危机以来最低点。收益率曲线水平和斜率的负相关性明显。收益率曲线持续扁平化，需警惕美国经济再次步入衰退的风险。

日本国债收益率曲线水平和斜率保持稳定，小幅振荡略有上行。目前，日本经济处于缓慢复苏阶段，经济增速和通胀保持稳定，货币政策仍处于QQE中，受美国国债收益率快速上升的影响，日本国债收益率曲线水平和斜率小幅振荡上行。

欧元区公债收益率曲线水平和斜率小幅振荡下行。欧元区虽处于复苏阶段，但影响其经济增长的风险因素日益增多。首先，欧元区各国尤其是希腊的债务问题依然严峻；其次，英国脱欧进程拖延，意大利经济增长停滞且与欧盟陷入"预算之争"，全球贸易摩擦以及美国对伊朗全面制裁，欧元区经济增长前景越发不明朗，收益率曲线水平小幅振荡下行。

未来一年，发达经济体收益率走势可能仍存在分歧。由基本面支撑的美国国债收益率或将延续上行态势。同时，贸易摩擦、消费可持续性以及美国股市波动增大等增加了美国经济的不确定性，需关注美国金融和经济形势的反转给美国收益率曲线带来的压制效应。日本国债和欧元区公债收益率曲线水平或将延续目前态势，分别保持小幅振荡上行和下行。

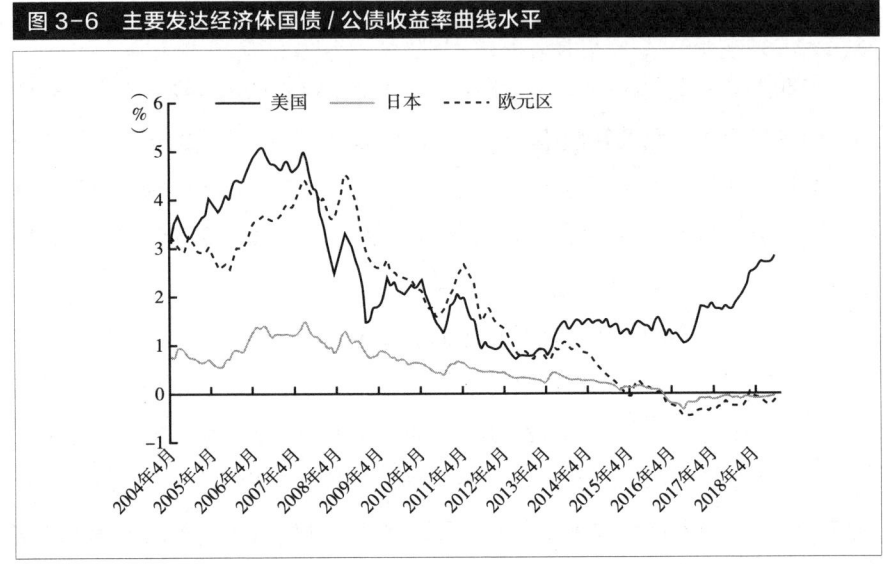

图 3-6　主要发达经济体国债/公债收益率曲线水平

资料来源：WIND。

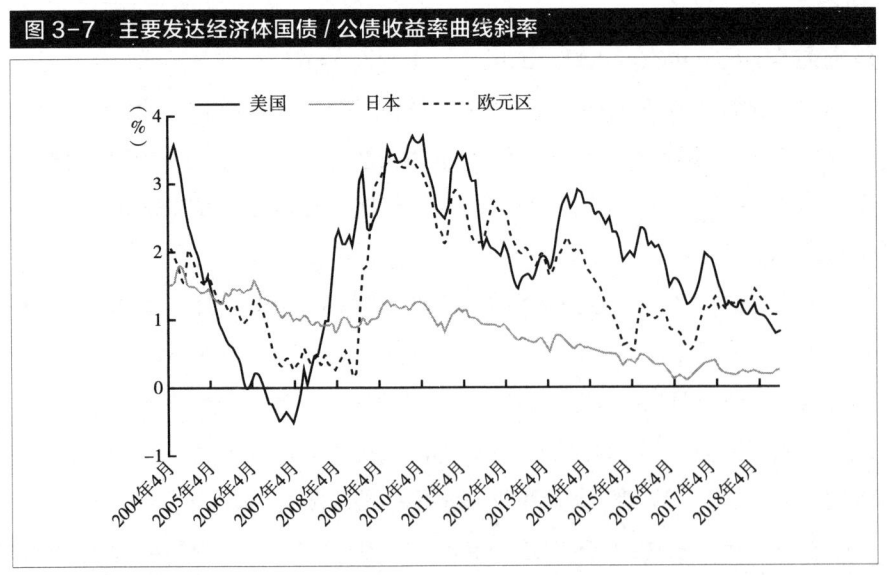

图 3-7　主要发达经济体国债/公债收益率曲线斜率

资料来源：WIND。

3.2-2 新兴经济体国债收益率

次贷危机以来，新兴经济体国债收益率曲线水平和斜率变动呈现周期性波动的态势，且其波动剧烈程度要远超发达经济体。随着发达国家经济复苏，尤其是美国经济增长强劲，资本加速回流，新兴经济体货币承压，2018年以来出现较大幅度的贬值，尤其是巴西、土耳其等外债负担较重的国家，多数国家以被动加息来应对，国债收益率曲线水平上移。

次贷危机以来，印度国债收益率曲线曾出现两次大幅波动，分别发生在2008年和2013年下半年。2008年，危机后经济增速急剧下降，为应对危机，印度大幅降低利率；2013年下半年，为了应对美国加息导致的资本外流，印度央行被动加息。两次利率剧烈波动都伴随资本外流叠加贸易逆差，导致印度卢布大幅贬值。2018年以来，印度国债收益率曲线水平受经济增长和通胀因素推动上移，斜率受加息预期落地影响（年内已加息2次）呈现扁平化的"熊平"态势（见图3-8和图3-9）。由于油价上涨和资本外流，印度卢布持续贬值，年初至今已贬值超过10%。未来一年内，经济持续扩张或加息是支撑卢布稳定的两大重要因素，这将推动收益率曲线水平上移。

俄罗斯国债收益率曲线水平自次贷危机以来也曾出现两次大幅波动，分

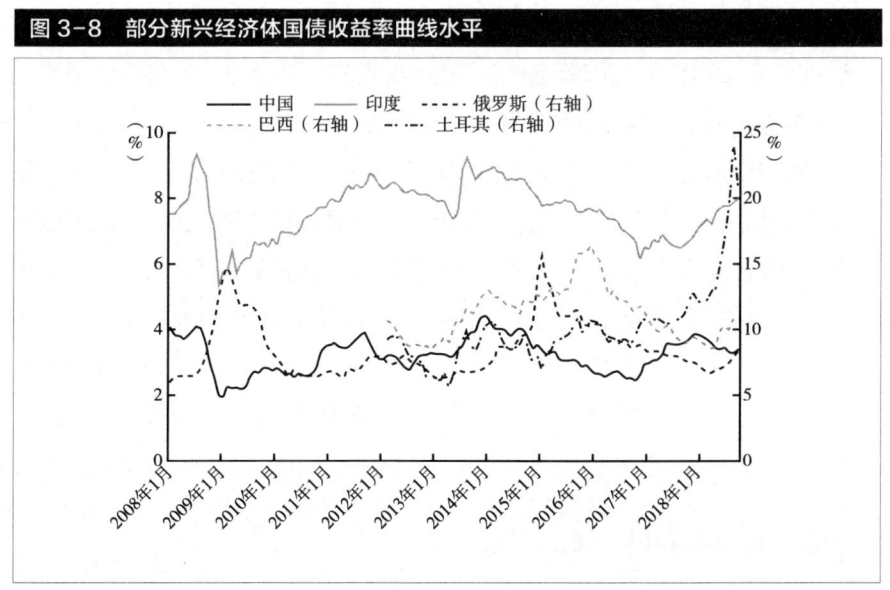

图3-8 部分新兴经济体国债收益率曲线水平

资料来源：WIND。

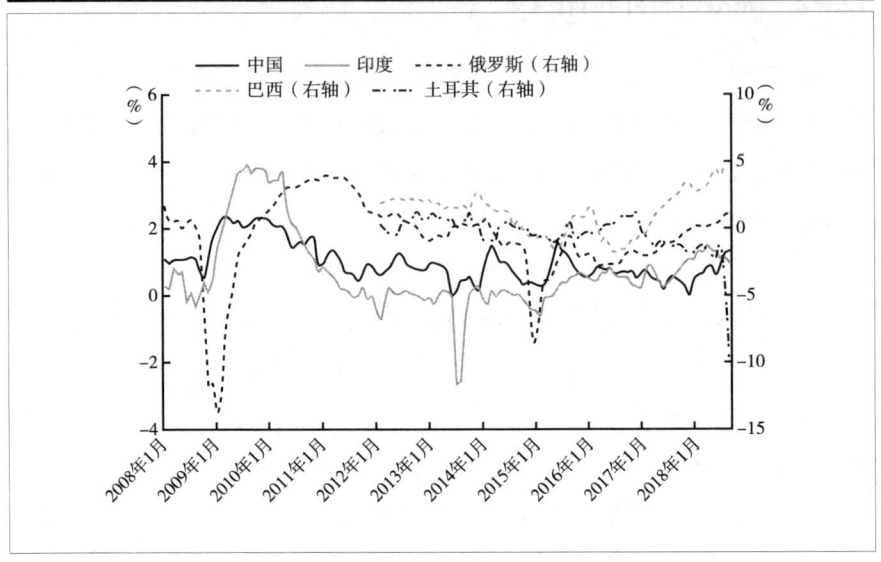

图 3-9 部分新兴经济体国债收益率曲线斜率

资料来源：WIND。

别发生在 2008~2009 年以及 2014~2015 年。整体来看，两次波动均与地缘政治冲突加剧有关，2008 年乌克兰危机以及 2014 年乌克兰坠机事件之后，西方对俄罗斯采取严厉的经济制裁措施，叠加油价下降，导致俄罗斯在上述两个时段陷入资本外流、外储减少和汇率下跌的多重经济困境，对此，俄罗斯都采用加息的策略来应对。目前，俄罗斯仍然遭到西方经济制裁，经济增长预期下调，资本外流迹象明显，卢布持续贬值，预计未来或将依然采用加息的方式来应对，收益率曲线水平将延续上升态势。

2018 年以来，受国内经济增速下降及选情变化，叠加外部因素，巴西雷亚尔持续贬值，巴西央行被动加息，国债收益率曲线水平上移。因与美国的政治冲突加剧及自身经济结构不合理（经济高速扩张严重依赖外债，经常项目常年赤字），土耳其里拉大幅度贬值，截至 9 月底，贬值幅度约 50%，通胀率已达到 24.5%，目前，土耳其央行已将隔夜贷款利率上调至 25%，国债收益率曲线水平急剧上升，斜率急剧下降。未来，随着加息空间的进一步压缩，待其币值稳定，货币政策也终将回归正常，收益率曲线水平可能会有较大幅度回调。

3.2-3 中美国债收益率利差情况

中美利差持续收窄，中美 10 年期国债收益率可能进一步出现倒挂。就收益率曲线短端来看，倒挂已然形成：今年 7 月底，我国 1 年期 IRS 与美国 1 年期 IRS 首次出现倒挂。10 月底，美国 3 个月的国债收益率达到 2.3%，也已超过我国 3 个月国债收益率 2.1% 将近 20BP；就 10 年期国债收益率来看，中美利差已由年初的 140BP 急剧收窄至 10 月底的 40BP，需警惕倒挂风险（见图 3-10）。2002 年以来，中美 10 年期国债利差曾出现过两次较长时间的倒挂，分别是 2002 年至 2004 年中期以及 2005 年初至 2007 年底。2002 年至 2004 年中期，中国刚刚经历亚洲金融风暴冲击，利率处于低水平区间；美国虽然也刚刚经历网络科技股泡沫破灭，但其利率水平处于高位下滑阶段，随着时间推移，中美利差在 2004 年下半年转正。2005 年初至 2007 年底，国内处于人民币汇率改革以及通货紧缩阶段，而美国处于加息周期。以上两种状况导致中美利差出现阶段性的倒挂。次贷危机以来，由于中美降息时间点和幅度不同，中美 10 年期国债利差也曾出现过 3 次短暂的倒挂，但均未形成持续趋势。

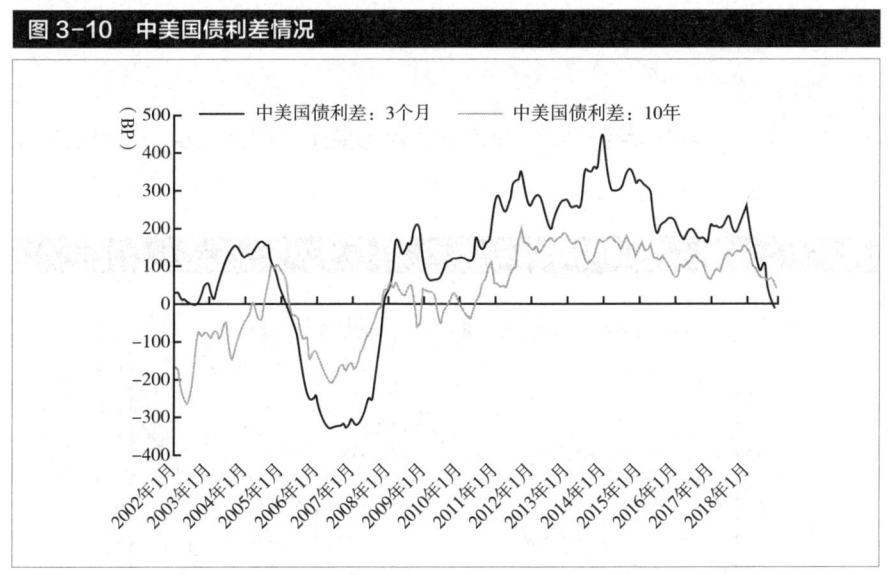

图 3-10　中美国债利差情况

注：利差等于中国国债对应期限收益率减去美国国债对应期限收益率。
资料来源：WIND。

展望未来，美国利率仍有上升惯性，基本面稳定，货币政策正常化进程也在稳步推进，但存在诸多不确定性，尤其是美国股市的剧烈振荡也似乎预示着市场流动性可能会再次面临转折。总体来说，美国基本面偏向积极，国债收益率水平仍将惯性上行，但需关注金融市场变化和警惕经济重回衰退。反观中国，经济基本面仍处于结构调整的阵痛期，货币政策当局也多次表态，稳健中性的货币政策将保持不变。从长期看，中国国债收益率仍将处于下行通道，但同时需要关注遏制收益率下行的短期因素：内部因素包括第四季度财政发力以及各项减税降费措施的落地对产出增长的边际贡献，同时通胀抬头也会对收益率形成支撑；外部因素主要是汇率承压，中美利差收窄也会压缩利率下行的幅度。总之，长期来看，中国国债收益率仍呈下行趋势，但下行幅度有限，短期内（第四季度）甚至会出现振荡上行的情形，但中美利差仍将以美国利率上行为主导，并继续收窄，需警惕中长端出现倒挂的风险。

3.3 人民币外汇市场

3.3-1 人民币汇率走势

2017年10月以来，人民币经历了稳定—升值—稳定—贬值的过程（见图3-11）。

（1）2017年10月到2017年底，人民币兑美元保持稳定，汇率双向波

图3-11 美元兑人民币中间价和美元指数

资料来源：WIND。

动。这一时期主要受国内政策影响，2017 年 9 月，随着人民币单边贬值预期的消除，中国人民银行调整了原来贬值预期下的措施，将远期购汇的外汇风险准备金率从 20% 下调至零，降低了企业远期购汇成本，同时取消了境外机构境内人民币账户的存款准备金要求。

（2）2018 年 1 月，人民币对美元明显升值，美元兑人民币中间价从 6.5 左右下降到 6.3 左右，上升 2000 个基点。其主因是美元指数振荡走低，同时，境内银行代客结汇规模增加、境外投资者陆续增持境内债券资产也是推动因素。

（3）2~6 月，人民币兑美元保持稳定，这一阶段美元相对疲软，境内结汇规模较大，银行间流动性较好，稳定了市场预期。

（4）6 月下旬以来，人民币进入贬值通道，截至 2018 年 11 月 1 日，美元兑人民币中间价为 6.9670，人民币较一年前贬值 5.08%，较 4 月最低点则贬值 10.99%，主要是受到贸易战等外部冲击的影响，同时中美经济周期错位、中美利差收窄等经济基本面矛盾对外汇市场的压力也日渐显现。在 11 月 1 日的年度最高点后，近期美元兑人民币有所回调，但人民币汇率尚未形成新的趋势。

在"8·15"汇改后，人民币兑美元汇率与美元指数整体高度相关；人民币兑一篮子货币走势也基本与人民币兑美元一致，仅当美元相对欧元、日元等篮子货币单独走强时，二者才产生分化，如 2018 年 4~6 月呈现典型的分化走势（见图 3-12）。以 6 月 20 日人民币对美元大幅贬值为分界线，4 月初至 6 月中旬美元兑人民币中间价下调明显，而人民币对一篮子货币指数微升；6 月下旬快速贬值后，人民币美元和一篮子货币都呈现明显贬值。究其原因，前一阶段人民币对美元贬值是被动的，源于美元走强（其间美元指数上涨 5.7%），从而导致人民币对一篮子货币略有升值；后一阶段国内经济受到贸易战等因素冲击，人民币对美元和一篮子货币都呈现贬值趋势。

3.3-2 人民币汇率的基本面和政策面

观察国内的经济，2016 年第二季度到 2017 年第二季度，我国 GDP 经历了一年的增速回升，之后，GDP 增速从 6.9% 开始下滑，中国 2018 年第三季度 GDP 同比增长 6.5%。国内经济结构调整的阵痛仍在持续，加之外部变数增多，经济总体面临一定下行压力。

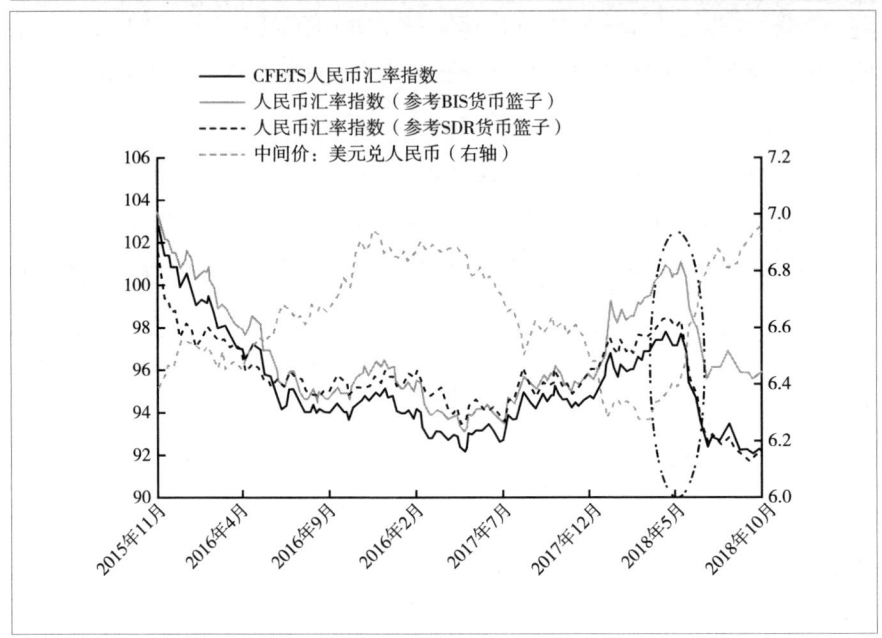

图3-12 人民币对一篮子货币指数及人民币兑美元中间价

资料来源：WIND。

近年来，投资对GDP的贡献率在持续下行，与之对应的是消费贡献率的增长（见图3-13）。货物和服务净出口与汇率走势存在一定的相关关系。理论上，净出口的减少会造成对本国货币需求的缩减，从而导致本国货币贬值。进入2018年后，我国货物贸易顺差减小、服务贸易逆差扩大，十多年来我国季度经常项目差额首次出现逆差。需要注意，我国作为长期经常项目顺差国，如果后续再次出现单季度逆差甚至全年总体录得逆差，将给汇率稳定造成明显压力。长期来看，经常项目逆差、外债和外储不足是新兴市场国家爆发货币危机的导火索，对此应当给予足够重视。

近年来，工业增加值和制造业PMI中枢明显下移。中国2018年9月规模以上工业增加值同比增长5.8%，仍处于回落当中（见图3-14）。受中美贸易问题的影响，制造业PMI从5月开始掉头向下，9月的最新数值为50.8，尚在枯荣分水岭以上。未来几个月内，如果没有进一步的有效提振，该指数还有继续下行的可能。

外汇占款曾是观察我国货币当局汇率政策变化的有效变量。在汇改前，往往表现为人民币升值阶段外汇占款趋于增加，人民币贬值阶段外汇占款趋

图 3-13 三驾马车对 GDP 的拉动与贡献

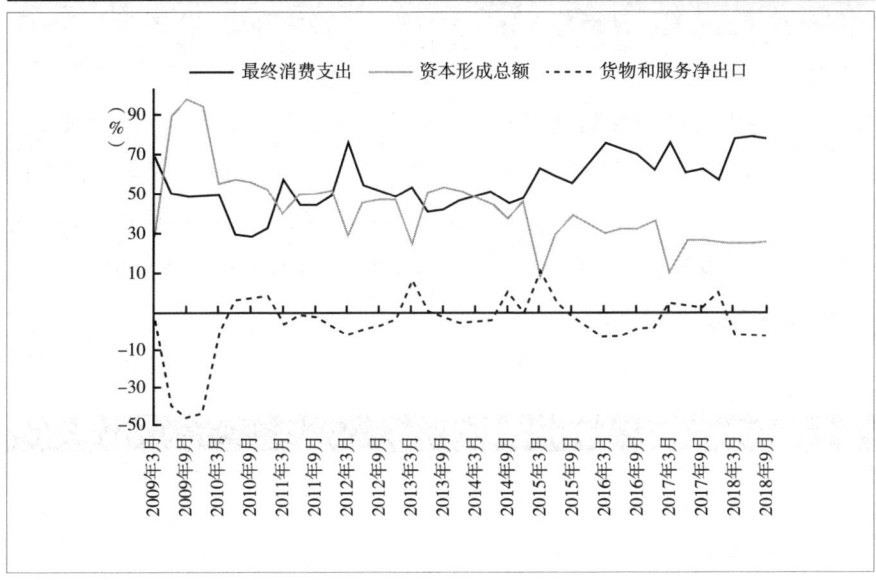

资料来源：WIND。

图 3-14 规模以上工业增加值同比增速

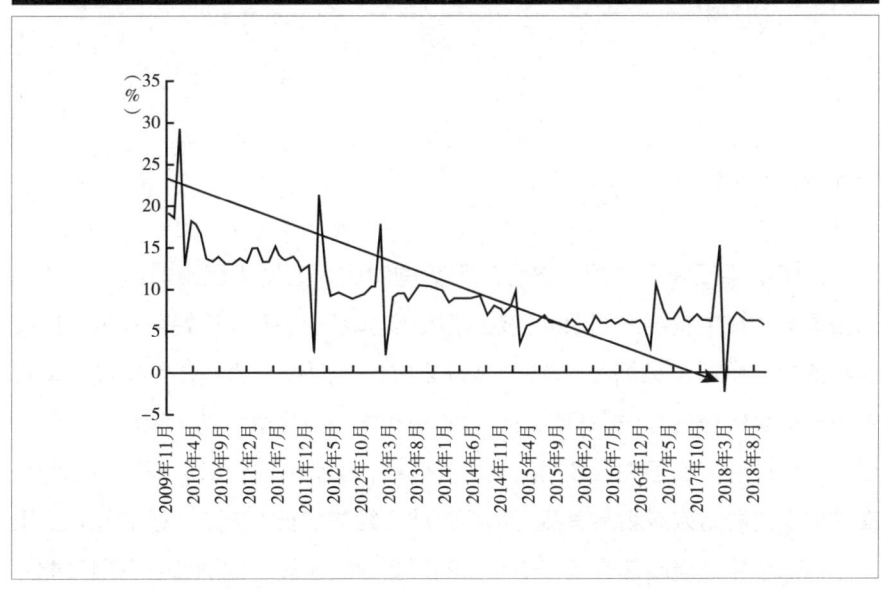

资料来源：WIND。

于减少。其逻辑是，当人民币贬值时，中央银行要维持汇率稳定就需要买入人民币并卖出外汇，从而导致外汇占款降低；反之则反。汇改后，形成了"中间价＝前一日收盘价＋一篮子汇率变化＋逆周期因子"的人民币汇率形成机制，外汇占款规模则趋于平稳。中国 9 月央行口径外汇占款余额减少 1193.95 亿元至 21.4 万亿元，降幅较 8 月明显扩大，创 2017 年 1 月以来最大降幅（见图 3-15）。外汇占款环比大幅度减少，可能意味着中国人民银行外汇逆周期调控力度加大，也意味着面对人民币贬值压力，央行可能采取了稳定预期的政策手段。

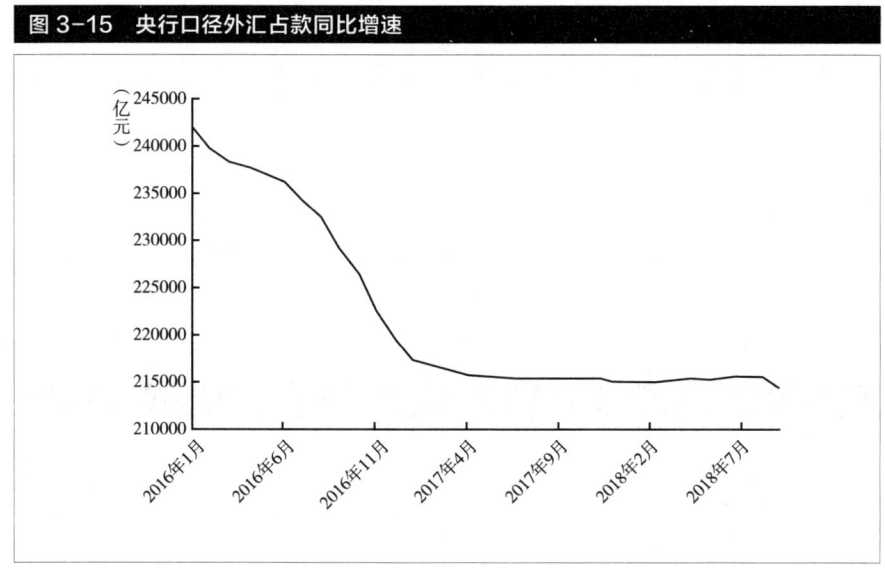

图 3-15 央行口径外汇占款同比增速

资料来源：WIND。

汇率水平反映了两国经济金融形势的对比，近期人民币对美元贬值压力主要集中在中美经济周期的相对差异。美国从 2016 年开始再次进入持续温和的复苏阶段（见图 3-16）。从需求拉动方面看，消费在美国经济增长中占有举足轻重的地位，其对 GDP 的拉动作用也是最大的（见图 3-17）。过去一段时间，美国失业数据达到历史低点，通胀尚未走高，股票市场的较高估值通过财富效应刺激消费，从而带动了经济增长。未来一段时间，如果美联储加息导致流动性收缩，使股市的财富效应逆转，则消费下滑很可能抑制美国经济的增长。

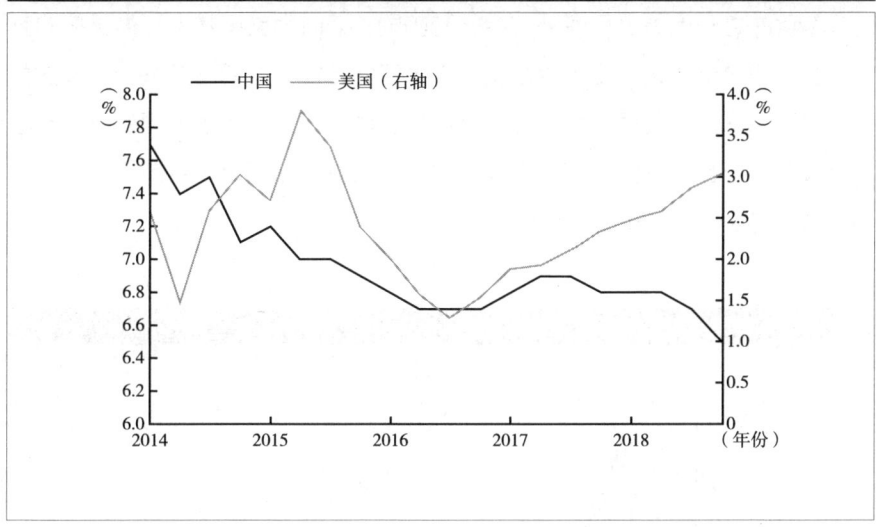

图 3-16 中美 GDP 同比增速

资料来源：WIND。

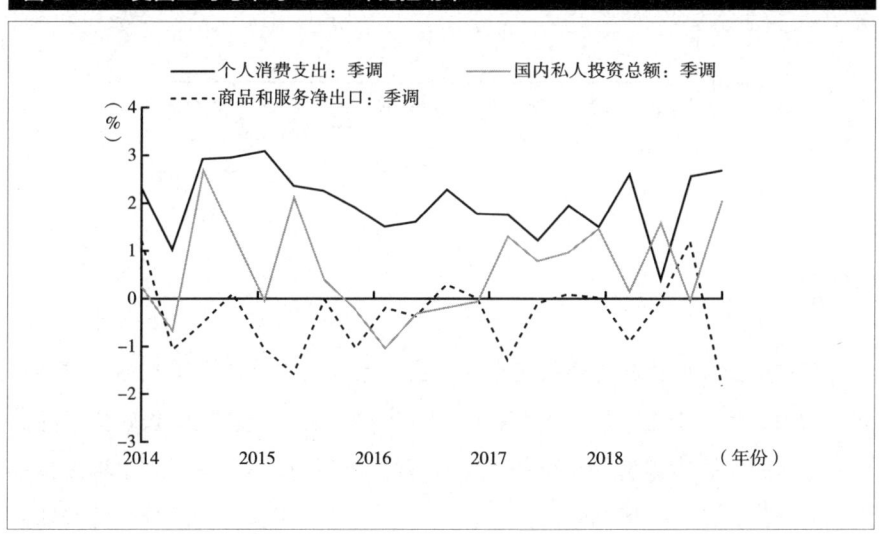

图 3-17 美国三驾马车对 GDP 环比拉动率

资料来源：WIND。

美国经济持续复苏的同时，特朗普的减税政策也对美元的走强起到了短期的助推作用。特朗普减税政策已将企业所得税率从 35% 大幅降至 20%。跨国企业目前为避税而囤积在海外的 2.6 万亿美元利润，只需一次性缴纳

14%的所得税便可合法汇至美国。无论是减税、基建还是贸易政策，特朗普的政策目的之一就是吸引海外资金回到美国，同时为美国本土提供更多的就业。当周初次申请失业金人数是反映美国经济运行的重要高频指标，该指标按周发布，美元、美债交易者格外重视。金融危机后，随着美国的经济复苏和相关政策出台，美国当周初次申请失业金人数逐渐下降，目前已经达到十年来的历史最低位（见图3-18）。

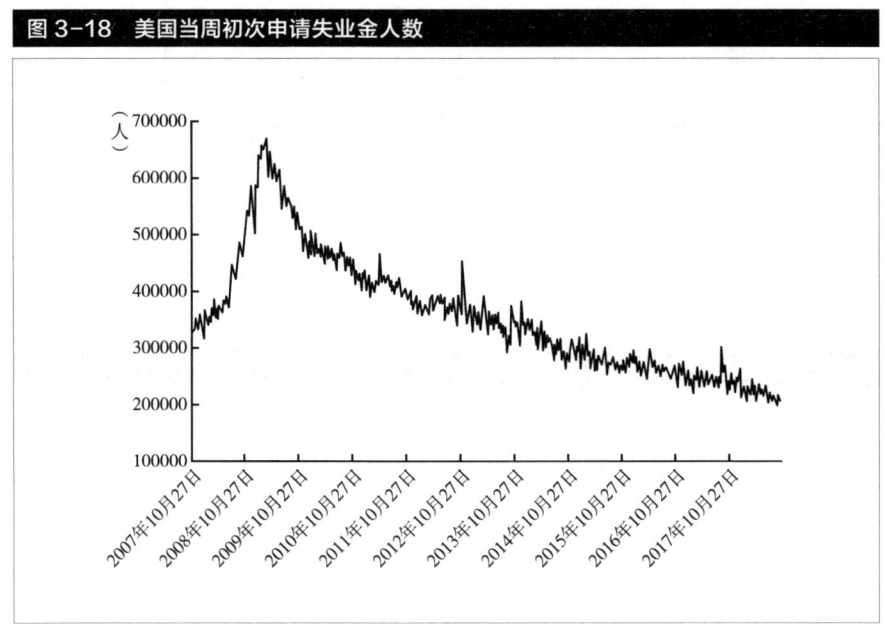

图3-18 美国当周初次申请失业金人数

资料来源：WIND。

美联储货币政策的加息姿态也给人民币带来压力。由于美国处在复苏周期，货币政策已走上正常化道路，中国为支持经济向高质量增长转型，将在未来一段时间采取稳健的货币政策，确保流动性保持适当宽裕。这种政策取向上的变化，将对人民币汇率产生压力。我们用7天银行间质押式回购加权利率作为我国的货币政策的基准变量，和美国联邦基金利率进行比较，两者之差的显著收窄就是这种政策变化的注脚（见图3-19）。

总体而言，未来美元对人民币仍存在进一步走强的可能，但需要关注美国流动性转变带来的深刻影响。从美国国内经济来讲，基本面依然保持强劲，加息稳步推进，支撑美元走强；从外部环境来看，近来新兴市场国家多

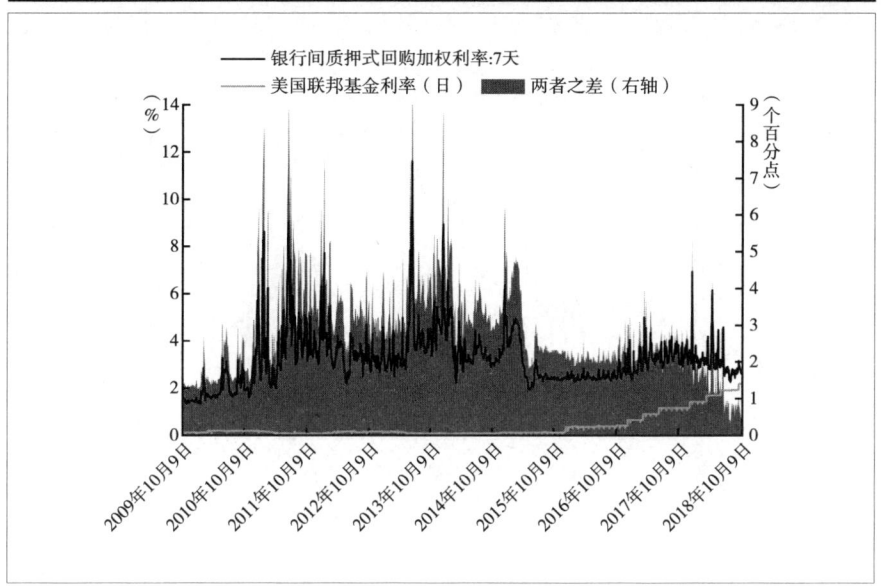

图 3-19 中美货币政策利率比较

资料来源：WIND。

番遭受打击，外部经济状况恶化，促使资金回流美国。我们认为，在这种情况下，不应存在对人民币兑美元汇率突破 7 的"心理障碍"，应正视汇率的市场功能，尊重其价格变化的市场机制。在汇率预期变化强烈时，从维护金融体系稳定的角度考虑，要提升资本流动管理的有效性。另外，也要考虑到美国自身流动性变化可能产生的影响，考虑到美联储加息和美国金融政策环境收紧，贸易战升级可能导致消费和投资的不确定性增加，美国自身流动性收缩可能引发资产价格重估，这对包括美国在内的世界经济会产生深刻的影响。

3.3-3　离岸人民币市场

离岸人民币方面，汇改之后，人民币汇率双向波动成为常态，彻底改变了"8·15"汇改以前的单边趋势（见图 3-20）。在"8·15"汇改前后，为了维护人民币汇率稳定，中国人民银行通过商业银行回笼离岸人民币，抵御贬值预期，导致离岸人民币存量下降。随着人民币汇率双向波动预期形成，离岸人民币存款规模再度回升。在存量上，众多内地金融机构在中国香港设立海内外资金往来的中转站，使中国香港成为最成熟的离岸人民币市

图 3-20 在岸-离岸人民币汇率走势

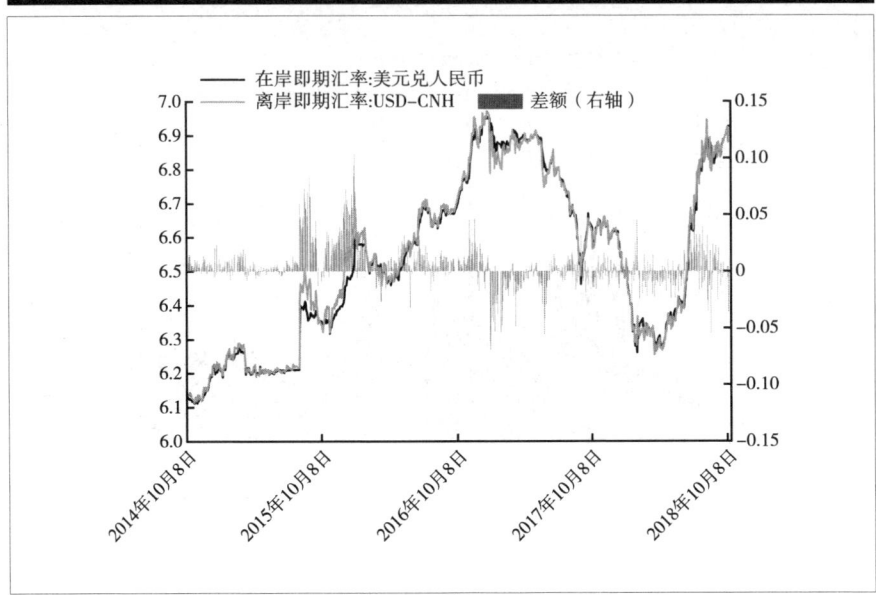

资料来源：WIND。

场，截至 2018 年 9 月末，香港离岸人民币存款超过 6000 亿元，其规模占离岸人民币存款总量的一半多（见图 3-21）。

图 3-21 中国香港、中国台湾和新加坡离岸人民币存款规模

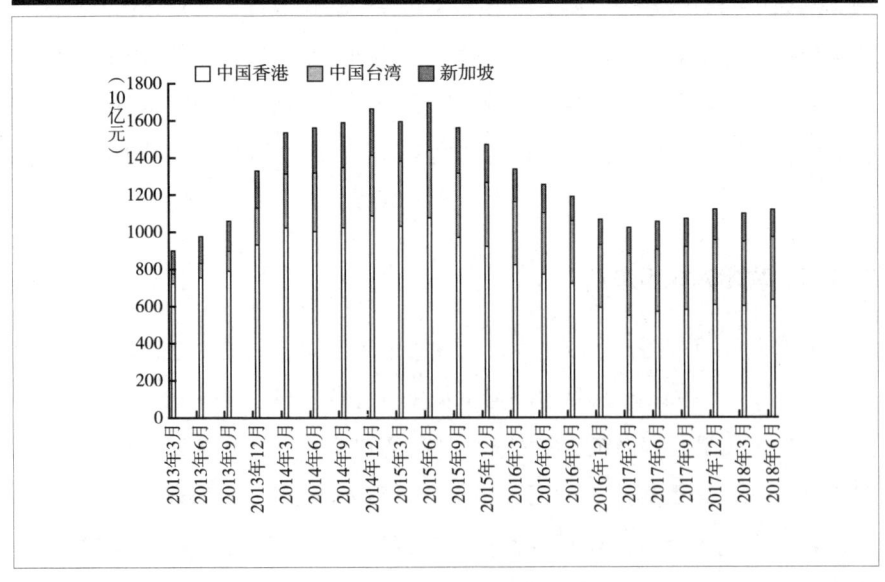

资料来源：WIND。

离岸人民币产品包括存款、债券、RQFII、沪港通和深港通等。具体来讲，存款类除了定期存款外，还有投资存款品种，通常与外汇或股票挂钩，从而获得类似衍生品的风险-收益结构。债券类产品包括中国政府发行的离岸人民币债券、境外机构发行的"点心债"等。RQFII 一方面有投向内地市场的品种，中国香港的普通投资者可以通过 RQFII 公募基金、ETF 等产品投资内地股市和债市；另一方面也有全球基金可以在全球市场投资。近年来，沪港通和深港通已经成为境外投资人民币股票的主要渠道。

3.4 人民币跨境资本流动

我国的跨境资本流动方面，非储备金融账户从 2017 年开始由顺差转为逆差（见图 3-22）。跨境贸易人民币业务结算是资本外流的一条可能性渠道，尤其是 2018 年第二季度开始的上升态势反映一些资金受人民币贬值预期影响，试图通过跨境贸易人民币业务结算渠道向外流出（见图 3-23）。

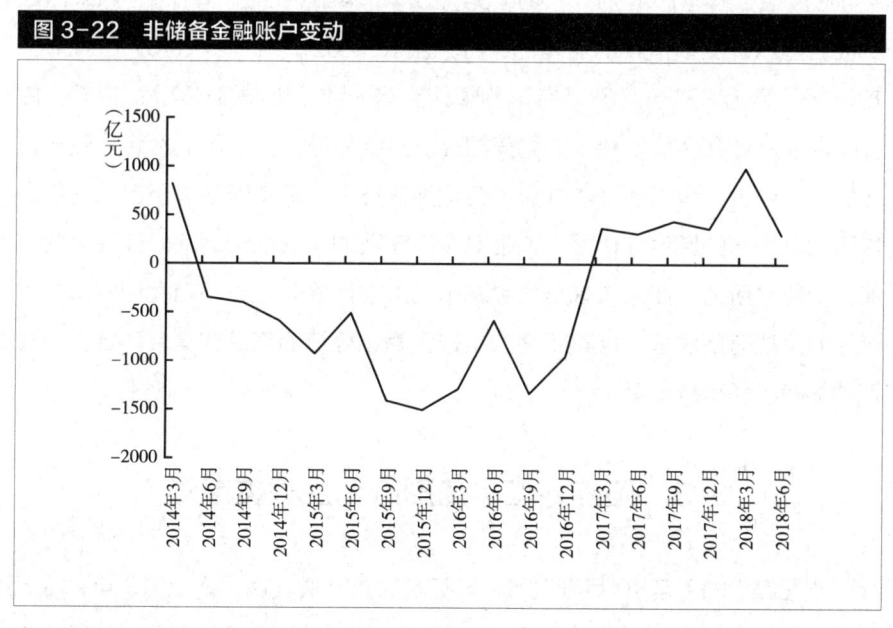

图 3-22　非储备金融账户变动

资料来源：WIND。

图 3-23 跨境贸易人民币业务结算金额

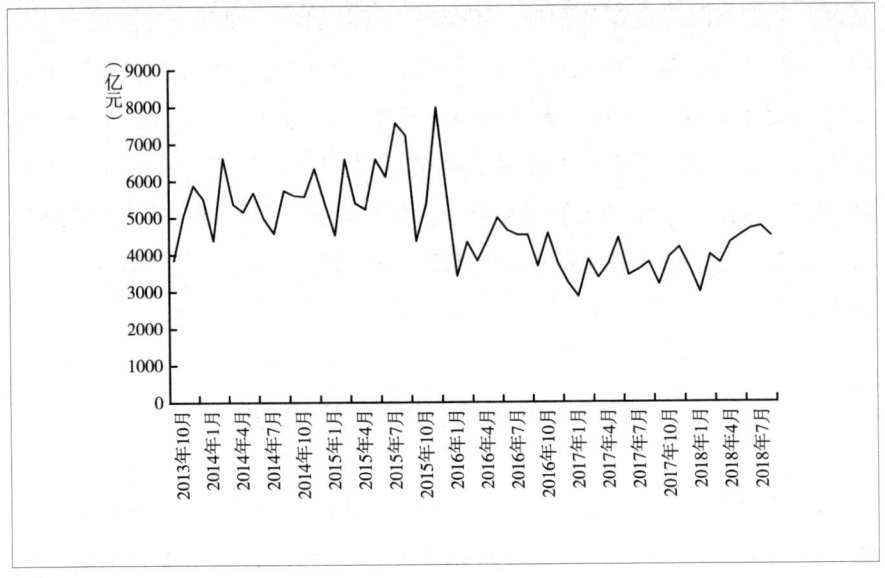

资料来源：WIND。

零售外汇市场的多项指标显示，过去一年中，人民币资本流动经历了净流入向净流出的转变，银行结售汇差额和银行代客结售汇差额都在2018年5月形成最大顺差，分别为1234.54亿元和1432.75亿元；而9月末的最新数据显示，三项指标的逆差已经分别达到1202.21亿元、1102.59亿元、1909.52亿元，这与汇率V字形的整体趋势一致（见图3-24）。目前，由于国内经济处在转型阶段，如果美国经济持续复苏，人民币汇率将承受一定压力，可能进一步出现资本外流，在这种情况下，资本流动过于自由往往是货币危机爆发的制度性诱因，加强对资本流动的审慎性管理的必要性大为增加。如前文所述，如果未来美国金融市场流动性紧张，短期内我们的资本外流压力可能有所缓解，但其带来的全球金融和经济的震荡究竟会对各国造成何种影响，还有待观察。

3.5 国际外汇市场形势：主要货币对

欧元在2017年10月到2017年底对美元升值，而进入2018年，欧元对美元总体小幅贬值（见图3-25）。欧元与美元的矛盾在于两国经历危机之

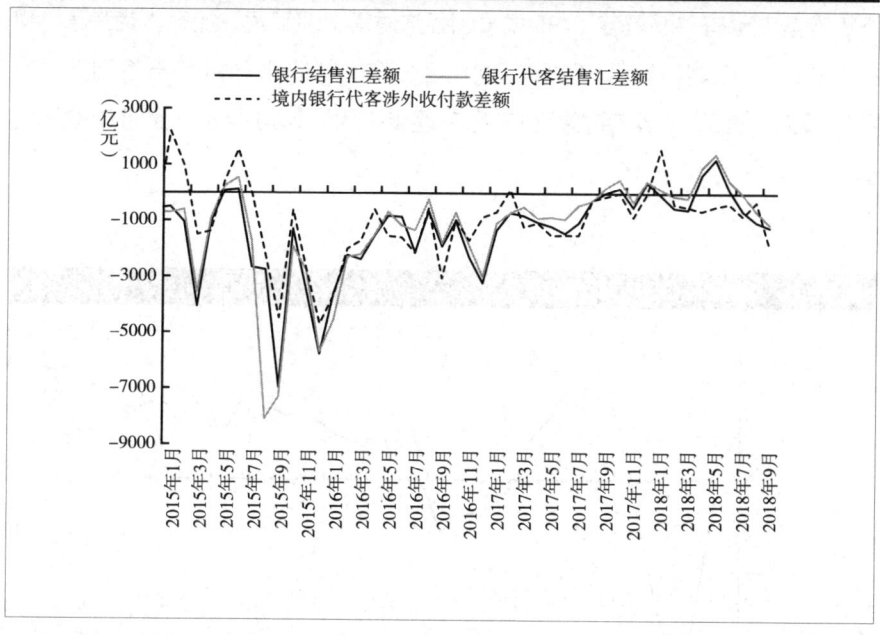

图 3-24 零售外汇市场跨境人民币资本流动

资料来源:WIND。

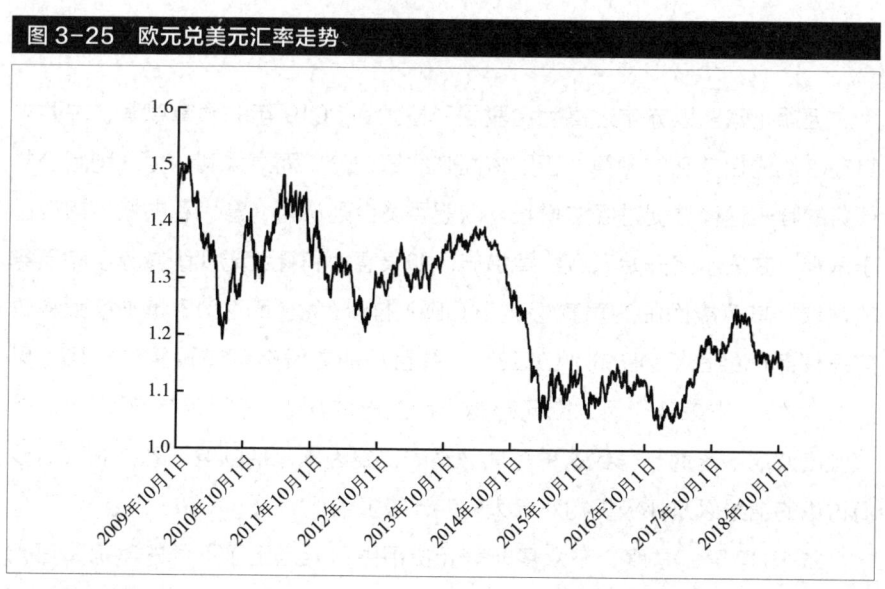

图 3-25 欧元兑美元汇率走势

资料来源:WIND。

后复苏阶段的错位：美国率先走上经济复苏与货币正常化的道路，而相比之下欧洲虽然也有"弱复苏"，但成员国经济时常出现问题，加息步伐蹒跚（见图3-26）。近期，德国、法国、欧元区公布的制造业PMI等一系列数据都不及预期，美欧10年期债券利差也在逐步扩大，这可能进一步带动欧元贬值。

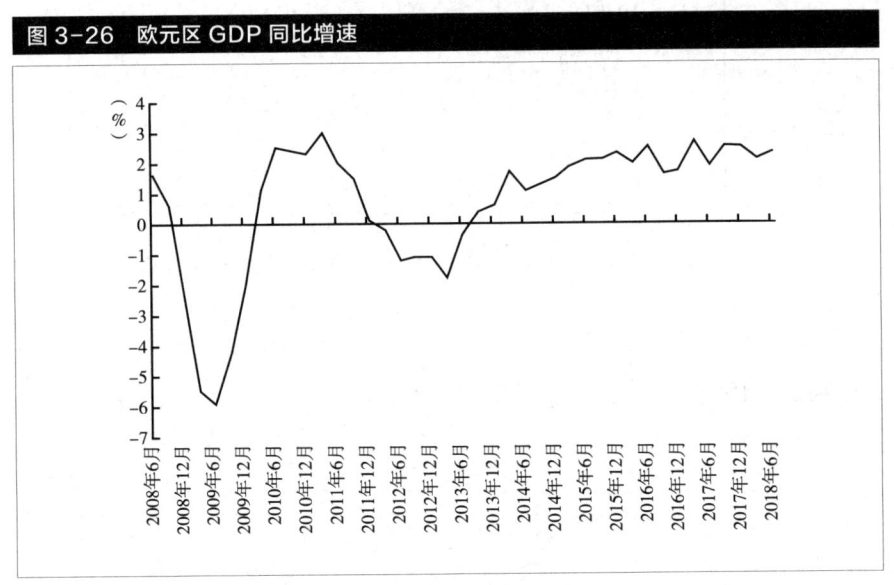

图3-26 欧元区GDP同比增速

资料来源：WIND。

近期，欧盟以赤字过高为由驳回了意大利2019年的预算草案，并要求其在3周内提交新的预算，否则将面临纪律处分。而意大利认为，削减公共债务的唯一途径是促进经济增长。欧盟委员会则认为，意大利的增长假设过于乐观，并表示将开始采取纪律措施。如果意大利继续无视削减赤字和债务的建议，其可能面临的罚款相当于GDP的0.2%。而2017年末意大利政府净债务已经占GDP的119.52%，并且短期内没有削减预算的意愿（见图3-27）。未来几个月，欧元对美元可能再难升值，预计欧元汇率会在较大幅度波动下走弱。导致这种短期波动的主要因素包括欧盟与意大利政府预算讨论的结果以及评级机构对意大利的评级报告。

2018年第二季度，在众多非美元货币中日元走出了不同的趋势，日元是在美元涨势中少有的呈现升值走势的货币，其原因是日元具有显著的避险

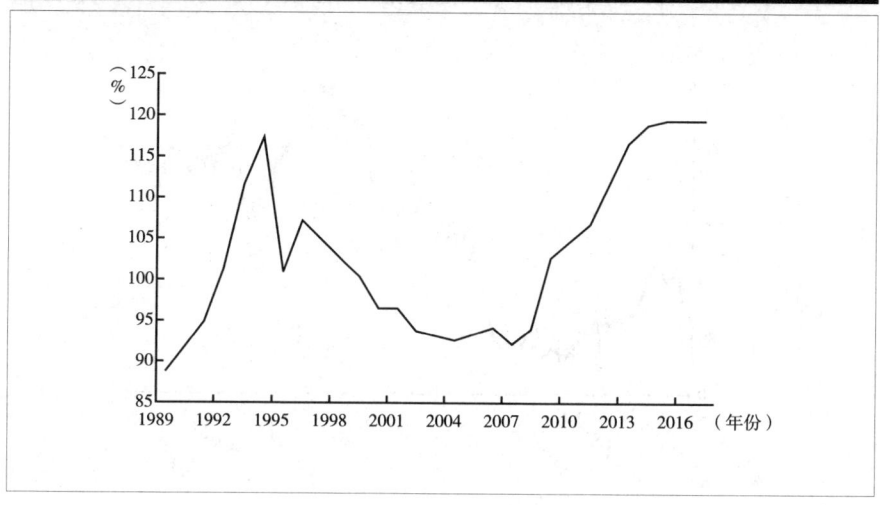

图 3-27 意大利债务占 GDP 比重

资料来源：IMF。

特征。日本长期维持低利率，央行持续货币政策宽松，而其债券市场体量巨大，国际资金可以借入低息日元购买其他高息货币，并在风险爆发时平盘以达到避险目的，而套利平盘操作时，投资者需要购入大量日元，这将推动日元升值。

但是 2018 年第三季度以来，日元在强势美元面前也受到波及，有所贬值（见图 3-28）。考虑到目前日本经济基本面整体保持相对稳定，日元近期的贬值主要是外因驱动的，即美国经济的复苏和美联储坚定的加息立场造成的，这使得前述平盘操作推升日元汇率的逻辑不复存在。如果美元继续维持强势，那么日元的避险特征会大大削弱，即便日本国内经济稳定，日元也会继续对美元贬值。若美元难以进一步突破，进而呈现振荡格局，则日元将对美元保持基本稳定，但是其双向波动的幅度可能有所加大。

针对新兴市场的情况，我们统计了 22 个国家（和地区）的货币情况，截至 2018 年 11 月 5 日，有 20 个国家和地区的货币不同程度地对美元的贬值（见表 3-1）。在个体层面上，近一年来新兴市场国家（和地区）的汇率波动呈现分化趋势。年度贬值幅度超过 10% 的有阿根廷、土耳其、印度、巴西、俄罗斯、智利和印尼 7 个国家的货币，其中，阿根廷比索大幅度贬值

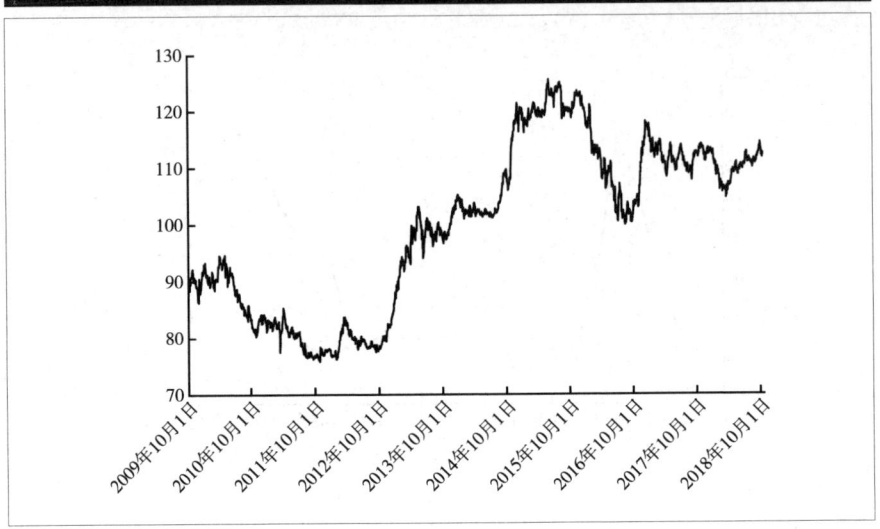

图 3-28 美元兑日元走势

资料来源：WIND。

102.39% 高居榜首；匈牙利福林贬值幅度为 5.71%，处于中游；墨西哥、菲律宾、中国等 12 个国家（和地区）的货币贬值幅度低于 5%；剩余的泰国和马来西亚则有不同幅度的升值。在地区上，东南亚新兴市场国家除了印度尼西亚和菲律宾以外整体币值相对稳定，南美国家则出现较多的贬值情形。

表 3-1 新兴市场国家（和地区）汇率变化情况（截至 2018 年 11 月 5 日）

货币名称	兑美元汇率	近一年汇率变动
阿根廷比索	35.5475	−102.39%
土耳其里拉	5.46625	−42.95%
印度卢比	73.074	−12.90%
巴西雷亚尔	3.7048	−12.78%
俄罗斯卢布	65.5799	−12.24%
智利比索	698.56	−10.74%
印度尼西亚卢比	14972	−10.67%
匈牙利福林	283.36	−5.71%
墨西哥比索	19.9636	−4.62%
菲律宾比索	53.527	−4.40%

表 3-1　新兴市场国家（和地区）汇率变化情况（截至 2018 年 11 月 5 日）（续表）

货币名称	兑美元汇率	近一年汇率变动
人民币	6.8976	−4.12%
哥伦比亚比索	3177.57	−3.99%
秘鲁索尔	3.368	−3.95%
波兰兹罗提	3.7907	−3.61%
罗马尼亚列伊	4.0952	−3.51%
捷克克朗	22.73	−2.86%
新台币	30.771	−1.88%
南非兰特	14.3874	−1.10%
新加坡元	1.3763	−0.87%
韩元	1123.5	−0.76%
泰国泰铢	32.926	0.72%
马来西亚林吉特	4.1695	1.66%

资料来源：WIND，国家金融与发展实验室整理。

新兴市场国家的汇率走势同样可以从外部因素和内部因素两方面考虑。在外部因素方面，存在一个共同的主因，就是美元的持续回升。受次贷危机和欧债危机的影响，美国和欧洲多年经济低迷，其间国际资本转向新兴市场国家。然而，如前所述，美国经济基本面呈现持续复苏的态势，美联储加息姿态明确，强势美元给新兴市场国家带来了巨大冲击，资本从新兴市场国家（和地区）回流美国，造成当地货币贬值。

在内部因素方面，可以看到，一年来贬值幅度最大的三个新兴市场国家，其经济或政治稳定上都出现了问题，加上实施浮动汇率，使得这些国家遭遇国际资本的猛烈冲击。即使这些国家的货币当局有心干预，其掌控的资源也无法对抗基本面重大偏离下的冲击。

对于阿根廷和土耳其来说，两国货币都在较长时期内对美元呈现贬值趋势，但是由于近期美元指数强劲上涨，积重难返的国内问题就逐一暴露——政治动荡、债台高筑、经常账户赤字，这些都成为国际资本的攻击对象，导致两国货币加速贬值（见图 3-29）。

图 3-29 阿根廷比索和土耳其里拉长年呈现贬值趋势

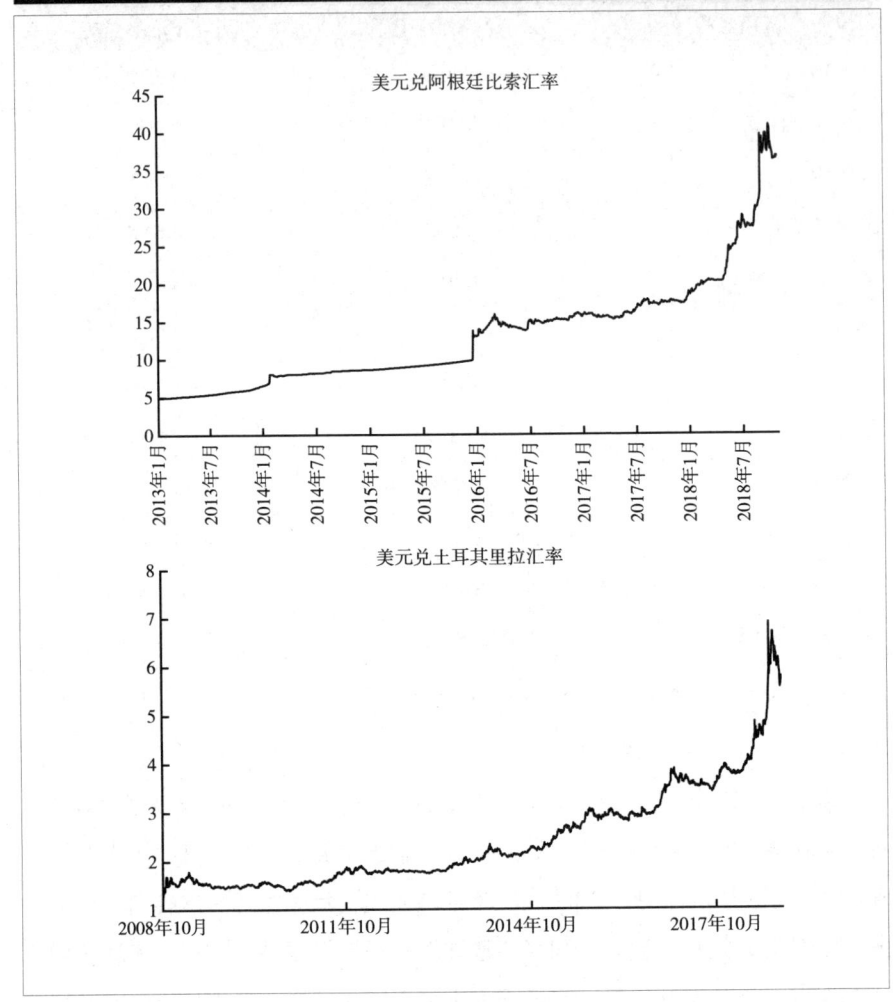

资料来源：WIND。

巴西的问题主要来自经济的超预期下滑（见图 3-30）。美国量化宽松时，低利率美元大量投资于新兴市场国家，成本是美元债务，收益是新兴市场国家的增长红利。当美元加息成为趋势，而发展中国家的资产收益率出现明显下滑（例如巴西），其资产吸引力就会迅速丧失，国际资本将大量平仓撤出。

而俄罗斯、印度、南非总体上经济景气度比前面三个国家高，通胀水平也相对可控，其汇率的波动主要是对强势美元的被动反应。目前，阿根

图 3-30 巴西名义 GDP 同比增速

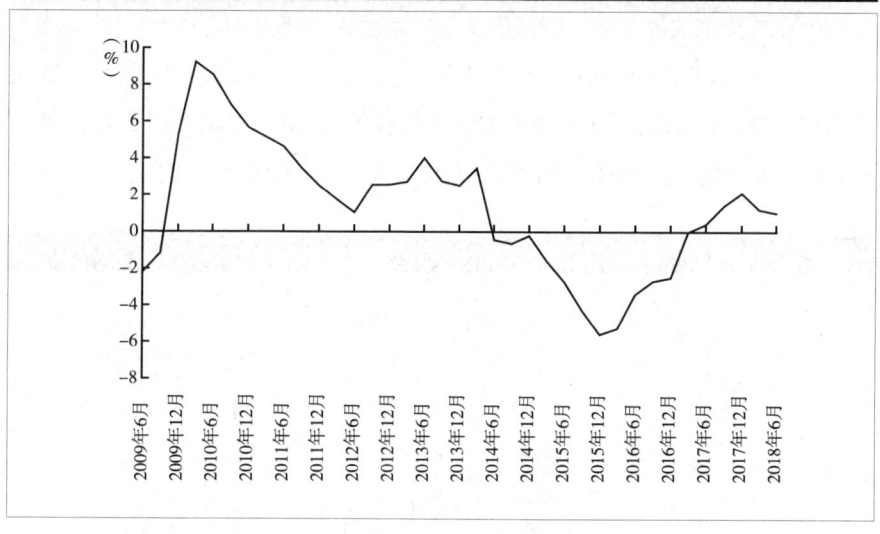

资料来源：WIND。

廷、土耳其、巴西等国的货币剧烈贬值，由于其经济体量较小，无论在贸易层面还是金融层面，对其他国家的外溢效应都有限，预计危机扩散的可能性较小。

3.6 全球场外衍生品市场

全球衍生品市场以场外衍生品为主，场内衍生品成交金额不足场外成交金额的 1/10。截至 2018 年上半年，全球场外衍生品市场名义本金规模约为 594 万亿美元，同比增长 52 万亿美元，环比增长 63 亿美元，2017 年全球场外衍生品市场名义本金规模约为 1073 万亿美元，预计 2018 年规模将会超过 1100 万亿美元。

3.6-1 外汇类衍生品

2018 年上半年，全球外汇类场外衍生品名义本金规模共 95 万亿美元，同比增长 5 万亿美元，环比增长 6 万亿美元。从合约类型上看，远期及永续合约成交量最大，2018 年上半年成交名义本金为 56 万亿美元；其后是货币互换成交名义本金约 26 万亿美元，期权类衍生品成交名义本金为 13 万亿美元（见图3-31）。以合约期限划分，以1年及以下期限的合约为主，2018年上半年成交名义本金约76万亿美元，其后为1~5年期的合约，成交名义本金为14万亿美元,5年期以上合约成交名义本金5万亿美元（见图3-32）。从币种上看，以美元为标的资产的合约规模约为84万亿美元，以欧元和日元为标的资产的合约规模分别为31万亿美元和15万亿美元（见图3-33）。

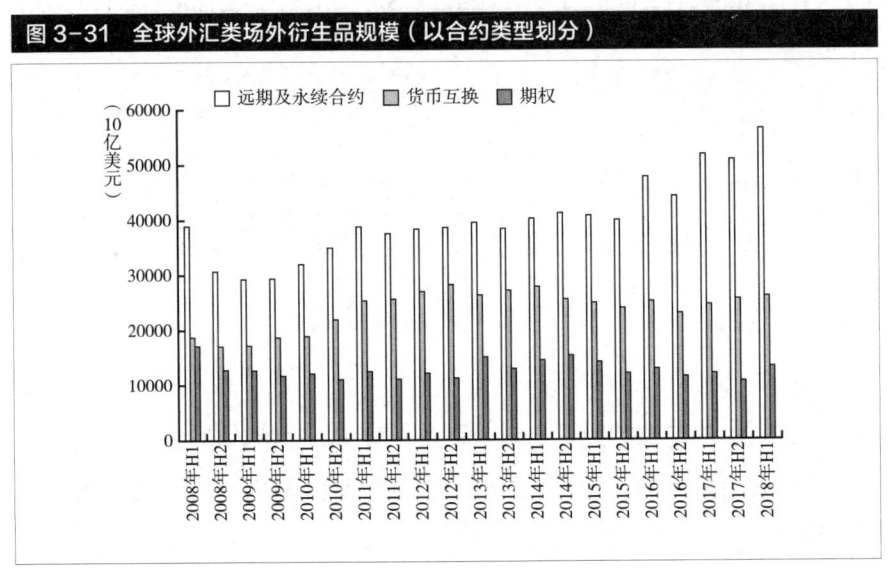

图3-31 全球外汇类场外衍生品规模（以合约类型划分）

资料来源：国际清算银行。

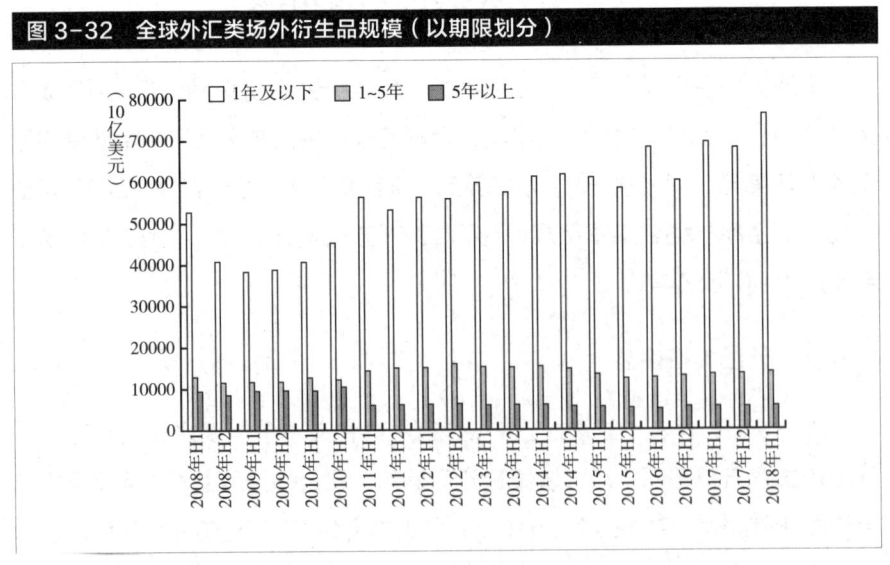

图3-32 全球外汇类场外衍生品规模（以期限划分）

资料来源：国际清算银行。

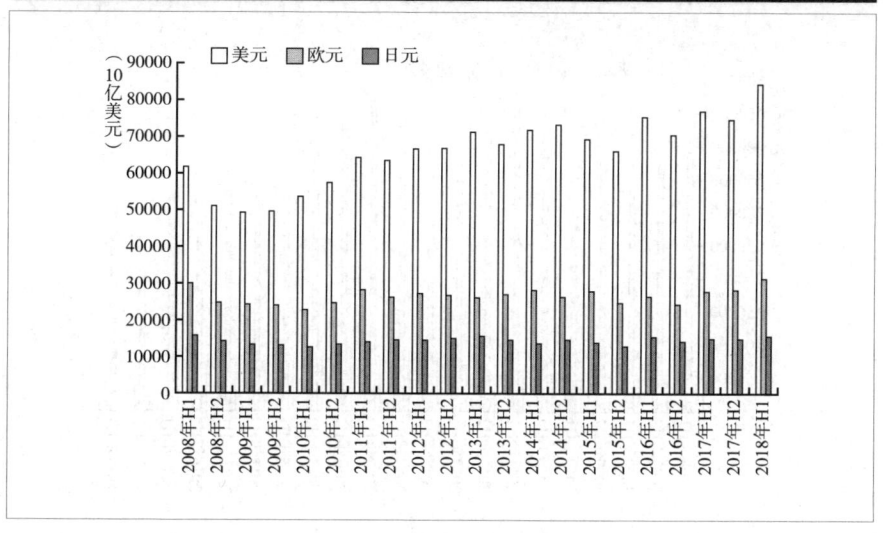

图 3-33　全球外汇类场外衍生品规模（以币种划分）

资料来源：国际清算银行。

3.6-2　利率类衍生品

利率类衍生品依然占据场外衍生品市场交易份额的绝大部分，2018 年上半年利率类场外衍生品成交名义本金约 480 万亿美元，同比增加 90 万亿美元，环比增加 16 万亿美元。以合约类型划分，2018 年上半年掉期合约（Swaps）成交名义本金约为 349 万亿美元，其后为远期合约（Forward rate agreements）及期权，分别为 84 万亿美元及 46 万亿美元（见图 3-34）；从合约期限上来看，以 1 年期和 1~5 年期的合约为主，前者成交名义本金约为 231 万亿美元，后者约为 155 万亿美元，5 年以上期限合约成交名义本金约 94 万亿美元（见图 3-35）；从合约标的资产的币种来看，以美元和欧元为标的资产的合约为主，前者在 2018 年上半年成交名义本金约 192 万亿美元，后者约为 129 万亿美元（见图 3-36）。

3.6-3　利率波动率升高冲击 VIX 指数，美股有继续下行的风险

TYVIX 指数（美国 10 年期国债利率隐含波动率指数）与 VIX 指数（标普 500 波动率指数）长期以来呈正相关。TYVIX 指数 2017 年 10 月 11 日再次飙升至 4.4% 的水平，2018 年 2 月和 5 月该指数的两次上升均引起了

图 3-34 全球利率类场外衍生品规模（以合约类型划分）

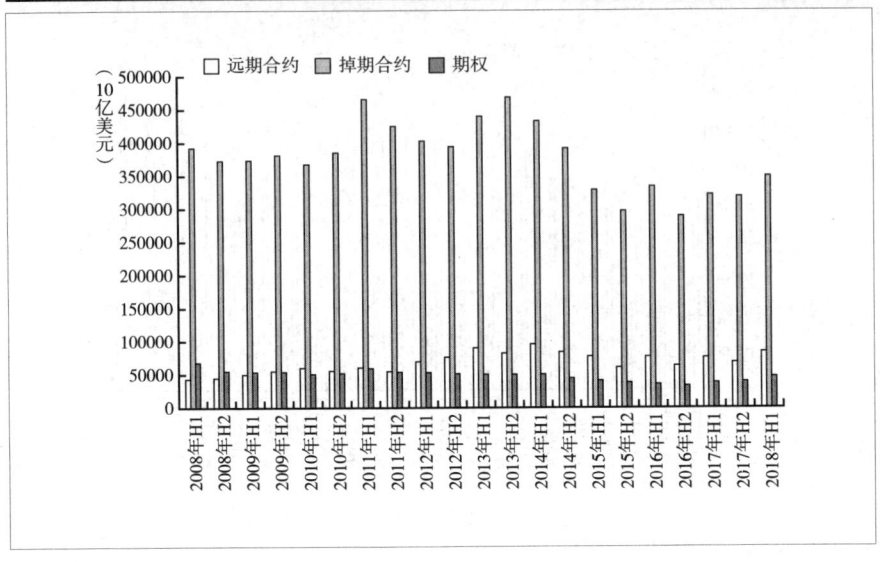

资料来源：国际清算银行。

图 3-35 全球利率类场外衍生品规模（以期限划分）

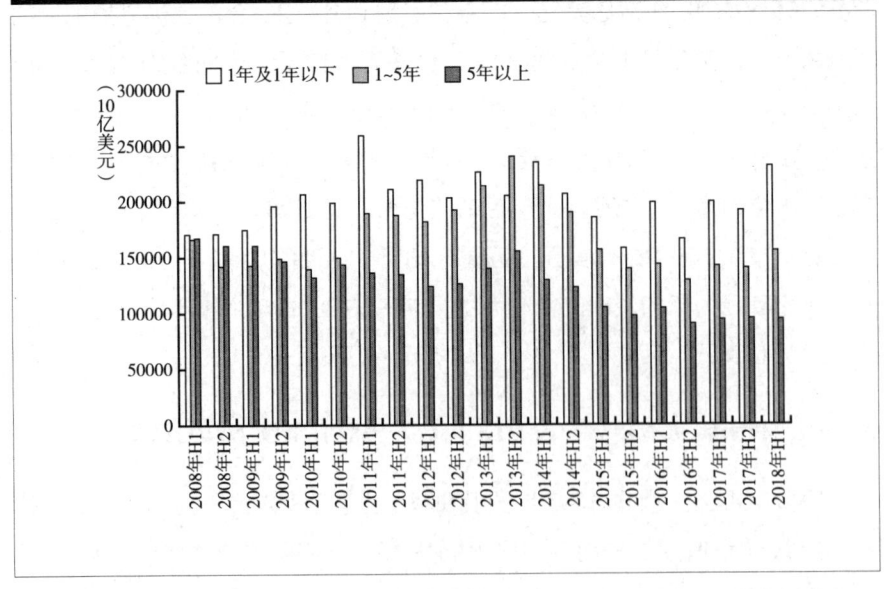

资料来源：国际清算银行。

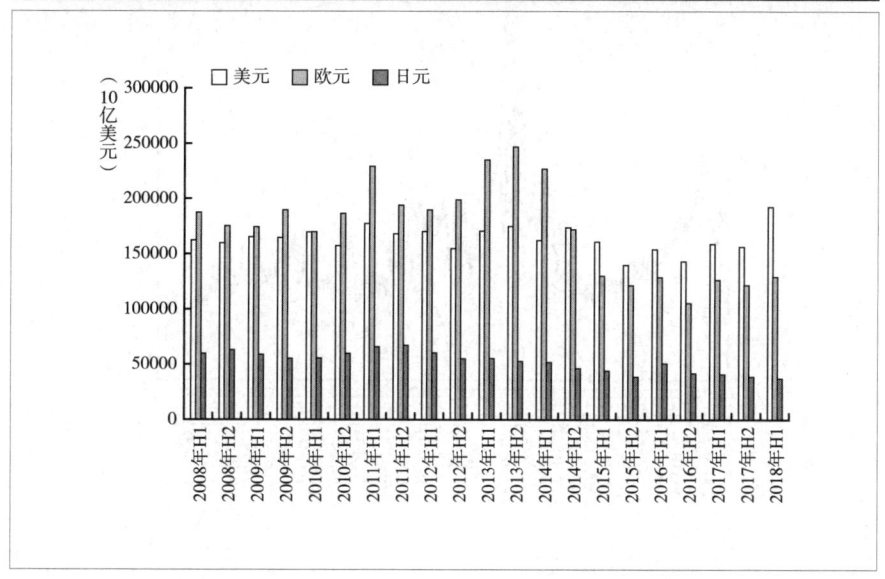

图 3-36　全球利率类场外衍生品规模（以币种划分）

资料来源：国际清算银行。

欧美股市较大幅度的下跌（见图 3-37）。长端利率的持续走高和加息预期倒逼波动率的空头止损并吸引更多的多头投机者，两者同时作用迫使社保和养老基金等大型机构被动实现资产再平衡，从而抛股买债，推高 VIX 指数。利率波动性向股市传导主要有如下途径，首先，利率的升高使得资产组合中债券组合的风险暴露增加，根据风险平价模型，为了使资产组合风险维持在可控水平，选择抛售股票这种高风险资产来降低资产组合的标准差是最快的方法，而多家机构的同时操作会使股市受到冲击，进而再次推高 VIX 指数，从而导致需要抛售更多股票才能降低资产组合标准差，连续正反馈之下利率波动率会与股市波动率同向运动；其次，对于养老和社保基金而言，需要债券来对冲未来的偿付责任，当收益率上升时债券组合久期将会降低，对久期的再平衡会需要买入更多的债券，因此会抛股买债；再次，对于采用在险价值理论和因子选股模型的股票量化基金而言，股价的下跌将迫使它们不得不降低股票头寸来降低在险价值，而通过多因子选股策略进行投资，不同的基金之间资产配比会有极大的相关性，同步减仓操作会使得 VIX 指数短时间内急剧升高；最后，对于有利率或汇率衍生品头寸的资金而言，利率曲线大幅

图 3-37　TYVIX 指数和 VIX 指数

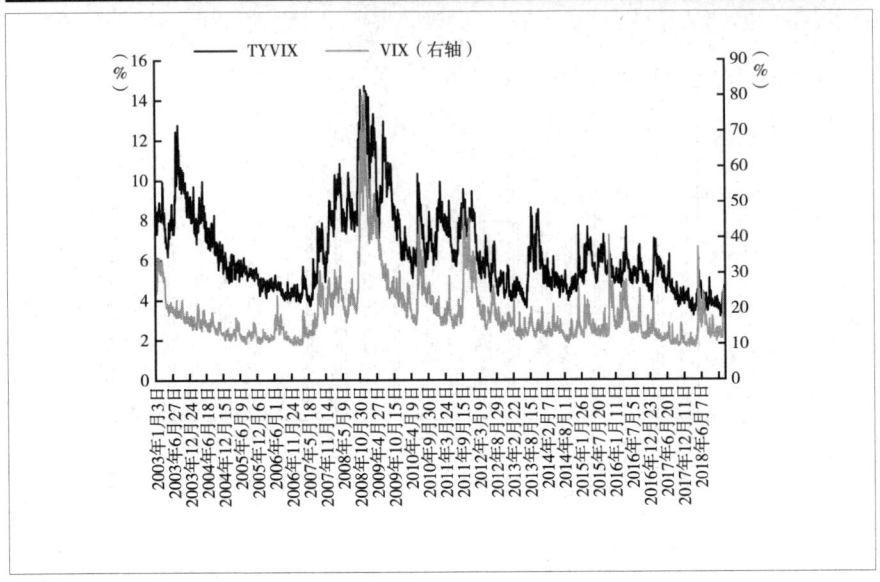

资料来源：Bloomberg。

度的变动会使其交易对手方要求追缴保证金，资金管理者将面临不得不抛售流动性更好的股票资产筹集现金的局面。VIX 指数和国债收益率的升高同时影响了日本和欧洲的投资者，在海外美元持续短缺的情况下，海外投资者将会面临更高的对冲成本，且当前美元资产具有高利率、高汇率和高估值的特征，VIX 指数和国债收益率提高将使美元资产变得不再那么有吸引力，失去海外资金的美股牛市将很难持续。

3.6-4　美国 10 年期利率掉期与 10 年期国债收益率基差升高，机构间信用利差上升

利率波动率向股市传导的同时，10 年期利率互换基差逐渐上升，10 年期美债和 10 年期利率掉期收益率均处于 5 年来最高水平，从技术形态来看，自 2008 年以来的利率下跌趋势可能面临反转，市场对利率上行的预期进一步增强。自 2016 年以来，利率互换基差呈现上升的趋势（见图 3-38）。利率互换基差上升有两个后果，一是过去通过利率互换对冲债券资产组合的投资者的对冲成本将提高，其对短期现金流（如被交易对手方要求追加保证金）的需求将进一步压迫股市；二是基差上升意味着机构之间的信用风险上

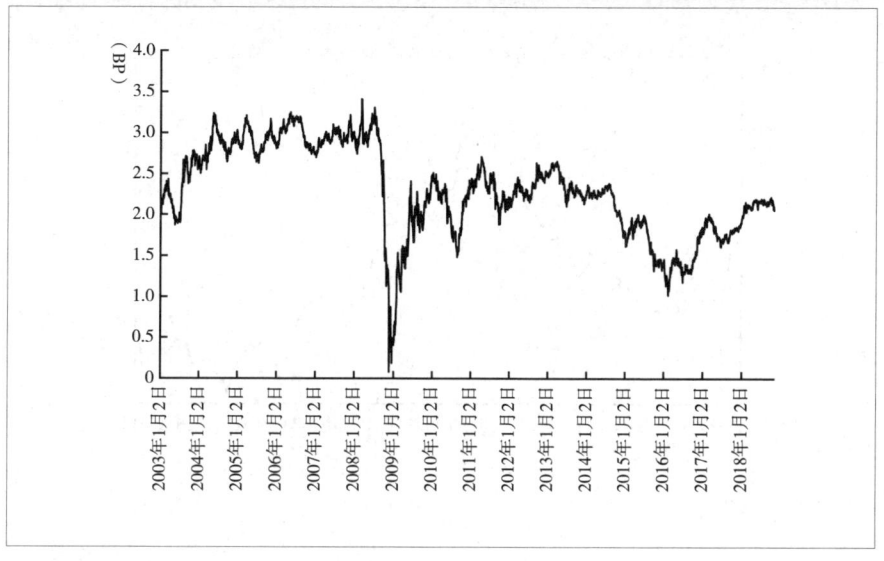

图 3-38 美国 10 年期利率互换（IRS）基差

资料来源：Bloomberg。

升，进而会带来企业利息成本上升，利润率下降以及公司债信用利差的普遍升高。其中风险较大的是页岩油产业，页岩油产业自 2015 年油价暴跌以来一直存在巨大的泡沫，如果页岩油产业因过大的信用利差而崩溃，由于沙特阿拉伯 2015 年以来产能增量不足且有较强的政治不确定性，那么油价将大幅上涨，同时带动下游所有产业链（农产品、化工品等）原材料价格上升，抑制国内消费，海外美元紧缩和通货膨胀将对新兴市场国家带来很强的冲击；同时高油价不利于高科技企业股价的提升，这些因素会在未来较长一段时间内持续对美国股市造成压力。

此外，我们可以关注金油价格比，如图 3-39 所示，2016 年之前金油价格比和穆迪 Baa 评级债券信用利差一直高度正相关，2016 年末和 2017 年由于油价暴跌，两者出现短暂背离，其中有一些短期的政治因素，目前两者的背离已经修复，黄金和原油的价格长期走势再次趋同。当前，金油价格比已经开始上涨，黄金价格上涨意味着市场避险情绪提升，而原油价格上涨则会抑制消费，两者会对公司债券产生冲击，页岩油产业债券的信用利差将上涨。

图 3-39　金油价格比和穆迪 Baa 信用利差

资料来源：美联储。

3.6-5　中美 IRS 利差倒挂，市场预期人民币波动率可能提升

离岸人民币汇率的驱动因素是中美利差，中国 1 年期 IRS（利率互换）与美国 1 年期 IRS 之间的利差与人民币汇率高度相关，短期内人民币汇率走势受套利交易的驱动。2008 年之后，中美利差长期为正值，中美 1 年期 IRS 的利差仅在 2013 年 10 月接近零的水平（见图 3-40）。2018 年 7 月中美 IRS 利差下跌加速了人民币贬值，如果利差持续保持零以下的水平，则离岸人民币汇率破 7 的可能性将大大增加，且对于人民币未来的汇率而言，市场在 7 以上的位置没有充分的筹码交换区间和预期水平，受市场交易者心理的影响，短时间内国际投机资本的涌入将使人民币贬值幅度远超合理水平，波动率加大将推动股市波动率暴增；同样，IRS 利差转负之后，在零以下没有任何可供参考的交易区间，短期内国际投机资本将持续做空利差，形成价格惯性使得利差偏离合理水平；由于汇率受利差推动，正反馈机制下人民币汇率和利差的相互作用可能在短期内使两者的定价都偏离合理水平。但是，当前海外美元流动性紧张，对于国际投机资本而言，进一步做空利差成本较高。

从历史走势而言，中美利差长期为正，如果利差长期保持为负，则下方套利收益预期无限大，在中国投资的国际资本将撤资，同时汇率的升高使企业偿还外债的压力增大，负利差环境下中国企业的海外融资难度将加大。

从图 3-41 中可以看出，自 "8·11" 汇改以后，人民币 ATM 期权隐含

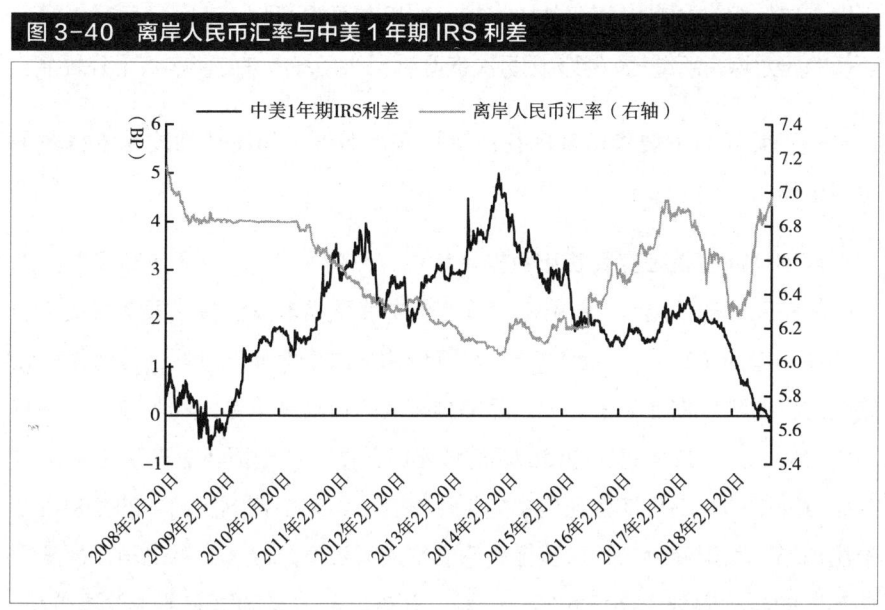

图 3-40　离岸人民币汇率与中美 1 年期 IRS 利差

资料来源：Bloomberg。

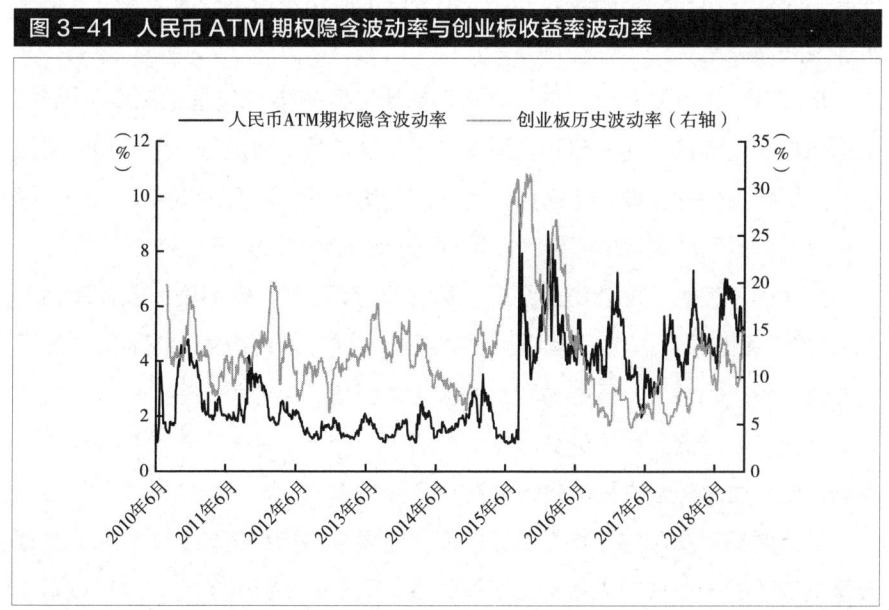

图 3-41　人民币 ATM 期权隐含波动率与创业板收益率波动率

资料来源：Bloomberg。

波动率与股票波动率高度正相关，故稳定人民币 ATM 期权隐含波动率有助于稳定股市。2018 年 11 月 1 日凌晨，人民币汇率由 6.97 升至 6.92 附近，结合之前的分析，美国自身也面临着流动性的转折，美元指数升势或将有变化，且海外美元短缺的基本情况并未好转，如果美国重新陷入衰退，届时人民币贬值的压力将有所减轻，但美国再次衰退给全球经济带来的影响将十分复杂。

3.6-6　美元对主要货币基础互换率扩大，海外美元流动性缩紧或将冲击全球市场

基础互换率指在交叉货币互换合约中，支付 LIBOR 利率一方需要额外支付的美元流动性溢价。基础互换率不断扩大使得非美国家购买美国资产的对冲成本增大（FX Swap 对冲汇率风险的成本增大），对于进行海外美元融资的企业和投资者而言，一方面美国国债的持有者将会面临收益率升高带来的损失，另一方面海外融资的利息成本将升高（付出更多的流动性溢价）。基础互换率的升高将使套利资金的收益率变小，来自欧洲和日本的套利资金退出市场，大型资金如社保基金等不得不进行资产风险、久期的再平衡从而使利率的波动向外汇市场和股市传导；此外，新兴市场国家（主要是拉美、非洲、东南亚等地区的国家），以及一部分发达国家（澳大利亚、新西兰等）的美元收入受贸易战影响较大，且美国利率上行引发资本外流，发生危机的可能性大大提高。

从图 3-42 可以看出，日元对美元基础互换率与 VIX 指数高度负相关。由于日本长期维持负利率政策，廉价的日元是美国企业进行股票回购以及居民部门消费负债的主要资金来源，当日元与美元的套利交易受阻时，VIX 指数将升高，日元基础互换率持续扩大将进一步对全球股市产生冲击。

图 3-43 表明，目前美国经汇率风险调整后的 10 年期国债收益率为负（海外投资者购买美国 10 年期国债的实际收益率），这将大大抑制海外投资者对美元资产的需求，同时套利空间被大大压缩，海外美元短缺的现象如果长时间持续，则流入美国的资本将减少甚至净流出，海外投资者将开始抛售美国国债，届时美国收益率曲线可能会逐步变陡。

美元对其他货币的平均基础互换率与世界权益市场的走势（MSCI 全球股票指数）的走势长期来看呈正相关关系，即海外美元越充足，全球权益市场越好（见图 3-44）。对于非美国家而言，便宜的美元更能刺激投资增长

图 3-42 日元对美元基础互换率与 VIX 指数

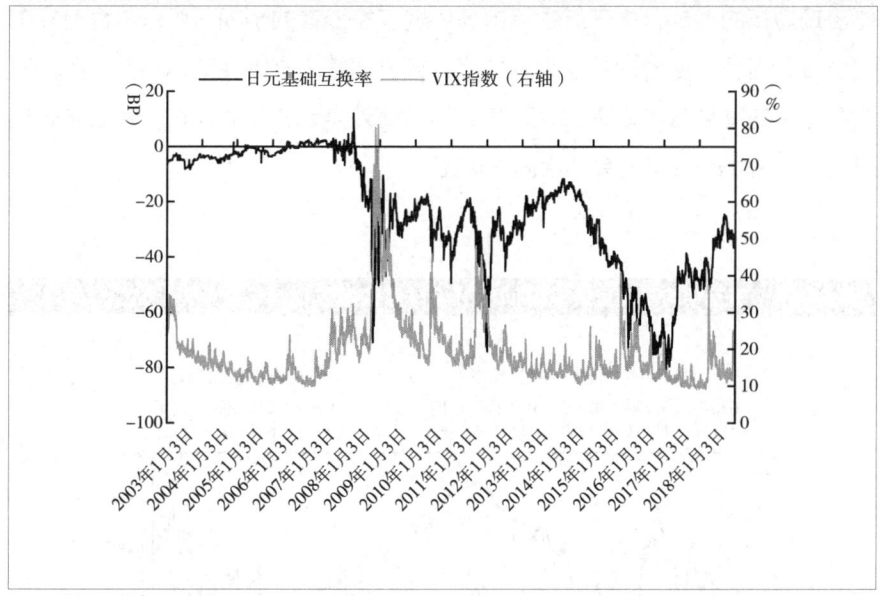

资料来源：Bloomberg。

图 3-43 美国 10 年期国债收益率和经汇率风险调整后的 10 年期国债收益率

资料来源：欧洲央行。

且对冲成本更小；对于套利交易者而言，套利的利差更大。然而这两者也可能出现短暂的背离，由于衍生品市场体现了投资者的预期，所以总会有提前的反应，而反应更慢的权益市场最终会通过调整来修复背离。当前，美元对主要国家的基础互换率有扩大趋势，如果海外美元的流动性进一步收紧，未来全球权益类市场可能会再次面临调整。

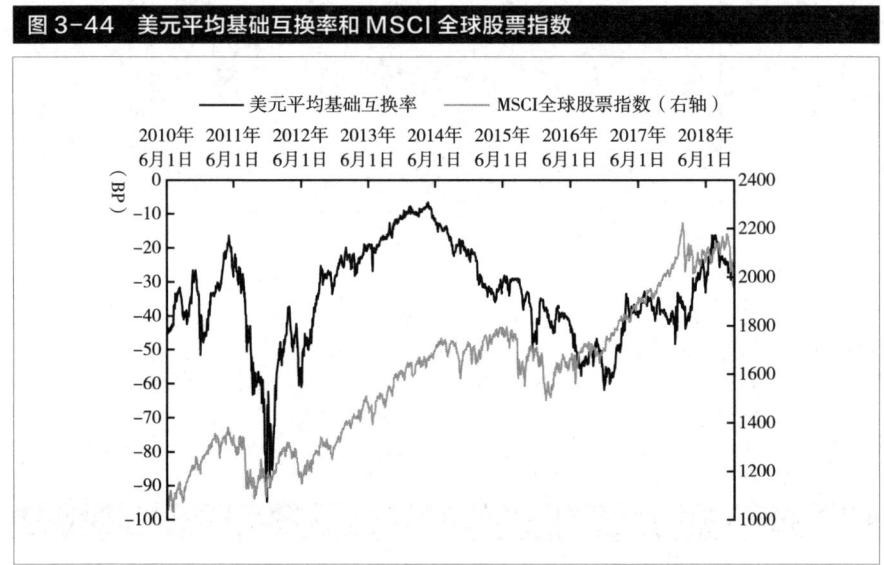

图3-44　美元平均基础互换率和MSCI全球股票指数

资料来源：Bloomberg。

第 4 章　全球利率环境分析*

- 全球主要国家和地区的官方利率和金融市场利率依然处于分化状态：部分国家加息周期和其他国家减息周期并行，高利率与低利率政策并存。美联储加息导致部分新兴经济体出现货币危机，将利率水平推至高位。与之相反，六个执行负利率政策的经济体依然不改变利率水平，根源在于经济尚未明显复苏，所要达成的预期通胀目标也并不确定。

- 美联储加息和缩表政策对其国内金融市场压力有所影响，TED指数和圣路易斯分行的金融市场压力指数都高于2017年平均水平。欧元区在量化宽松货币政策和低利率政策的持续推动下，主要债券收益率保持平稳，为其经济复苏创造宽松环境。日本依然维持超宽松货币政策，专注于国内通胀目标，负利率政策影响了金融市场尤其是固定收益市场的交易量，金融市场压力不减。

- 期限利差对金融市场预期具有重要影响，次贷危机之后的政策凸显了调控长期利率的意愿。从理论和实践来看，在债券市场发展充分、完善的情况下，中央银行可以通过预期管理、负利率政策、质化宽松货币政策等手段共同实现对长期利率的调控。日本央行对长期利率的调控效果非常明显，但市场博弈也表明，在考虑国际资本流动的情况下，央行调控国内长期利率的难度较大。

- 在全球经济动荡前行、复苏不稳定的基本背景下，全球利率走势将依然分化而复杂。美联储加息概率大，欧洲央行谨慎维持负利率政策，日本央行或在近年继续维持负利率政策，直到实现通货膨胀目标。

---

* 本章作者：周莉萍，国家金融与发展实验室高级研究员、中国社会科学院金融研究所副研究员；韩梦彬，国家金融与发展实验室研究员。

2018年以来,全球主要国家和地区的官方基准利率依然处于分化状态,部分国家的加息周期和其他国家的减息周期并行。美联储连续加息4次,欧洲央行和日本央行货币政策面临外围压力,但基于国内通胀目标的重要性,两大行维持负利率政策不变,同时保持高度谨慎,随时做好准备退出量化宽松。为缓解美联储加息引发的资本外流压力,部分新兴经济体被迫加息。叠加全球贸易摩擦升级,以及部分国家遭遇政治制裁,全球新兴经济体出现货币危机。全球经济难言完全复苏,但美国经济核心指标表现良好,因此,未来,美联储可能继续加息以将联邦基金利率恢复至其可以有效调控的历史水平,全球多个国家将继续面临资本外流的压力,货币政策保持内外均衡的难度增加,货币政策将在多个政策目标中相机抉择,全球利率继续呈现分化态势。

4.1 全球主要国家和地区的官方基准利率

总体来看,自2018年以来,全球主要国家和地区的利率依然处于分化状态。从利率周期来看,当前部分国家的加息周期和其他国家的减息周期并行。

从表4-1可以看出,处于加息周期的国家主要包括美国、智利、韩国、英国、加拿大、捷克、印度、墨西哥、挪威、俄罗斯、沙特阿拉伯和土耳其;处于减息周期的国家和地区主要包括澳大利亚、巴西、中国、丹麦、欧元区、匈牙利、印度尼西亚、以色列、日本、新西兰、波兰、南非、瑞典和瑞士。从利率水平来看,官方基准利率最高值和最低值相差24.75个百分点,土耳其官方基准利率高达24.00%,瑞士基准利率低至-0.75%。全球经济的多样性、不同的内外部经济环境、地缘政治以及所处的不同经济周期等因素导致全球利率环境依然高度复杂。

表4-1 全球主要国家和地区央行基准利率走势(截至2018年11月9日)

利率	当前水平	变动方向	之前水平	最新变动时间
美国联邦基金利率	2.250%	↑	2.000%	2018-09-26
澳大利亚基准利率	1.500%	↓	1.750%	2016-08-02
智利基准利率	2.750%	↑	2.500%	2018-10-18
韩国基准利率	1.500%	↑	1.250%	2017-11-30
巴西基准利率	6.500%	↓	6.750%	2018-03-22

表 4-1　全球主要国家和地区央行基准利率走势（截至 2018 年 11 月 9 日）（续表）

利率	当前水平	变动方向	之前水平	最新变动时间
英格兰银行基准利率	0.750%	↑	0.500%	2017-08-02
加拿大基准利率	1.750%	↑	1.500%	2018-10-24
中国人民银行基准利率	4.350%	↓	4.600%	2015-10-23
捷克共和国基准利率	1.750%	↑	1.500%	2018-11-02
丹麦基准利率	0.050%	↓	0.200%	2015-01-19
丹麦央行大额定期存单利率	−0.650%			2016-01-08
欧洲央行基准利率	0.000%	↓	0.050%	2016-03-10
欧洲央行金融机构存款便利利率	−0.400%			2016-03-10
匈牙利基准利率	0.900%	↓	1.050%	2016-05-24
匈牙利央行的金融机构隔夜存款利率	−0.15%		−0.05%	2017-09-20
印度基准利率	6.500%	↑	6.250%	2018-08-01
印度尼西亚基准利率	6.500%	↓	6.750%	2016-06-16
以色列基准利率	0.100%	↓	0.250%	2015-02-23
日本基准利率	0.100%	↓	0.000%	2016-02-01
日本央行的金融机构存款便利利率	−0.10%			2016-02-01
墨西哥基准利率	7.750%	↑	7.500%	2018-06-21
新西兰基准利率	1.750%	↓	2.000%	2016-11-10
挪威基准利率	0.750%	↑	0.500%	2018-09-20
波兰基准利率	1.500%	↓	2.000%	2015-03-04
俄罗斯基准利率	7.500%	↑	7.250%	2018-03-23
沙特阿拉伯基准利率	2.750%	↑	2.500%	2018-09-27
南非基准利率	6.500%	↓	6.750%	2018-03-28
瑞典基准利率	−0.500%	↓	−0.350%	2016-02-11
瑞士基准利率	−0.750%	↓	−0.500%	2015-01-15
土耳其基准利率	24.000%	↑	17.750%	2018-09-13

资料来源：各国和地区央行，http://www.global-rates.com/。访问时间：2018 年 11 月 9 日。

1．高利率水平国家的不同境遇

综观全球主要国家和地区的官方基准利率，利率水平相对处于高位（高于 6%）的国家包括：土耳其（24.00%）、墨西哥（7.75%）、俄罗斯

（7.50%）、南非（6.50%）、巴西（6.50%）、印度尼西亚（6.50%）以及印度（6.25%）。自2016年12月美联储首次加息，退出量化宽松货币政策以来，新兴经济体普遍面临资本流出的压力，加息成为缓解压力的主要手段之一，但除此之外，不同经济类型的国家处于高利率水平有不同的原因。

部分国家利率处于高位的主要原因是国际经济、政治或贸易制裁，资本流出压力大。例如，作为资源型国家，俄罗斯在2014年就遭到西方国家经济制裁，资本流出大于资本流入，故而其利率较高，是为了稳定资本；而土耳其高达两位数利率水平的外因是政治制裁，提高利率是其稳定资本的主要手段，但近期在美国贸易制裁和政治制裁的双重压力下，土耳其里拉极速贬值，土耳其爆发了货币危机，成为新兴经济体中首个爆发货币危机的国家；墨西哥则是美国主要的贸易制裁对象，资本外逃严重，因此利率也处于高位；巴西也是资源型国家，其主要依靠大宗商品赚取外汇，2008年次贷危机爆发后，巴西央行开始频繁加息，主要原因是大宗商品降价，本国赚取外汇能力下降，外汇供给相对不足。

同样是利率处于高位，印度尼西亚与其他新兴经济体相比，其主要原因则是本币贬值压力较大。美元加息导致的资本流出叠加本国外债上升、经常项目赤字增加，印度尼西亚盾面对贬值压力。为了缓解本币贬值和资本外流压力，印度尼西亚近年不断加息，利率曾高达7.25%，目前压力有所缓解，但利率仍处于高位，为6.50%。

总体来看，依靠外源融资的部分新兴经济体在全球量化宽松时期大肆扩张经济，在主要经济体退出量化宽松之后又面临资本外流、高额债务和本币贬值压力，金融机构资产负债表的货币错配程度较高，金融体系十分脆弱，这一类国家无一例外地提高了利率以稳定资本和本币币值，但客观而言，在经济基本面没有实质性改善的情况下，高利率政策难以阻挡资本外流，也难以减轻其外债压力。

全球高利率政策的反面是全球四大央行的低利率和负利率，其基准利率概况如下：美国的联邦基金利率为2.25%，欧洲央行的主要再融资操作利率为0，英格兰银行基准利率为0.75%，日本央行的无担保隔夜拆借利率为0.1%。四大行的基准利率均处于历史低位、超低位，依然在努力挣脱流动性陷阱和通货紧缩风险，但目前只有美国的复苏较为明显。

2．负利率政策：继续驱赶滞留在央行的资金？

截至 2018 年 11 月，全球 6 个实行负利率政策的央行依然保持其个别利率的负水平，没有进入正利率通道。丹麦央行大额定期存单利率为 -0.65%，欧洲央行的金融机构存款便利利率为 -0.40%，匈牙利央行的金融机构隔夜存款利率为 -0.15%，日本央行的金融机构存款便利利率为 -0.10%，瑞典基准利率为 -0.50%，瑞士基准利率为 -0.75%。除了匈牙利央行在 2017 年 9 月减息 1 次，将金融机构隔夜存款利率从 -0.05% 降至 -0.15% 之外，其余负利率政策央行保持负利率水平不变。

传统金融理论中的流动性陷阱假说认为，在货币需求的利率弹性无限大、利率极低时货币与债券存在替代效应、投资者预期悲观等条件下，货币政策失灵，增加的货币供给不能降低实际利率，进一步，低利率并不会刺激投资和消费，反而会引发通货紧缩、经济萧条。显然，当前的负利率政策国家和地区并没有逃脱流动性陷阱、通货紧缩的困扰，六个国家和地区的经济尚未明显复苏，所要达成的预期通胀目标也并不稳定。按照流动性陷阱假说，公众对经济复苏的信心丧失是通货紧缩的根源，负利率政策对提升公众信心的作用显然有限，其更重要的作用是支持企业修复资产负债表。

3．中国的基准利率水平和政策

目前，中国的 1 年期贷款基准利率水平为 4.35%，这一水平已经维持了三年，但更具有广泛市场影响的短期、中期和长期公开市场借贷便利工具则经历了数次加息。当前，美联储加息、缩表以及近期的中美贸易摩擦均给国内带来本币贬值、资本外流等外部压力。与其他新兴经济体不同，我国的金融机构货币错配程度低，整体外债规模小，外部债务压力低于其他新兴经济体，且新兴经济体的实践已经证明，提高利率无益于解决外部压力，提升国内经济发展基本面是最有力的抵御工具，因此，国内利率走向依然取决于国内提高就业、稳定增长等目标的需要。

4.2 全球金融市场主要利率：在动荡中分化

在金融市场中，长期证券的收益率主要由预期短期利率和期限溢价两部分组成，其中，短期利率主要由基础货币等货币政策因素决定，期限溢价主要来自风险因素，如久期风险、违约风险等。2008年国际金融危机之后，基础货币因素在长期利率的形成过程中有所弱化。彼时，主要发达国家央行如欧洲央行、美联储、英格兰银行和日本央行均使用量化宽松货币政策，通过直接发放长期贷款和购买长期债券，改变主要金融资产的长期利率定价方式；量化宽松政策给长期资产市场注入了流动性，提高了长期债券的价格并压低长期债券收益率，进而促使市场投资者调整资产组合模式、改变市场预期，最终影响长期金融资产定价和长期利率的形成。由此，传统货币因素在长期利率的形成中作用减弱。

如表4-2所示，欧元、日元和瑞士法郎的短期LIBOR均为负，英镑6个月LIBOR为正，美元LIBOR均为正。基本的解释是，美元作为主要的国际关键货币，国际经济越动荡，对其需求越大。当前，在贸易摩擦等背景下，全球其他国家通过贸易顺差获取美元的路径在收窄，在全球其他国家对美元的基本需求不变或增加的情况下，通过国际金融市场拆借美元的规模会相对增加，故而美元利率将不断上升。

表4-2 全球金融市场基准利率之LIBOR

利率名称	水平
欧元1个月LIBOR	−0.403%
美元1个月LIBOR	2.318%
日元3个月LIBOR	−0.095%
瑞士法郎3个月LIBOR	−0.746%
英镑6个月LIBOR	0.86213%
美元12个月LIBOR	2.80163%

资料来源：http://www.global-rates.com。访问日期：2018年11月2日。

4.2-1 美国

2017年以来，美联储货币政策的基本定位是"加息＋缩表"，推动货币政策常规化。2017年10月~2018年10月，美联储货币政策的主要措施包括4次加息及按照原定计划缩表，缩表规模约为2600亿美元。

1. 美联储2017年10月~2018年10月货币政策回顾

加息政策概览。自2017年10月以来，美联储共计加息4次，每次上调联邦基金利率目标区间 25 个基点,目前联邦基金利率目标区间为 2%~2.25%。加息时点分别为:(1)2017 年 12 月 13 日,美联储宣布将联邦基金利率目标区间上调 25 个基点到 1.25%~1.5% 的水平;(2)2018 年 3 月 21 日,美联储宣布将联邦基金利率目标区间上调 25 个基点到 1.5%~1.75% 的水平;(3)2018 年 6 月 13 日,美联储宣布将联邦基金利率目标区间上调 25 个基点到 1.75%~2% 的水平;(4)2018 年 9 月 26 日,美联储宣布将联邦基金利率目标区间上调 25 个基点到 2%~2.25% 的水平。

缩表政策概况。于 2017 年 6 月公布的缩表计划透明度高,2017 年 10 月起正式开启。在经历了一年的缩表之后,美联储当前的总资产规模为 41930 亿美元,比 2017 年 10 月缩减 2630 亿美元,比最高峰值 45130 亿美元低 3200 亿美元(见图 4-1)。

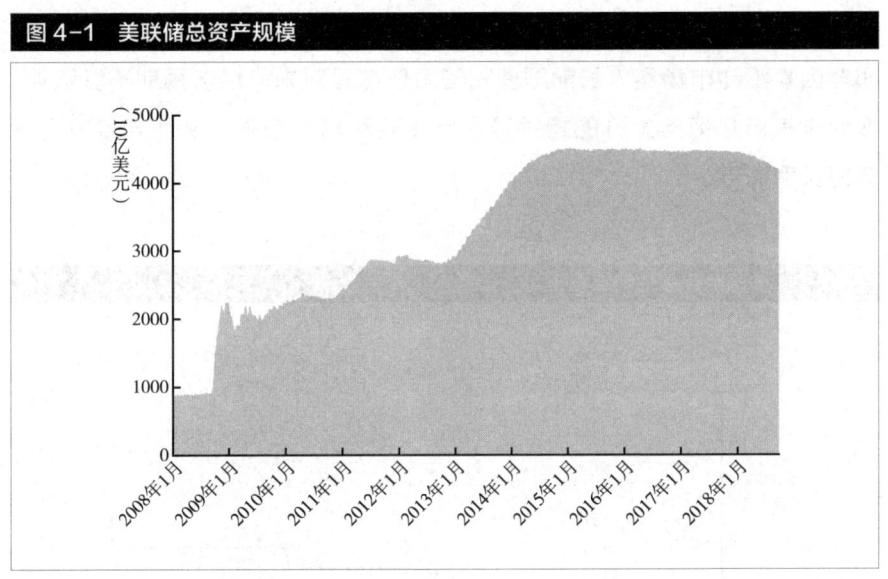

图 4-1　美联储总资产规模

资料来源:美联储圣路易斯分行。

2. 美国金融市场代表性利率分析

2018 年以来,随着美联储连续加息,美国联邦基金利率稳步上升。截至 2018 年 10 月初,联邦基金利率徘徊在 2.18% 上下。加息改变了美国金融市场的债券交易结构,继而改变了国债收益率曲线。加息和缩表政策对金融市场压力有影响,TED 指数和圣路易斯分行的金融市场压力指数都有所提高，高于 2017 年平均水平，但总体而言影响不大。

2018 年美国金融市场运行状况分析。2018 年美国的中长期国债收益率水平比 2017 年总体有所上升，3 个月期国库券收益率紧密跟随加息上升，上升速度基本与联邦基金利率同步，但中长期债券收益率上升速度远低于 3 个月期国库券收益率，5 年期和 10 年期国债收益率均没有同步上升，反而出现了下降（见图 4-2）。由此导致收益率曲线扁平化。扁平化意味着未来经济衰退的概率大幅增加。理解收益率曲线扁平化的核心在于判断哪些结构性因素导致长期收益率的降低，因为短期国库券收益率与联邦基金利率的关系较为稳定。美联储缩表带来一定的市场追随效应，但是，其持有国债的期限结构相对均衡，以短期、长期为主，1~5 年期的中期期限较少，因此，抛售国债不会对长期国债收益率产生持续影响。除了缩表，还有哪些因素能撼动长期国债收益率？或者，哪些因素驱动市场买入长期国债？答案依然是对未来经济预期不够乐观，即对未来市场风险上升的担忧导致市场避险情绪增强，从而导致投资者增持长期债券。

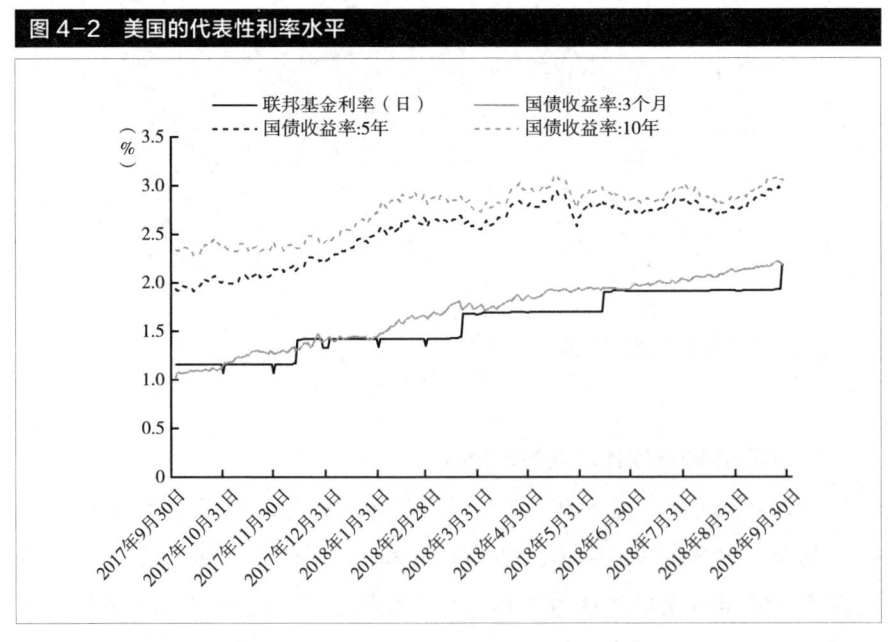

图 4-2 美国的代表性利率水平

资料来源：WIND。

从国债市场的流动性压力来看,自 2018 年以来,一些具有代表性的流动性压力指标,如买入 – 卖出利差(bid-ask spreads)、买单数量(bid sizes)以及估算的交易成本均明显改善。以美国长期国债实际平均收益率为例,2018 年以来保持平稳上升,在 1% 附近徘徊,10 年期国债期限升水则在零附近,表明国债市场的流动性压力很小(见图 4-3)。

图 4-3 美国的长期利率和国债流动性压力

资料来源:美联储圣路易斯分行。

其他美元融资市场压力指标。以 TED 利差指数为例,2018 年以来,该指数年初经历小幅上涨后在 2018 年 3 月底开始下降,下降趋势延续至 10 月(见图 4-4)凸显了国际金融市场对金融机构和金融市场的风险预期降低,市场资金面较为宽松,银行借贷成本和企业借贷成本平稳,市场整体信用状况良好。

从美联储圣路易斯分行编制的金融市场压力指数来看,自 2017 年以来,美国金融市场流动性压力持续下降,2017 年 11 月底达到最低点 -1.550,2018 年初逐步增加,2018 年 3 月金融市场流动性压力增加至 -1 上下,4 月初之后开始下降,当前压力指数为 -1.293,高于 2018 年初和 2017 年后半年(见图 4-5)。总体来看,美国的金融市场压力指数虽然比 2017 年有所提高,但整体资金面较为宽裕,流动性压力不大。

图 4-4 TED 利差指数

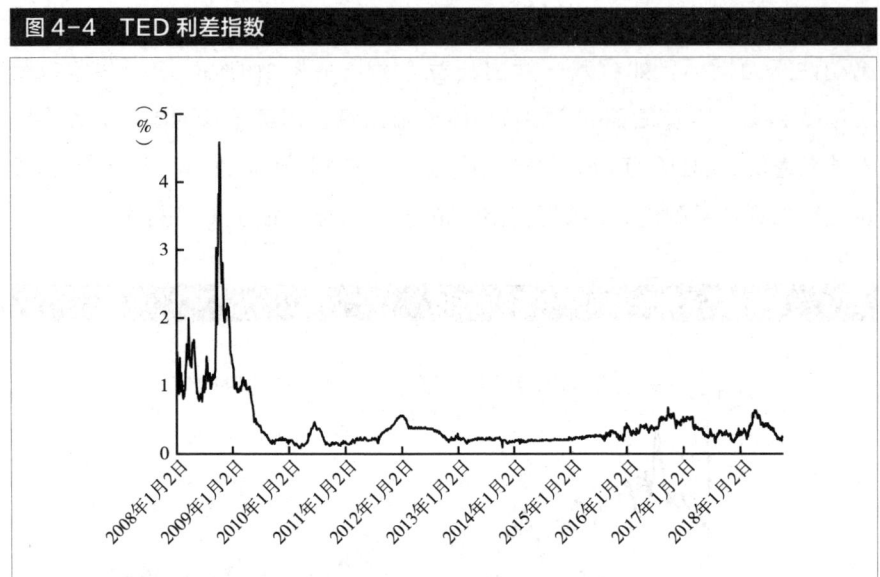

资料来源：美联储圣路易斯分行。

图 4-5 美国的金融市场压力指数

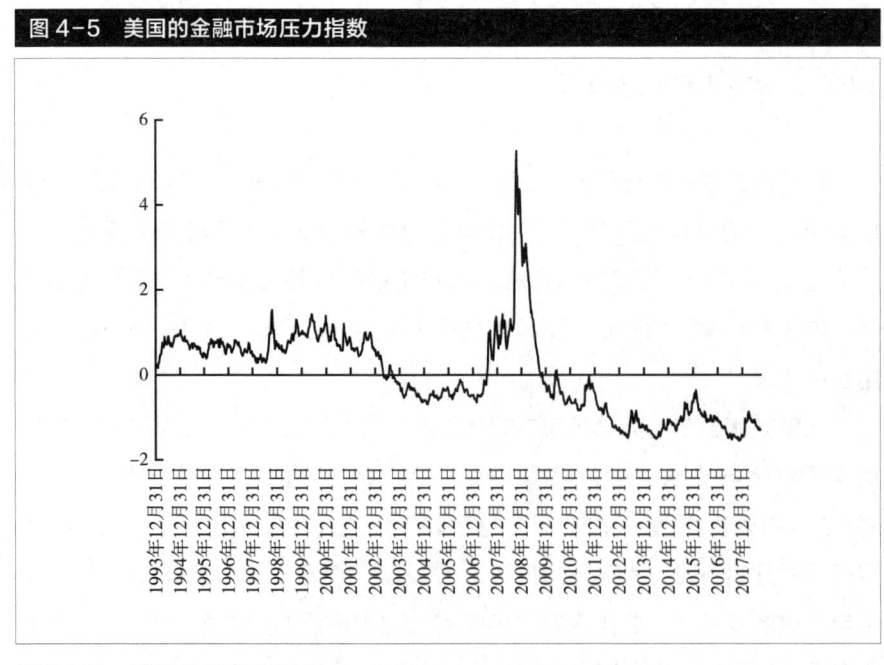

资料来源：美联储圣路易斯分行。

4.2-2 欧盟

过去一年，欧洲央行继续维持宽松的货币政策不变。主要货币政策工具几乎没有变化，如一年内维持三大政策性利率不变，与此同时，开启渐进式缩表进程，逐步减小量化宽松规模：（1）2018年1~9月，欧洲央行月度购债计划从600亿欧元削减至300亿欧元；（2）2018年9月之后，如果相关数据证实欧洲央行理事会的中期通胀预期，购债规模将降至每月150亿欧元，2018年12月以后购债计划将完全结束。

2017年至今，欧洲央行货币政策公告经历了微妙变化，维持量化宽松货币政策的态度开始逐步转变，预期管理工具使用频率增加，使用方式有所改变。（1）2017年10月26日，欧洲央行曾声明维持欧元区现行的零利率政策不变，但将延长每月购债计划的期限，同时缩减购债规模。欧洲央行理事会决定，从2018年1月开始实施购买政府和企业债券的削减计划，从600亿欧元削减至300亿欧元，期限为9个月，但在必要情况下，欧洲央行也可能扩大购债规模或延长购债时间。（2）2018年3月8日，欧洲央行决定维持当前利率水平和资产购买规模不变，但在货币政策声明中删除了"在必要时可能扩大资产购买规模及延长期限"的表述。（3）2018年6月14日，欧洲央行决定维持三大利率不变，将在12月末结束QE，并将保持利率不变至少至2019年夏天。（4）2018年10月25日，欧洲央行决定继续实施宽松货币政策，以确保欧元区中期通胀率回归"低于但接近2%"的目标水平。欧洲央行当天决定维持欧元区三大关键利率不变，其中主导利率维持在零，同时维持2019年夏天前不会加息的预期，并重申将有条件地在今年底结束每月150亿欧元的购债计划。由此可以看出，过去一年，欧洲央行实行了渐进式缩表措施，如果欧元区中期通胀预期良好，其将于2018年12月末结束购债计划。

次贷危机以来，主要国家央行都加大了货币政策透明度管理，对货币政策实行前瞻指引，欧洲央行也不例外，在过去一年的货币政策公告中，连续使用开放式前瞻指引策略，向市场明确传达了其货币政策未来可能的走向、利率水平及其可能变化的时间，以及结束量化宽松货币政策的基本条件。这些措施很好地稳定了市场预期，保持了金融市场稳定。

2016年3月至2018年9月底，欧洲央行主要再融资利率、隔夜贷款利率、隔夜存款利率分别维持在 0.0%、0.25%、-0.4% 的水平。欧洲央行还预计，至少到 2019 年夏季，关键利率将维持在目前的水平。负利率政策使得欧元区基准利率——主要再融资利率、3 个月期公债收益率和 5 年期公债收益率长期低于零水平。但与 2017 年有所不同的是，欧元区 5 年期公债收益率在 2018 年初、4 月和 5 月，曾短暂地由负转正（见图 4-6）。10 年期公债收益率高于 2017 年平均水平，维持在 0.5% 左右，2017 年则基本徘徊在 0.2%~0.5%。

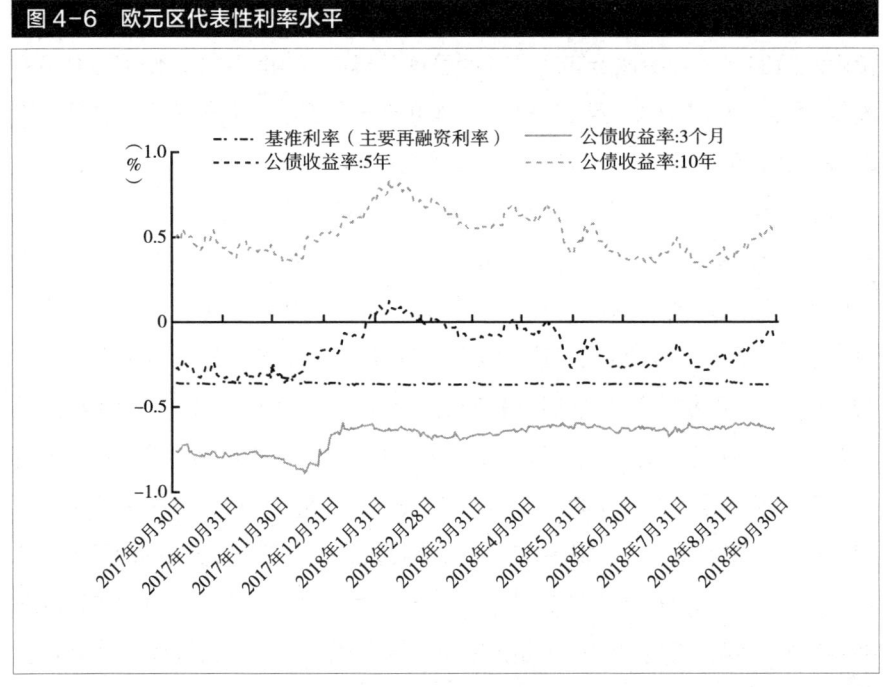

图 4-6 欧元区代表性利率水平

资料来源：WIND。

2018 年欧洲地区各期限国债平均收益率。2018 年以来，欧洲地区 1 年期和 2 年期国债收益率比 2017 年底有所上升，但仍然低于零。当前，1 年期国债收益率徘徊在 -0.60% 附近，2 年期国债收益率徘徊在 -0.55%。5 年期和 10 年期国债收益率波动较大，均于 2018 年 2 月初达到最高值，而后一直振荡下行，目前均徘徊在 2017 年中水平。5 年期国债收益率徘徊在 -0.1% 上下，10 年期国债收益率徘徊在 0.5% 上下（见图 4-7）。

短期国债之间的收益率利差几乎为零，中期国债和短期国债、长期国债

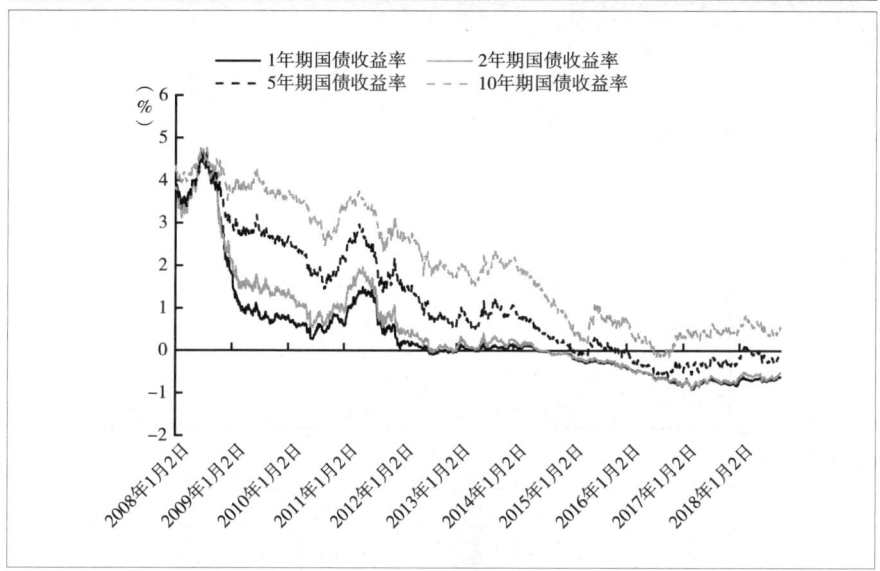

图 4-7 欧洲地区各期限国债收益率

资料来源：WIND。

之间的收益率利差较大，总体期限结构保持均衡，主要与欧洲央行量化宽松政策有关。市场追随效应并不明显。

2018 年欧洲地区主要国家的 10 年期国债收益率。自 2008 年以来，除了希腊 10 年期国债收益率经历了过山车式的剧烈波动之外，德国、法国、意大利和瑞士的 10 年期国债收益率自 2011 年末以来稳步下降，2015 年初达到新低，之后开始小幅攀升。2018 年以来，希腊 10 年期国债收益率依然较高，徘徊在（3.79%，4.39%），低于 2017 年平均水平。意大利 10 年期国债在 6 月开始明显上升，目前在 3% 左右，高于德国、瑞士和法国。德国、瑞士和法国的 10 年期国债收益率均低于 1%，瑞士 10 年期国债收益率最低点曾为 -0.03%（见图 4-8）。总体来看，除了希腊 10 年期国债收益率大幅下降、意大利 10 年期国债收益率小幅攀升之外，其他三个国家的 10 年期国债收益率基本与 2017 年持平，没有明显波动。

总体来看，2018 年欧元区金融市场保持平稳，在量化宽松货币政策和低利率政策的持续推动下，金融市场主要债券收益率保持平稳，为其经济复苏创造了宽松环境。

图 4-8 欧洲地区主要国家 10 年期国债收益率

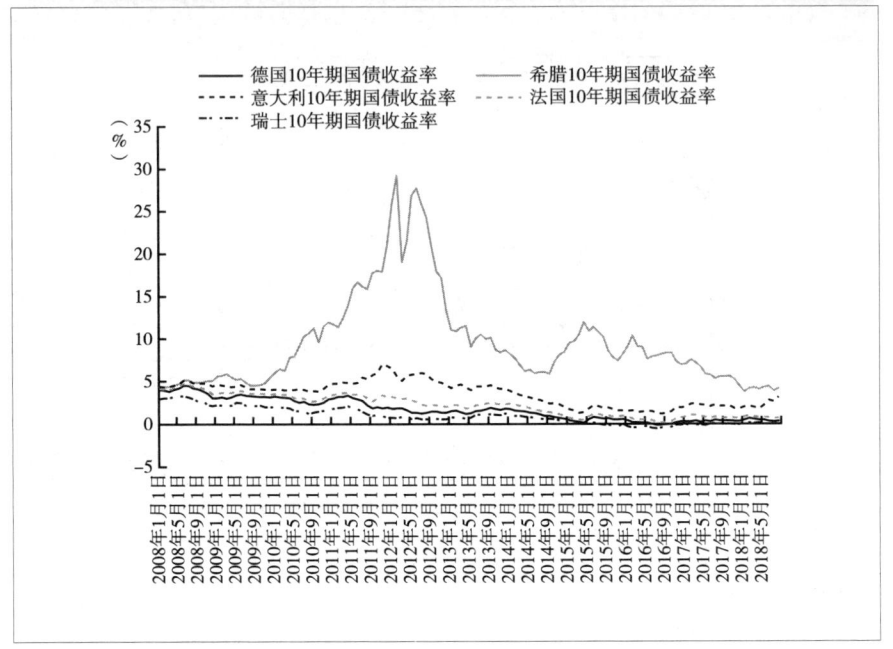

资料来源：美联储圣路易斯分行。

4.2-3 日本

2017 年 10 月至今，日本央行维持超宽松货币政策不变：短期利率维持在 -0.1%，10 年期国债收益率维持在 0 上下。自 2017 年 7 月日本央行的货币政策微调以来，超宽松的货币政策基调一直在延续。其利率前瞻性指引表明，日本央行将在相当长的一段时间内维持短期和长期利率目标不变，2018 年以来的货币政策实践表明日本央行兑现了政策承诺。

过去一年，日本央行数次货币政策公告显示，2% 的通胀目标并未如期实现，日本央行决定继续维持超宽松货币政策不变，美联储加息引发的其他负面影响暂时不影响其国内货币政策盯住通胀目标（见表 4-3）。近年来，美联储加息等外围货币政策对日本金融市场多有影响，同时，日本长期超宽松货币政策对国内固定收益市场也有负面影响，金融机构资产负债表风险加大。对此，日本央行行长黑田东彦近期在公开场合两次表示，一旦国内通胀接近目标水平，将推动货币政策正常化。短期之内，日本财政政策将会有所收紧，财务省将进一步将消费税上调至 10%。

表 4-3　2017 年 9 月~2018 年 9 月日本央行货币政策公告

时间	货币政策公告内容
2017 年 9 月 21 日	日本央行决定维持目前的大规模货币宽松政策不变。原因是日本的通胀率远低于日本央行 2% 的通胀目标
2017 年 12 月 21 日	日本央行决定维持现行超宽松货币政策不变。日本央行认为，日本经济正在"温和扩张"，但 2% 的通胀目标短期仍然难以实现，超宽松货币政策有必要延续。尽管日本央行短期内退出货币宽松政策无望，但已经开始注意到宽松措施的一些负面影响
2018 年 1 月 23 日	日本央行决定维持目前的大规模货币宽松政策不变。在外部经济持续缓慢增长、日本国内极其宽松的货币环境以及政府采取经济刺激政策等背景下，日本经济得以继续增长，但由于企业设定工资和价格的态度仍比较慎重，剔除能源价格上涨影响后，物价上涨势头依然较弱
2018 年 3 月 9 日	日本央行决定维持当前的超宽松货币政策不变。日本国内生产总值（GDP）连续 8 个季度正增长，经济温和复苏，个人消费保持增长态势，物价水平也在稳步回升。在货币政策会议之后的记者会上。日本央行行长黑田东彦强调，在达成 2% 的通胀目标之前，不会考虑当前宽松货币政策的退出问题
2018 年 4 月 27 日	当前日本物价上涨趋势没有改变，日本央行决定维持当前超宽松货币政策不变。删除了"2019 年前后达成 2% 通胀目标"的表述，可能意味着通胀目标达成时间再次被推迟
2018 年 6 月 15 日	日本央行决定维持超宽松货币政策不变
2018 年 7 月 31 日	日本央行宣布维持短期利率水平不变，同时提高货币政策框架灵活性。允许长期利率根据经济形势和物价等出现一定程度波动，范围是正负 0.2% 上下，同时日本央行还决定调整交易型开放式指数基金（ETF）的购买比例分配
2018 年 9 月 19 日	日本央行决定维持超宽松货币政策不变。日本劳动市场和企业业绩都出现明显改善，央行将继续实行宽松货币政策，尽早达成 2% 的通胀目标

资料来源：日本银行（Bank of Japan）网站。

2018 年初以来，在量化质化宽松货币政策的推动下，日本的短期利率、中期利率和长期利率均在低位保持平稳。其中，政策目标利率一直为 -0.1%，在其引导下，日元无抵押隔夜拆借利率和回购利率保持为负，波动范围为（-0.10%，0）。配合质化宽松货币政策，中期和长期国债收益率也一直为负，其中，5 年期国债收益率全年为负，波动范围为（-0.11%，-0.07%）；10 年期国债收益率操作目标为 0，其实际波动 2018 年大部分时间维持在（0.02，0.09），如图 4-9 所示。

在全球范围内，日本的政策目标利率处于政策性基准利率的低位，导致其各个期限的国债收益率水平在国际金融市场中也处于低位。日本的质化宽

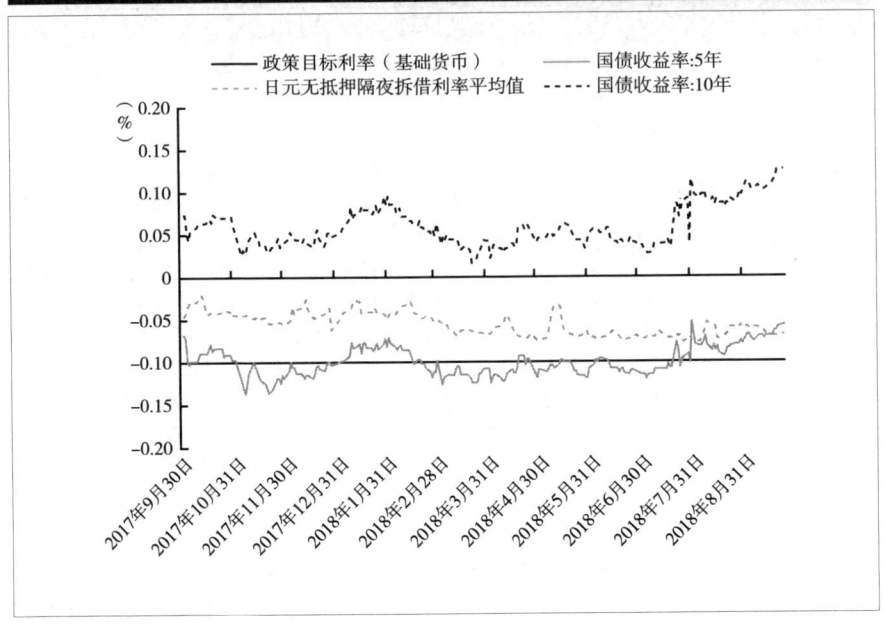

图 4-9 日本的代表性利率水平

资料来源：WIND。

松政策直接对准国债收益率，加大了对国债收益率的直接调控，成为拉低国债收益率的直接因素之一。2018 年 7 月，日本央行将国债收益率的有效上限从 0.1% 上调至 0.2%，在总规模不变的情况下，日本央行将减少国债购买量，这在一定程度上可以视为其正在退出量化宽松政策。

2018 年日本金融市场运行状况。在美联储连续加息 4 次的背景下，日本央行依然维持超宽松货币政策，专注于国内通胀目标，那么其国内金融市场是否出现大量资金外流的情况，金融市场流动性压力是否增大？从其短期融资利率来看，除了无抵押 2 个月平均利率在 2018 年初出现剧烈波动、无抵押 3 个月平均利率存在季节性波动之外，其余短期融资利率保持平稳，运行在零以下的水平，基本与 2017 年持平（见图 4-10）。

自日本央行推行负利率政策以来，其短期金融市场交易量曾骤减，之前大量买入货币市场基金等固定收益产品的金融机构均减少了购入量。因此，负利率政策虽然降低了资金价格，但没有完全降低金融市场的流动性压力。负利率政策对固定收益产品市场的打击直接波及金融中介，金融中介相关交易量减少，金融市场压力未必会减小，这部分解释了无抵押 2 个月平均利率

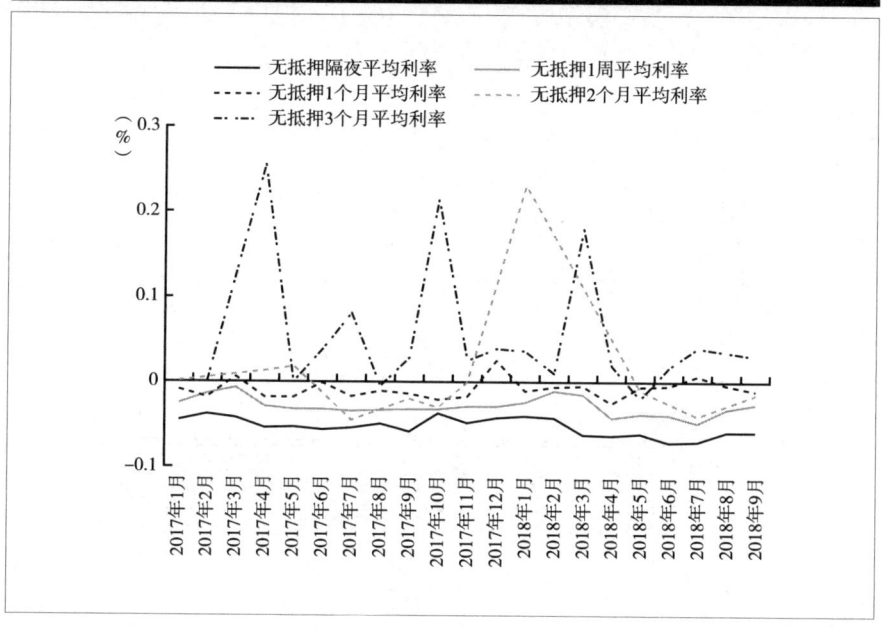

图 4-10 日本金融市场短期利率水平

资料来源：WIND。

和无抵押 3 个月平均利率的剧烈波动。

日本银行业非常发达，长期超宽松货币政策对商业银行原有的经营模式有较大影响。商业银行负债成本一直较低，有利于商业银行经营。受短期利率走势影响，日本大额定期存单（CD）市场各个期限平均利率均徘徊在零附近，近两年几乎没有变化（见图 4-11）。

除了大额定期存单利率，日本银行业较重要的利率还包括 1 年期定期存款利率和活期存款利率。次贷危机爆发之际，日本金融机构 1 年期定期存款利率水平为 0.4%，之后一路下滑，2010 年 4 月之后跌落至 0.1% 以下，当前水平为 0.01% 左右（见图 4-12）。在长期低利率环境下，日本金融机构的贷款平均利率也长期保持低位（见图 4-13），银行存款、固定收益产品均受到负面影响，日本居民的财富管理方式值得深入探讨。

总体来看，虽然日本央行行长黑田东彦多次在公开场合表示，在通货膨胀目标实现时将调整利率政策、退出超宽松货币政策，但从日本当前的宏观经济形势来看，短期之内，其不会改变货币政策的宽松态势。

图 4-11 日本大额定期存单市场利率

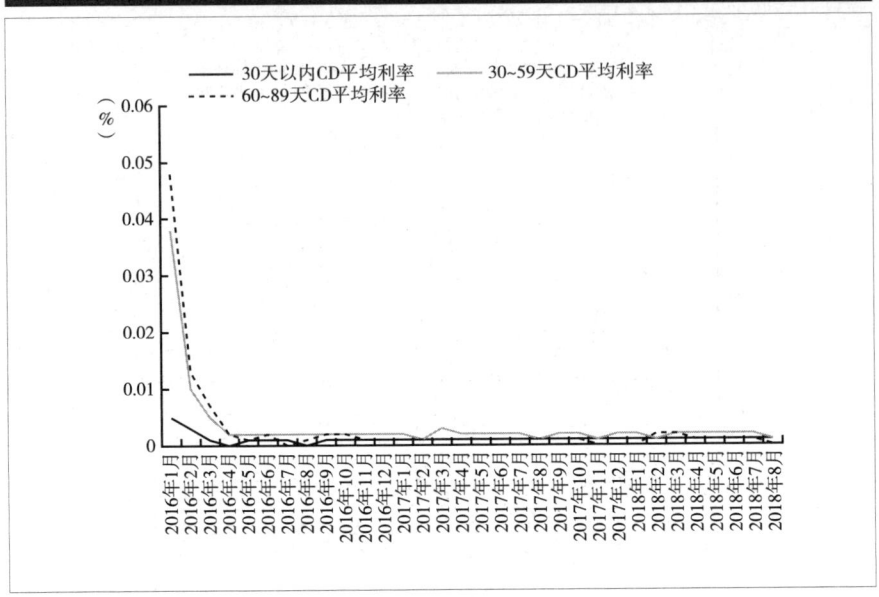

资料来源：WIND。

图 4-12 日本金融机构的 1 年期定期存款和活期存款利率水平

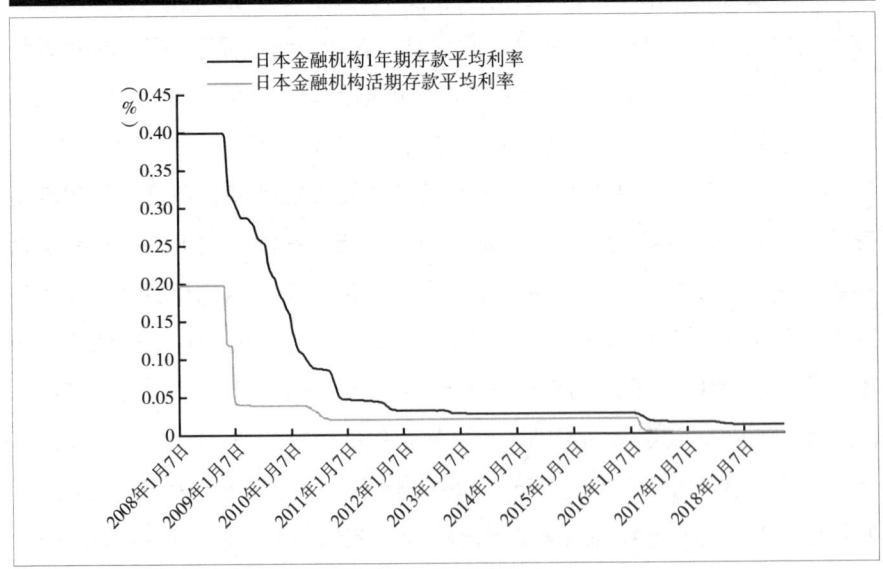

资料来源：日本银行（Bank of Japan）。

图 4-13 日本金融机构贷款平均利率

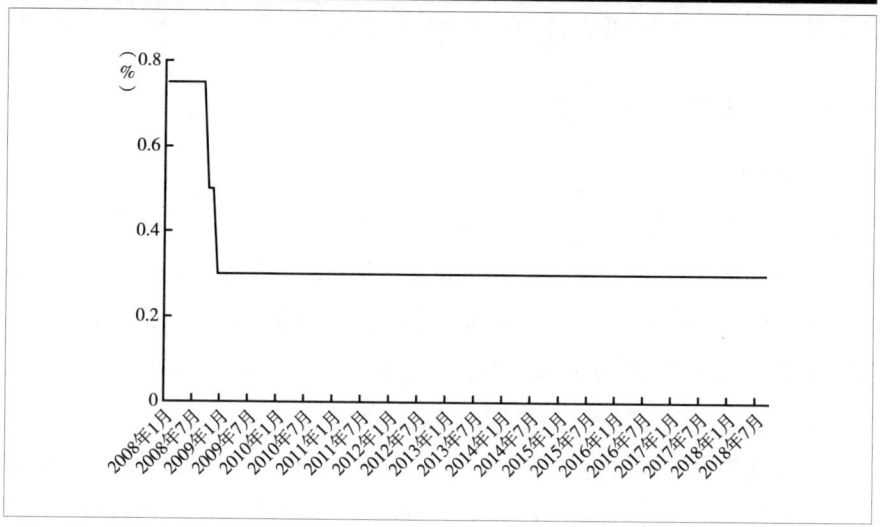

资料来源：日本银行（Bank of Japan）。

4.3 理论探讨：中央银行是否能影响长期利率？

在传统货币政策中，全球大部分中央银行都以银行间拆借等超短期货币市场利率作为基准利率，影响金融市场利率及实体经济。官方基准利率是资金基本面和央行调控意图的全面反映。尽管有学者一直认为相较于利率，货币对稳定价格的作用更强，央行控制短期利率和长期利率的能力有限（Thornton，2008），但次贷危机以来的官方基准利率走势表明，央行对短期利率的调控意图在增强而非减弱，且创造了货币政策前瞻性指引等手段加强对长期利率的调控。

自 2008 年国际金融危机以来，全球主要央行开启了非传统货币政策，核心内容是央行利用传统货币政策工具如公开市场操作和前瞻性指引等非传统货币政策工具，直接强化对长期利率如 10 年期国债收益率的调控。相较于短期利率，长期利率与实体经济的联系更为密切，央行以货币政策刺激经济的意图非常明显。在此过程中，短期利率和长期利率也经历了不同的变化，深入分析二者关系，便可基本了解货币政策调控手段有效与否。全球央行的名义政策利率继续保持分化，全球金融市场利率也呈现与政策性利率越来越松散的关系，尤其是长期利率与央行主导的短期基准利率的松散关系由来已久。因此，一个重要的理论问题是，中央银行能否调控长期利率？

4.3-1　长期利率的理论分析

古典经济学家认为长期利率由实体经济变量（储蓄、投资等）决定，独立于货币政策，货币政策没有能力影响长期利率。自凯恩斯宏观经济学诞生以来，经济学家通常认为货币政策能直接作用于短期市场利率，通过货币政策传导机制，间接影响长期利率和实体经济。货币政策通常无法直接调控长期利率，长期利率很难被作为一种货币政策工具灵活使用。次贷危机之后，多国通过量化宽松政策来调控长期国债收益率。

货币当局为何要控制长期利率？一个重要原因是，与长期利率紧密相关的期限利差（term spread）对金融市场预期具有重要影响，次贷危机之后的政策凸显了这方面的调控意愿。通俗而言，期限利差是收益率曲线的陡峭程度。通常，当短期利率和长期利率倒挂，即短期利率高于长期利率时，市场通常认为这是经济衰退的标志。具体市场实践中，多个长期－短期期限利差指标预测衰退的功能相差无几。其中，较为常用的是美国10年期国债收益率和3个月国库券收益率之间的利差，因其无须重新估算期限溢价，被证明是预测经济衰退的重要工具（Estrella and Mishkin, 1998; Bauer and Mertens, 2018）。该利差不断缩小甚至为负，即收益率曲线倒挂、反转，这通常表明未来经济衰退概率较大，此时，收益率曲线平坦化甚至向下。毫无疑问，长期利率和经济衰退之间确实有一定的相关性。从投资的角度来看，债券作为安全资产，通常是人们规避长期风险的主要投资选择。因此，当人们预期未来经济衰退的概率较大时，通常会增加对安全资产如长期国债的投资，由此拉低长期国债的收益率和长期利率。

货币政策能否控制长期利率？长期利率通常被分解为短期利率远期水平（expected future short-term interest rates）和期限溢价（term premium），理论上而言，央行可以通过控制这两个因素或其中之一来控制长期利率。比如，在无套利均衡条件下，中央银行只要调控短期利率，市场不存在套利机会，短期利率向长期利率的传导机制顺畅，最终就可以调控长期利率，美联储有很多学者支持该观点。

相反的观点认为，长期利率只有一部分来自远期的短期利率，另一部分来自均衡实际利率，或自然利率。因此，影响长期利率的因素有很多，比如生产率、人口结构、消费者偏好、市场对未来风险的预期等，这些因素央行并不能直接调控。总需求政策，包括财政政策和货币政策的作用有限。

如何看待这两种对立观点的核心分歧？我们认为，短期利率是否能顺畅传导至长期利率、无套利均衡是否存在的关键在于债券市场是否完全竞争、是否完善。如果债券市场自身发展充分，央行货币政策公告的预期效应和数次调控长期利率的手段保持一致，债券市场投资者将会对此形成较为完善的预期，将长期利率调控手段加入预期，从而在债券交易中体现出来。由此，央行调控长期国债收益率的宣示效应叠加其买入长期国债的操作，将实质性拉动长期利率走低，市场预期也得以实现。

次贷危机之后，美联储、日本央行和英格兰银行均购买长期国债来影响长期利率。与此同时，美国、日本的10年期国债收益率也确实步入低位，但这是否是非常规货币政策作用的结果？从全球范围来看，近20年以来全球长期利率一直在走低，是源于实体经济自身的因素还是非常规货币政策拉低了长期利率，需要进一步分析。如果货币政策能够影响和调控长期利率，长期利率作为一种货币政策工具就具备可行性，当下调控长期利率的非传统货币政策就可能成为未来的货币政策常态。

4.3-2 美联储、日本央行的政策实践分析

1. 美联储控制长期利率的政策分析

2008年至今，美联储共计买入10年期长期国债1225.8亿美元。其中，危机爆发初期最多，2008年买入261.2亿美元；QE政策准备退出的年份最少，其中，2013年为零，2014年买入0.3亿美元。2016年至今保持平稳，最近三年分别买入158.4亿美元、217亿美元和148.6亿美元（见图4-14）。

与此同时，美国10年期国债收益率保持平稳下降，但其变动显然滞后于美联储购买10年期国债（见图4-15）。QE政策对长期利率的拉低效应并不明显。从美联储的政策初衷来看，降低长期利率是其QE政策的基本目标之一，学者们也实证分析了QE政策对长期利率具有一定的拉低作用（Bonis, Ihrig and Wei, 2017），但限于QE的实际实施年限较短，其是否降低了长期利率难以得到证实。

从历史上看，美国的10年期国债收益率变动与联邦基金利率的变动在1980年之前有紧密的联系，此后背道而驰，关系松散，20世纪80年代是

图 4-14 美联储 10 年期国债买入金额

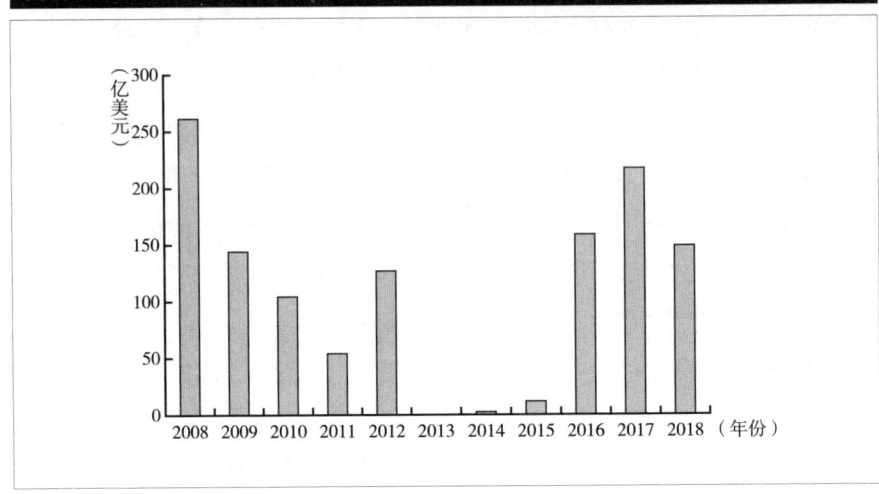

资料来源：美联储圣路易斯分行。

图 4-15 美国 10 年期国债收益率

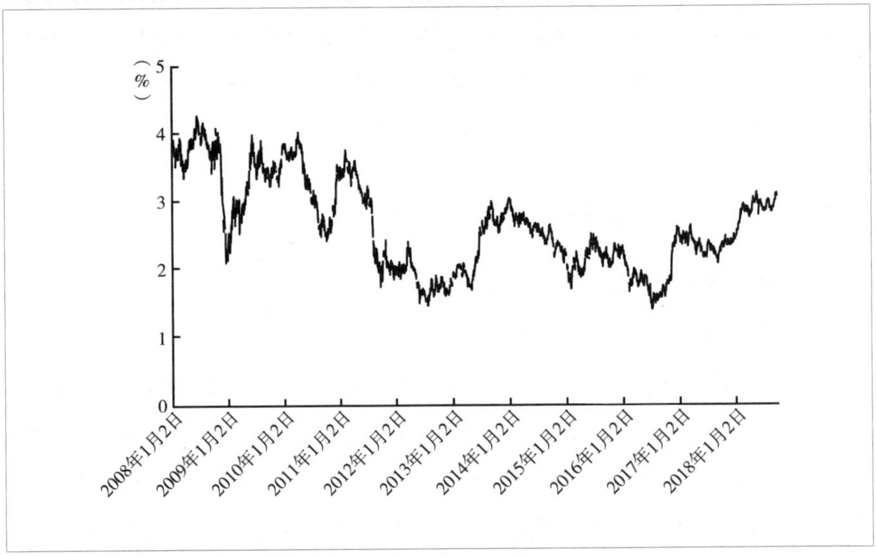

资料来源：美联储圣路易斯分行。

明显的分界点（Andrews, 1993; Thornton, 2012），如图 4-16 所示。

在格林斯潘为主席的 2005 年，美联储曾发表声明，指出 10 年期国债收益率的变动与联邦基金利率的变动关系松散，表明货币政策传导存在"阻塞"。而 20 世纪 80 年代正是美联储货币政策转型，将联邦基金利率作为基

图 4-16　美国 10 年期国债收益率和美国联邦基金利率

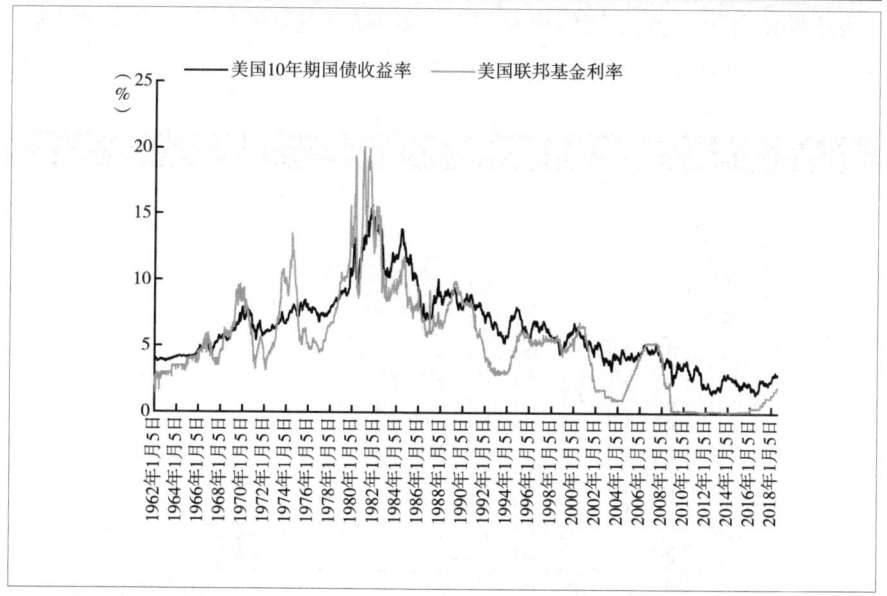

资料来源：美联储圣路易斯分行。

准利率干预金融市场的起点，因此，学者们推断，美国的货币政策在彼时符合"古德哈特定律"（Goodhart Law），即任何被预计到的有监管意图的货币政策都会失效，不会对实际经济变量产生任何影响。因此，由美联储政策调控的联邦基金利率无法正常传导至由经济因素决定的 10 年期国债收益率。"古德哈特定律"在英格兰银行和新西兰银行的货币政策转型过程中都曾出现过，中央银行干预力度较大的政策性基准利率往往无法影响由市场自身决定的长期利率，如 10 年期国债收益率。而影响长期收益率是目前很多央行的重要政策目标，例如，日本央行近年来直接干预长期债券市场，希望直接影响长期国债收益率以刺激经济发展。

2．日本央行控制长期利率的政策分析

日本央行调控长期国债收益率的政策走在了全球前列。由于通货紧缩，日本长期维持低利率、负利率政策，在 2016 年负利率政策之后，推出质化宽松货币政策，核心内容是买入长期国债、卖出短期国债，压低收益率曲线，实现对长期利率、远期利率的控制。为了拉动陷入长期通缩的经济达到 2% 的通胀目标，日本央行的"量化质化货币政策 + 负利率政策"成为现代中央银行货币政策工具体系的一种创新。

2008年以来，日本大藏省向日本央行定向发行的10年期国债共计105万亿日元，平均每年9万亿日元左右，最多的年份的是2013年，为14.7万亿日元，2018年为5408亿日元（见图4-17）。

图4-17 日本央行购买的10年期国债

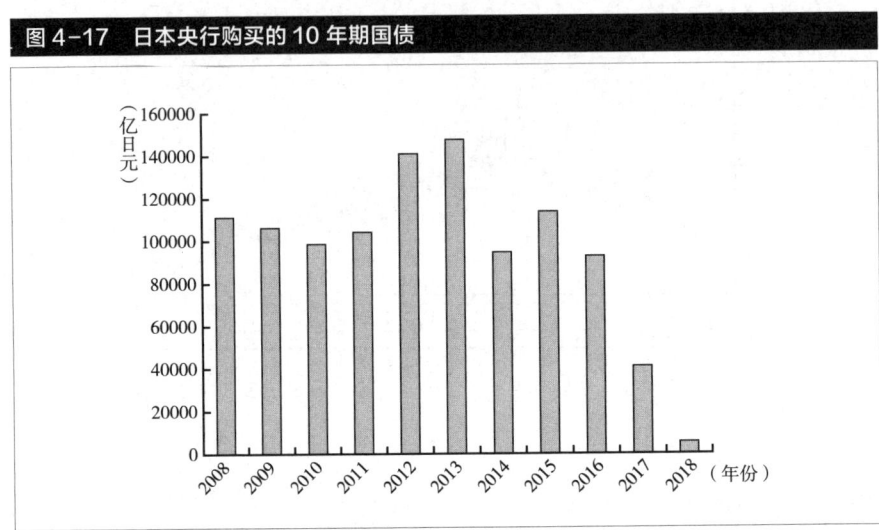

资料来源：日本央行。

与此同时，日本的10年期国债收益率直线下降，在2016年宣布负利率政策之后，一度跌至零以下（见图4-18），负利率政策作用明显。

图4-18 日本10年期国债收益率

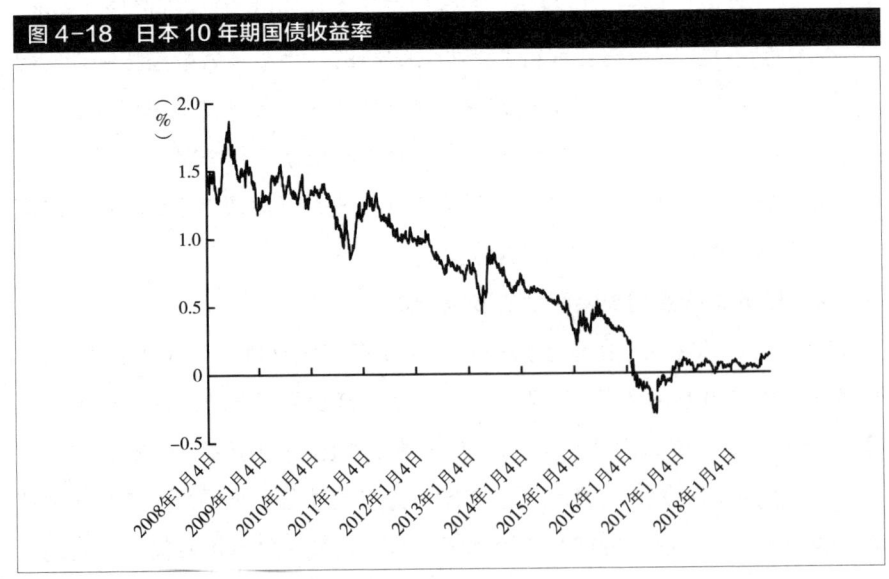

资料来源：美联储圣路易斯分行。

日本央行行长黑田东彦曾公开表示，央行只有实现对长期国债收益率的控制，才能对真实利率产生实际影响，才能对企业和居民产生正面作用，真正带动日本经济走出通缩。2018年7月31日，日本央行在货币政策会议上决定修改大规模货币宽松政策，并允许长期利率有一定幅度的上升，将国债收益率的有效上限从0.1%上调至0.2%。原因是美债收益率异动，带动日本国债收益率上升。在对长期国债收益率控制权的争夺上，市场与央行的激烈博弈可见一斑。

4.3-3 小结

谁决定了长期利率？是货币政策、实体经济还是金融市场自身？从理论和实践来看，在债券市场发展充分、完善的情况下，中央银行可以通过预期管理和负利率政策、质化宽松货币政策等手段共同实现对长期利率的调控。日本央行对长期利率的调控效果非常明显，但市场博弈也表明，在考虑国际资本流动的情况下，央行调控国内长期利率的难度有所增加。

4.4 全球未来利率走势展望

至2018年，次贷危机已爆发10年。全球主要发达经济体的经济是否已经完全复苏？衡量的一个标准是，美国等国的实际GDP规模是否已经回到次贷危机爆发前潜在经济增速下的水平。有美国学者对此进行了测算和衡量，结果显示，美国2017年的GDP低于次贷危机前潜在经济增速下的GDP规模12%，剔除其他干扰因素，次贷危机导致GDP降低了7%，平均每个美国人损失了7万美元折现值的GDP（Barnichon, et al., 2018）。按此标准测算，其他发达经济体如欧元区、日本、英国，也同样没有完全复苏，知名宏观经济学家罗默也验证了此观点（Romer and Romer，2017）。

尽管如此，经济增长已经远不在发达国家货币政策最终目标之列。美联储在货币政策两大最终目标——通胀和就业的引导下，出于对通货膨胀的担心，开启了加息政策，未来将继续有条件加息。欧元区和日本金融市场深受影响，但货币政策依然谨慎维持。

关于美联储加息问题，近日，美联储年内最后一次加息或将临近，全球货币市场对此保持高度谨慎，3个月期美元LIBOR创下新高，高达

2.6011%。从美联储历次加息条件来看，其是否加息取决于其国内主要经济指标是否达到并稳定在目标水平。反观美国国内实体经济指标，可以看到，2018年美国新增非农就业人口多于2017年（见图4-19），全年失业率（季调）徘徊在4%附近，当前达到次贷危机以来的最低水平3.7%（见图4-20）。

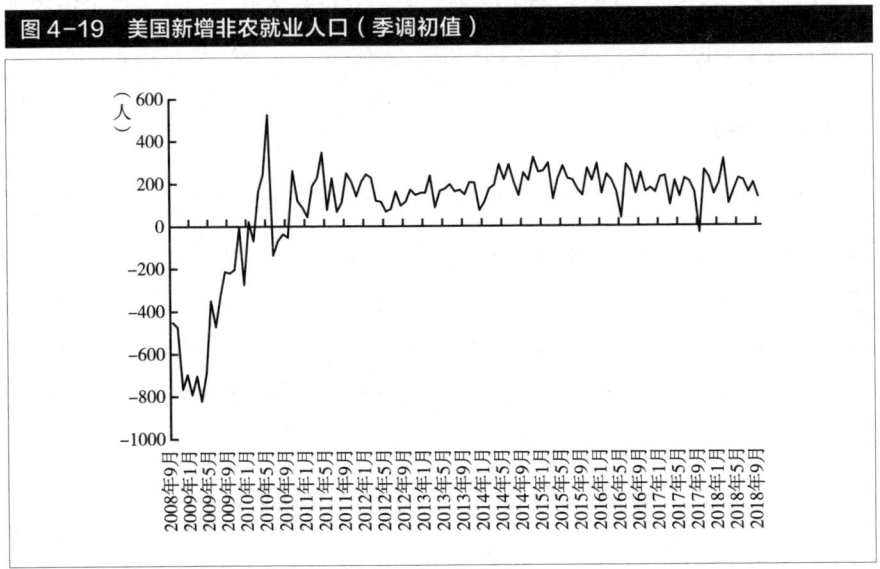

图4-19 美国新增非农就业人口（季调初值）

资料来源：WIND。

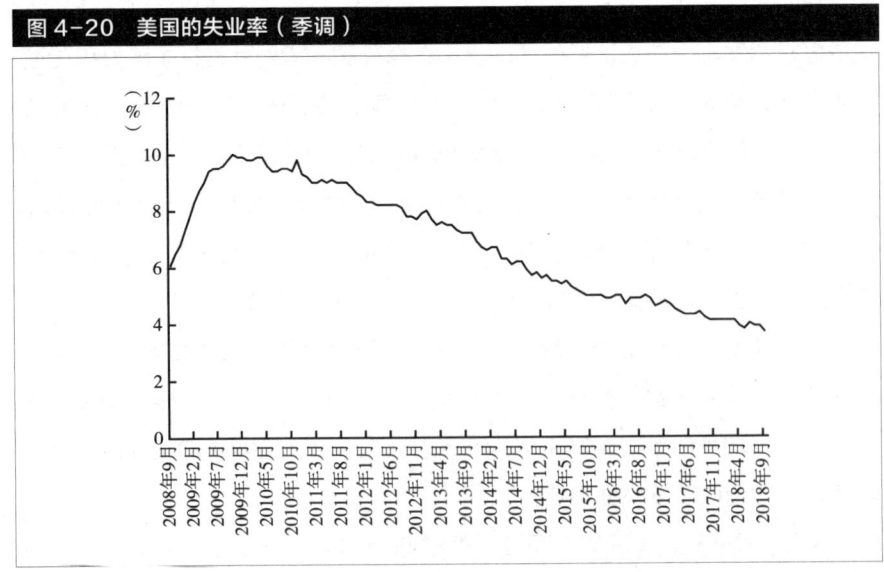

图4-20 美国的失业率（季调）

资料来源：WIND。

2018年美国全年核心通货膨胀率平均水平也维持在2%以上。除了1月和2月为1.8%之外，其余月份均高于2%，7月高达2.4%，当前为2.2%（见图4-21）。

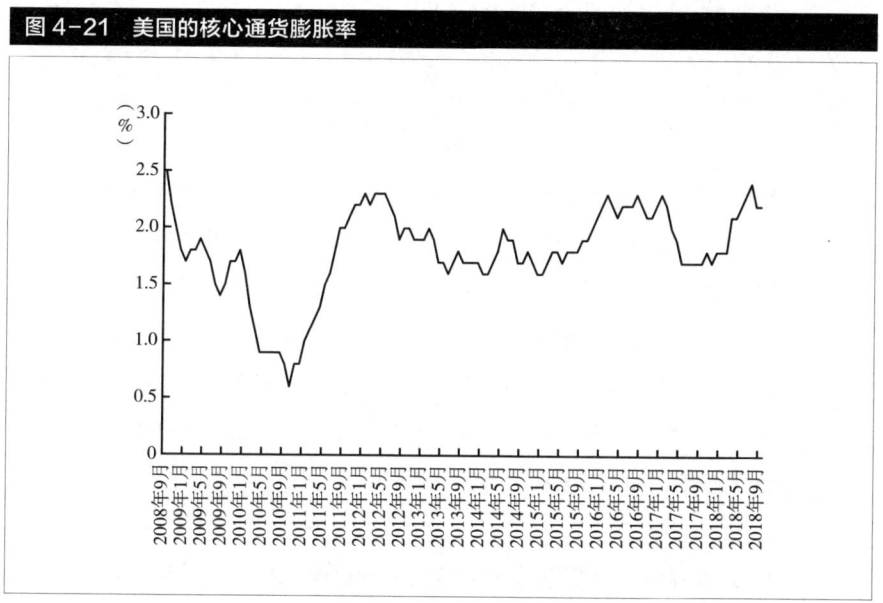

图4-21 美国的核心通货膨胀率

资料来源：WIND。

因此，从主要经济指标可以看出，如果美联储不改变耶伦时代定下的货币政策决策范式，其在年底之前将大概率继续加息。

总之，未来在全球经济动荡前行、复苏不稳定的背景下，全球利率将继续分化，保持复杂态势。主要发达国家的利率政策也走向不一，美联储加息概率高，欧洲央行谨慎维持负利率政策，日本央行或在近年继续维持负利率政策，直到实现通货膨胀目标。

第 5 章　全球大宗商品市场*

- 2018 年，全球货币正常化进程加快，贸易保护主义有所抬头，世界政治经济与贸易环境不确定性加大。美国经济增长保持平稳向上，美联储坚持渐进加息政策，资金加速从新兴市场回流，美国资本市场异常繁荣而新兴资本市场则加剧波动。除美国经济"一枝独秀"外，欧盟各主要发达经济体增长有所放缓，日本经济景气度虽有回升但复苏缓慢；新兴市场经济增长遭受挑战，面临的风险与困难逐渐增多。

- 大宗商品价格受全球经济增长影响总体保持向上态势，但品种分化明显加剧，以原油为代表的能源类商品价格大幅上涨，非能源商品中部分农产品表现低迷甚或下跌。

- 展望 2019 年，在全球政治经济及贸易局势不稳定的背景下，各主要经济体增长或出现一定放缓，大宗商品的需求端或仍将维持低迷状态，而供给端受过剩产能继续退出、企业库存保持低位、减产限产协议延续、资源国经济制裁等一系列因素影响，可能难以出现较大提升，因此预计未来全球大宗商品市场的表现整体维持平稳但有一定下行压力，大宗商品分化或仍将加深，同时价格波动料将进一步加剧。

---

*　本章作者：黄国平，中国社会科学院金融研究所研究员，国家金融与发展实验室高级研究员；方龙，国家金融与发展实验室特聘研究员。

5.1 全球大宗商品市场走势分析

5.1-1 大宗商品市场总体形势

2018年，全球货币正常化进程加快，贸易保护主义有所抬头，世界政治经济与贸易环境不确定性加大。美国经济增长保持平稳向上，美联储坚持渐进加息政策，资金加速从新兴市场回流，美国资本市场异常繁荣而新兴资本市场则加剧波动。除美国经济"一枝独秀"外，欧盟各主要发达经济体增长有所放缓，日本经济景气度虽有回升但复苏缓慢；新兴市场经济增长遭受挑战，面临的风险与困难逐渐增多。今年以来，受中美贸易争端影响，中国经济形势从"稳中向好"转为"稳中有变"，防风险、去杠杆大背景下货币信用加速下滑，宏观债务率趋稳但负面效应显著，金融风险、债务风险共振，债市"违约潮"不停，股市深度下跌，汇率大幅贬值，而实体经济亦受冲击，社融、投资增速连创新低，经济下行压力有所加大。在此背景下，全球大宗商品市场整体呈振荡上行态势，增速较前一年度明显放缓，同时价格波动风险有所加大。从世界银行（World Bank）商品价格统计数据来看，2018年大宗商品价格总体延续上涨趋势，累计涨幅13.75%。其中，能源与非能源价格指数走势出现明显分化，前者呈强势上涨态势，累计涨幅高达23.98%；而后者表现则相对疲弱，累计跌幅为2.49%。从年度均值来看，2018年大宗商品价格综合指数较上一年出现明显上涨，涨幅19.05%，如图5-1所示。

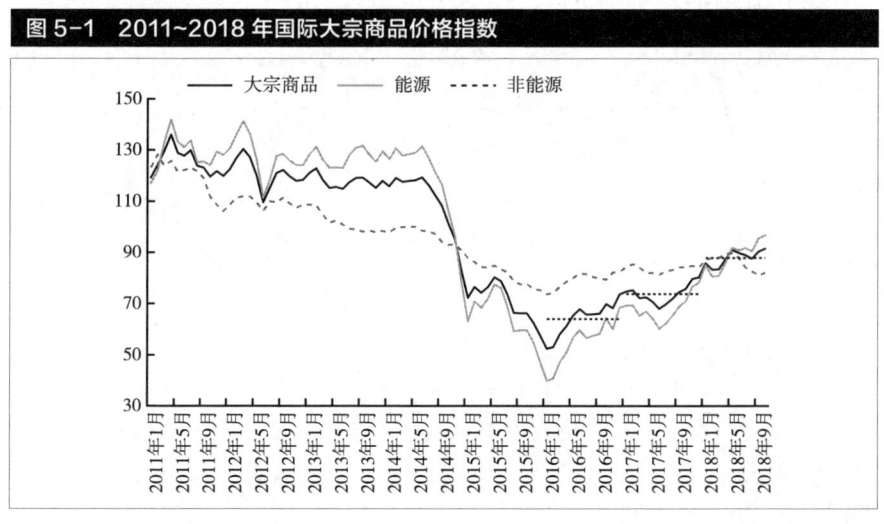

图5-1 2011~2018年国际大宗商品价格指数

资料来源：世界银行数据库。

5.1-2 主要能源类商品走势

1．国际原油

原油作为强周期性商品，其价格变动与世界经济形势密切相关，当然还要受实际供需、地缘政治及资本市场等诸多因素的影响。2018年，受前期OPEC减产限产计划有力执行和下半年美国重启对伊朗经济制裁影响，全球对原油供应短缺担忧有所加剧。需求保持强劲、供给超预期下滑以及地缘风险爆发共同推升油价连创新高，英国布伦特轻质原油价格曾一度上涨突破80美元/桶水平，创2015年以来阶段新高。尽管市场需要OPEC增产以填补持续扩大的供需缺口，但下半年原油市场整体仍存供需缺口。预计年底前油价整体仍将延续上行趋势，呈现易上难下态势。从世界银行（World Bank）商品价格统计来看，2018年原油价格综合指数基本呈一路上行走势，最高上探至76.73，累计涨幅高达25.4%。其中，英国布伦特轻质原油价格、迪拜中质原油价格、美国WTI重质原油价格的年度涨幅分别为25.3%、28.6%、22.1%。从年度均值来看，原油价格综合指数较上一年延续上涨态势，涨幅34.4%，如图5-2所示。

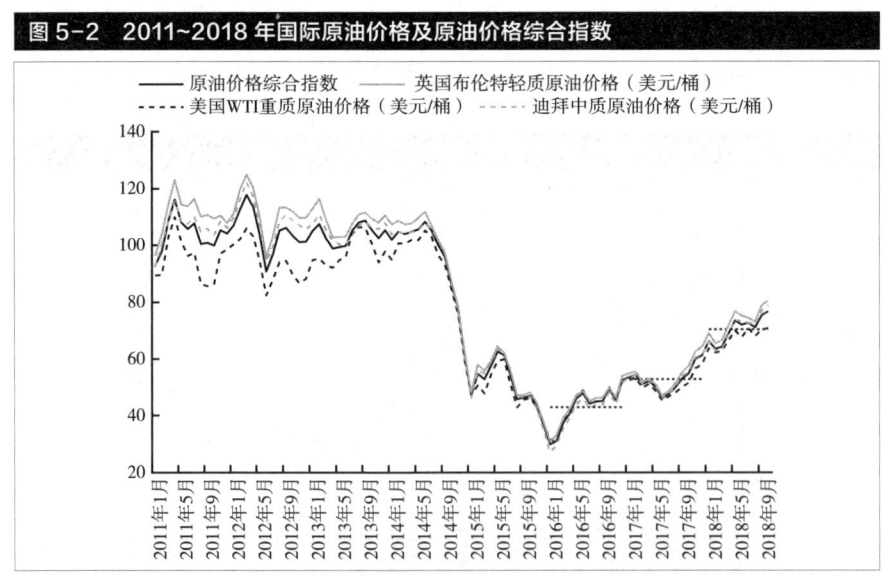

图5-2　2011~2018年国际原油价格及原油价格综合指数

注：原油价格综合指数为英国布伦特轻质原油价格、迪拜中质原油价格及美国WTI重质原油价格的等权重平均值。
资料来源：世界银行数据库。

2. 煤炭

2018年，受中国煤炭行业去产能持续推进及部分地区环保限产等因素影响，煤炭长期供给过剩的局面进一步改善，市场整体上维持供需紧平衡状态，煤炭价格整体维持高位振荡、小幅上涨态势。其中，国内动力煤、焦煤价格自年初下行后持续反弹、小有上涨；焦炭受螺纹钢去库存和环保限产影响，表现略超预期。经统计，2018年中国动力煤、焦煤及焦炭价格的年度涨幅分别达到4.13%、5.40%及19.92%。与此同时，世界银行（World Bank）商品价格统计显示，澳大利亚动力煤价格从年初以来亦保持振荡上涨态势，累计涨幅达7.86%（见图5-3）。

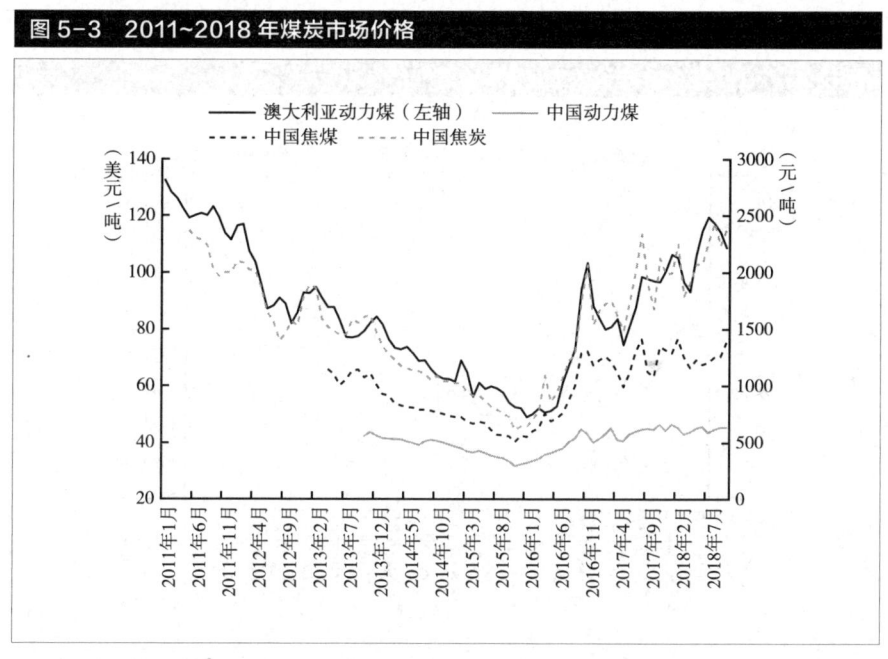

图5-3 2011~2018年煤炭市场价格

资料来源：世界银行数据库，WIND。

5.1-3 主要非能源类品种走势

1. 金属矿石

工业金属方面。2011年以来，受中国潜在经济增速下滑、需求增长放缓及金属行业产能过剩的影响，工业金属开启全面下跌态势，下跌初期出现过振荡反弹，但之后基本上一路走低，至2016年初较历史性高点跌去近60%。2018年，在国内供给侧改革大环境下，金属行业自发性去产能加之经济复苏形势下需求明显回暖，铜、铝、锌、铅等工业金属价格持续上涨且不断创下新高；其后，受中美贸易战影响，在国内防风险、去杠杆大背景下，社会信用加速下滑，悲观情绪有所加剧，工业金属价格亦冲高回落、大幅下挫，整体上呈现"过山车"式行情。经统计，2018年工业金属基本呈现普跌态势，其中，铅的跌幅最大，伦敦铅、中国铅的累计跌幅分别为20.81%、4.41%；锌的跌幅位居其次，伦敦锌、中国锌累计跌幅分别为16.34%、15.69%；铜、铝的涨跌幅则相对较小，伦敦铜、中国铜累计跌幅分别为8.99%、11.80%，伦敦铝、中国铝累计跌幅分别为2.43%、7.27%（见图5-4和图5-5）。

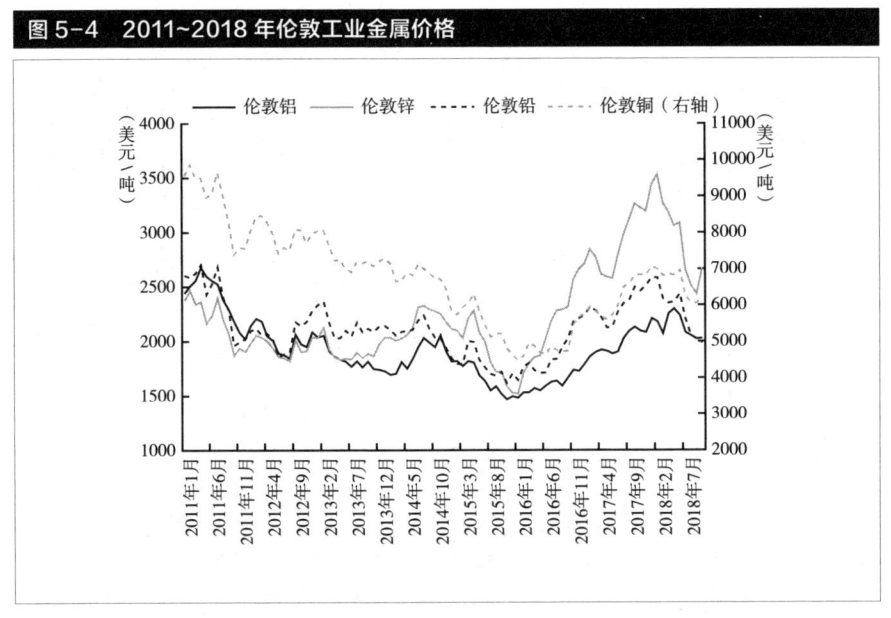

图5-4　2011~2018年伦敦工业金属价格

资料来源：伦敦金属交易所，WIND。

矿石钢铁方面。2018年，钢铁企业去产能仍将延续，环保督察"回头看"、蓝天保卫战强化监督以及《打赢蓝天保卫战三年行动计划》背景下螺纹钢限产力度料难减小。上半年，螺纹钢价格走出V形反转，前期高位盘整行情下，受取暖季供应超预期、节后社会库存创历史新高及节后消费启动偏晚影响，钢价一度跌至电炉钢生产成本附近；第一季度后，由于终端需求集中爆发，以及非取暖季限产和环保限产影响供应，钢材库存降速远超历史同

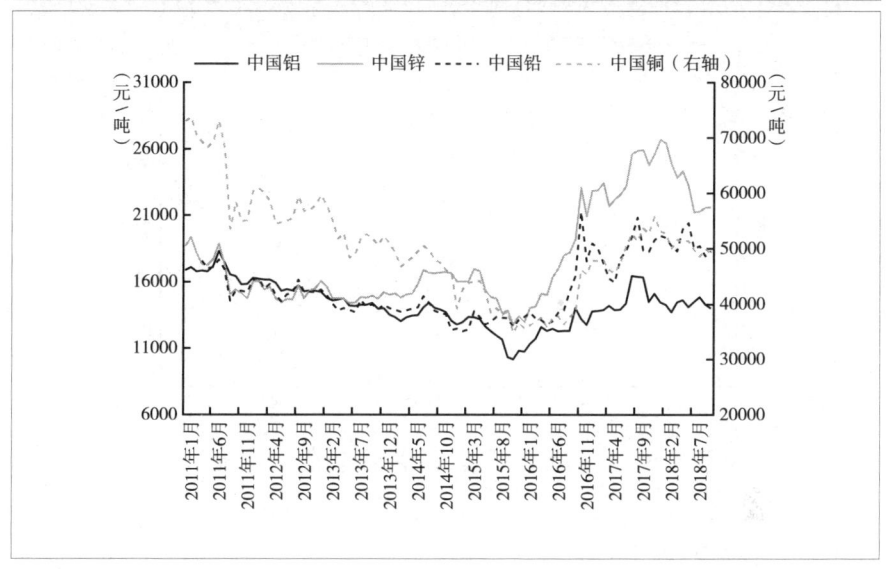

图 5-5　2011~2018 年中国工业金属价格

资料来源：上海期货交易所，WIND。

期，钢材价格 V 形反转再次回升至年内高位。相比而言，铁矿石价格表现则相对疲弱，主要原因在于外矿供应呈持续增加态势、港口铁矿石库存不断创新高且始终处在历史高位附近，加之高吨钢利润叠加环保限产导致废钢用量提升，废钢对铁矿石的替代带动粗钢产量上升，铁水产量下降亦使得铁矿石需求不振。总体来看，铁矿石短期仍将维持供给过剩局面，向上空间较小；同时，由于下游钢材利润高企，铁矿石价格下方支撑亦较强。近期，人民币大幅贬值虽促使铁矿石价格企稳反弹，但总体而言铁矿石价格上下空间均有限。经统计，2018 年中国螺纹钢价格从年初 3800 元/吨水平持续上涨冲高，最高突破 4100 元/吨，年度涨幅达 8.99%；而上游铁矿石表现相对较弱，据世界银行（World Bank）商品价格统计显示，国际铁矿石现价自年初一路回调下跌后又企稳反弹，大致维持水平振荡态势，累计涨幅仅 1.61%，年度表现大幅不及下游螺纹钢（见图 5-6）。

2．农产品

一般而言，农产品本身价格弹性系数较小，其走势主要受实际供需关系影响。近年来，全球农产品市场需求相对稳定，价格变化受供给方面的影响更大。2018 年，农产品价格走势总体来说保持平稳，但不同品种分

图 5-6 2011~2018 年中国矿石钢铁价格

资料来源：世界银行数据库，WIND。

化明显。其中，受中美贸易战影响，以大豆为代表的部分农产品价格在第一季度后开始大幅下行，呈现不断走低的态势。而小麦、玉米价格则表现较为强势，尤其小麦反弹力度很大；大米价格基本保持稳定，价格微幅上涨。从世界银行（World Bank）商品价格统计来看，2018 年农产品价格指数自年初以来先振荡上行后大幅回调下跌，年度跌幅为 1.99%。其中，CBOT 大豆受中美贸易战影响跌幅最为明显，累计下跌 11.44%；CBOT 小麦、CBOT 玉米则表现相对强势，整体呈振荡上行态势，累计涨幅分别为 17.21%、3.56%；泰国大米微幅振荡，年度涨幅仅 0.74%（见图 5-7）。

3．贵金属类

黄金方面。作为一个重要的投资品种，黄金一直以来受到机构及个人投资者青睐，尤其在全球流动性泛滥的金融环境下。另外，黄金所具有的避险及抗通胀双重特点，亦使得其价值功能不可替代。2018 年，受全球货币紧缩进程加快、美元指数强势上涨及朝鲜半岛危机明显缓和影响，黄金价格自年初以来基本保持振荡下跌的走势。近期，由于新兴市场及美股波动性加剧、美元指数出现阶段回调迹象以及美国中期选举引发政治不稳定影响，黄

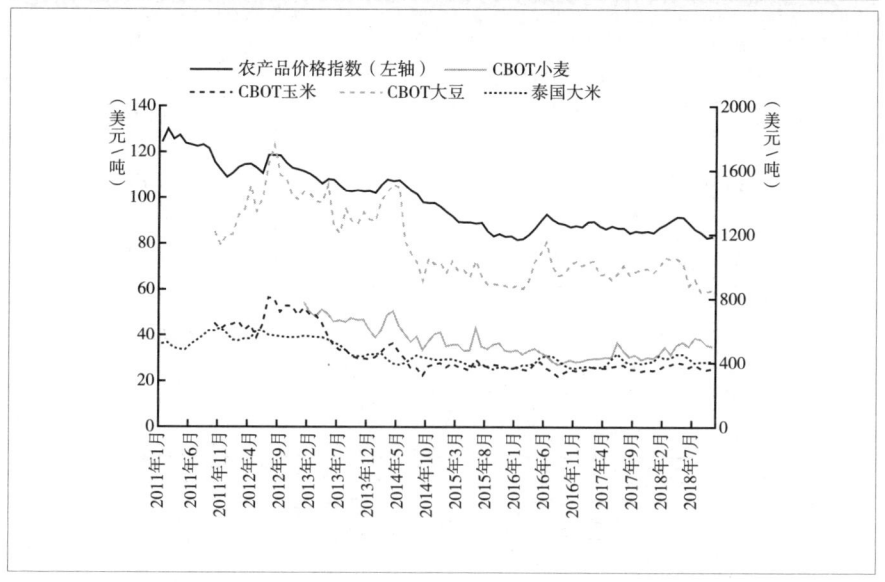

图 5-7　2011~2018 年农产品市场价格

资料来源：世界银行数据库，WIND。

金价格在跌破重要支撑点后又重新反弹回升至 1200 美元 / 盎司上方。经统计，2018 年黄金市场总体上表现较弱，其中，伦敦现货黄金、COMEX 黄金期货价格年度跌幅分别为 6.29%、7.20%；而国内受人民币贬值预期影响，以人民币计价的上金所现货金 T+D 及上期所黄金期货的表现则相对较强，涨幅分别为 0.51% 及 -0.68%（见图 5-8）。

白银方面。作为贵金属类别之一，白银与黄金不同的是其工业属性更为突出，价格走势受实际供需关系的影响较大，但同时白银价格也会受制于黄金价格的波动，两者之间所表现出的"金银比"通常会处于合理区间内。对比图 5-8、图 5-9 中黄金与白银的价格走势可以发现，长期看两者走势基本一致，但白银价格在 2011 年以来的回调较黄金则更为充分。2018 年，在美国经济"一枝独秀"、其他经济体增长放缓致下行压力加剧以及黄金价格明显下跌带动下，白银市场呈一路振荡下行的态势。经统计，2018 年白银市场年度表现弱于黄金，其中，伦敦现货白银、COMEX 白银期货价格年度跌幅分别为 14.97%、16.70%；类似的，受人民币贬值预期影响，国内以人民币计价的上金所现货银 T+D 及上期所白银期货价格的跌幅较外盘均小，分别为 6.08% 及 9.01%。

图 5-8 2011~2018 年黄金市场价格

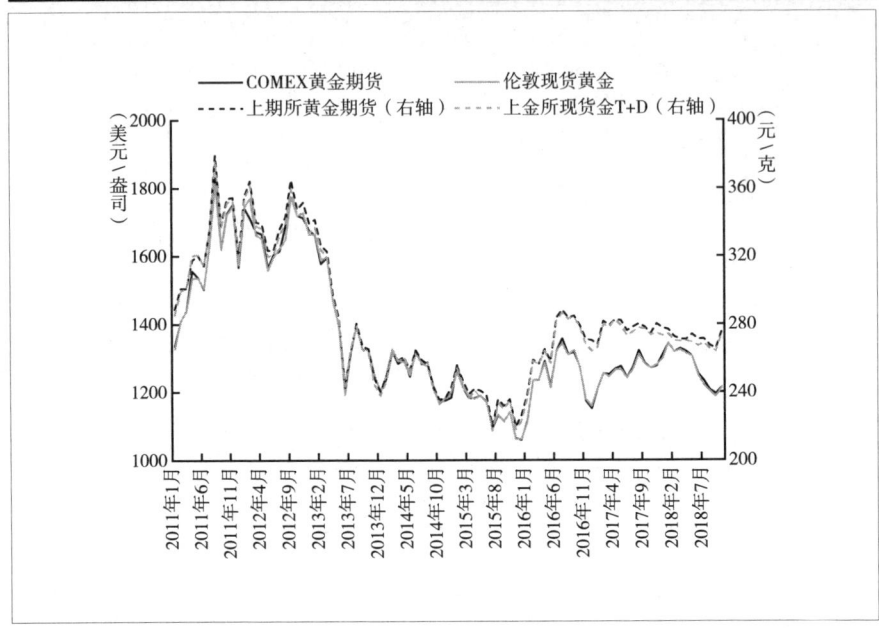

资料来源：WIND。

图 5-9 2011~2018 年白银市场价格

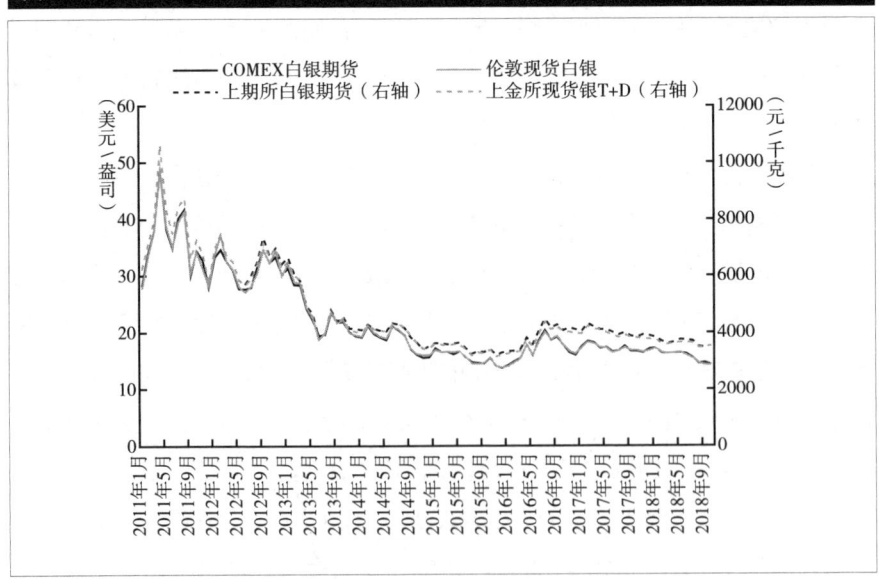

资料来源：WIND。

5.2 大宗商品市场主要影响因素分析

5.2-1 经济周期因素

大宗商品市场价格与经济周期变化之间有密不可分的关系。2018年，全球经济走势基本平稳，且呈现温和复苏的态势。其中，主要发达经济体增长格局出现分化，美国经济复苏相对较快，而日本、欧洲则仍旧疲弱；新兴经济体增速逐步企稳，尤其以中国为代表的亚太新兴经济体成为全球经济增长的重要力量。其间，虽然发生了中东局部战争、英国脱欧及特朗普竞选美国总统等一系列突发性事件，但全球经济金融市场仍经受住了考验，表现出较为稳定的复苏态势。从图5-10中各主要国家和地区PMI走势可以看出，2008年，美国制造业PMI基本维持阶段高位，中国、欧元区PMI大致呈振荡下行态势，在全球制造业复苏态势明显放缓背景下，大宗商品价格面临越来越大的回调压力。

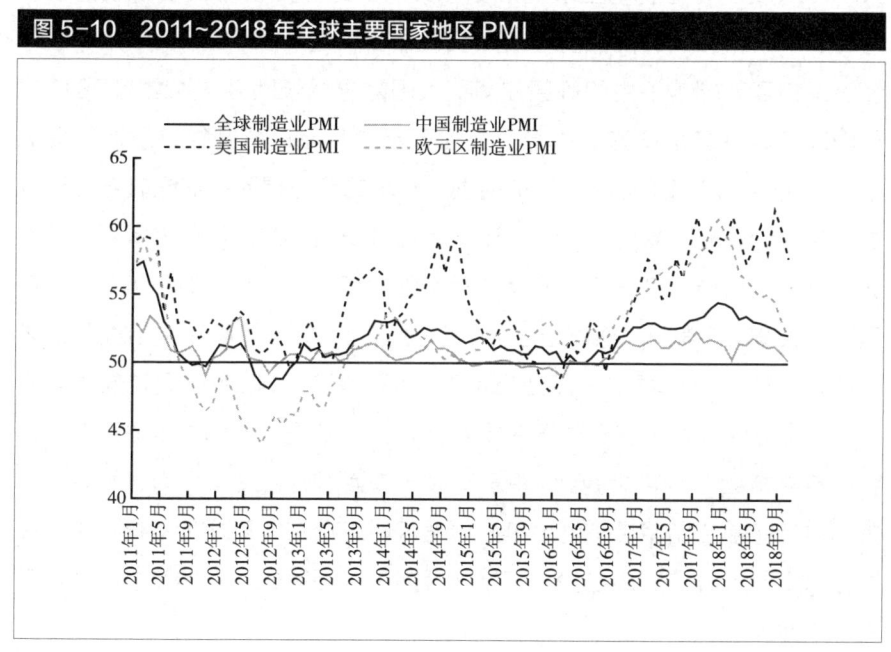

图5-10 2011~2018年全球主要国家地区PMI

资料来源：WIND。

2018年，以美联储为代表的各国央行货币正常化进程明显加快，加之贸易保护主义有所抬头，世界政治经济与贸易环境不确定性上升，无论是以美国为代表的发达经济体抑或以中国为代表的新兴经济体,其经济增长或复苏进程将不可避免地面对一定压力与挑战。从领先经济指标 PMI 走势可以看出,后期美国经济强劲增长态势或将弱化,其他主要发达或新兴经济体增长已出现明显放缓迹象,全球经济复苏将面临下行风险。就大宗商品主要消费地中国而言,PMI 已下探至荣枯线附近,经济增长下滑压力加大,在防风险、去杠杆背景下国内宏观政策调控边际效力递减,在稳健中性货币政策下"宽货币"向"宽信用"传导仍受较大制约,实体经济投资增长与信贷扩张不畅情况下需求端短期料难出现大幅改善,以上这些因素或将在一定程度上对明年全球大宗商品价格形成阶段性回调的压力。

5.2-2 产业供求因素

产业供求关系直接决定大宗商品作为一类重要资产的内在价值。以国际原油为例,2011 年起原油出现供大于求的过剩局面,且这种局面于 2014 年、2015 年有明显加重态势,其间国际原油价格出现了较大程度的超卖下跌,原油的商品价值被大幅低估。不过,2016 年初以来,全球经济温和复苏态势下中国等原油消费大国需求增长回升,加之 OPEC 成员国冻产、减产协议有力执行,美国页岩油产业投资减缓以及伊朗受制裁,原油供需缺口明显缩窄,前期供大于求的趋势得到彻底扭转甚至形成供不应求的局面。受此影响,原油的商品价值自 2016 年以来得到大幅修复,其价格从当年初开始触底反弹且一路振荡上行,至 2018 年下半年甚至再次突破 80 美元 / 桶高位水平。从图 5-11 中全球原油供给量和需求量的相对变化可以看出,原油市场正逐渐从前期的供应过剩走向供需平衡,且部分时段明显出现供不应求状态。当前来看,原油供求关系紧平衡状态料将持续,尽管会受到 OPEC 增产或美国页岩油投资增长影响,但美国对伊朗重启制裁带来的地缘政治危机始终存在,原油价格料将于阶段高位水平附近维持振荡走势,不排除后期需求回暖或地缘冲突加剧情况下进一步冲高。

国内方面,自 2015 年"三去一降一补"政策首次提出至今,中国政府积极推进供给侧改革,钢铁、煤炭等长期产能过剩行业的产量有所下降,企业与市场去库存较为积极。此外,2016 年来全国范围内环保督查及限产等诸多外部因素的影响也使得钢铁、煤炭等市场的供给明显减少。从需求

图 5-11　2011~2018 年全球原油的供给量和需求量

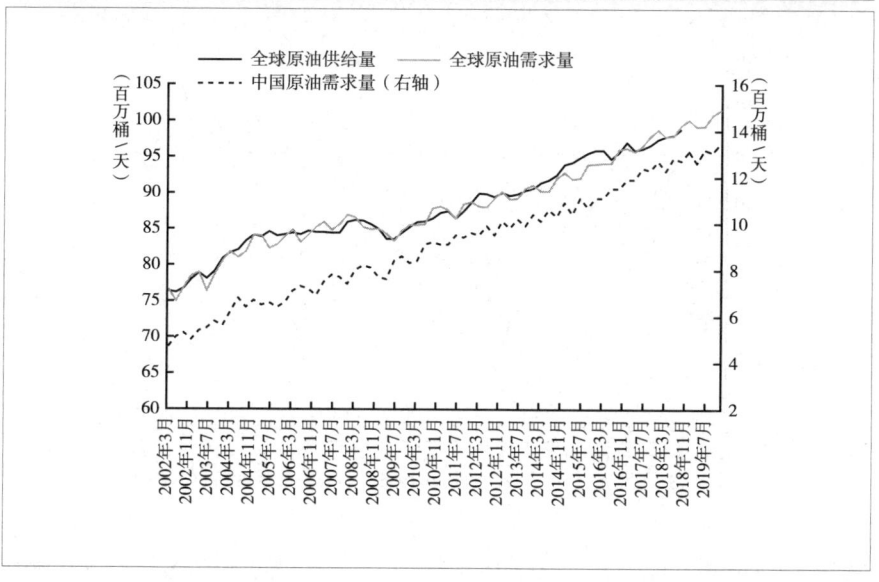

资料来源：WIND。

端看，受中美贸易争端影响，下半年经济下行压力有所加剧，防风险、去杠杆大背景下加大基础设施建设补短板提上日程且逐渐受到重视，成为对冲经济下滑的重要手段之一。从煤炭市场来看，2012 年以来，中国煤炭供求平衡指数大部分时间为负，反映我国煤炭市场近几年来基本保持供大于求的局面，且这种局面在 2014 年、2015 年明显加重，其间煤炭市场处于严重过剩的状态（见图 5-12）。直至 2016 年第三季度末，在年初展开的煤炭供给侧改革强力推进的情况下，煤炭市场过剩产能迅速出清，供需平衡的局面得以显现，甚至受需求端增长刺激在部分时段煤炭一度出现供不应求的紧张局面。2018 年至今，煤炭市场供需关系基本维持紧平衡状态，煤炭价格仍处于阶段高位，考虑到后期去产能、环保限产等政策性因素影响，煤炭价格料将大概率维持高位振荡。

5.2-3　市场流动性因素

经济周期、产业供求关系对大宗商品市场的影响往往表现为长周期特征，而短周期决定商品价格变动的重要因素是货币因素，货币流动性的扩张与收缩对大类资产的名义价格有显著影响。从全球货币市场来看，面对复苏

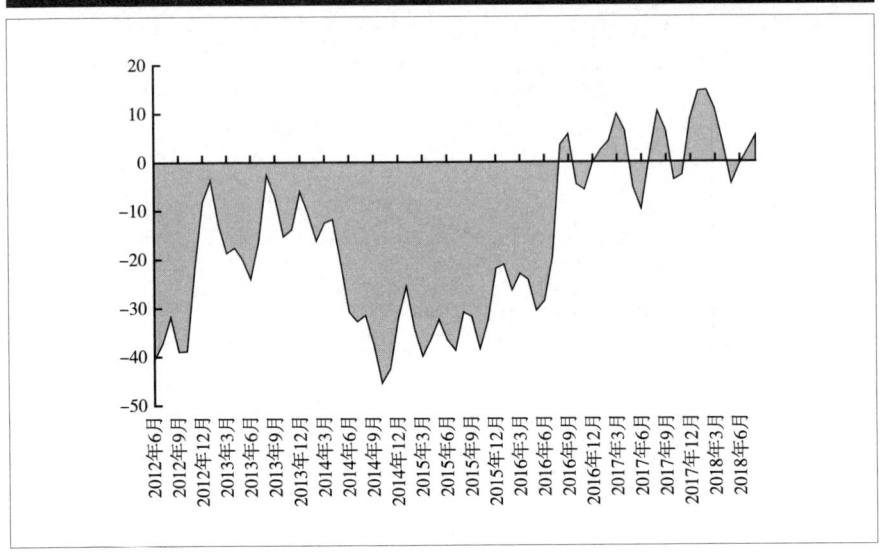

图 5-12　2012~2018 年中国煤炭供求平衡指数

注：<-30 为严重过剩；-30~-20 为供过于求；-20~-10 为供应偏松；-10~+10 为显供求平衡；+10~+20 为供应偏紧；+20~+30 为供不应求；>+30 为严重短缺。
资料来源：中国煤炭工业协会，WIND。

乏力的经济、长期低位徘徊的通胀率及居高不下的失业率等，各国政府纷纷采取多种形式的量化宽松政策，货币超发引致流动性急剧泛滥，资本市场一度陷入零利率甚至负利率的泥淖，而廉价资金在全球金融市场肆虐横行，给整个金融市场尤其是大宗商品市场带来了巨大冲击，大宗商品的名义价格短期内也被迅速抬升。从图 5-13 中全球各主要国家 M2 同比增速可以看出，2011 年以来，中国、美国的货币与准货币（M2）增长速度一直处于高位，尤其中国 M2 同比基本保持在 10% 以上水平，大幅超过名义 GDP 增速，导致 M2 占名义 GDP 比例一路攀升，至 2017 年底该比例（大于 200%）甚至可以比肩目前全球杠杆率最高的发达经济体日本。2018 年，全球货币正常化进程明显加快，紧缩性政策背景下美国、欧元区、中国及日本 M2 增速齐步向下，加之美元指数强势，资金加快从新兴市场向美国回流，导致新兴市场经济增长面临挑战，同时资本市场波动加剧，受此影响大宗商品价格在延续近三年的反弹上涨态势后阶段性回调压力不断加大，后期波动性亦可能放大。

图 5-13　2011~2018 年全球各主要国家 M2 同比增速

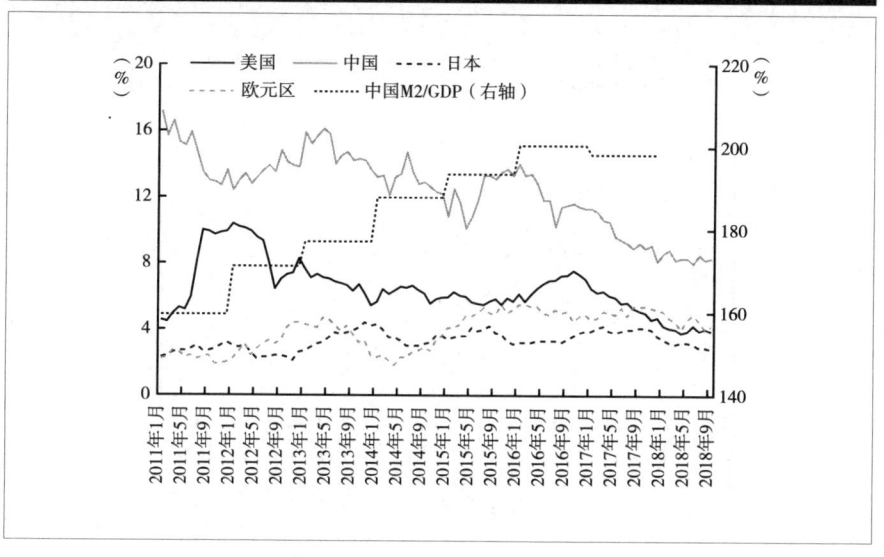

资料来源：中国煤炭工业协会，WIND。

5.2-4　美元强弱因素

作为全球通用货币，美元在大宗商品贸易中大多充当结算币种，金融市场交易中很多商品的价格也以美元计价，这直接导致美元的强弱变化影响着大部分商品的短期与长期价格走势，其中表现最为突出的就是国际原油与黄金两个品种。从图 5-14 中美元指数与大宗商品价格关系可以看出，长周期内，美元与原油、黄金价格基本表现为负相关的反向波动关系，当美元进入上升周期时，原油、黄金价格往往会有比较大幅度的调整下跌；反之，当美元开始走弱时，原油、黄金价格会有强有力的反弹回升。短周期内，这种反向变动关系则变得比较复杂，影响原油、黄金价格的因素如国际政治格局、地缘冲突及限产限购等都有可能使得原油、黄金价格与美元指数呈现同涨同跌的走势关系，如去年英国脱欧、OPEC 减产协议达成，美元指数与黄金、原油价格在不同阶段就分别表现出比较明显的齐涨态势。此外，美元影响大宗商品价格的背后往往还存在经济周期的变化规律，如 2011 年以来美元进入长期升值通道，随着全球经济尤其是新兴经济体的投资增速放缓、需求下降，大宗商品价格也经历了漫长的熊市。

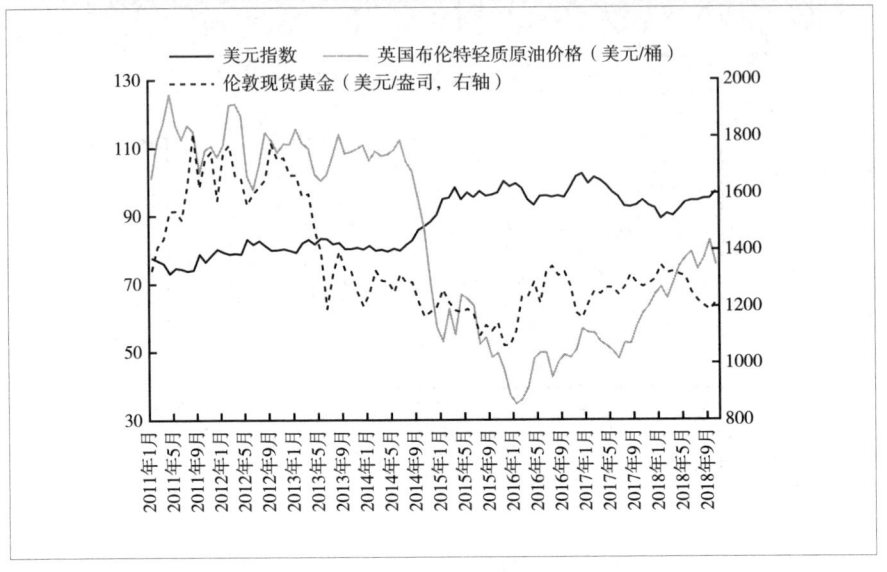

图 5-14　2011~2018 年美元指数与大宗商品价格关系

资料来源：WIND。

5.3　2019 年大宗商品市场走势预判

5.3-1　全球经济形势展望

2018 年，全球货币正常化进程加快，贸易保护主义有所抬头，世界政治经济与贸易环境不确定性上升。美国经济增长保持平稳向上，美联储坚持渐进加息政策，资金加速从新兴市场回流，美国资本市场异常繁荣而新兴资本市场则波动加剧。除美国经济"一枝独秀"外，欧盟各主要发达经济体增速有所放缓，日本经济景气度虽有回升但复苏缓慢；新兴市场经济增长遭受挑战，面临的风险与困难逐渐增多。今年以来，受中美贸易争端影响，中国经济形势从"稳中向好"转为"稳中有变"，金融风险、债务风险共振，实体经济亦受冲击，社融、投资增速连创新低，经济下行压力有所加大。关于未来全球经济形势将如何表现，IMF 在最新的《世界经济展望》中表示，2018~2019 年全球增长将保持稳定，增速维持在 3.7% 的水平上。这一增长率超过 2012~1016 年任何一年的水平。但是，与六个月前相比，对发达经济体 2018~2019 年的增长预测降低了 0.1 个百分点，对欧元区、英国和韩国的增长预测都已下调，对新兴市场和发展中经济体增长预测的下调幅度更大，2018年和2019年分别为-0.2个百分点和-0.4个百分点。总体来看，2019年全球经济形势相比2018年将略显疲弱，增速大概率放缓或低位徘徊。以美国为代表的发达经济体复苏势头短期内将走向尾声，中国等新兴经济体结构性调整仍将继续且进一步深化，经济增速面临下行压力下稳增长的重要性料将逐渐凸显，全球大宗商品的需求短期或将走向低迷。另外，随着中国经济结构的进一步调整，未来轻工业与服务业将一定程度上替代原来的粗糙型重化工业生产，中国需求引领大宗商品"超级周期"的历史料再难上演。

5.3-2 政策性突发事件影响

货币流动性方面。2018年，随着美国通胀率回升、失业率进一步下降，美国经济复苏态势的逐步确立使得美联储更加坚定地推进渐进式加息进程。全球资本市场流动性回流至美国的态势仍将持续，美元指数短期或仍保持强势，同时新兴市场经济增长遭受一定挑战与压力，新兴经济体资本价格波动或将进一步加剧。与此同时，受全球通货膨胀延续回升态势影响，各国此前竞相采取的零利率甚至负利率等宽松货币政策也将加快走向正常化。在此背景下，预计未来全球资本市场流动性很难再现前期的过剩状态，廉价资金与充足流动性支撑大宗商品价格上涨这一因素或不复存在。当然，考虑到全球经济复苏态势仍旧疲弱，而美联储加息政策存在较大的不确定性，不排除未来经济增速严重下滑状况下市场流动性再度大幅释放的可能。

产业供需方面。一是OPEC减产协议的延续与执行力度仍将对未来国际原油价格走势产生关键性影响，除此之外，类似美国对伊朗重启制裁等地缘冲突、政治博弈、经济制裁以及美国页岩油复产、OPEC短期或重新增产等也将对原油价格产生难以估量的重大冲击。二是中国经济结构性调整与供给侧改革将步入深水区，煤炭、钢铁等工业品及玉米等农产品去产能、去库存的局面将持续，未来能源类商品及部分农产品供给收缩的趋势可能好转，加之环保限产等外部因素制约等的影响，能源类商品供求关系或仍维持紧平衡状态。三是特朗普就任美国总统后推出"减税"政策以及大规模基础设施建设计划，加之中国下半年经济下行压力加剧情况下加码基础设施补短板建设以托底经济增长以及有序推进"一带一路"倡议，这些积极因素将一定程度上支撑全球大宗商品价格维持阶段性高位而不至于超预期大幅下跌。

突发性因素方面。2018年，紧缩性货币周期加之贸易保护主义抬头，全球政治经济及贸易局势仍存在较大的不稳定性，英国脱欧仍处于过渡期，中美贸易争端短期尚难彻底缓和，朝鲜半岛政治危机仍存，特朗普中期选举后可能重新推出诸如减少美国贸易逆差、提高对手国关税壁垒等贸易保护举措等，这些因素都为全球经济的增长复苏蒙上了一层阴影，而大宗商品中具有独特避险价值的黄金等贵金属则可能因全球局势的不稳定及一系列突发事件的发生而再次走强。另外，2016年以来的厄尔尼诺、拉尼娜等反常自然气候现象也极有可能再度发生，从而对农产品市场供给产生重大影响。

5.3-3 大宗商品价格走势预判

对于未来全球大宗商品的价格走势，世界银行（World Bank）给出了一系列预测，如表5-1所示。可以看出，世界银行预计2018年、2019年、2020年大宗商品价格指数平均水平分别为88.6、89.7、86.2，其中2018年相对前一年的变动率为20.1%，这反映其对2018年大宗商品市场的整体表现相对较为乐观。具体而言，能源类商品的表现可能更胜一筹，2018年能源价格指数变动率将高达33.3%，其中，原油相对于煤炭更为强势，预计年变动率为36.4%；而煤炭市场价格可能进一步攀升，年变动率可达22.0%。非能源价格指数表现较弱，预计2018年变动率仅达1.6%，其中，金属矿石等工业品表现相对可观，变动率预计达5.4%，而农产品、食品的价格预计将窄幅波动。

综合来看，在2019年全球政治经济及贸易局势不确定背景下，各主要经济体增长或出现一定放缓，大宗商品的需求端或仍将维持低迷状态，而供给端受过剩产能继续退出、企业库存保持低位、减产限产协议延续、资源国经济制裁等一系列因素影响或难以出现较大提升，预计未来全球大宗商品市场的表现整体维持平稳但有一定下行压力，大宗商品价格波动料将进一步加剧。此外，也应关注美联储加息步伐加快、OPEC减产协议失效甚或重新增产、自然气候灾害突发及地缘政治冲突加剧等可能给部分大宗商品带来的风险与冲击。

表 5-1 全球大宗商品价格或价格指数

指标	实际值			预测值			年变动率		
	2015年	2016年	2017年	2018年	2019年	2020年	2015-2016年	2016-2017年	2016-2017年
大宗商品价格指数	71.1	64.0	73.8	88.6	89.7	86.2	−10.0%	15.3%	20.1%
非能源价格指数	81.5	79.3	83.5	84.9	85.8	86.8	−2.7%	5.4%	1.6%
金属矿石价格指数	66.9	63.0	78.2	82.4	82.2	82.4	−5.9%	24.2%	5.4%
农产品价格指数	87.6	87.3	86.6	86.3	87.7	89.1	−0.4%	−0.7%	−0.4%
食品价格指数	88.0	89.3	89.6	89.9	91.2	92.6	1.5%	0.3%	0.3%
能源价格指数	65.0	55.1	68.1	90.7	92.0	85.8	−15.3%	23.6%	33.3%
原油价格	50.8美元/桶	42.8美元/桶	52.8美元/桶	72.0美元/桶	74.0美元/桶	69.0美元/桶	−15.6%	23.3%	36.4%
煤炭价格	58.9美元/百万吨	66.1美元/百万吨	88.5美元/百万吨	108.0美元/百万吨	100.0美元/百万吨	90.0美元/百万吨	12.2%	33.9%	22.0%

注：大宗商品价格指数按能源价格指数、非能源价格指数加权平均计算。
资料来源：世界银行数据库。

第二篇 | **市场发展**

第6章 货币市场运行*

- 受去杠杆到稳杠杆的宏观金融环境影响,货币市场从第一季度的流动性边际改善,到第二季度的宽松预期增强,再到下半年的流动性合理充裕,前瞻性地反映了金融市场资金面的变化趋势。总体来看,货币市场呈现利率振荡下行、交易量小幅回升、季节性特征弱化、制度改革不断推进四方面特点。

- 总体利率水平比2017年明显下降,但在下半年保持基本稳定,既有利于降低实体经济融资成本,又保持了一定的中美利差水平;货币市场交易量先降后升,第一季度市场普遍预期货币政策维持紧平衡,金融机构融入长期资金的意愿较强,第二季度后随着央行降准和经济走势的变化,融资期限缩短,交易量有所回升;受存款准备金率保持较低水平和信用收缩的影响,央行对冲货币市场资金季节性变动的前瞻性明显增强,利率的季节性波动逐步降低;银行间市场和交易所、网上和网下的制度性改革继续稳步推进,货币市场流动性风险不断降低,效率继续提升。

---

* 本章作者:李刚,鹏扬基金副总裁,国家金融与发展实验室特聘高级研究员。

6.1 货币市场概况

6.1-1 交易规模——交易量先降后升

货币市场交易规模同比增速自2016年下半年开始回落，2017年呈现负增长，2018年市场回暖，增速回升至20%以上，截至2018年9月末，当年累计交易量达到668万亿元，其中，银行间债券回购、同业拆借累计交易量和同业存单累计发行量分别达532万亿元、101万亿元和16万亿元，同比增速分别为18.5%、75.6%和6.2%（见图6-1）。货币市场交易规模在2018年结束紧缩恢复增长主要归功于宏观货币环境的改善以及金融市场流动性的改善。2018年以来，央行四次降准，货币市场流动性不断提升。

2018年社融增速从年初的12.71%下行至9月末的10.6%（旧口径9.7%），M2增速从年初的8.6%下行至8.3%，金融市场流动性状况是货币供给与需求共同作用的结果，社融增速下行速度显著快于M2增速下行速度，最终体现为金融市场流动性的逐步改善。

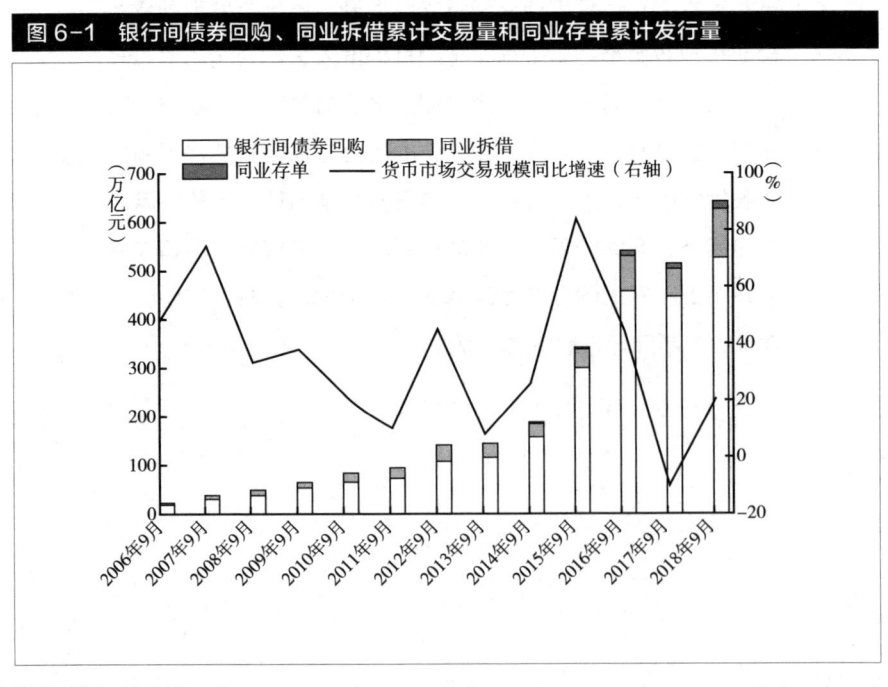

图6-1 银行间债券回购、同业拆借累计交易量和同业存单累计发行量

资料来源：WIND。

6.1-2 交易品种结构——存单发行稳中略升

从交易品种结构来看，债券回购业务仍然占据主导地位，截至 2018 年 9 月末，银行间债券回购、同业拆借交易量和同业存单发行量占比分别为 80%、15% 和 3%（见图 6-2）。以银行间债券回购业务为主导的交易品种结构主要受整体信用环境、交易期限、经济资本占用和交易便捷程度等因素影响。从整体信用环境来看，当前我国整体信用水平不高，且在严监管下交易对手的信用风险更为突出。由于银行间债券回购以债券作为质押，且所押债券大部分为国债、政策性金融债券和同业存单等低风险债券，相比信用拆借业务，信用风险相对较小。从交易期限来看，银行间债券回购期限大部分低于 7 天，相比同业存单和票据贴现期限更短，因而交易频率更高，导致累计后交易量更大。从经济资本占用来看，大部分银行间债券回购占用经济资本系数不到 25%，相比同业拆借业务经济资本占用系数低。从交易便捷程度来看，银行间债券回购业务通过银行间市场和交易所市场进行，标准化程度和透明化程度均较高。

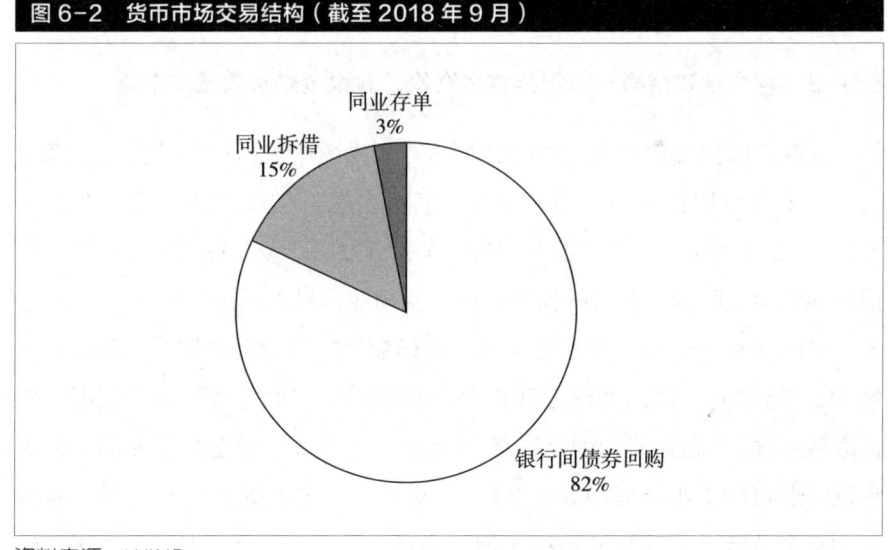

图 6-2 货币市场交易结构（截至 2018 年 9 月）

资料来源：WIND。

同业存单具备银行间债券回购业务大部分特征，自 2013 年 12 月出现以来迅速发展，增速远超其他业务品种，已成为同业市场投融双方青睐的产品，截至 2018 年 9 月末，同业存单托管余额 9 万亿元，比 2018 年末增长 1 万亿元，存量增速趋缓（见图 6-3）。

图 6-3 同业存单托管余额及发行量

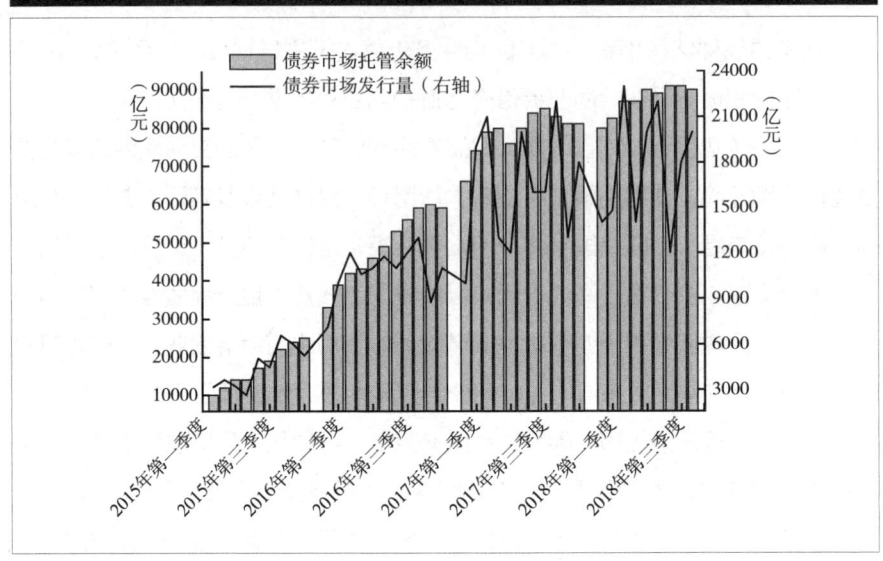

资料来源：WIND。

6.1-3 客户融资结构——银行资金宽松，非银金融机构成本下降

从客户融资结构来看，中资大型银行、中资中型银行为资金主要净融出方，中资小型银行、证券业机构、其他金融机构及产品为主要净融入方。2018年上半年，五大国有银行、国家开发银行及邮储银行等中资大型银行通过同业回购（银行间债券回购）和同业拆借共融出资金87.37万亿元，同比上升15.6%；政策性银行、股份制银行等中资中型银行共融出资金49.5万亿元，同比大幅上升51%；城商行、农商行等中资小型银行累计净融入32.7万亿元，同比下降26%；证券公司、基金公司和期货公司等证券业机构上半年累净融入37.2万亿元，同比大幅上升51.5%；保险公司及企业年金（保险业机构）累计净融入2.2万亿元，从2017年上半年的净融出变为净融入；外资银行净融入3.65万亿元，融资行为稳定；信用社、财务公司、信托投资公司、资产管理公司、社保基金、基金、理财产品等其他金融机构及产品上半年累计净融入62万亿元，同比大幅上涨58.9%（见表6-1）。

从上述融资结构可以看出，在货币环境相对宽松的环境下，中资中型银行融出资金增速大幅抬升，中资大型银行融出资金增速稳步回升；证券业机构、其他金融机构及产品的融入资金增速远超过其他机构，保险业机构从净融出资金主体转变为净融入资金主体。显示银行类机构资金宽松，非银金融机构等市场化机构随着融资成本的下降开始主动抬升杠杆水平，恢复投资活力。

表 6-1 2018 年上半年金融机构同业回购、同业拆借资金净融出、净融入情况

单位：亿元

金融机构	同业回购		同业拆借	
	2018年上半年	2017年上半年	2018年上半年	2017年上半年
中资大型银行	−748503	−677604	−125183	−78314
中资中型银行	−423305	−270848	−71236	−56808
中资小型银行	244765	380813	81901	60360
证券业机构	287958	190655	83441	54562
保险业机构	22111	−23178	314	48
外资银行	35379	31198	1195	4444
其他金融机构及产品	581596	368963	29568	15739

资料来源：中国人民银行货币政策执行报告。

6.1-4 期限结构——隔夜占比明显上升

期限结构呈现两大特征。一是融资期限以短期为主，期限越长，交易量越小。以银行间质押式回购和信用拆借为例，前 3 个季度质押式回购交易量中 1 天和 7 天的交易量占比分别为 81% 和 13%，7 天以上品种累计占比仅为 6%；信用拆借交易中 1 天和 7 天的交易量占比为 90% 和 8%，7 天以上品种累计占比仅为 2%（见图 6-4）。二是自 2018 年以来，短期融资占比结束了 2017 年的下降趋势，开始逐步抬升。银行间质押式回购隔夜交易量占比相比 2017 年末抬升了 7 个百分点，同业拆借隔夜交易量占比较 2017 年末抬升了近 10 个百分点（见图 6-5）。同业拆借的融资期限缩短快于质押式回购，显示银行类机构的融资环境相比非银金融机构更加宽裕，机构投资者融资成本下降，杠杆交易策略有效性提升。

图 6-4　质押式回购和信用拆借各期限交易量占比（2018 年前 3 个季度）

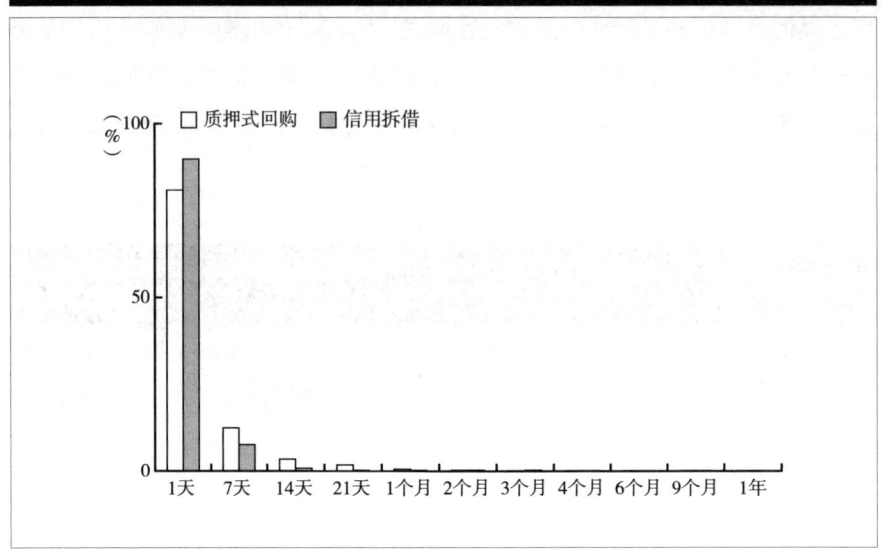

资料来源：WIND。

图 6-5　近三年质押式回购和同业拆借隔夜交易量占比

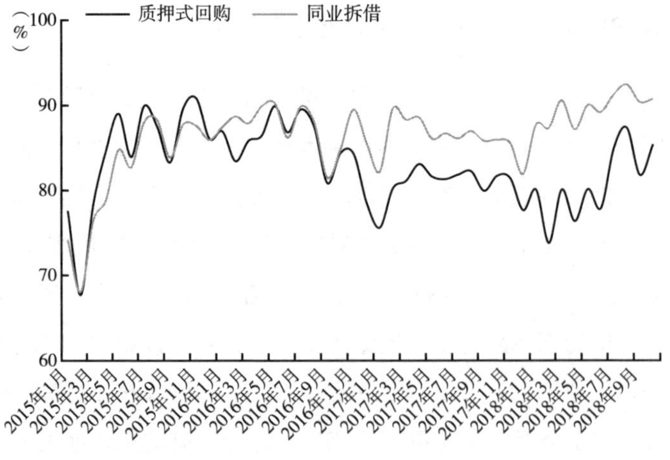

资料来源：WIND。

6.2 货币市场主要子市场发展动态

6.2-1 债券回购市场

从交易场所来看，我国债券回购市场可分为银行间回购市场和交易所回购市场，其中银行间回购市场作为批发型市场占据主导地位，但近年来交易所市场规模快速增长，在整个市场中的影响力逐步加大。银行间债券回购市场可分为质押式回购市场和买断式回购市场，其中，质押式回购市场占据主导地位，买断式回购市场整体交易量不大。

1. 交易量恢复正常增长，交易所回购占比逐步降低

随着货币市场环境逐步宽松，债券回购交易量从 2017 年的负增长重新转正，2018 年 9 月银行间与交易所回购总交易量 77.75 万亿元，比去年同期增长 2%；其中，银行间回购交易量 61.2 万亿元，同比增长 2%；交易所回购交易量 16.5 万亿元，同比增长 -25%（见图 6-6 和图 6-7）。2018 年前 3 个季度银行间与交易所回购累计成交量 702 万亿元，同比增速 8%；其中，银行间回购交易量 531 万亿元，同比增速 18%；交易所累计成交量

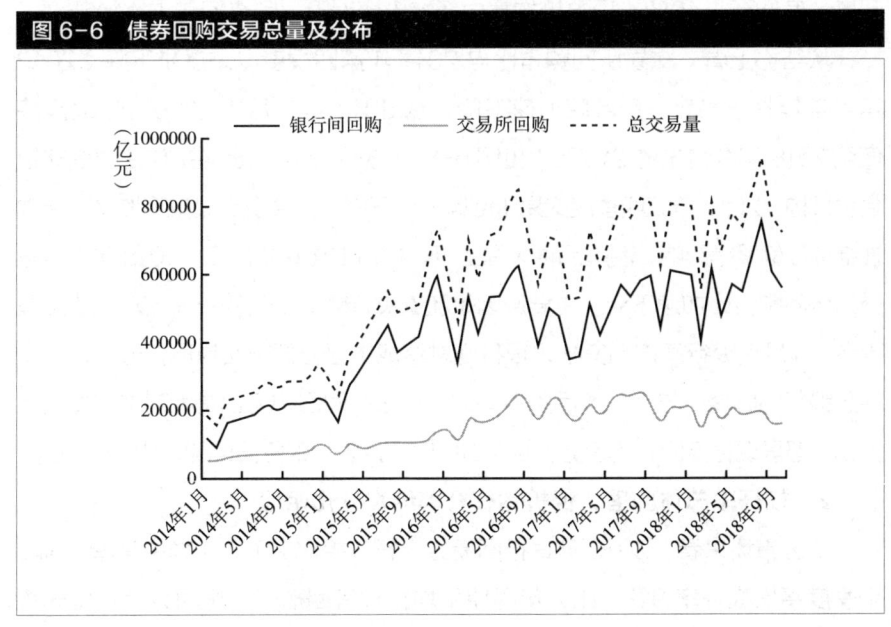

图 6-6　债券回购交易总量及分布

资料来源：WIND。

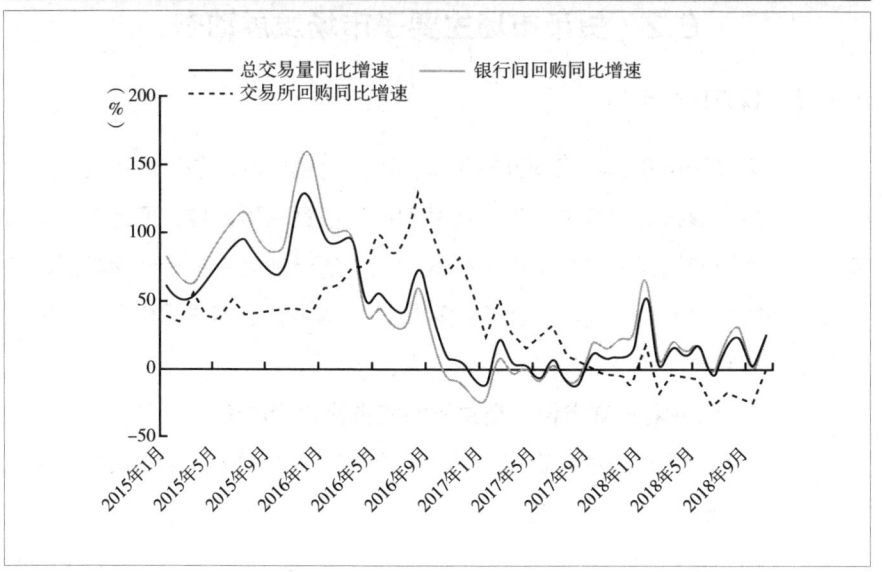

图 6-7 债券回购交易同比增速

资料来源：WIND。

171万亿元，同比增速 -13%。2018年8月出现交易量小高峰，主要由于8月银行间资金极度宽松，回购利率甚至低于2016年低点水平，隔夜回购利率一度低至1.40%，导致机构集中压缩融资期限，隔夜回购占比抬升。

从结构上看，交易所回购占比自2017年第四季度以来逐步下降，2018年上半年趋于稳定，6月后加速下降，从2017年9月末的26.8%逐步降低至2018年9月末的21.2%（见图6-8）。交易所回购参与主体主要是非银金融机构，2017年第四季度交易所回购占比下降，主要受到金融严监管、流动性结构性偏紧等影响，利率品种大幅上行，机构主动降低杠杆；2018年下半年交易所回购占比加速下滑，主要原因是随着央行降准及各种补充流动性的工具出台，6月后银行间市场宽松，银行间融资成本显著低于交易所，部分机构转移至银行间融资。与交易所回购不同的是，银行间回购无论是绝对交易量还是占比，都呈现稳步回升的趋势，至2018年9月末，银行间回购占比78.8%。

2．杠杆率总体回落，但机构杠杆率结构分化明显

从全市场来看，2018年银行间债券杠杆率相比2017年稳中有降，前3个季度平均杠杆率9%，比去年同期平均杠杆率回落了1个百分点，金融去杠杆效果显现（见图6-9）。

图 6-8 债券回购交易的交易场所占比

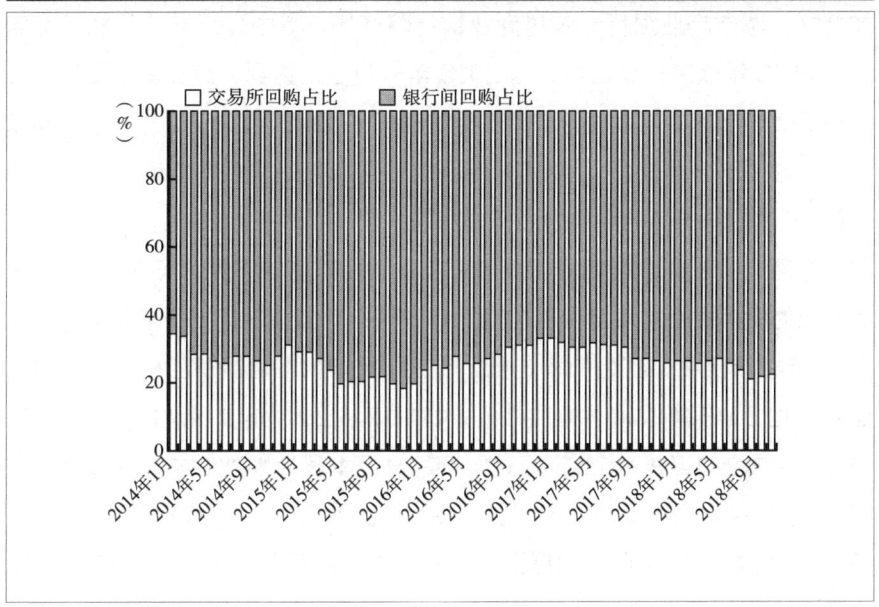

资料来源：WIND。

图 6-9 全市场杠杆率

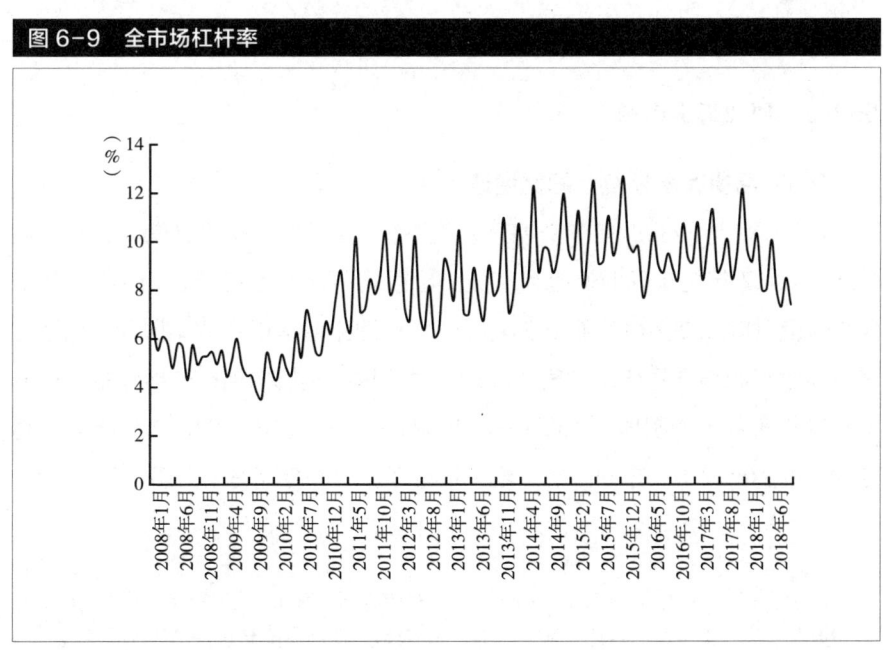

注：全市场杠杆率 = 待购回余额 / 托管量。

但是分机构来看，结构性分化比较严重，主要特征为非银行金融机构加杠杆，城市商业银行、农村商业银行降杠杆。其中，证券公司杠杆率自进入2018年以来一路上行，至2018年9月已经达到287%。主要是《关于规范债券市场参与者债券交易业务的通知》（银发〔2017〕302号，本章以下简称"302号文"），要求券商自营正回购和逆回顾不能超过净资产的120%，此前对券商的要求为质押式回购不超过净资产的80%，导致券商此前积极通过买断式回购和同业拆借来弥补质押额度的不足，"302号文"之后券商的质押式回购额度变相放宽，有利于券商自营进行杠杆套利操作，且2018年债市走牛，资金利率走低，非银行金融机构也具备加杠杆的意愿[1]。保险机构2018年以来小幅加杠杆，杠杆率从2017年的10%以下逐步提升至9月末的14%。商业银行理财产品杠杆率呈现强烈的季节性波动，但2018年9月末杠杆率明显低于季节性规律水平30%。基金公司2018年杠杆率相比2017年也有小幅提升，至9月末杠杆率为29%。外资银行前2个季度杠杆率相比2017年大幅提升，一度达到27%，随后逐步降低，至9月杠杆率为11%。受金融严监管影响，城市商业银行与农村商业银行杠杆率自2017年以来呈明显下行趋势，从2017年的平均35%以上逐步降低至30%以下，至9月末，城市商业银行杠杆率为30%，农村商业银行杠杆率为25%。全国性商业银行杠杆率始终保持低位稳定（见图6-10）。

6.2-2 同业拆借市场

1. 交易量有所恢复，同比增速较快

与2017年同业拆借成交缩量明显不同，2018年同业拆借成交量增幅较大。2017年全年同业拆借月度成交金额均不超8万亿元，而2018年前3个季度月度成交金额均超8万亿元，8月同比增速更高达144%，增速显著高于银行间与交易所回购同比增速，显示银行类机构相比非银金融机构流动性环境改善更加明显（见图6-11和图6-12）。这与2018年央行实施稳健中性的货币政策、定向降准、维护银行间流动性合理充裕密切相关。

---

[1] 机构杠杆率=（质押式待购回余额+买断式待购回余额）/（托管量-质押式待购回余额+质押式待返售余额）；券商自营正回购和逆回顾不能超过净资产的120%；二者分母不同。

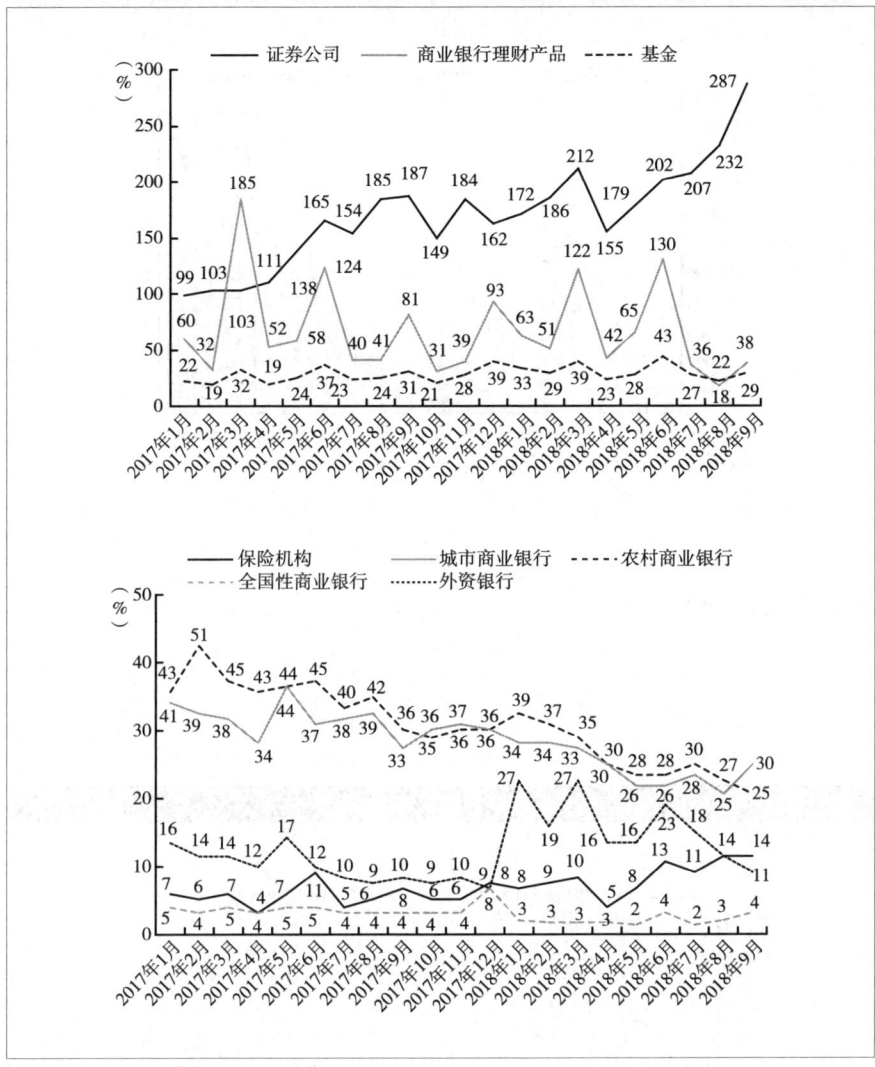

图 6-10　各类金融机构杠杆率走势

资料来源：中国债券信息网，WIND。

2．SHIBOR 市场基准利率作用进一步增强，但仍存在一定滞后

2018 年前 3 个季度，上海银行间同业拆借利率（SHIBOR）与债券回购、同业拆借的相关性较 2017 年同期增强，尤其是第三季度以来，SHIBOR 对债券回购的相关性明显增强（见图 6-13）。以隔夜期限为例，SHIBOR 与债券回购利率的价差稳定在 5BP 之内，且波动明显降低。

图 6-11 同业拆借金额

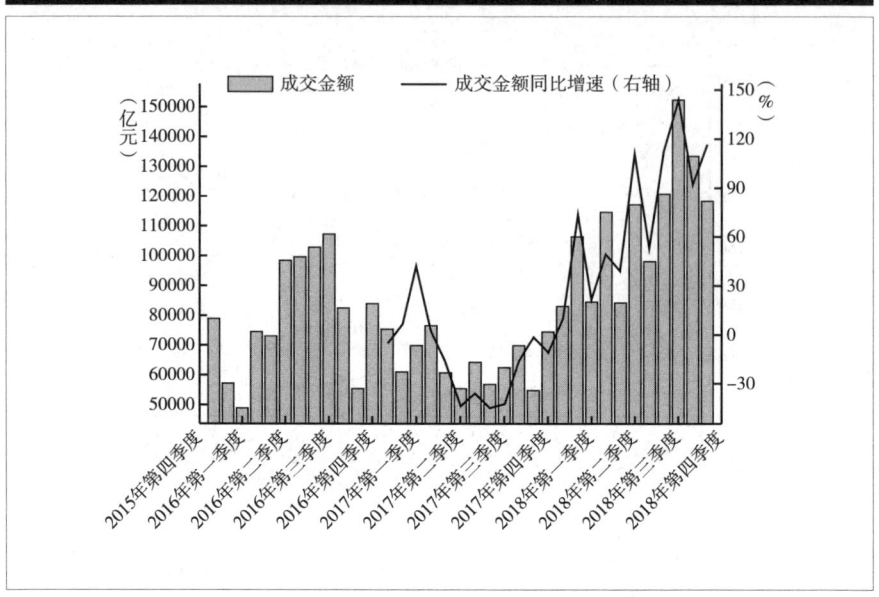

资料来源：WIND。

图 6-12 同业拆借增速与债券回购交易增速对比

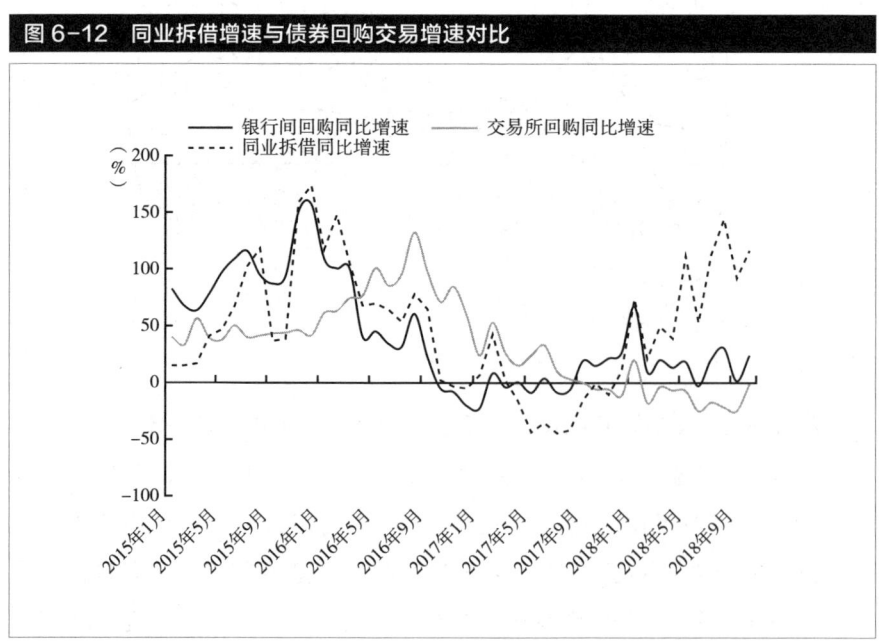

资料来源：WIND。

图 6-13 上海银行间同业拆借利率与回购利率

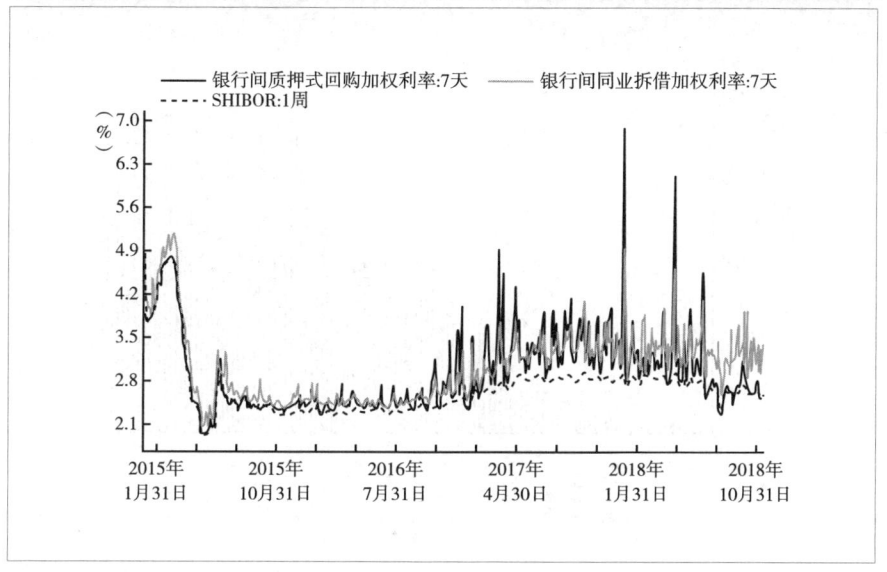

资料来源：WIND。

SHIBOR 中长期利率与存单的相关性较高，且 SHIBOR 利率较存单利率波动小、稳定性高，对长期利率的传导作用在稳健中性的货币政策环境下继续增强。值得注意的是，从时间顺序上看，SHIBOR 3M 利率较 3 个月存单略滞后一两天到几天不等，通常在股份制存单价格发生变动后跟随趋势变化。

6.2-3 同业存单市场

1．一级市场发行额呈现季节性特点，存量稳中有升

发行额方面呈现季末放量发行的季节性特点，2018 年 3 月、6 月与 9 月同业存单的总发行额分别高达 2.18 万亿元、2.2 万亿元与 2 万亿元，高于其他月份平均发行额 5000 亿元左右（见图 6-14）。

存量方面，2018 年同业存单存量小幅抬升，截至 2018 年 9 月，同业存单托管余额 9 万亿元，比 2017 年末增加 1 万亿元，同比增速从 2017 年的较高水平逐步回落至 10% 附近（见图 6-15）。分主体来看，国有大型商业银行、城商行是主要的净发行主体，截至 9 月末净发行额分别为 0.47 万亿元、0.49 万亿元；而股份制银行的净发行额前 3 个季度基本零增长，存量稳定。

图 6-14 同业存单发行额

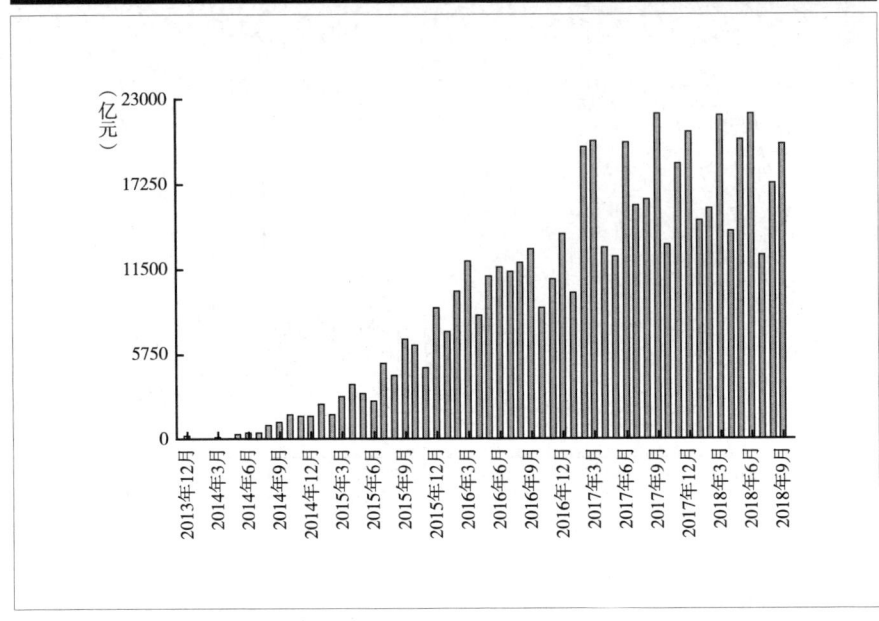

资料来源：WIND。

图 6-15 同业存单托管余额

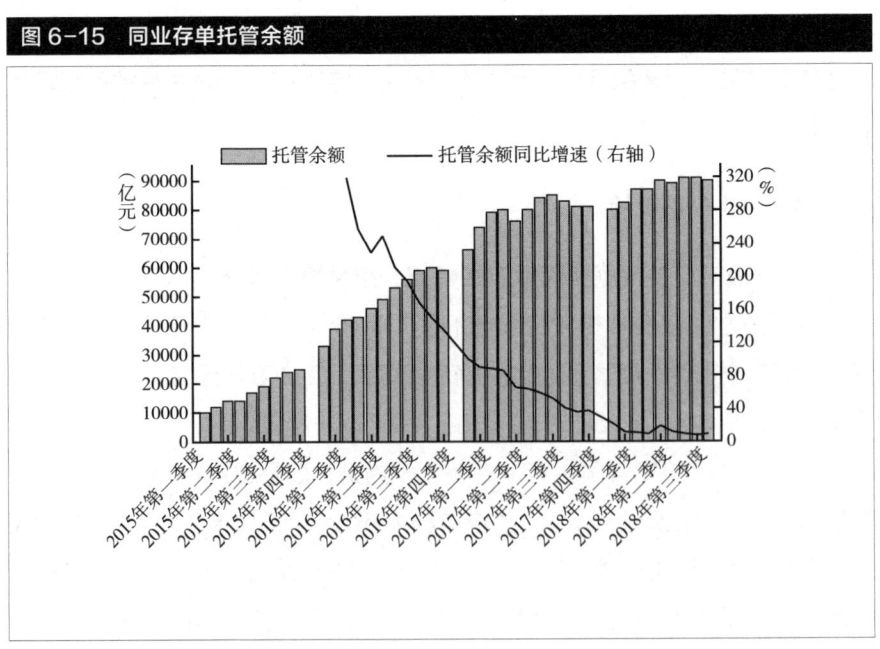

资料来源：WIND。

2. 存单投资的主体

基金公司与商业银行为同业存单的前两大投资主体。截至2018年9月末，非法人机构持有同业存单占比49%，比去年同期上涨了3个百分点，主要由货币基金持有；商业银行持有同业存单占比33%，比去年同期下降1个百分点；政策性商业银行持有同业存单占比8%，比去年同期增加1个百分点，下半年有不断增加的趋势，主要源于同业存单与资金利率的利差不断走阔，存单相对于政策性银行来讲投资价值提升；非银行金融机构持有同业存单占比9%，比去年同期下降2个百分点；境外机构占比不变。

3. 二级市场交易更加活跃

同业存单二级市场成交量稳步抬升，2018年9月成交量5.5万亿元，2018年前3个季度月均成交量4.5万亿元，较2017年前3个季度的2.8万亿元月均交易量增长了1.7万亿元，受益于今年相对宽松的货币市场环境，下半年成交量继续增长（见图6-16）。同业存单二级市场成交量近年来逐步上升原因有两个：一是基金逐步成为同业存单最大的持有机构后，存单二级市场活跃度明显提升；二是随着对外开放步伐的加快，不同机构的差异化需求不断增加，同业存单成为金融机构重要的流动性管理工具。

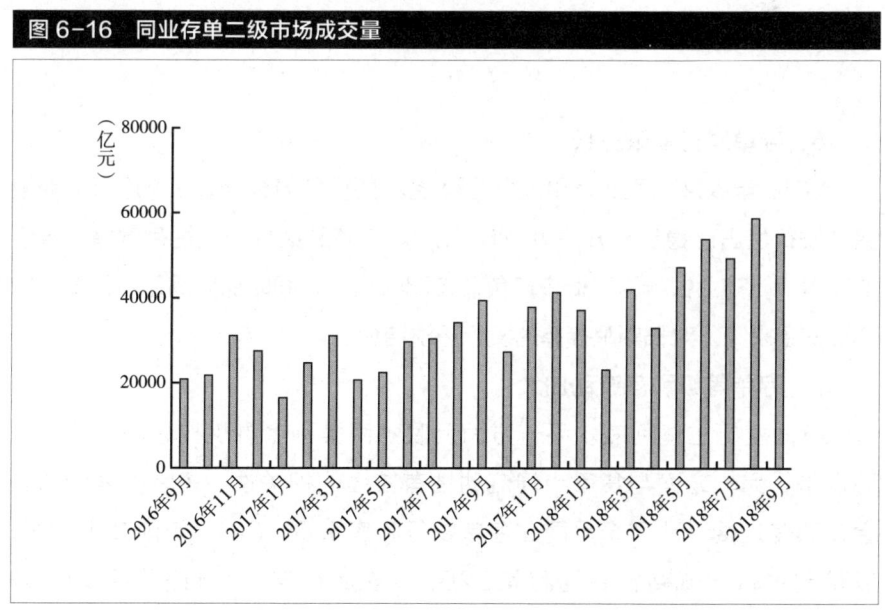

图6-16 同业存单二级市场成交量

资料来源：WIND。

4．发行利率呈现明显的季节性特征

自2017年以来，受MPA考核以及同业存单第一大持有主体货币基金投资期限的制约，同业存单发行利率开始呈现临近季末抬升的特点，并伴随发行放量（见图6-17）。

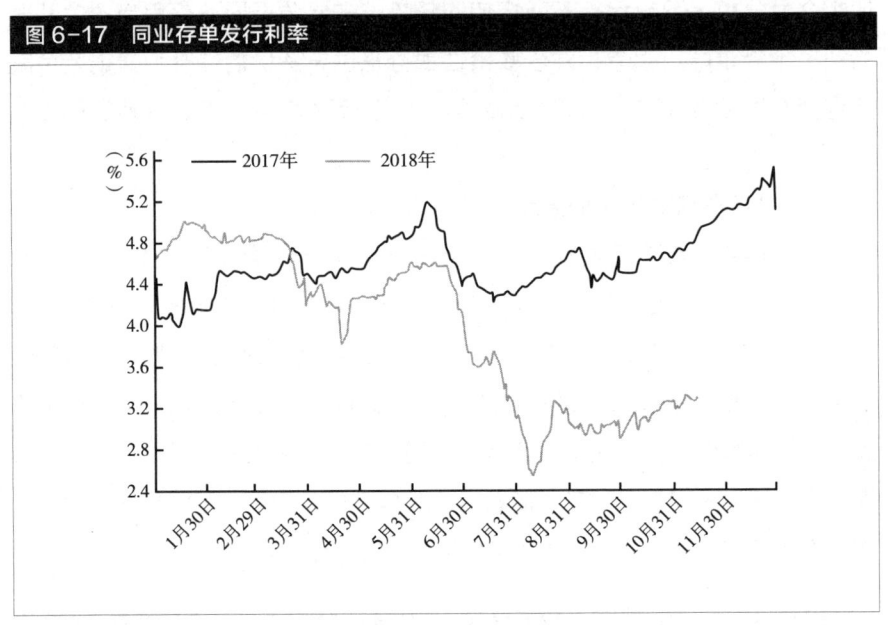

图6-17 同业存单发行利率

资料来源：WIND。

5．存单发行期限拉长

2018年以来，同业存单发行主体逐步拉长负债久期，9个月以上期限品种发行量占比稳步抬升（见图6-18）。在商业银行一般性存款增长放缓的背景下，商业银行为降低资产负债错配的压力，同时保障满足监管要求的同业资金来源，对长期限存单的发行需求增加。

6．存单等级利差波动加大

不同发行主体利差水平一方面反映不同类别金融机构之间的信用风险溢价，另一方面与货币市场流动性有较强的相关性，资金面紧张加剧会使利差走阔。从3个月同业存单发行利率来看，2018年前3个季度，股份制银行与城商行平均利差22BP，农商行与股份制银行平均利差35BP（见图6-19）。

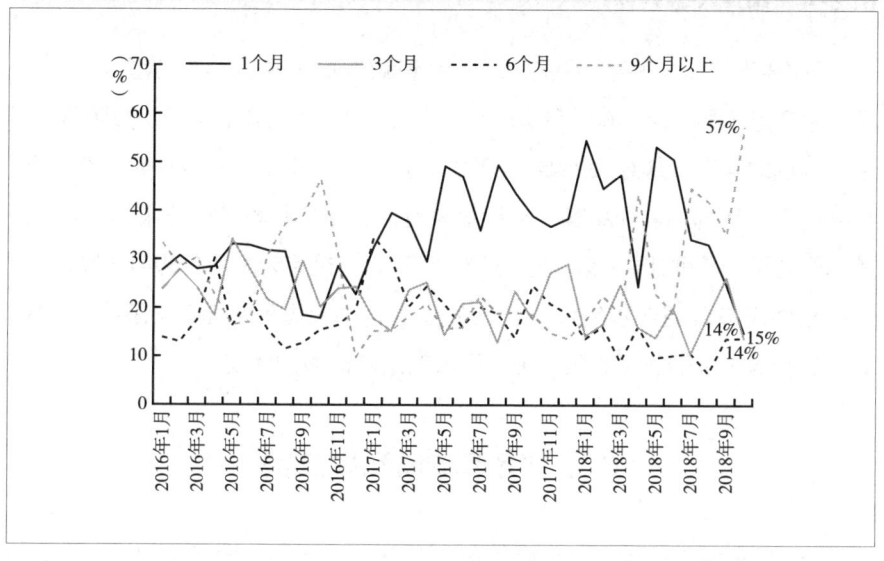

图6-18 不同期限同业存单发行量占比

资料来源：WIND。

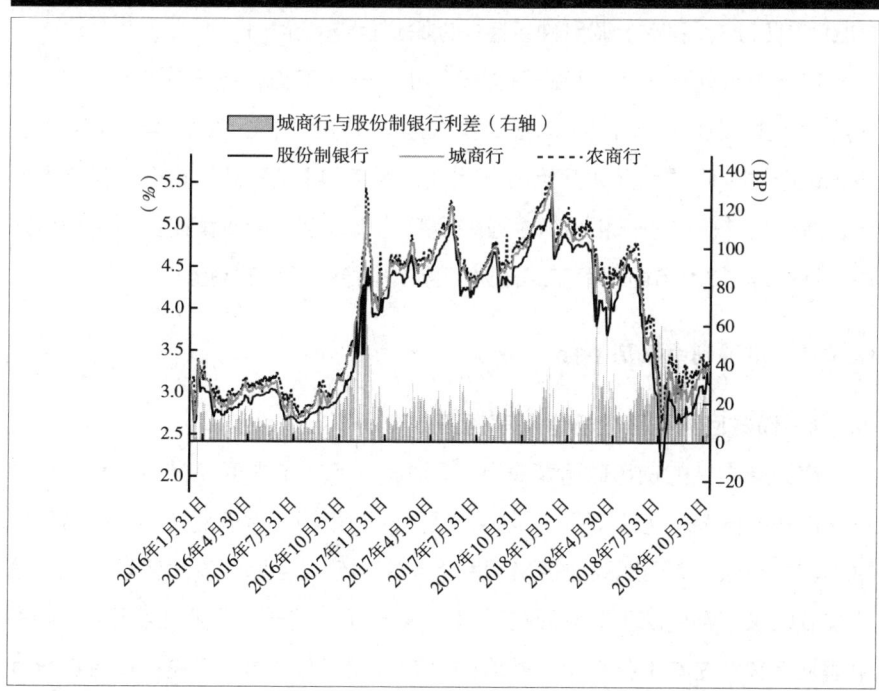

图6-19 不同银行的3个月同业存单发行利率比较

资料来源：WIND。

6.2-4 国库现金管理

2018年前3个季度，中央国库现金定期存款共开展10次，期限均为3个月，除8月开展2次，其余月份均开展1次。从频率上看，操作次数明显多于去年同期的4次。从金额上看，2018年前3个季度累计金额为10400亿元，显著高于历年同期操作金额。从利率来看，上半年利率稳定在4.5%~4.7%，第三季度利率区间明显下移，为3.7%~3.8%，与存单利率下行趋势一致。

整体来看，随宏观经济下行压力显现，中央国库现金定期存款量增价低，是稳健中性的货币政策和更加积极的财政政策的体现。

6.3 货币市场利率走势

2018年前3个季度，中国人民银行保持稳健中性的货币政策，6月末提出保持银行间流动性合理充裕，主要通过逆回购和MLF进行中短期货币投放。随全球经济自2016年以来共振复苏影响，美联储2018年继续加息，对此央行公开市场操作利率在2017年12月和2018年3月分别跟随上调10BP和5BP，利率上调品种包括各期限逆回购和MLF。

定向降准逐渐成为货币政策工具创新的一大亮点，央行分别于2017年9月30日、2018年4月17日、2018年6月24日、2018年10月7日宣布进行定向降准和具体开始日，此外，对存量MLF进行置换，支持市场化、法治化"债转股"和小微企业融资等，增强了货币政策的针对性和有效性。2018年货币市场利率在此背景下整体呈稳定下行的趋势。

6.3-1 市场利率振荡下行

1．债券回购和同业拆借利率振荡中有所下行

在稳健中性的货币政策背景下，2018年前3个季度债券回购利率和同业拆借利率振荡中有所下行，其中，债券回购和同业拆借隔夜利率趋势与水平均较为一致；7天期同业拆借利率上半年与债券回购利率趋势较一致，第三季度以来则整体高于债券回购利率。银行间7天质押式回购加权平均利率中枢从3.2%左右下行至第三季度的2.6%~2.7%，体现了央行保持银行间流动性合理充裕的政策取向（见图6-20）。

图 6-20 中国货币市场利率走势

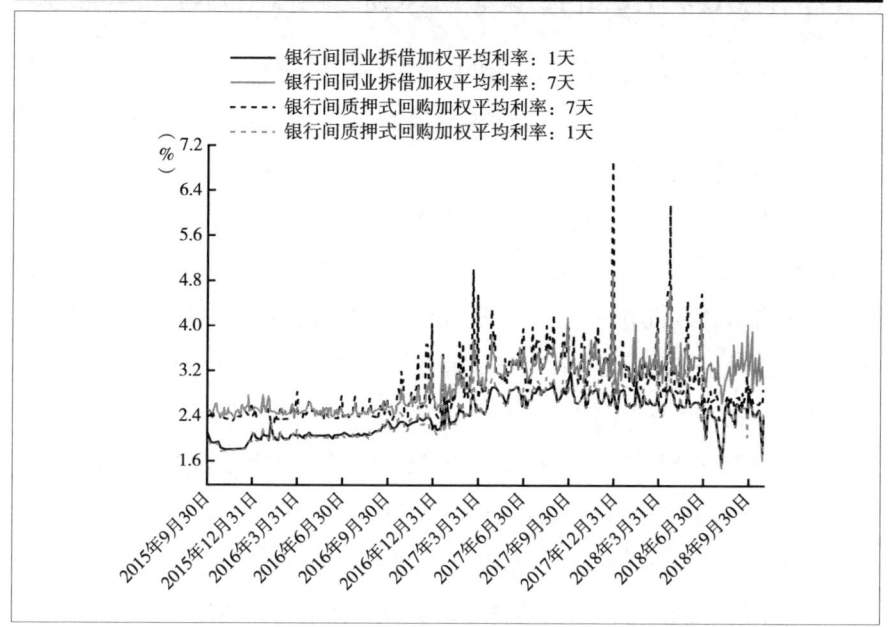

资料来源：WIND。

2．同业存单发行利率整体下行

受 2017 年去杠杆政策和债券市场利率普遍上行的影响，同业存单利率 2016 年末以来振荡走高，2017 年末存单发行利率创其出现以来最高纪录，3 个月股份制银行同业存单最高利率 5.4%。2018 年以来，随着央行增强定向调控并更好地把握结构性去杠杆的力度和节奏，同业存单利率整体稳步下行。其中 8 月中上旬受当期 MLF 投放金额较高和银行间资金面宽松影响，同业存单发行利率极低，后随着回购利率回到正常水平，同业存单发行利率亦回到合理水平。

6.3-2 银行间市场资金面季节性特征减弱

缴税缴准会形成月内银行间市场资金面中下旬较上旬紧张的特征。2017 年以来，由于金融去杠杆、存款类机构对非银金融机构的授信纳入 MPA 考核等因素，月末、季末资金面波动大于以往，2017 年末 7 天质押式回购加权平均利率最高达 6.93%。2018 年上半年这种季节性波动仍相对明显，但下半年以来这种季节性特征明显减弱，银行间 7 天质押式回购加权平均利率整体维持在 2.6%~2.7%。

6.3-3　降准逐步替代 MLF，政策工具长期化、针对性加强

如前所述，2017 年第四季度以来，央行共进行 4 次定向降准，其中 2 次对 MLF 进行置换，4 月 17 日降准置换 MLF 金额为 9000 亿元，10 月 7 日降准置换 MLF 金额为 4500 亿元。

回顾央行 2016 年以来的公开市场操作，MLF 操作期限逐渐拉长，从原来的 3 个月、6 个月、1 年期搭配逐渐过渡到仅操作 1 年期 MLF，表明央行有意拉长货币供给的期限。而 2018 年定向降准置换 MLF，则将货币供给的期限再次拉长，有利于增强货币政策有效性。

此外，央行还于 2018 年 6 月扩大 MLF 担保品范围，新增的担保品主要包括：一是不低于 AA 级的小微、绿色和"三农"金融债券；二是 AA+、AA 级公司信用类债券，包括企业债、中期票据、短期融资券等；三是优质的小微企业贷款和绿色贷款。另外，中国人民银行还窗口指导部分商业银行，鼓励信用债投资。央行此举目的在于进一步加大对小微企业、绿色经济等领域的支持力度，并促进信用债市场健康发展。央行的这些举措属于定向调控和精准调控，有利于稳步推进结构性去杠杆，以及加大对小微企业等薄弱环节的支持力度，增强货币政策的针对性和有效性。

6.4　货币市场改革持续推进

6.4-1　交易所回购制度改革

竞价系统标准回购业务修改计息天数规则。近年来，随着交易所债券市场规模不断扩大，质押式回购交易量持续增加。其中，回购利率的波动也受到部分投资者的关注。为进一步完善债券质押式回购业务相关规则，经中国证监会批准，上海证券交易所修改了《上海证券交易所交易规则》及《上海证券交易所债券交易实施细则》，从购回价和收盘价两方面调整和完善了质押式回购业务。修改后的新规自 2017 年 5 月 22 日起实施。修改后，交易所回购将按资金实际占款天数计息，回购利率即为回购资金占款期间的年化利率，可有效平抑此前按名义天数计息下节假日前回购利率高企的情况。

交易所协议回购业务蓬勃发展。2015 年上交所和深交所推出了债券质押式协议回购业务，由交易双方自主谈判和协商议定质押债券、利率、期

限、折算率等要素，交易所不再承担共同对手方的责任。协议回购业务自推出以来，交易日渐活跃，成交金额迅速增长。

三方回购业务征求意见并开展。2018年4月，《上海证券交易所中国证券登记结算有限责任公司债券质押式三方回购交易及结算暂行办法》发布，规范了能够参与三方回购业务的机构或产品，担保品按债券类型、发行方式和债券评级划分为8个质押券篮子的具体标准及折扣率。此后，三方回购业务初步开始，目前成交笔数和成交金额较少，报价不如协议回购活跃。

6.4-2 银行间回购制度讨论

2017年10月发布的《公开募集开放式证券投资基金流动性风险管理规定》要求以基金与私募类证券资管产品及中国证监会认定的其他主体为交易对手开展逆回购交易的，可接受质押品的资质要求应当与基金合同约定的投资范围保持一致。随该规定执行，银行间回购业务质押券总体信用评级有所上升。

2018年1月3日，中国人民银行、中国银行业监督管理委员会、中国证券监督管理委员会、中国保险监督管理委员会下发"320号文"，规范债券市场参与者债券交易业务。其中第九条规定，债券市场参与者应按照审慎展业原则，严格遵守中国人民银行和各金融监管部门制定的流动性、杠杆率等风险监管指标要求，并合理控制债券交易杠杆比率，出现下列情形的，参与者应及时向相关金融监管部门报告。①存款类金融机构（不含开发性银行与政策性银行）自营债券正回购资金余额或逆回购资金余额超过其上季度末净资产80%的。②其他金融机构，包括但不限于信托公司、金融资产管理公司、证券公司、基金公司、期货公司等，债券正回购资金余额或逆回购资金余额超过其上月末净资产120%的。③保险公司自营债券正回购资金余额或逆回购资金余额超过其上季度末总资产20%的。④公募性质的非法人产品，包括但不限于以公开方式向不特定社会公众发行的银行理财产品、公募证券投资基金等，债券正回购资金余额或逆回购资金余额超过其上一日净资产40%的。其中，封闭运作基金和避险策略基金债券正回购资金余额或逆回购资金余额超过其上一日净资产100%的。⑤私募性质的非法人产品，包括但不限于银行向私人银行客户、高资产净值客户和合格机构客户非公开发行的理财产品，资金信托计划，证券、基金、期货公司及其子公司发行的客户资产管理计划，保险资产管理产品等，债券正回购资金余额或逆回购资金余额超过其上一日净资产100%的。302号文有效规范了债券市场各参与机构回购交易业务、控制了机构和产品类账户杠杆率水平。

此外，2018年10月中国证券业协会发布《关于加强证券基金经营机构债券投资交易监测的通知》，要求各机构对场外债券投资交易业务及时报送相关数据，场外债券交易场所包括银行间债券市场、沪深交易所场外交易平台、报价系统、证券公司柜台市场、中小企业股份转让系统和其他市场。通知要求，对场外交易回购利率偏离度为50~100BP和超过100BP的场外债券交易，分别于每周第二个交易日前和交易发生的第二个交易日日终前报送异常交易的相关统计数据；对债券回购杠杆超限情况在T+1日报送相关数据。

整体来看，2017年底以来，多项监管文件出台，银行间债券回购业务更加规范，金融机构杠杆率得到了控制。

6.4-3 网下同业业务电子化成功试点

2018年7月，中国人民银行外汇交易中心同业存款线上化项目试运行，多家大型银行、股份制银行、城商行、大型基金公司完成《全国银行间同业拆借中心同业存款交易主协议》（本章以下简称《主协议》）的签订工作。这表明，交易双方此后可通过全国银行间同业拆借中心交易系统达成同业存款交易，对《主协议》下每一笔同业存款交易而言，《主协议》、交易双方就《主协议》签署的补充协议和交易中心交易系统出具的该笔同业存款交易的成交单构成交易双方关于该笔同业存款的完整协议。

同业存款线上化操作意味着中国人民银行外汇交易中心可及时监测同业存款交易的相关信息，尤其是对异常交易等可实现跟踪监测，有利于进一步规范线下同业存款业务。尽管目前同业存款线上项目成交量依然有限，但其试运行是同业存款从线下走向线上的标志。

6.4-4 货币市场发展展望

1．央行对货币市场调控能力进一步增强

近年来，中国的国际收支与金融市场发生了显著的变化，中国人民银行的流动性管理方法随之改变，对货币市场调控能力也进一步增强，具体表现在几个方面。

（1）随着贸易顺差不断下降，外汇占款不再是基础货币的主要来源，央行逐渐用公开市场操作取代外汇占款，掌控流动性的投放与收缩。在外汇占款大幅增加的时期，央行对货币市场的调控较为被动，往往在流动性过剩的时候发行央票来回收流动性，货币市场资金利率波动较大。当前，央行的货币市场调控完全占据主动，在多目标综合平衡下控制货币市场的流动性状况（见图6-21）。

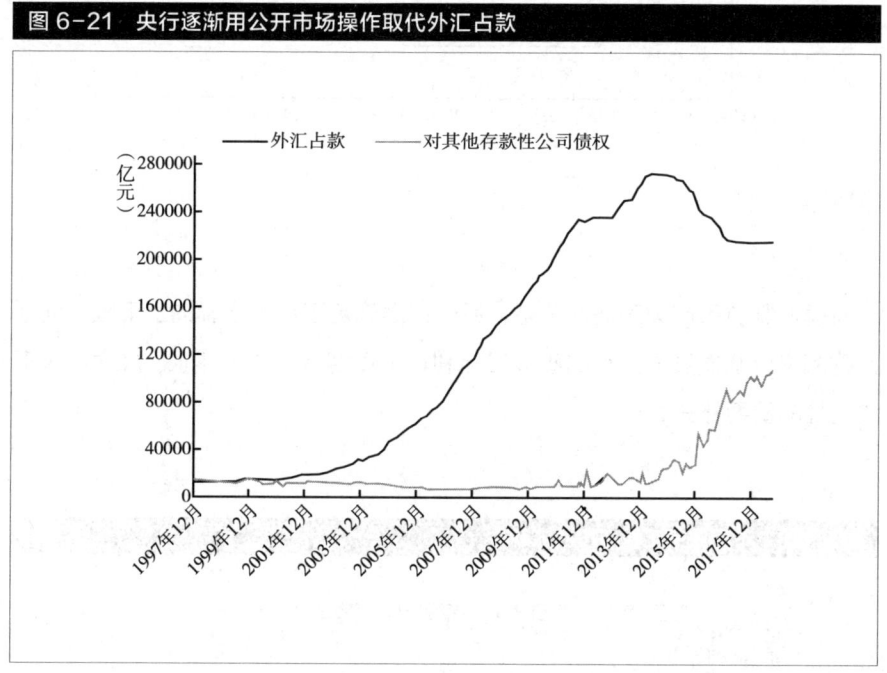

图6-21 央行逐渐用公开市场操作取代外汇占款

（2）央行的调控方式与时俱进，借鉴成熟市场的经验，综合了数量与价格型调控（见图6-22）。以往央行主要采取数量型调控方式，其决策变量主要是流动性供给，而不能及时考虑流动性需求。央行的价格型调控举措包括推进利率市场化，让价格准确及时反映流动性供需情况，而利率走廊工具进一步增强了货币市场调控的稳定性，利率走廊中的政策利率调整、走廊宽度的设定都是中央银行货币政策市场化调控的重要手段，减少了货币市场的波动。

（3）随着货币市场调控工具多元化，央行对短期与中长期流动性的量与价都有了更强的掌控能力，使其服务于央行的多元目标。央行逆回购与SLF

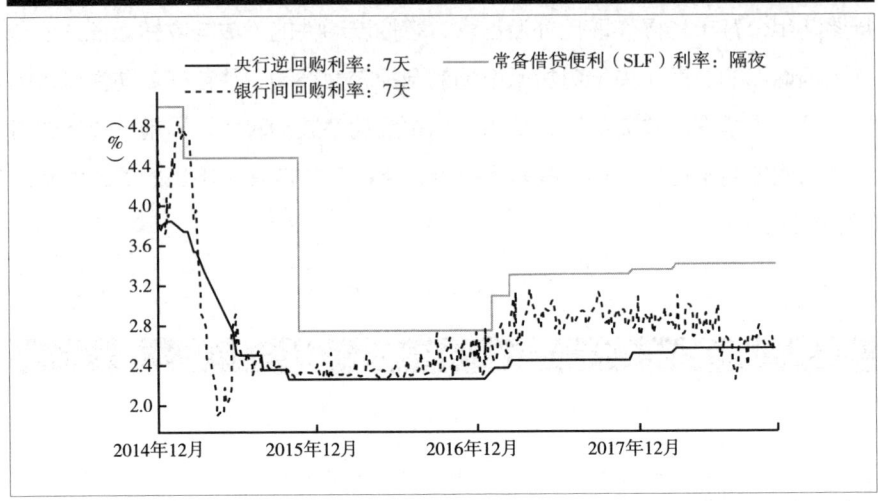

图6-22 央行逆回购、SLF与银行间7天回购利率

资料来源：WIND。

一方面控制货币市场流动性总量，另一方面确定了利率走廊的上下限，而逆回购利率逐渐发展成央行的政策目标利率（见图6-23）。MLF成为中长期流动性的重要补充。

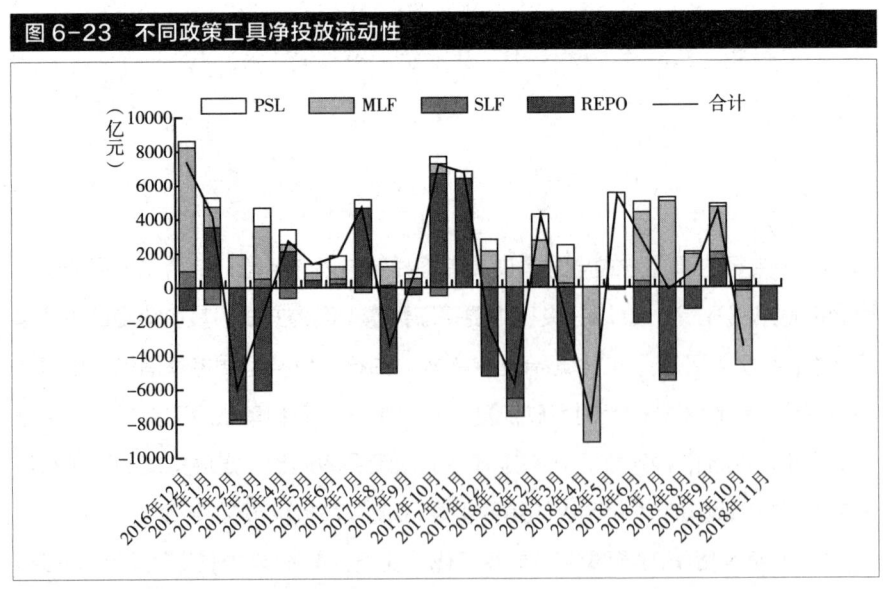

图6-23 不同政策工具净投放流动性

资料来源：WIND。

（4）与发达国家相比，我国准备金率较高、超储率较低，因此我国准备金率的调整空间较大，这给了央行更多的流动性释放工具，不需要像发达市场央行那样购买市场上的资产（见图6-24）。由于准备金率调整政策只影响银行间货币市场的流动性，不会直接影响广义流动性与资产价格，所以政策的外溢影响相对较小。

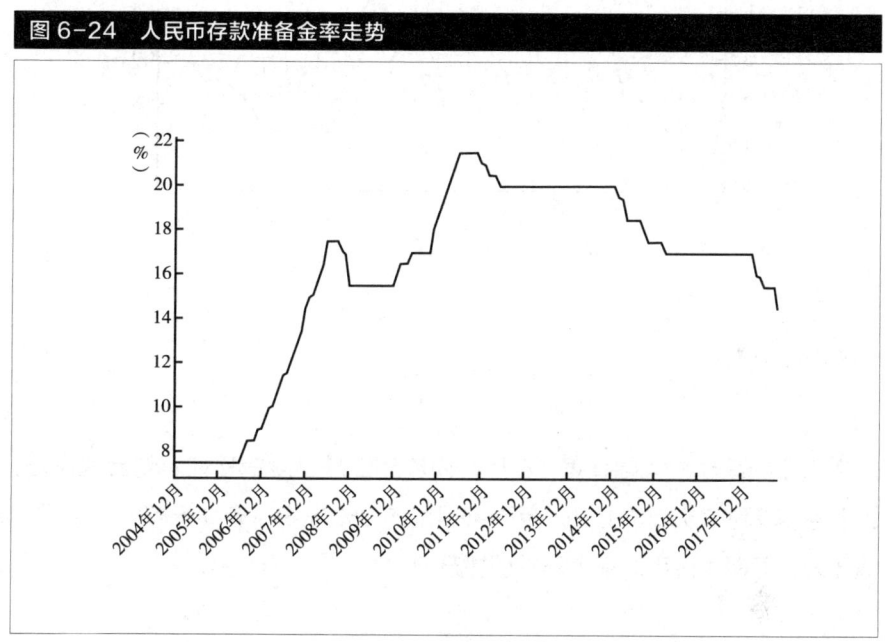

图6-24 人民币存款准备金率走势

2．货币市场对信贷和实体的传导效率有待提高

我国央行可以直接控制货币市场的利率，但货币市场利率向贷款利率的传导效率不高（见图6-25）。一方面央行对信贷市场的调控工具主要是存贷款基准利率，其市场化的程度与发达市场还有一定差距；另一方面信贷市场中贷款以短端浮动利率为基准的比例较低，因此短期内短端货币市场利率的变动对长端贷款利率的影响并不大。正因为货币市场利率对信贷利率的传导效率不高，货币市场对实体经济的影响时滞也较长。

3．货币市场和汇率市场的联动性需进一步增强

发达经济体之间的货币市场利率与汇率市场联动性较强，对未来货币市场利率走势的预期对汇率有较大的影响。2018年以来，中国的货币市场与

图6-25 金融机构人民币贷款加权利率与银行间回购利率

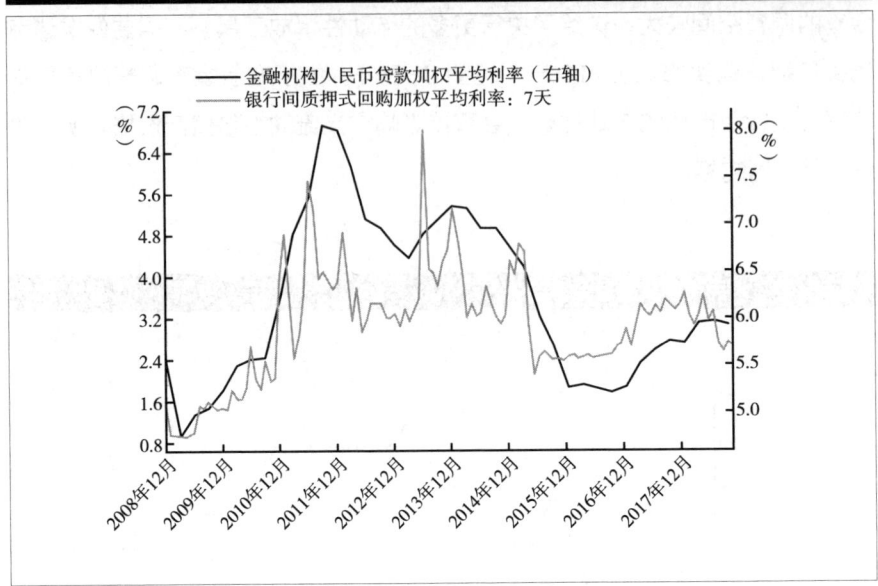

资料来源：WIND。

汇率市场的联动性大幅增强，8月国内流动性从过度宽松恢复到合理充裕，3个月存单利率从低位的2%反弹到目前的3%左右，有助于减轻人民币贬值压力，同期人民币汇率企稳并小幅升值1%。

第 7 章 债券一级市场*

- 2018年的中国债券一级市场，从发行量的角度看，仍然保持着平稳发展的势头，跨市场发行成为普遍现象。但无论是从市场结构还是从品种结构看，这种发展都是不平衡的，从现券和回购交易的比例看也是如此。而从净融资额看，在2016年就已达到16.6万亿元的历史最高水平，随后急剧减少，2017年为11万亿元，2018年前3个季度仅有1.35万亿元。究其原因，受去杠杆影响，利率债和信用债的净融资额均有所下滑，更重要的是近两年同业存单发行量和净融资量的巨大反差。

- 由于同业存单在银行同业业务中具有核心地位，无论是在金融加杠杆过程中，还是在金融去杠杆的背景下，同业存单的价和量的变化，都是影响债券市场走势的非常重要的因素。这是因为，同业存单的发行利率的高低作为一个非常灵敏的信号，可以反映资金面的松紧，其与短端债券收益率的走势基本一致，也反映了近几年债券市场从"资产荒"到"负债荒"的转变过程。

- 从金融债的品种结构上看，政策性金融债在金融债中占主导地位，发行额占比在2/3左右；而在政策性金融债中，国开债占据主导地位。2018年前3个季度，非金融企业债券共发行大约5.1万亿元，比上年增长24.8%。其中，中期票据的增长最为迅猛，增速54.4%；其后为一般公司债，增速52.6%；超短融今年表现亦极为亮眼，同比增长32.8%，规模已远远超过一般短融，成为短期融资券的主体。不过，发改委主管的企业债发行量比去年同期减少一半还多，这与今年去杠杆的监管环境、主动收紧的企业债审批环节以及地方债的替代等多方面因素有关。就可转债和可交换债而言，虽然发行规模和占比较小，但近三年来发展迅猛，是具有广阔发展前景的"热门品种"。

---

* 本章作者：李怀军，第一创业证券研究所首席分析师。

7.1 债券一级市场及结构分布

7.1-1 债券一级市场的结构特征

债券发行市场的作用是将政府、金融机构以及公司企业等为筹集资金向社会发行的债券分散发行到投资者手中。债券发行市场分为银行间市场、交易所市场、柜台市场和包括机构间私募产品报价与服务系统在内的其他市场。各市场发行的品种见表7-1，其中，国债、地方政府债、政策性金融债、证券公司债、其他金融机构债、企业债、政府支持机构债、证监会主管ABS、可转债为跨市场发行品种。若以重复计算的发行量来粗略表示跨市场发行的规模，可计算出2017年跨市场品种发行量为1.3万亿元，2018年1~9月的跨市场发行量为2.0万亿元，已超过去年全年的发行量，同比增速达到80.6%。无论是从品种还是从增速上看，债券跨市场发行正变得十分普遍，各发行市场的互联互通趋势正在形成。

表7-1 债券发行市场的结构及品种分布

市场种类	发行品种
银行间市场	国债、地方政府债、同业存单、金融债、企业债、中期票据、短期融资券、定向工具、国际机构债、政府支持机构债、交易商协会ABN、银监会主管ABS、项目收益票据
交易所市场	国债、地方政府债、政策性金融债、证券公司债、其他金融机构债、企业债、公司债、证监会主管ABS、可转债、可交换债
柜台市场	国债、政策性金融债、政府支持机构债
其他市场	国债、证监会主管ABS、可转债

资料来源：WIND，第一创业证券整理。

2018年前3个季度，中国债券一级市场的发行额稳步上升。其中，银行间市场仍占主导地位，市场份额在五成以上，但如果扣除同业存单，占比则仅过二成。相比之下，交易所市场占比虽只有13%左右，但同比增速达到17.7%；柜台市场发展速度更快，同比增速达到52.6%。交易所市场和柜台市场的发展速度均超过全市场9.9%的水平（见表7-2）。

表 7-2 债券各发行市场及其发展速度的对比

发行市场	2017年		2018年1~9月		
	发行额（亿元）	占比（%）	发行额（亿元）	占比（%）	同比增速（%）
银行间市场	331415.90	78.71	266778.45	76.82	7.17
其中：同业存单	201675.70	47.90	158489.5	45.64	6.29
交易所市场	75915.82	18.03	68057.72	19.60	17.69
柜台市场	11687.87	2.78	11762.75	3.39	52.64
其他市场	2017.26	0.48	675.59	0.19	−57.05
合计	421036.85	100.00	347274.51	100.00	9.89

资料来源：WIND，第一创业证券计算整理。

7.1-2 债券发行的品种和期限分布

从债券一级市场的发行品种看（见表7-3），2018年前3个季度，同比发行量下降较多的品种包括企业债、可交换债和国债，同比增速分别为−52.3%、−30.8%和−14.3%。发行量同比上升较多的品种包括中期票据、资产支持证券、政府支持机构债、短期融资券、公司债和可转债，同比增速都在20%以上。

表 7-3 2017~2018年全市场债券发行品种分布

年份	2017年		2018年1~9月		
类别	发行额（亿元）	面额比重（%）	发行额（亿元）	面额比重（%）	同比增速（%）
国债	40041.79	9.81	26060.77	7.96	−14.34
地方政府债	43580.94	10.68	37993.83	11.60	7.58
同业存单	201675.70	49.43	158489.50	48.39	6.29
金融债	49521.41	12.14	38764.78	11.84	2.15
企业债	3730.95	0.91	1361.40	0.42	−52.33
公司债	11024.74	2.70	10557.73	3.22	26.07
中期票据	10369.45	2.54	11731.15	3.58	54.32
短期融资券	23775.90	5.83	23292.00	7.11	29.35
定向工具	4938.13	1.21	3685.67	1.13	−1.58
国际机构债	60.00	0.01	34.60	0.01	−30.80

表7-3 2017~2018年全市场债券发行品种分布 （续表）

年份	2017年		2018年1-9月		
类别	发行额（亿元）	面额比重（%）	发行额（亿元）	面额比重（%）	同比增速（%）
政府支持机构债	2460.00	0.60	2530.00	0.77	36.02
资产支持证券	14676.26	3.60	12088.28	3.69	38.46
可转债	949.37	0.23	509.56	0.16	22.75
可交换债	1172.84	0.29	433.56	0.13	-33.59
合计	407977.49	100.00	327532.83	100.00	7.35

资料来源：WIND，第一创业证券计算整理。

企业债发行量下滑超过50%，这与此前国家发改委财金司将工作重心放在化解存量债券的违约风险上有关，其主动收紧了对较低资质主体企业债的发行要求，特别是对市县（区）级主体评级在AA及以下的企业债（城投平台）进行严格审核，并窗口指导要求第三方增信，债项级别需达到AA+及以上。自2013年第一只可交换债诞生以来，其因融资成本低等优势发行量逐年增多，发展速度很快，但2018年以来随着融资环境变化，可交换债逐渐"失宠"，兆新股份、金龙机电等发行可交换债的上市公司，进入换股期后失去了公司控股权，甚至出现偿债风险而不得不以大规模换股避险，兴全基金对金龙机电低价转股，亏损幅度超三成，且持股竟超过5%举牌线。国债发行量的减少，与2018年控制赤字率不超过3%，积极的财政政策不够"积极"有关。

资产支持证券的大发展，与去杠杆过程中的大量"非标"转标有关；可转债、中期票据以及短期融资券发行量的上升，均与贷款与信托等非标融资渠道受阻有关，上述三个品种可为企业提供更规范、更灵活和成本更低的融资渠道。当然，受投资者风险偏好下降的影响，债券发行短期化的特征也更加明显。发行期限在1年以内的占六成以上，1~3年、3~5年、5~10年的占比均在11%~14%，但与去年底相比，1~3年和3~5年的占比是上升的，而5~10年的占比是下降的。因而从同比增速看，也是短期债券的增速更高，1年以内、1~3年和3~5年分别为9.5%、19.2%和12.9%，而5~10年的债券发行量则下降15.9%，虽然10年以上的也有所增长，但占比仍仅为1.3%，与去年底差不多（见表7-4）。

表 7-4　2017~2018 年全市场债券发行的期限分布

类别	2017 年		2018 年 1-9 月		
	发行总额（亿元）	金额比重（%）	发行总额（亿元）	金额比重（%）	同比增速（%）
1 年以内	247363.65	60.64	199360.75	60.91	9.50
1~3 年	51316.63	12.58	44574.67	13.62	19.18
3~5 年	46137.76	11.31	40358.53	12.33	12.91
5~10 年	57643.31	14.13	38701.00	11.82	−15.90
10 年以上	5454.95	1.34	4314.13	1.32	13.29
合计	407916.30	100.00	327309.08	100.00	7.30

资料来源：WIND，第一创业证券计算整理。

7.1-3　债券发行的净融资额

2001~2018 年，中国债券市场的发行量稳步上升。2001 年，全市场的债券总发行量仅为 7453 亿元，2003 年达到 1 万亿元，2010 年达到 5 万亿元，2014 年超过 10 万亿元，到 2017 年债券总发行量已高达 40.8 万亿元，2018 年前 3 个季度达到 33.1 万亿元。但从净融资额看，在 2016 年就已达到历史最高水平，为 16.6 万亿元，随后急剧减少，2017 年为 11 万亿元，2018 年前 3 个季度仅有 1.35 万亿元（见图 7-1）。

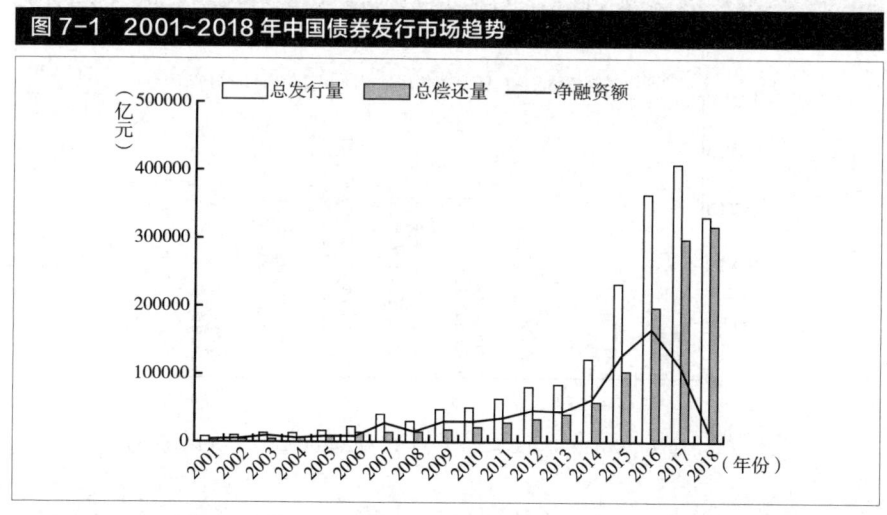

图 7-1　2001~2018 年中国债券发行市场趋势

注：2001~2017 年以 12 月 31 日为截止日期，2018 年以 9 月 30 日为截止日期。
资料来源：WIND，第一创业证券计算整理。

究其原因，主要是受近两年同业存单发行量和净融资量巨大反差的影响，我们将国债、地方政府债和政策性金融债归为利率债，将除利率债和同业存单之外的其他债券品种归为信用债，从图 7-2 与图 7-3 的对比可以看出 2017 年和 2018 年前 3 个季度，同业存单的发行量仍然高达 20.2 万

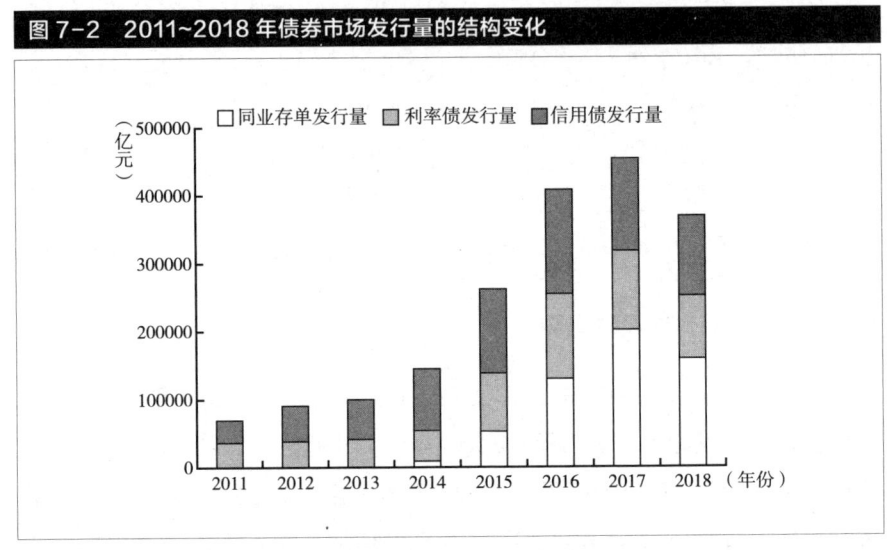

图 7-2　2011~2018 年债券市场发行量的结构变化

注：2011~2017 年以 12 月 31 日为截止日期，2018 年以 9 月 30 日为截止日期。
资料来源：WIND，第一创业证券计算整理。

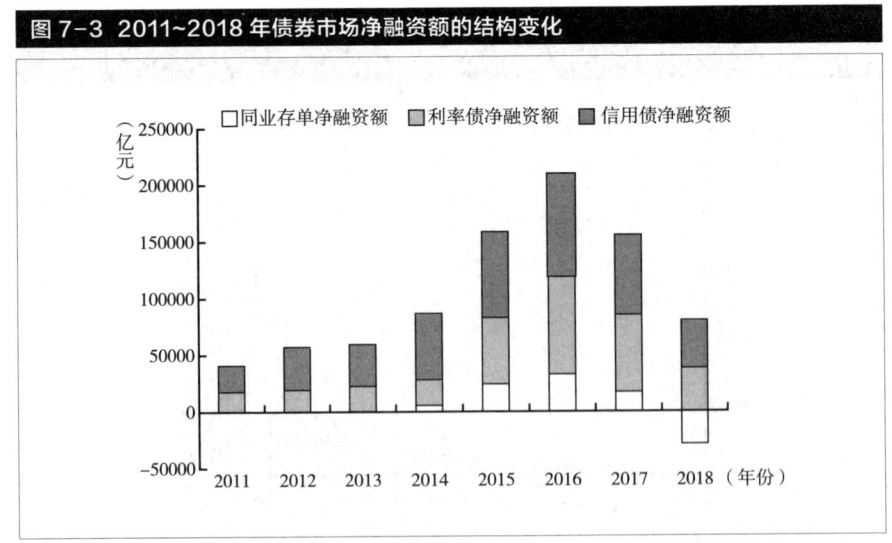

图 7-3　2011~2018 年债券市场净融资额的结构变化

注：2011~2017 年以 12 月 31 日为截止日期，2018 年以 9 月 30 日为截止日期。
资料来源：WIND，第一创业证券计算整理。

亿元和 15.9 万亿元，远高于利率债的 11.6 万亿元和 9.3 万亿元，以及信用债的 13.5 万亿元和 11.7 万亿元。但从净融资额看，同业存单远没有发行量所显示的那样"光鲜"，虽然利率债和信用债的净融资额也在减少，但均不及同业存单变化幅度大。2017 年和 2018 年前 3 个季度，利率债的净融资额分别为 6.8 万亿元和 3.8 万亿元，信用债净融资额分别为 7.0 万亿元和 4.2 万亿元，而同业存单净融资额分别为 1.7 万亿元和 -2.9 万亿元。

7.2 同业存单

7.2-1 2013 年以来同业存单的发行

2013 年 8 月，央行已考虑在银行间市场尝试发行同业存单，并择机推出相关政策，以此掀开存款利率市场化改革的序幕。相对于原有的同业存款，同业存单可在银行间市场转让，因而有更高的流动性。更重要的是，由于其可转让、可流通，同业存单便有了由资金市场供求变化决定的利率。由于同业存单的期限在 1 年以内，其发展极大地丰富了中国短期债券，同时，作为同业存款的替代品出现，同业存单完善了同业借贷市场 SHIBOR 报价的短、中、长期利率曲线，使得中国的短期利率体系更加丰富和完善。

正因如此，同业存单一经推出，便受到商业银行的追捧，发行量逐年飙升。到 2017 年，发行量就达到 20 万亿元，2018 年前 3 个季度的发行量也达到 15.9 万亿元。但就其净融资额看，2017 年下降到 1.7 万亿元，2018 年前 3 个季度仅为 -2.9 万亿元（见图 7-4）。

2018 年以前，同业存单不纳入同业负债的考核，不需要缴纳存款准备金，在监管上与其他负债资产相比具有很大优势，因而慢慢从中小银行用来补充自己资金来源的负债工具，变成一种主动性负债工具。因此，从严格意义上看，同业存单并不是一种债券，而是商业银行吸收资金的手段，它与同业存款在本质上是一样的。同业存单的爆发式发展以及随后的见顶回落，和中国货币投放方式变化以及金融机构加杠杆后去杠杆的过程是密切相关的。

2014 年是我国货币投放方式发生重大变化的一年（见图 7-5），2014 年 5 月央行外汇占款达到 27.5 万亿元的历史高点后回落，货币当局对其他

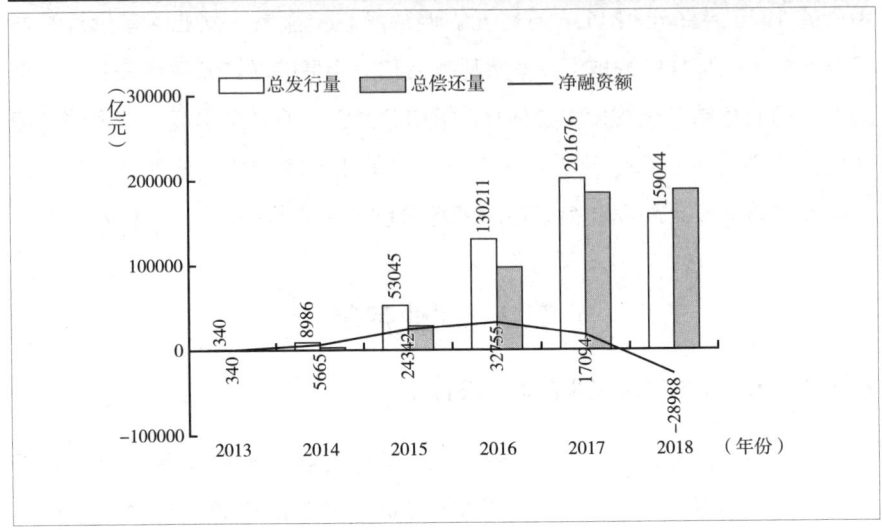

图 7-4 2013 年以来中国同业存单市场的总发行量和净融资额

注：2001~2017 年以 12 月 31 日为截止日期，2018 年以 9 月 30 日为截止日期。
资料来源：WIND，第一创业证券计算整理。

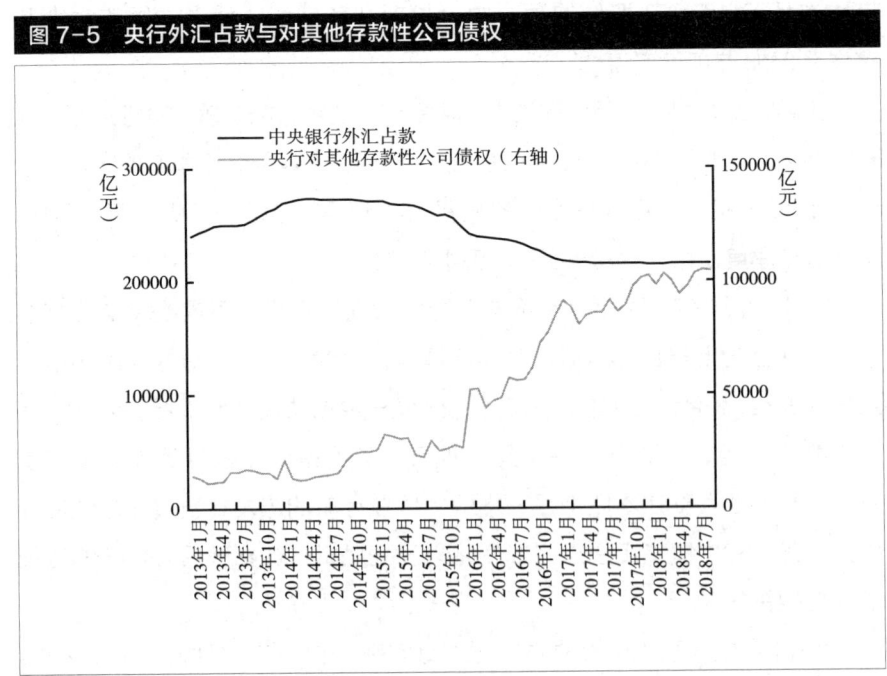

图 7-5 央行外汇占款与对其他存款性公司债权

资料来源：WIND。

存款性公司的债权却从 2014 年 5 月的 1.4 万多亿元快速增加到目前的 10 万亿元附近，传统的央票、国债回购工具已不够用，央行创造了 SLO（短期流动性调节工具）、SLF（常设借贷便利）、MLF（中期借贷便利）、PSL（抵押补充贷款）等新型工具。这些工具对于银行和抵押品都有一定的要求，因而形成央行—政策性银行／商业银行—股份制银行—城商行／农商行—非银行金融机构的资金投放渠道，即中小型银行由于吸引存款能力和接受央行流动性资质不足，主要通过发行同业存单的方式从大型银行处获得资金，而非银机构主要通过接受委外资金的方式从中小型银行处获得资金，进而形成货币基金—同业存单—同业理财—委外资金—债券市场的投资链条。在这一过程中，资金成本越来越高，为了保证收益率，加杠杆和牺牲流动性以追求高收益成为必然选择，这也是 2014 年到 2016 年 10 月债券大牛市的动力之源。由此带来的高风险以及"脱实向虚"的资金空转，使得监管层不得不出手，以 MPA（宏观审慎评估体系）考核为主要抓手，以金融去杠杆为主要表现形式。

自 2018 年第一季度开始，同业存单与同业存款的监管得到统一，即两者都将作为同业负债进行 MPA 考核。MPA 考核要求银行同业负债占总负债的比例不能超过 1/3，对银行通过发行债券进行融资的比例没有限制。因此，将同业存单纳入 MPA 考核实际上意味着银行通过同业负债（含存单）进行融资的比例将开始受到约束。2018 年前 3 个季度，城商行和农商行共实际发行 6.75 万亿元的同业存单，同比下降 20.4%；股份制银行实际发行 7.77 万亿元同业存单，同比增长 24.7%；工、农、中、建、交五大国有行实际发行 1.32 万亿元的同业存单，较去年同期的 0.2 万亿元有较大幅度的增长。但这说明，随着监管的趋严，国有大型银行比中小型银行更有指标上的优势，也开始利用同业存单来扩大同业业务的规模。

7.2-2　同业存单发行利率

由于同业存单在银行同业业务中的核心地位，无论是在金融加杠杆过程中，还是在金融去杠杆的背景下，同业存单的价和量的变化都是影响债券市场走势的非常重要的因素。这是因为，同业存单的发行利率的高低作为一个非常灵敏的信号，可以反映资金面的松紧，与短端债券收益率的走势基本一致。由于 2015 年以来，银行负债端理财产品收益率的下降速度远低于债券市场收益率的下降速度（见图7-6）。随着市场利率不断下行，资产端收益率压力越来越大，银行便逐渐通过委外方式将这种压力转移给信托、券商和基金，接受委外的机构也只能通过加杠杆来实现银行要求的收益率水平。自2016年10月以来，由于市场收益率不断上升，3个月同业存单发行利率和AA+中票收益率水平已接近甚至超过同业存单发行利率。

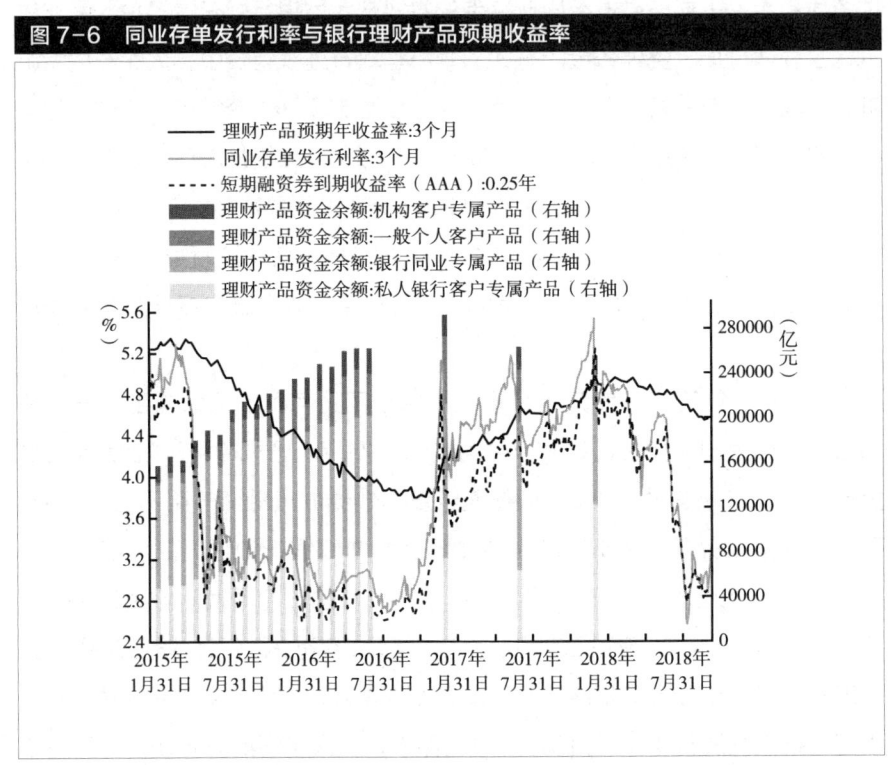

图7-6 同业存单发行利率与银行理财产品预期收益率

资料来源：WIND。

这是因为2016年11月至2018年1月，监管冲击和货币政策收紧导致银行资产负债结构的大调整，债券市场被迫去杠杆，由此经历了一轮熊市的洗礼。2016年10月以后，由于市场收益率不断上升，图7-7所示的6个月同业存单发行利率和AA+中期票据到期收益率水平已经接近甚至超过银行理财产品的预期收益率。之后随着货币政策回归中性及监管政策边际放松，债券市场进入稳杠杆阶段，2018年的债券市场又迎来一轮结构性牛市。在2016年年中时，6个月同业存单发行利率最低至2.85%的

MLF 利率，这应是一个下限，否则会影响货币政策的效力；而 2017 年底 6 个月同业存单的发行利率最高达 5.2%，远高于同期限理财产品的预期收益率水平，"同业存单—同业理财—委外"同业链条中的利差倒挂，银行无法通过发行同业存单再购买同业理财来套利，原有的资金空转和加杠杆的赢利模式已经不再适用。2018 年随着发行利率下降，同业存单发行量和净融资额同样存在见顶回落的趋势。而从银行业理财的情况看（见图 7-8），根据银行业理财登记托管中心的数据，2017 年 12 月末的存续余额为 29.5 万亿元，比年初下降 0.8 万亿元；而从同比增速看，只有 1.7%，比 2016 年下降 21.9 个百分点。从理财产品结构看，由于监管层加强对同业理财的治理，2017 年以来同业理财规模的下降是今年以来银行理财资金下降的主要原因。截至 2017 年底，专门面向金融业销售的金融同业类产品的存续余额为 3.25 万亿元，占全部理财产品存续余额的 11%。金融同业类产品存续余额较年初大幅减少 3.40 万亿元，降幅为 51.13%，占比较年初下降 11.88 个百分点。同业存单净融资额由正转负是银行理财规模增速不断下滑的重要原因。

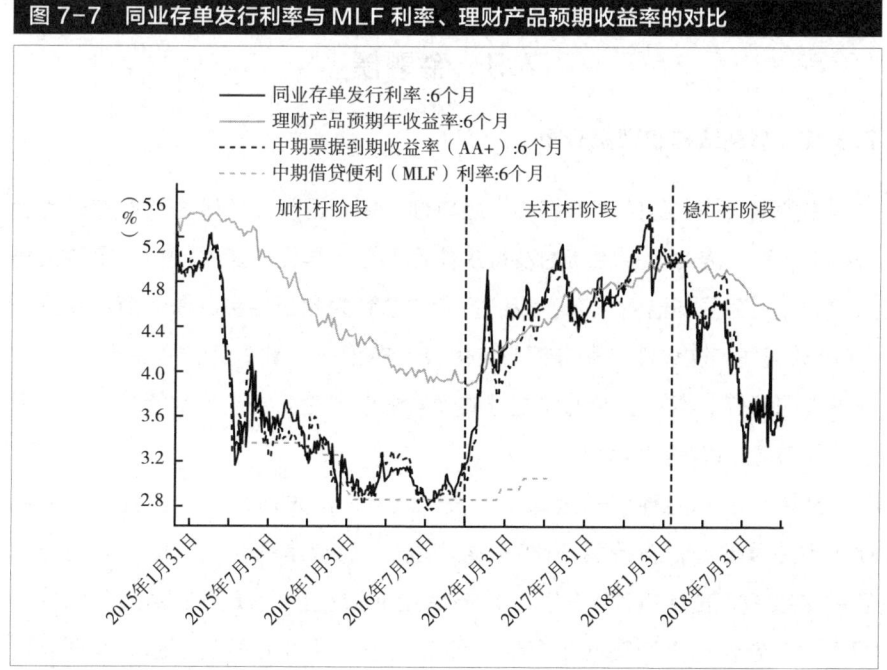

图 7-7 同业存单发行利率与 MLF 利率、理财产品预期收益率的对比

资料来源：中国债券信息网 WIND。

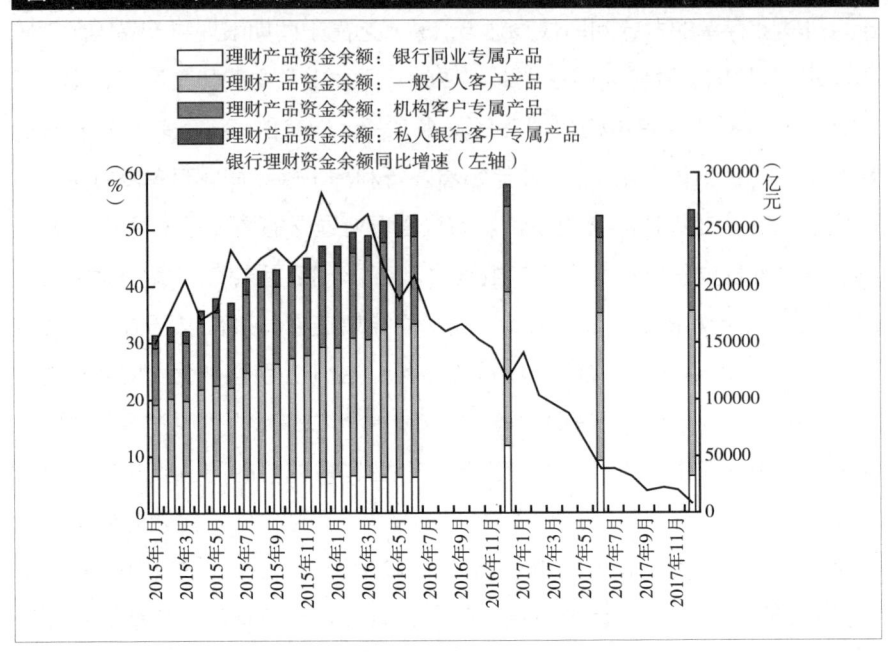

图7-8 2015年以来银行理财资金余额构成和同比增速情况

资料来源：WIND。

7.3 金融债

7.3-1 品种结构和期限分布

由金融机构发行的债券统称为金融债。中国已建立了较为完备的现代金融机构体系，因此，金融债的发行主体也不断多样化。通常的，按金融机构从事的业务范围与监管限制，我们将金融债分为政策性金融债、商业银行债（包括普通债和次级债）和非银行金融债，非银行金融债又包括保险公司债、证券公司债等。不同金融机构发行的债券随业务性质、宏观政策趋势、宏观经济与市场环境的变化而有所不同。

从金融债的品种结构上看（见表7-5），首先是政策性金融债在金融债中占主导地位，发行额占比在2/3左右；其次是商业银行债，分为普遍债和次级债，占比在10%以上；最后是非银行金融债，主要包括保险公司债、证券公司债和其他金融机构债，其中，证券公司债（包括普通债和短期融资券）占比最高，在10%以上，其他都在5%以下。从同比增速看，2018 年前 3 个季度上升较多的是保险公司债、证券公司短期融资券和其他金融机构债，但它们的占比都较低；而同比增速下降的品种为商业银行普通债和证券公司普通债。

表 7-5　2017~2018 年金融债发行的品种结构

类别	2017 年		2018 年 1-9 月		
	发行额（亿元）	面额比重（%）	发行额（亿元）	面额比重（%）	同比增速（%）
政策性金融债	32844.78	66.32	27223.68	70.23	5.65
商业银行普通债	3907.00	7.89	2135.50	5.51	-36.25
商业银行次级债	4804.23	9.70	2678.20	6.91	0.49
保险公司债	70.00	0.14	475.00	1.23	1257.14
证券公司普通债	6339.40	12.80	3873.40	9.99	-19.67
证券公司短期融资券	392.00	0.79	965.00	2.49	302.08
其他金融机构债	1164.00	2.35	1414.00	3.65	32.15
合计	49521.41	100.00	38764.78	100.00	2.15

资料来源：WIND，第一创业证券计算整理。

金融债的发行期限偏长，首先是 5~10 年的金融债发行量占比最高；其次是 1~3 年的金融债，这两种占比都在 30% 以上；再次是 1 年以内的金融债，和 3~5 年的金融债，这两种占比在 15%~20%；最后是 10 年以上的占比最小，在 3% 以下。从同比增速看，1 年以内短期金融债的上升幅度最大，为 15.7%；而 10 年以上长期金融债的下降幅度最大，达到 87.5%（见表 7-6）。

表 7-6　2017~2018 年金融债发行的期限结构

类别	2017 年		2018 年 1-9 月		
	发行总额（亿元）	金额比重（%）	发行总额（亿元）	金额比重（%）	同比增速（%）
1 年以内	8534.00	17.23	7210.40	18.60	15.68
1~3 年	15262.18	30.82	11922.38	30.76	0.33
3~5 年	7913.00	15.98	6327.60	16.32	-3.40
5~10 年	16492.23	33.30	13189.40	34.02	6.68
10 年以上	1320.00	2.67	115.00	0.30	-87.50
合计	49521.41	100.00	38764.78	100.00	2.15

资料来源：WIND，第一创业证券计算整理。

7.3-2 政策性金融债

政策性金融债即由国家开发银行（国开行）、中国农业发展银行（农发行）和中国进出口银行（进出口银行）发行的债券。由于三家政策性银行不能吸收公众存款，它们就主要依靠发行债券的方式筹集资金。近年来，国开行发行的债券占政策性金融债的比重为 50% 左右，农发行的发行量占 30% 左右，进出口银行则在 20% 左右。2017 年，政策性银行共发行了 3.28 万亿元的债券，政策性银行发行总额占金融债的比重达到 66.3%。其中，国开行、农发行和进出口银行分别发行了 1.62 万亿元、1.04 万亿元和 0.55 万亿元，占政策性金融债的比重分别为 49.4%、31.7% 和 16.7%（见图 7-9）。2018 年前 8 个月，农发行的占比上升了 2.7 个百分点，国开行和进出口银行则分别下跌 1.6 个百分点和 1.1 个百分点。

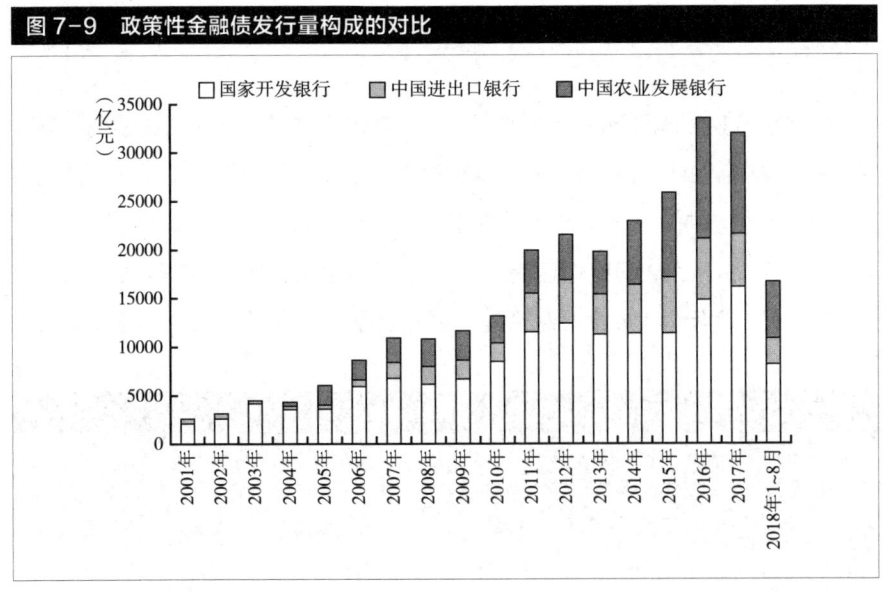

图 7-9　政策性金融债发行量构成的对比

资料来源：WIND，第一创业证券计算整理。

2018 年与 2017 年相比，政策性金融债发行利率有两个值得注意的特征。一是短端（1 年期）与长端（10 年期）的期限利差有扩大的趋势。国开行金融债大部分时间都在 50BP 左右，到 2018 年 8 月初扩大到 150BP；

进出口银行和农发行金融债 10 年期和 1 年期利差则更为明显，在 2017 年 6 月中旬连 20BP 都不到，到 2018 年 8 月初扩大到 70BP。二是进出口银行和农发行金融债与国开行金融债的发行利率之差，在长端（10 年期）分化的迹象更为明显，在 2017 年初时还不明显，但到 2018 年 9 月底已经达到 66BP；而在中端（5 年期）和短端（1 年期）则表现得不明显（见图 7-10）。当然，1 年期国开行金融债在 2017 年底、5 年期进出口银行和农发行金融债在 2018 年中，都有一些异常值，这些都是发行量较少造成的现象，一般可忽略不计。

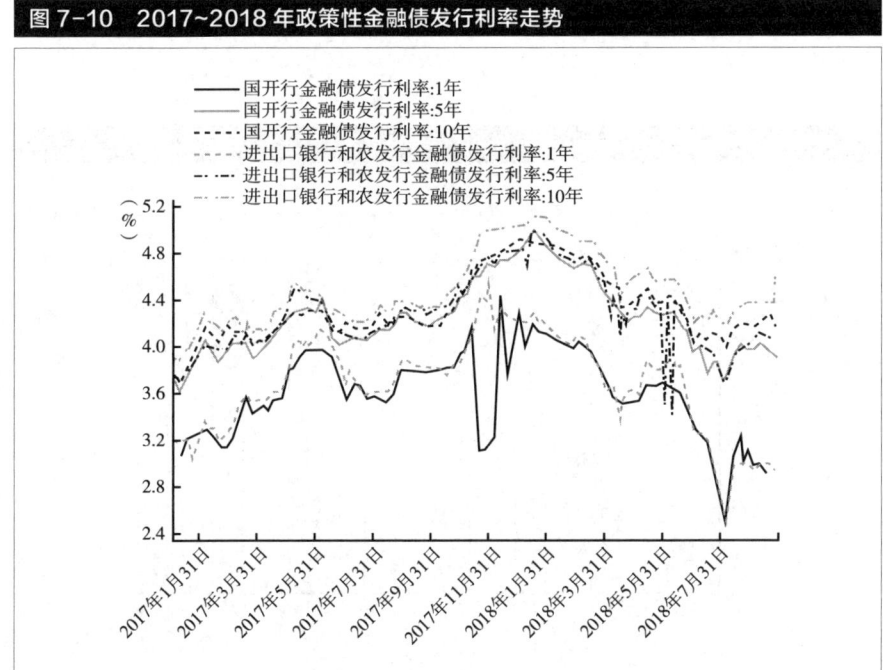

图 7-10　2017~2018 年政策性金融债发行利率走势

资料来源：WIND。

7.3-3　商业银行债

商业银行的资金来源有三个：吸收存款、向其他机构借款和发行普通债券。吸收存款必须向央行缴纳高比例的法定存款准备金，而存款准备金的利率又非常低，高法定存款准备金比率意味着商业银行非常高的机会成本；向其他商业银行或央行借款所得的资金主要是短期资金，而金融机构往往需要进行一些期限较长的投资，这样就出现了资金来源和资金运用在期限上的矛盾；发行普通债券比较有效地解决了这个矛盾。债券在到期之前一般不能提前兑换，只能在市场上转让，保证了所筹集资金的稳定性。

政府允许商业银行发行普通债券筹集资金始于2011年底，那时，中国一些经济较发达的地区一度"跑路"频繁，小微企业融资难愈加突出。为了鼓励金融机构更积极地发放小微贷款，政府便为商业银行小微贷款开辟了新的融资渠道，商业银行普通债券应运而生。不过，总体来看，发行普通债券的商业银行以中小型银行为主。从图7-11所示的发行量看，2015年才突破2000亿元，2016年至今由于有绿色金融债的加入，发行量出现较大幅度的增长，但无论是相对于存款还是相对于中国债券发行总量而言，均显得十分弱小。

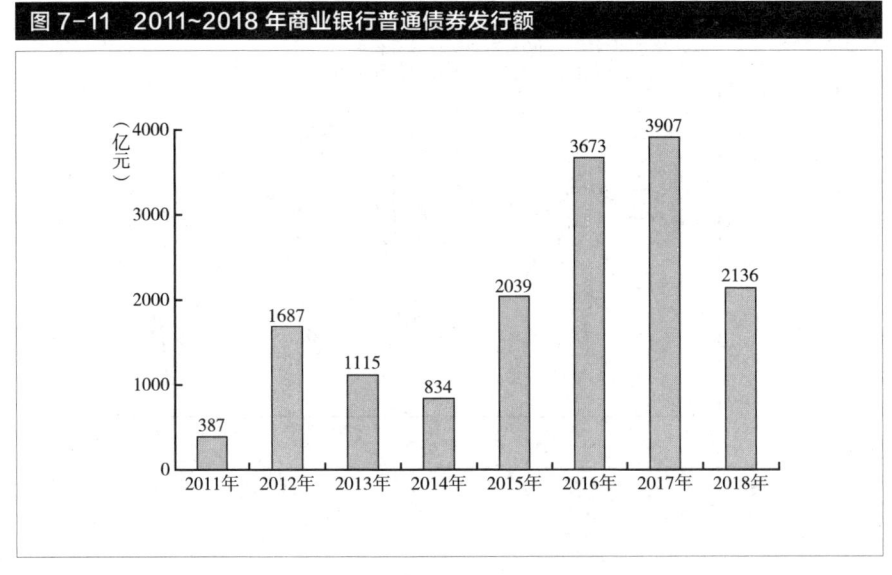

图7-11　2011~2018年商业银行普通债券发行额

资料来源：WIND，第一创业证券计算整理。

近年来，商业银行为应对监管变化，普遍加强了资本工具的创新，而为补充资本金而发行的债券主要有商业银行次级债、商业银行混合资本债和可转换债券等。可转债和增发（普通或优先）股票虽可以提高资本充足率，但会稀释原有股东的权益。发行次级债和混合资本债券，既不会造成股权稀释，程序上也相对简单，是商业银行补充资本金和提高资本充足率的重要手段。混合资本债比次级债券具有更强的资本属性,不仅其期限比次级债券要长得多,而且在偿还顺序的安排上在次级债券之后,一度成为商业银行补充资本金的重要手段,但近几年商业银行同样没有发行混合资本债。于是,次级债券便成了本年度商业银行发行的唯一资本债券。商业银行次级债券是指商业银行发行的本金和利息的清偿顺序列于商业银行其他负债之后、商业银行股权资本之前的债券,属于商业银行附属资本。

2004年6月,银监会发布了《商业银行次级债券发行管理办法》,在2013年《商业银行资本管理办法(试行)》颁布后,"次级债"被"二级资本债"取代,即所有次级债均为二级资本债。实际上,2013年银行次级债的发行几乎中断(见图7-12)。发行次级债程序相对简单、周期短,是一种快捷、可持续的补充资本金的方式。特别对于那些刚刚发行新股或未满足发行新股条件的商业银行而言,通常会倾向于先发行次级债。不过,次级债的风险和利率成本一般都会高于银行发行的普通债券。

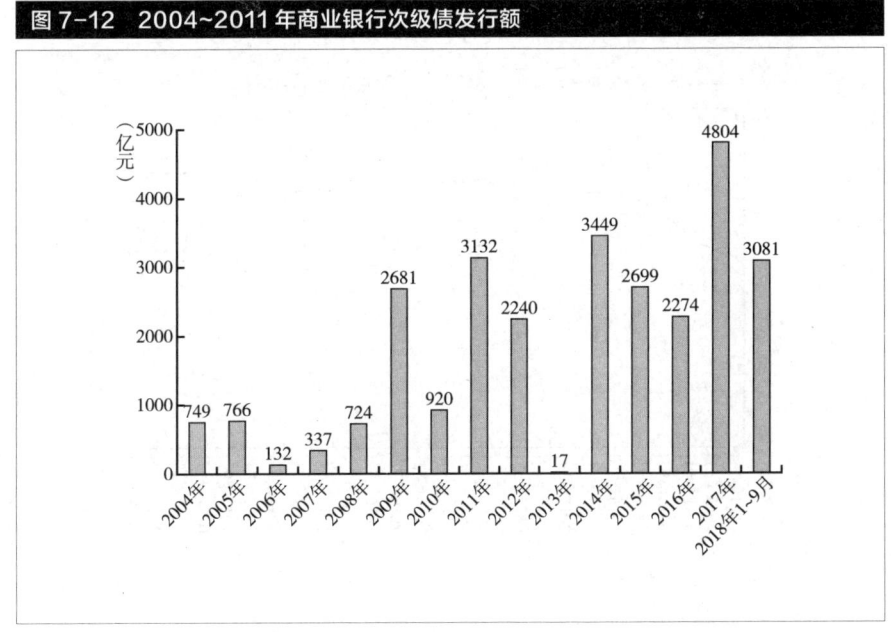

图 7-12　2004~2011 年商业银行次级债发行额

资料来源:WIND,第一创业证券计算整理。

2004 年至今,商业银行共发行了 519 只总计 28003 亿元的次级债券,其中,2014 年以后共发行 368 只总计 16306 亿元,无论数量还是金额占比均超过 50%。但是，这些次级债券主要由中小股份制商业银行特别是仍未上市的城商行和农商行发行，究其原因，在于它们的资本充足率低于大型商业银行，又难以通过发行股票或可转债的方式来筹集资金。2018 年第二季度，除大型商业银行外其他类型银行的资本充足率都有所下滑，特别是农商行下滑了 0.6 个百分点（见图 7-13），虽然仍高于最低监管要求，但出于金融降杠杆的监管要求，银行主动压缩了同业资产和非标投资，相应加大了贷款投放，使得贷款增速超过资产增速。同时，受资管新规的影响，原来在表外的非标投资要陆续转回表内，在一定程度上推升了高风险权重的信贷资产的比例，商业银行资本补充的压力将进一步加大，因而商业银行次级债的融资需求在近两年维持在高位，2017 年有 4804 亿元的发行量，创出历史新高，而 2018 年 1~9 月有 3081 亿元的发行量，同比增长 15.6%。

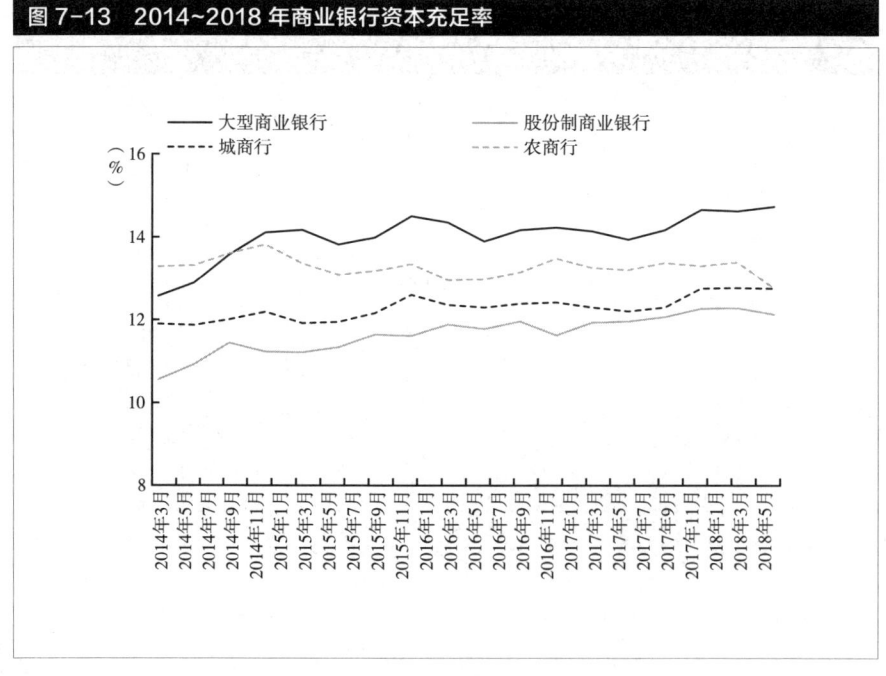

图 7-13 2014~2018 年商业银行资本充足率

资料来源：WIND，第一创业证券计算整理。

7.3-4 非银行金融债

近年来,非银行金融债发行量也快速增长,尤其是证券公司发行的普通债和短期融资券均呈快速增长势头,占据非银行金融债的大部分。如表 7-7 所示,2011 年非银行金融机构发行的债券总额仅为 634.50 亿元,2012 年开始出现爆发式增长,2015 年的发行量达到 1.2 万亿元,较 2011 年增长了近 18 倍。2014 年下半年到 2015 年上半年,受股票市场行情大幅上涨的影响,投资者对证券公司融资需求增加,使证券公司的债券发行量大幅增加,直接带动非银行金融债发行量突破万亿元大关。相较于上一年度,2015 年的证券公司债发行额增加 5120 亿元,达到 7617 亿元,这使得 2015 年证券公司债成为发行额仅次于政策性金融债的金融债。证券公司发债量(含证券公司短融)2013 年占整个债券发行市场的比重为 4.80%,2014 年进一步提高到 5.43%,2015 年则下降至 4.45%。以后,随着中国证券市场行情的回落,证券公司的发债量占比在 2016 年和 2017 年分别降到 1.49% 和 1.65%,2018 年前 3 个季度这一占比为 1.47%,与前几年不可同日而语。

表 7-7　2011~2018 年非银行金融债发行额　　　　　　　　　单位:亿元

年份	发行额合计	其中			
		保险公司债	证券公司普通债	证券公司短融	其他
2011	634.50	580.50	44.00	—	10.00
2012	1346.20	715.00	0.20	531.00	100.00
2013	5092.63	220.00	1179.60	2905.90	787.13
2014	8109.76	347.03	2497.05	4114.90	1150.78
2015	12280.57	646.50	7617.10	2753.60	1263.37
2016	6795.20	440.00	4251.60	1178.60	925.00
2017	7965.40	70.00	6339.40	392.00	1164.00
2018(1~9 月)	6767.40	475.00	3873.40	1005.00	1414.00

资料来源:WIND,第一创业证券计算整理。

保险公司由于现金流比较充足且资金成本较低,发债只数和发行额在金融债中均处于最后位置。2011~2018 年,保险公司债的发行量变化不大,

2017 年只发了 2 只债，平安财险和人保健康分别发行了 35 亿元。2018 年前 3 个季度，保险公司发行了 6 只债券，共 475 亿元。其中，太平洋财险发行了两期共 100 亿元，人民保险和人民人寿分别发行了 180 亿元和 120 亿元。但无论是与保险公司宏大的资产管理规模相比，还是从占整个债券市场的发行权重看，保险公司债都几乎可以忽略不计。

其他金融机构债主要包括中国证券金融股份有限公司（证金公司）、融资租赁公司、财务公司、汽车金融公司、资产管理公司、投资公司、期货公司等发行的债券。2014~2015 年，受股市行情较好和开通融资融券渠道的影响，证金公司无论是发债数量还是金额上都占较大比重。2014 年数量和金额分别占其他金融机构债的 76% 和 37.4%，2015 年数量和金额则分别占 65% 和 48.5%。2016 年以后，受股市行情影响，证金公司债绝迹，以前不起眼的融资租赁公司债开始占据主导地位。2017 年，其他金融机构共发行 43 只债券，发行额为 1164 亿元。其中，融资租赁公司共发行债券 27 只，发行面额达 509 亿元，其他主要为资产管理公司资本债和汽车金融公司债。2018 年前 3 个季度，其他金融机构共发行 39 只债券，合计 1414 亿元。其中，融资租赁公司债共发行 18 只，累计发行额为 629 亿元，数量和金额占比在 45% 左右，其他主要是汽车金融公司债发行 7 只，共 186 亿元。

7.4　非金融企业债

7.4-1　总体概况

随着中国债券市场的发展，非金融企业越来越多地依靠发行债券融资，包括短期融资券（短融）、中期票据（中票）、企业债、公司债和非公开定向债务融资工具（PPN）。其中，关于短期融资券、中期票据和 PPN，符合发行条件的具有法人资格的非金融企业，经中国银行间市场交易商协会（本章以下简称"交易商协会"）注册登记后，均可在银行间市场进行注册发行。企业债和公司债分别由发改委和证监会核准发行，公司债中的私募债券则在中国证券业协会备案（见表 7-8）。

表 7-8　中票 / 短融 /PPN/ 企业债 / 公司债要素一览

要素	中票	短融	PPN
审批机关	交易商协会		
审核方式	注册制		
交易场所	银行间债券市场		
发行人	具有法人资格的非金融企业		
发行规模	不超过净资产 40%	不超过净资产 40%	不受净资产的限制
发行时间	注册 2 个月内完成首期发行,可在 2 年内分多次发行	注册有效期为 2 年,注册有效期内可分期发行;企业应在注册后 2 个月内完成首期发行	注册后 6 个月内完成首期发行,可分期发行。注册有效期为 2 年
发行方式	银行间公开发行	银行间公开发行	非公开发行
募集资金投向	可用于补充营运资金、偿还债务等,实际使用较为灵活	可用于补充营运资金、偿还债务等,实际使用较为灵活	无须政府部门审批。主要用途包括生产性支出、补充企业流动资金、偿还债务、支持公司并购和资产重组等
信息披露	信息披露详尽,存续期内定期披露年报、半年报、季报	信息披露详尽,存续期内定期披露年报、半年报、季报	严格发债主体信息披露,重视发债后的市场监管工作
评级要求	主体 AA- 以上		未做要求,一般在 AA 以上

要素	企业债	公司债(大、小公募债券)	公司债(私募债券)
审批机关	发改委	证监会	
审核方式	审批制	审批制	注册制
交易场所	银行间、交易所债券市场	交易所债券市场	
发行人	以国有企业为主	公司制法人(以上市公司为主)	
发行规模	不超过净资产(不包括少数股东权益)40%	不超过最近一期末净资产 40%,金融类公司的累计公司债券余额按金融类公司的有关规定计算	
发行时间	核准后 2 个月内完成	核准后 12 个月内完成首期发行,其余可在 2 年内分多次发行	完成发行后的 5 个工作日内向证券业协会备案
发行方式	银行间、交易所公开发行	交易所等公开发行	交易所等非公开发行
募集资金投向	必须用于核准用途,不得用于偿还债务和非生产性支出	必须用于核准用途	必须用于约定用途
信息披露	发行有详尽要求,存续期无强制要求	中期报告和经审计的年度报告	按约定执行
评级要求	无强制要求,可自愿评级以便分类审核	主体 AAA 以上	未做要求

资料来源:第一创业证券整理。

2011年非金融企业债发行规模只有2.2万亿元,但到2016年就达到8.4万亿元,增长283%,此后下降至5万多亿元。从净融资额看,下滑的速度惊人,2016年净融资额还有3万多亿元,到2017年快速下降至609亿元,到2018年1~9月已下降至-3584亿元了。这一下滑速度甚至比同业存单还快(见图7-14)。

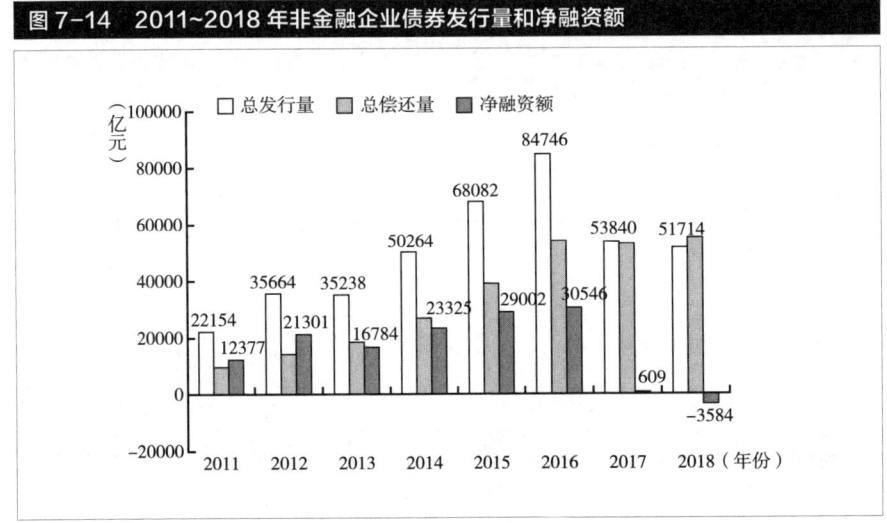

图7-14 2011~2018年非金融企业债券发行量和净融资额

注:2011~2017年以12月31日为截止日期,2018年以9月30日为截止日期。
资料来源:WIND,第一创业证券计算整理。

究其原因,在于2016年开始的企业去杠杆,非金融企业债发行市场上"借新还旧"是主流,体现出企业资产负债表衰退的某些特征。根据国家金融与发展实验室的研究,2016年底中国企业杠杆率为158.2%,达到历史最高水平,2017年底为156.9%,2018年6月底为156.4%,出现缓慢下降。即使如此,根据BIS的数据,中国企业杠杆率还是远高于世界平均水平(见图7-15)。因此,虽然2018年下半年以来的货币政策有相当程度的放松,但从收益率曲线的陡峭化下行以及不同等级信用利差扩大的情况看,这种宽货币政策向宽信用的传导异常困难。

从非金融企业债发行的期限安排(以各品种发行总额占比计算)上看,按平均发行期限从短到长排列时各具特点:首先是短期融资券均在1年以内,平均期限最短;其次为定向工具,一半以上为1~3年,3~5年占20%~40%,小于1年也占相当比例;再次是中期票据,1~3年占

图 7-15 中国与全球企业杠杆率的变化

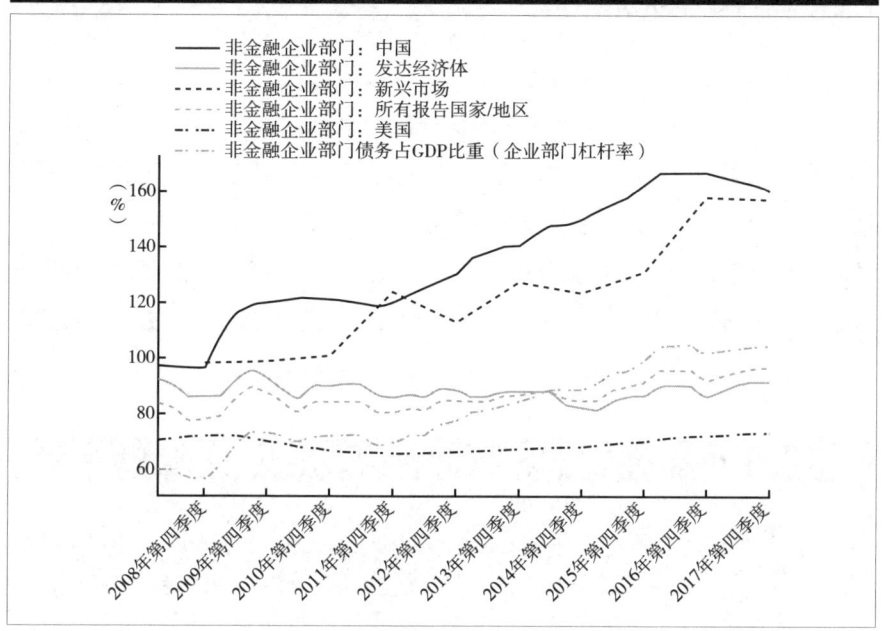

资料来源：WIND，第一创业证券计算整理。

55%~65%，3~5 年占 30%~40%，公司债，3~5 年占 50%~60%，1~3 年占 30%~40%；最后是企业债，5~10 年占 90% 以上（见表 7-9）。可见，在我国非金融企业发行人要根据自己的实际情况选择合适的发行品种。而从总体上看，目前我国非金融企业债券市场已发展较为成熟，各个期限的债券发行构成比例较为合理，这为债券市场的期限结构曲线提供了支持。

表 7-9　2017~2018 年非金融企业债各发行期限占比　　　　　　单位：%

时间	2017 年					2018 年 1~9 月				
发行期限	<1 年	1~3 年	3~5 年	5~10 年	>10 年	<1 年	1~3 年	3~5 年	5~10 年	>10 年
短期融资券	100	0	0	0	0	100	0	0	0	0
中期票据	0	55.1	41.7	2	0.2	0	64.8	34.3	0.8	0.1
企业债	0	0.4	5.1	93	1.5	0	0.4	2.9	91.9	4.8
公司债	0.9	31.7	60.8	6.4	0.2	0.2	43	51.3	5.4	0.1
PPN	6.5	53.5	39.1	0.8	0.1	12.7	62.7	23.6	1	0

注：以各品种发行总额占比计算。
资料来源：WIND，第一创业证券计算整理。

7.4-2 品种结构分析

2018年1~9月，非金融企业债共发行大约5.1万亿元，比上一年度同期增长24.8%。其中，中期票据的增长最为迅猛，增速54.4%；其后为一般公司债，增速52.6%；超短融今年表现亦极为亮眼，同比增长32.8%，规模已远远超过一般短融，成为短期融资券的主体（见表7-10）。不过，并非所有类型的非金融企业债都实现了明显的增长，发改委主管的企业债发行量就比去年同期减少一半还多，与今年去杠杆的监管环境、主动收紧的企业债审批环节以及地方债的替代性等多方面原因有关。

表7-10 2017~2018年非金融企业债各发行品种规模的对比

类别	2017年 发行额（亿元）	2017年 面额比重（%）	2018年1~9月 发行额（亿元）	2018年1~9月 面额比重（%）	同比增速（%）
企业债	3731.0	6.9	1361.4	2.7	−52.3
公司债	11024.7	20.5	10557.7	20.8	26.1
其中：一般公司债	5641.7	10.5	6424.8	12.7	52.6
私募债	5383.0	10.0	4133.0	8.2	−0.8
中期票据	10369.5	19.3	11736.2	23.2	54.4
短期融资券	23775.9	44.2	23297.0	46.0	29.4
其中：一般短期融资券	3964.7	7.4	3600.7	7.1	13.3
超短期融资债券	19811.2	36.8	19696.3	38.9	32.8
PPN	4938.1	9.2	3685.7	7.3	−1.6
合计	53839.2	100.0	50638.0	100.0	24.8

资料来源：WIND，第一创业证券计算整理。

从非金融企业发行的品种占比上来看，今年1~9月超短融发行量迅猛增加，已成为占比最大的信用债品种，占比高达38.9%，短融、中票两项合计占比接近70%；PPN占比12%，成为银行间市场的又一大信用类别发行工具；近两年来异军突起的公司债发行规模占比达到20.8%，超越企业债，虽体量上仍难与短融、中票等相提并论，但其发展势头不可小觑。总体来说，非金融企业债发行总量继续快速增长，证监会积极发展交易所债券市场的政策目前已在公司债上初见成效，交易商协会主管的中票、短融继续稳步增长，银行间市场依旧为信用债市场的绝对主体。

1. 短期融资券

早在 2005 年中国就推出了短期融资券，它一出现在中国金融市场上便受到了企业的欢迎。以短期融资券为突破口，中国非金融企业债市场才真正走上了发展的道路。2015 年和 2016 年，是短期融资券发行的历史高峰期，分别发行了 3.28 万亿元和 3.37 亿元，而 2017 年大幅减少 2.38 亿元，2018 年 1~9 月则发行了 2.38 亿元，较上年同期增加了 29.4%（见图 7-16）。其中，超短期融资券的发行占比超过 80%。

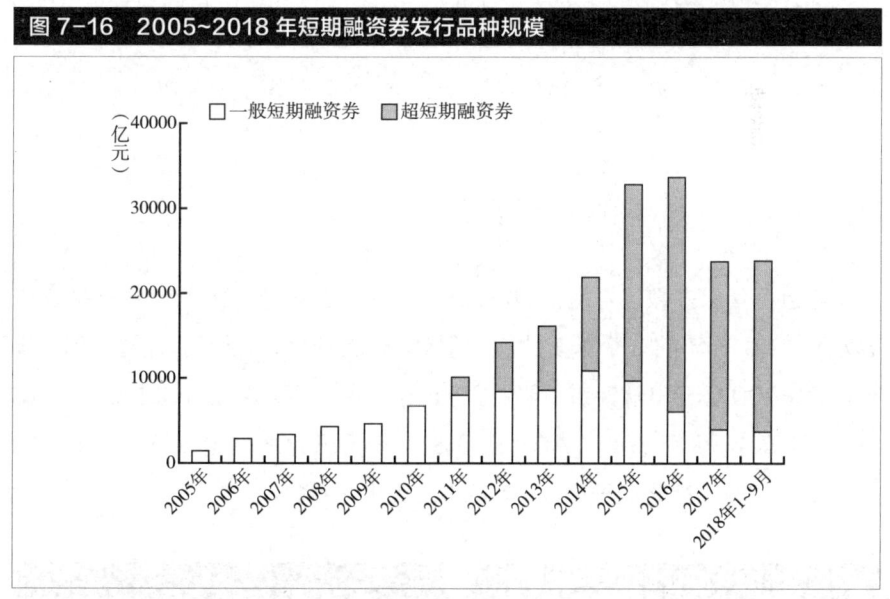

图 7-16　2005~2018 年短期融资券发行品种规模

资料来源：WIND，第一创业证券计算整理。

2. 中期票据

中期票据是自 2008 年起在银行间市场发行的中长期债券，包括一般中期票据和集合中期票据。一般中期票据由单一发行主体发行，集合中期票据是由 2 个以上 10 个以下的具有法人资格的中小企业发行，经统一担保（增信）、统一冠名、统一产品设计和统一发行注册但分别偿还的单一债券，是解决中小企业融资难的一种创新机制。不过，由于不同中小企业实际的信用和经营状况存在巨大差异，集合中期票据并没有得到很大发展，仅在 2009~2015 年有零星的发行，发行量合计只有 300 亿元（见图 7-17）。

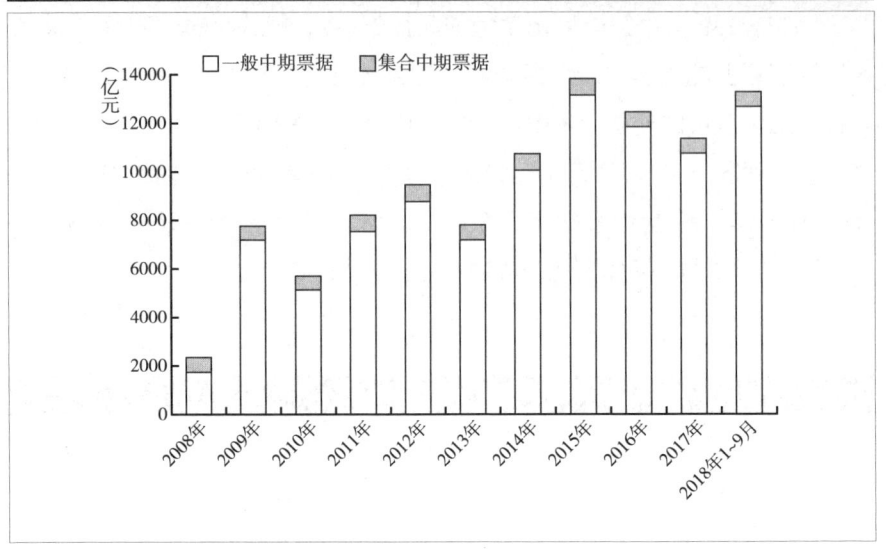

图 7-17　2008~2018 年中期票据发行品种规模

资料来源：WIND，第一创业证券计算整理。

与近两年来多数债券品种的发行量下滑不同，中票发行量一直保持在较高水平，2018 年前 3 个季度的发行量就已经超过 1 万亿元，超过 2017 年全年近 2000 亿元。从评级上看，2018 年 1~9 月 AAA 以上的占 69%，比 2017 年高 18 个百分点；AA+ 占 9%，略低于 2017 年；AA 占 22.6%，AA- 占 9.7%，都略低于 2017 年水平（见表 7-11）。

表 7-11　2017~2018 年中期票据评级结构一览

项目	发行额（亿元）				占比（%）			
评级	AAA	AA+	AA	AA-	AAA	AA+	AA	AA-
2018 1~9 月	8079.30	2663.40	1026.15	2.30	68.64	22.63	8.72	0.02
2017	5950.95	2845.50	1541.00	4.00	50.56	24.17	13.09	0.03

资料来源：WIND，第一创业证券计算整理。

3．企业债

企业债是中国最早出现的信用债品种，1994 年就有企业债的发行，而后逐年发展，在 2012~2014 年达到鼎盛，但在中国债券市场大发展、扩大债券发行规模的政策取向背景下，企业债的发行在 2015 年出现了萎缩。如

图 7-18 所示，2014 年企业债发行量为 6972 亿元，创出历史新高，2015 年发行量为 3421 亿元，较 2014 减少了 51%。2016 年企业债发行又有所恢复，发行量为 5926 亿元，但 2017 年又下降至 3731 亿元，2018 年前 3 个季度，发行量为 1423 亿元，仍旧维持疲态。这种状况形成的原因有以下几点：与此前发改委严格发债企业准入条件、收紧企业债发行有关；由于企业债的募集资金投向与项目投资挂钩，比照募集用途为补充流动资金及偿还银行贷款等更为灵活的公司债，发行条件更严苛，在当前经济形势较差、投资意愿不强烈的背景下，企业更愿意选择同样低成本、发行更为便利的公司债，因而企业债发行增长受阻。

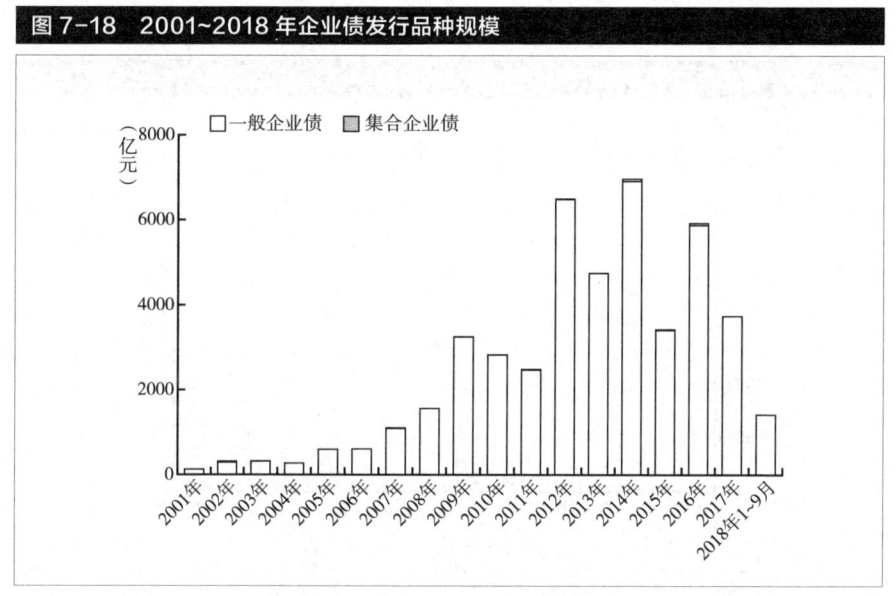

图 7-18　2001~2018 年企业债发行品种规模

资料来源：WIND，第一创业证券计算整理。

中国的企业债包括一般企业债和集合企业债。集合企业债是以多个企业构成的集合为发债主体，发行企业各自确定债券发行额度分别负债，统一命名、统一增信，以发行额度向投资人发行的约定到期还本付息的一种企业债券形式，它是解决中国中小企业发债难的一种金融创新。但是，自诞生之日起，集合企业债至今没能在中国债券市场上引起太多的关注，它的发行只不过是中国债券市场的点缀。2014 年，其余额仅分别为 63.5 亿元，在 2002 年、2003 年、2007 年和 2009~2016 年这 11 个年份里共发行 229 亿元。

4．公司债

公司债是指公司法人依照法定程序发行的还本付息的有价证券。公司债的发行由证监会核准。中国公司债券的发行起步较晚。直到 2007 年，中国才发行了第一只公司债。不过，在那之后，公司债的发行总体呈逐步增长之势。2015 年 1 月 15 日，证监会发布《公司债券发行与交易管理办法》以来，交易所公司债发行规模迅速增长。2007~2014 年的 8 年间，共发行 1472 只公司债，2014 年发行量为 8744 亿元。在新规施行后的 2015 年，有 1527 只公司债发行，发行总额达到 10390 亿元；而在 2016 年有 2691 只公司债发行，发行总额达到 27812 亿元，达到历史最高值（见图 7-19）。

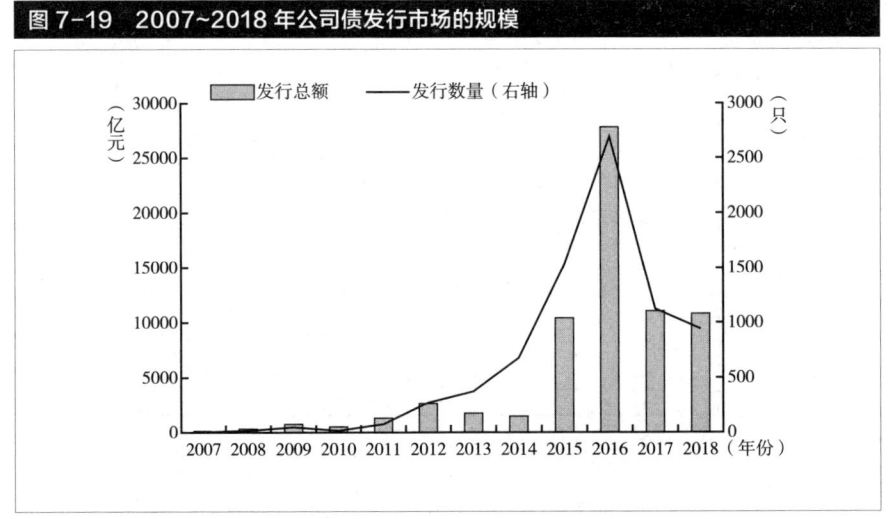

图 7-19　2007~2018 年公司债发行市场的规模

注：2018 年为 1~9 月数据。
资料来源：WIND，第一创业证券计算整理。

公司债的发行出现爆发式的增长和《公司债券发行与交易管理办法》的颁布和施行有密切的关系。该管理办法本着简政放权、放管结合的原则，在以下六个方面取得明显突破：一是发行主体从上市公司扩大至符合条件的所有公司制法人；二是简化审核流程，极大地简化了公司债券的发行程序，实行大、小公募债券和私募债券的分类管理；三是取消公开发行中保荐制度和发审委制度，非公开发行的私募债券实行向中国证券业协会事后备案和负面清单管理；四是增加了公司债的交易场所，公募公司债的交易场所在沪深证券交易所基础上增加全国中小企业股份转让系统；私募公司债的交易场所在沪深证券交易所基础上增加全国中小企业股份转让系统、机构间私募产品报价与服务系统和证券公司柜台，从而提高了债券流动性；五是强化承销商、评级机构、会计师、评估机构等中介机构职责；六是加强事中事后监管，加强投资者保护。这些改革措施对于发展和完善债券市场功能，充分发挥资本市场对整个实体经济的服务功能，都有着积极的作用。

因此，公司债审核效率更高。大公募由证监会审核，小公募由交易所进行上市预审核，私募债在中国证券业协会备案。《中华人民共和国证券法》明确规定公开发行公司债的审核期限不超过 3 个月，实际审核中大公募基本控制在 2 个月左右，小公募一般需 1 个月左右，而私募债实行市场化的自律组织事后备案制度，发行速度更快。公司债的审批程序相对透明和标准化，对受理和审批时间有明确的规定和要求，发行时间相对容易掌控。公司债的审核效率远高于股权再融资及其他公开市场融资方式，有助于发行人根据自身资金需求快速募集资金。公司债特别是私募公司债发行的快速增长，主要得益于审核流程简单化带来的审核效率提高。结果，2015 年和 2016 年私募公司债发行量剧增，并在 2016 年一举赶超一般公司债，私募公司债的发行量达到 14883 亿元，比一般公司债多 2026 亿元（见图 7-20）。

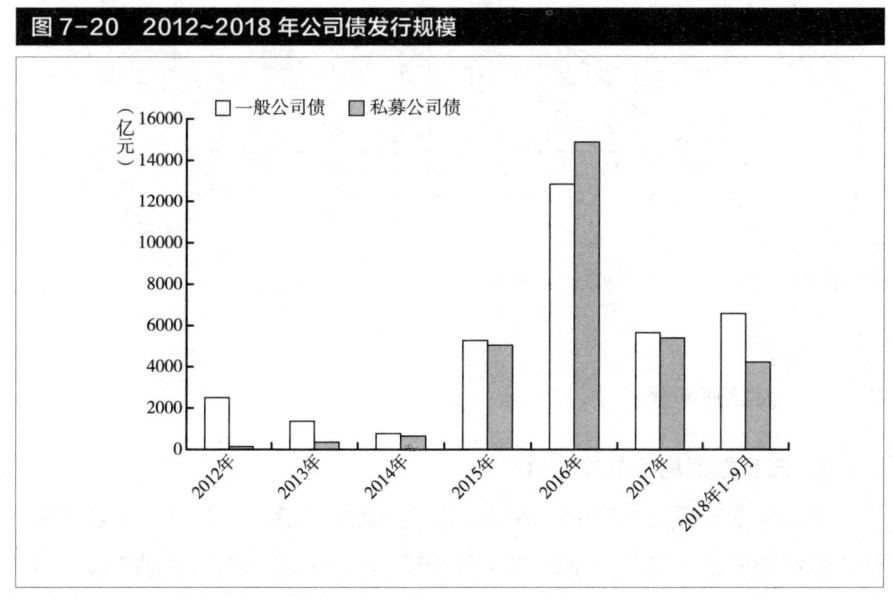

图 7-20　2012~2018 年公司债发行规模

资料来源：WIND，第一创业证券计算整理。

5．定向工具

非公开定向债务融资工具（PPN）是具有法人资格的非金融企业向银行间市场特定机构投资人发行并在特定机构投资人范围内流通转让的债务融资工具，其实是换了一种形式的私募债券。PPN 在中国发展的历史也很短。2011 年 4 月，交易商协会发布《非金融企业债务融资工具非公开定向发行规则》后，它同样得到了迅速发展，2014 年的发行量就达到 1 万亿元，已成为发行规模仅次于短融的非金融企业信用债。2011~2014 年，发行规模每年都上一个新的台阶，各年度分别发行 919 亿元、3759 亿元、5657 亿元和 10263 亿元。不过，2015 年后发行额逐年下降，2015~2017 年的发行额分别为 8845 亿元、5986 亿元和 4938 亿元。而 2018 年 1~9 月，PPN 的发行量为 3665 亿元（见图 7-21）。

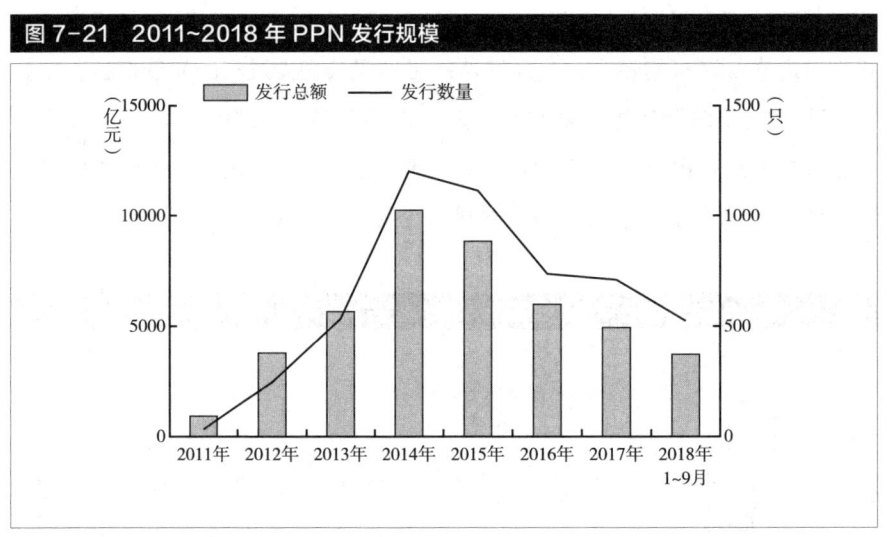

图 7-21　2011~2018 年 PPN 发行规模

资料来源：WIND，第一创业证券计算整理。

7.4-3　发行利率分析

1．发行票面利率总体趋势

非金融企业债的发行利率既受其自身所处行业特点、主体和债项评级、债券发行期限的影响，也受宏观经济大环境、货币政策操作的影响。2017 年受货币政策收紧的影响，非金融企业债发行利率大幅度上升，极大地提高了其融资成本。但在 2018 年春节后，金融去杠杆的影响逐渐消退，再加上宏观经济政策开始转向，非金融企业债发行利率出现了趋势性下行。尤其是进入 4 月后，随着货币政策放松的力度不断加大，央行连续多次下调存款准备金率，结合创新再贷款工具的运用，释放和新提供了大量的流动性，债券市场发行利率大幅下降。2018 年 1 月，企业债、公司债、中期票据和短期融资券的发行利率分别为 5.9824%、7.2457%、6.109% 和 5.4132%，到 2018 年 9 月分别下降到 5.1154%、7.2216%、5.6013% 和 3.9314%（见图 7-22）。短融发行利率下降最多，是因为其发行期限在 1 年内，2018 年收益率曲线的运行特征是陡峭化下行，短端比长端表现更好；企业债的发行人基本上都是国有企业，信用评级较高，今年债市的一个显著特点是，国企比私企表现好，这一点在发行利率上也得到了体现；公司债发行人有很多是民营上市公司，今年受股市下跌的影响，资金面非常紧张，市场始终对民营企业的偿债能力持怀疑态度，它们的信用评级受此影响而参差不齐，因而表现最差；而中票表现恰好位于企业债和公司债之间的位置，与企业债的表现更为接近。

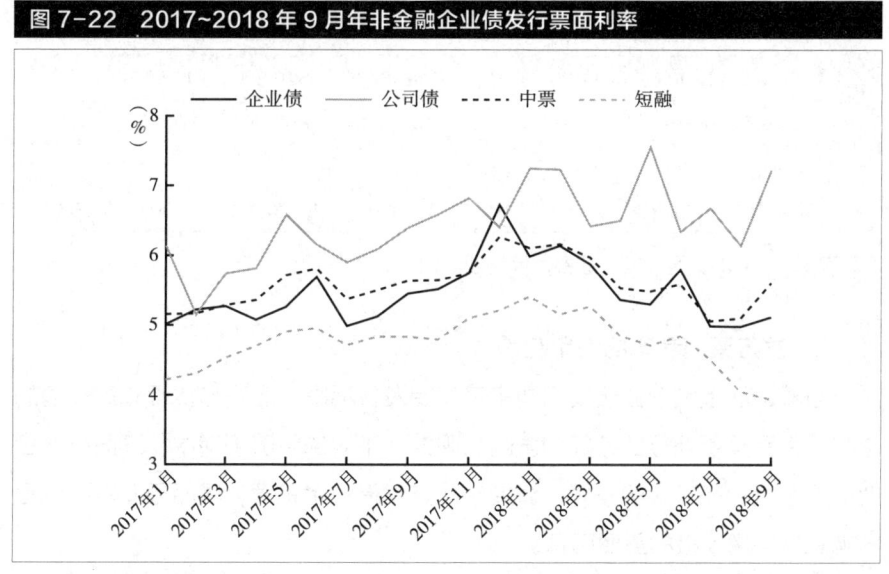

图 7-22　2017~2018 年 9 月年非金融企业债发行票面利率

注：各品种月度发行票面利率为该月内发行该品种全部债券票面利率的加权平均值，以实际发行总额为权重。
资料来源：WIND，第一创业证券计算整理。

从企业债和公司债各评级的发行期限看（见表 7-11），虽然两者 AAA 评级的占比差不多，但公司债发行量中有 23.9% 的债券无评级，且企业债 AA+ 评级的占比要比公司债高 10.53 个百分点，因而总体而言，企业债的信用评级要高于公司债。而从发行期限看，企业债的发行期限以 7~10 年为主，而公司债券的发行期限以 3~7 年为主，因而公司债平均的发行期限要短于企业债，但也集中于中端，这也说明收益率中端和长端在 2018 年的表现相差不大。

表 7-12 2018 年 1~9 月企业债和公司各评级类别的不同期限发行金额

	评级	发行总额（亿元）	金额比重（%）	各期限发行额（亿元）				
				1~3 年	3~5 年	5~7 年	7~10 年	10 年以上
企业债	AAA	745.80	54.78		2.00	35.00	595.40	113.40
	AA+	297.80	21.87		5.00		255.80	37.00
	AA	317.80	23.34			13.00	286.80	18.00
	评级	发行总额（亿元）	金额比重（%）	各期限发行额（亿元）				
				1~3 年	3~5 年	5~7 年	7~10 年	10 年以上
公司债	AAA	6,240.98	58.96	132.00	3,019.43	2,693.30	280.25	116.00
	AA+	1,200.61	11.34	16.00	458.82	626.29	99.50	
	AA	609.77	5.76	2.44	232.05	357.86	10.00	7.42
	A-1	2.10	0.02	2.10				
	无评级	2,530.77	23.91	102.55	907.58	1,472.64	8.00	40.00

资料来源：WIND，第一创业证券计算整理。

2．发行票面利率的信用利差

当然，非金融企业债发行利率不仅受发行期限、宏观与货币政策环境的影响，也受其所处行业特征的影响，因为在不同的经济周期中，不同行业企业的现金流存在较大的差异，直接影响其偿债资金来源，因而行业本身就是影响主体信用评级的重要因素。

通过表 7-13 中的数据计算各行业中五个品种的占比，可以发现除房地产外的全部行业短融都是占第一位的，说明这些行业偏好短期融资。房地产行业中，公司债发行金额占 41.35%，居第一位；中期票据居第二位，占比为 28.02%；短融以 20.57% 的占比居第三位；而 PPN 的发行金额占比 9.93%，居第四位，但这一比例在所有行业中也是排名第一的。图 7-23 显示，AA+ 级公司债和中期票据的发行票面利率的信用利差，在 2018 年初还差不多，到 9 月底时公司债为 347BP、中期票据为 176BP，相差 171BP；AA 级公司债、中期票据和企业债的发行票面利率的信用利差，在 2018 年初时企业债为 300BP 左右，高于公司债和中期票据的约 230BP，到 2018 年 8 月企业债上升至 330BP，反而低于公司债 10BP；9 月公司债为 330BP，高于中票 270BP 的信用利差 40BP。

表 7-13　2018 年 1~9 月非金融企业债发行金额的行业分布情况　　单位：亿元

行业	短融	中票	企业债	公司债	PPN	合计
工业企业	7782.00	4918.90	1178.60	4244.93	1858.47	19982.90
房地产	839.40	1143.40	5.00	1687.45	405.30	4080.55
金融	2717.20	2216.60	40.00	1218.64	574.10	6766.54
材料	2936.00	964.70	9.00	856.06	84.20	4849.96
能源	2287.40	831.10		634.45	262.00	4014.95
公用事业	4182.00	948.00	52.00	936.40	184.30	6302.70
可选消费	889.50	331.45	76.80	551.87	184.30	2033.92
日常消费	411.50	157.00		103.60	5.00	677.10
医疗保健	608.50	138.00		104.30	15.00	865.80
信息技术	281.50	87.00		236.53	49.00	654.03
电信服务	382.00			10.00	5.00	397.00
合计	23317.00	11736.15	1361.40	10584.23	3626.67	50625.45

注：按 WIND 行业分类计算。
资料来源：WIND，第一创业证券计算整理。

综合对比来看，中票的行业分布最为平均，企业债的行业分布最为悬殊，主要集中在工业企业。虽然公司债的发行成本略高，但公司债融资灵活度更高。公司债的回售、赎回、上调票面利率选择权等含权条款设计较为灵活，含权的公司债比例超过 50%，而企业债为 26%，中期票据仅为 7%。发行人根据市场利率的走势情况适当增加含权条款，有

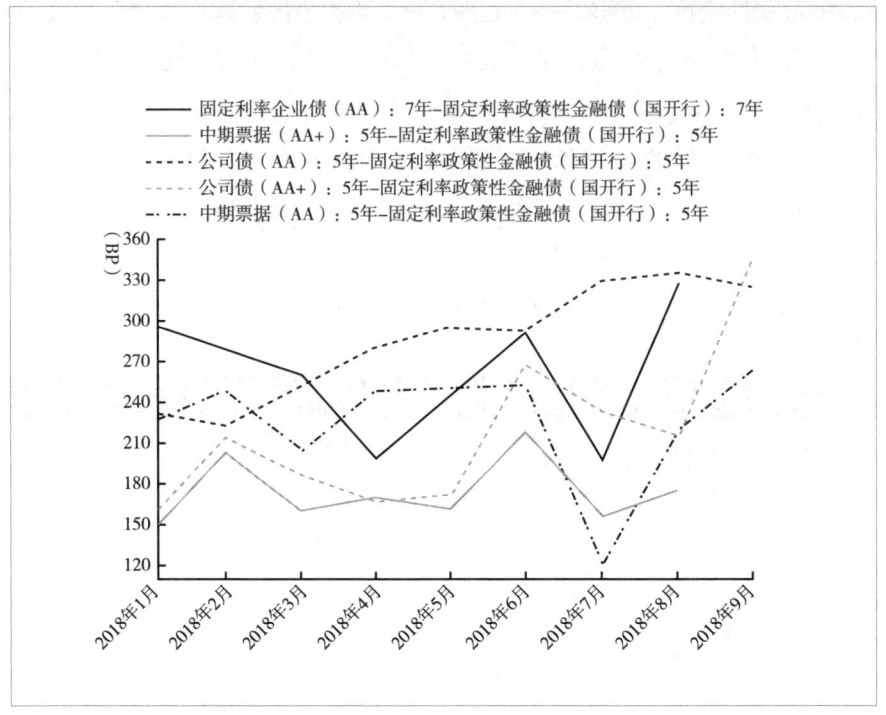

图7-23 2018年1~9月非金融企业债发行票面利率的信用利差

资料来源：WIND，第一创业证券计算整理。

利于提高发行人融资的灵活性，以便根据利率走势的情况有效延长或缩短债券期限。

7.5 附认股权证公司债

7.5-1 总体概况

附认股权证公司债是指公司债券附有认股权，持有人依法享有在一定期间内按约定价格（执行价格）认购公司股票的权利，也就是债券加上认股权的产品组合。国际上的附认股权证公司债可以分为"分离型"与"非分离型"，在国内"分离型"有可分离债，"非分离型"包括可转债和可交换债。

对债券发行人而言，附认股期权的债券票面利率非常低，若未来债券持有人不行使认股权，它无疑是企业利息成本最低的债务融资方式。对发行者来说，较低的票面利率降低了融资成本，同时含有的股票期权可有效降低还本压力，特别是可交换债转股交换的是非本公司股票，通过有效减持股票可以盘活存量资产。由于可转债与可交换债兼具债性和股性，当股票市场行情大涨的时候，一旦债券持有人行使认股期权，它就会给债券持有人带来非常高的投资收益，但这也意味着债券发行人以较低的价格增发了股票（对可转债和可分离债），或以明显低于市场水平的价格转让了其持有的股票（可交换债）。因而，对投资者来说，投资可交换债与可转债风险较小，当股市行情好转时，满足条件可以转股，将债券转换为股票，获得较高收益；股市行情不好时，可以放弃转股权利，以债券价值作为支撑，保证本金和一定的利息收入。

从图7-24看，我国三种附认股权证公司债的发展历史有较大差异：可交换债的历史最为悠久，是和中国股份制改革以及股票的发行共同发展起来的；可分离债只在2006~2009年出现过；可交换债是近几年发展起来的热门品种。2017年，可交换债发行量1173亿元，加上发行了949亿元可转债，附认股权证公司债发行额达到2122亿元，比2016年的887亿元增长139%。究其原因，在于这几年上市公司增发成风，2015~2017年的融资额

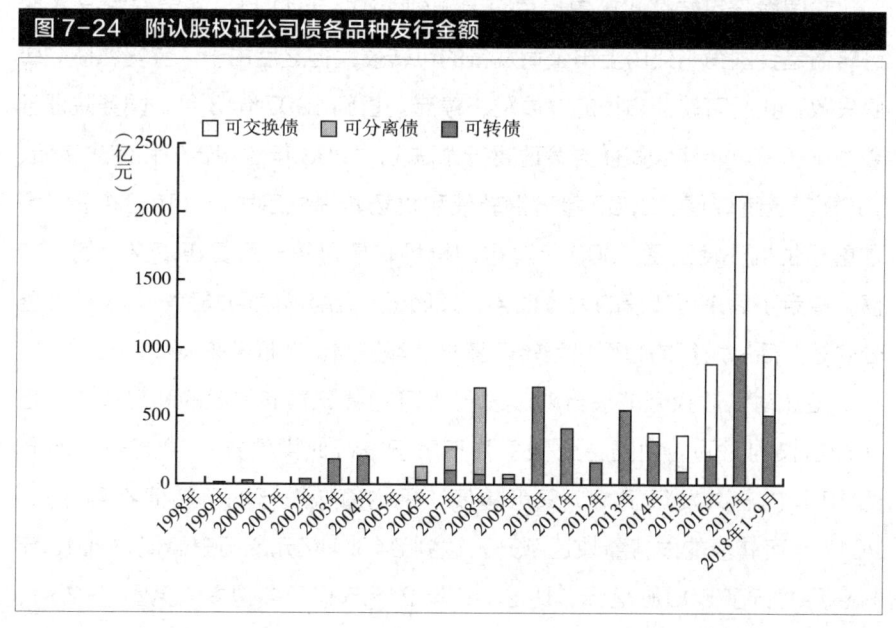

图7-24 附认股权证公司债各品种发行金额

资料来源：WIND，第一创业证券计算整理。

均超万亿元，远远超过 IPO 融资额，股价下跌造成再融资环境恶化，监管层开始出台措施限制定增融资，2018 年 2 月 17 日，证监会发布实施了修订后的《上市公司非公开发行股票实施细则》，从定增规模、再融资周期、再融资募资、定价方式等方面对再融资市场各方面进行规范。在这一规范过程中，定增市场受影响最大。可转债和可交换债则成为监管层大力鼓励的再融资方式。

可分离债是上市公司公开发行的认股权和债券分离交易的可转换公司债券。它赋予上市公司两次筹资机会：首先是发行附认股权证公司债，此属于债权融资；其次是认股权证持有人在行权期内或者到期行权，这属于股权融资。认股权证的存续期较公司债的存续期要短，因而认股权证处于价内的概率较普通可转债的权证部分要低，时间价值占认股权证价值的比重更大，更具投机性。权证本质上是一种期权，且实行 T+0 交易，造成投机风潮渐起，资金大量涌入，成交量连续放大，二级市场的疯狂终于影响了一级市场，可分离债成为监管者眼中的"坏孩子"而被停止审批，渐渐淡出了人们的视野。

7.5-2　可转债

我国发行可转债的历史最早可追溯到 1992 年 11 月，深宝安发行 A 股可转债是我国第一只由上市公司发行的可转债。但之后由于"宝安转债"转股失败，我国可转债市场的发展陷于停滞。直到 1997 年 3 月，国务院证券委颁布了《可转换公司债券管理暂行办法》，1998 年丝绸转债和南化转债、1999 年茂炼转债、2000 年鞍钢转债和机场转债先后发行，我国转债市场才重现生机。特别是 2000 年发行的机场转债是第一只真正意义上的可转债，奠定了后来可转债的大体框架，如面值、回售/赎回条款、转股价调整公式等，后来发行的超百只可转债基本上都按照这个框架来设计。

虽然附认股权证的债券对其发行人可能意味着非常低的利息成本，但在相当长的时间内中国企业似乎并不乐于发行此类债券。2002~2016 年的 15 年内总共发行了 117 只可转债，平均每年发行的可转债不到 8 只，2017 年可转债的发行量快速飙升，达到 949.4 亿元的历史峰值，2018 年 1~9 月发行了 509.6 亿元，比 2016 年 213.5 亿元多得多（见图 7-25）。这一变化与证监会 5 月 27 日出台《上市公司股东、董监高减持股份的若干规定》密切相关。根据这一减持新规，定增从发行到退出均受到很大限制，发行可转债却不受此限制，从而间接地提升了上市公司发行可转债的需求。这类低息融资工具受到上市公司青睐，成为定增融资的"替代品"。此后，证监会发布修订后的《证券发行与承销管理办法》，对可转债、可交换债发行方式进行了调整，将现行的资金申购改为信用申购，参与网上申购的投资者申购时无须预缴申购资金，待确认获得配售后，再按实际获配金额缴款。虽然2017年至今可转债的发行量较前几年出现了较大的增长，但就发行额占比而言仍微不足道。

图7-25 可转债发行规模

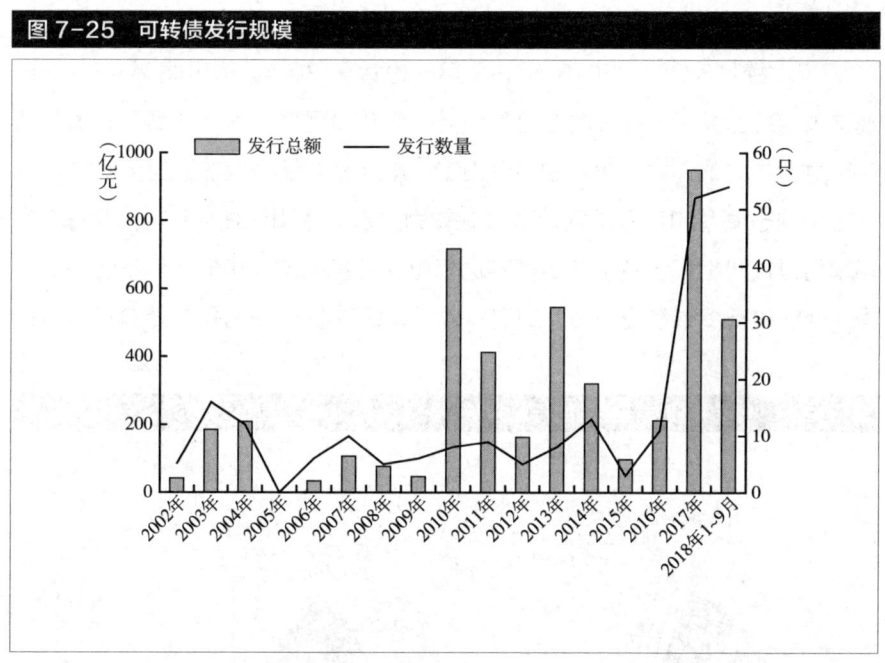

资料来源：WIND，第一创业证券计算整理。

从2002年至今已发行的可转债的债券评级看，一半多达到了AAA级，说明发行可转债的企业要求较高，发行期限大部分集中在5~7年，这说明，已经发行的可转债绝大多数已经到期（见表7-14）。目前未到期的可转债只有40只，存续金额1635亿元。

表 7-14 可转债的债项评级结构和期限结构

评级	发行总额（亿元）	金额比重（%）	各期限金额（亿元）		
			1~3年	3~5年	5~7年
AAA	2715.11	58.65	0.00	15.10	2700.01
AAA−	21.00	0.45	0.00	4.00	17.00
AA+	941.20	20.33	0.00	0.00	941.20
AA−	148.31	3.20	0.00	0.00	148.31
AA	721.17	15.58	0.00	0.00	721.17
A+	6.90	0.15	0.00	0.00	6.90
无评级	75.81	1.64	4.18	13.92	57.71

资料来源：WIND。

从已发行可转债的行业分布看，按发行金额计算金融行业占比最大，2017年达到54.5%，2018年1~9月，也达到30.4%（见图7-26）。出现这种情况主要是因为在防范金融风险、强化金融监管的大背景下，银行补充自身资本金的需求较大。央行从2016年起将对银行业的监管体系由差别准备金动态调整和合意贷款管理机制转为"宏观审慎评估体系"，但资本充足率仍是核心指标，资本充足率不达标意味着机构宏观审慎评估不合格。根据《商业银行资本管理办法》的资本分类，通过IPO所募得的资金可以直接

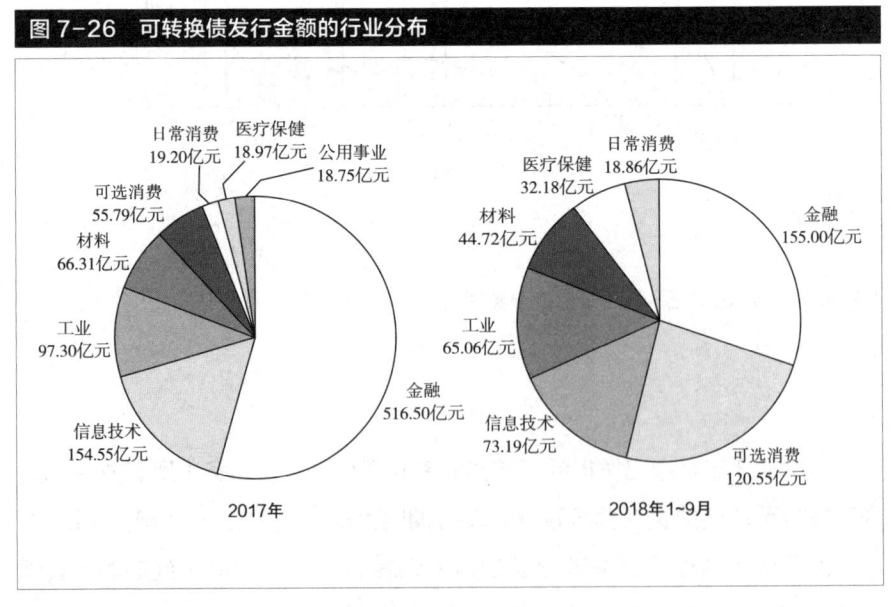

图 7-26 可转换债发行金额的行业分布

资料来源：WIND，第一创业证券计算整理。

补充核心资本，除了 IPO 外，定增、可转债转股后都可补充核心资本，定增由于再融资新规的出现受到限制，银行转向可转债融资也就理所当然了。另外，2017 年占比在 10% 以上的包括信息技术和工业，分别占比 16.3% 和 10.3%；而 2018 年 1~9 月占比在 10% 以上的行业包括可选消费、信息技术和工业，占比分别为 23.7%、14.4% 和 12.8%。

7.5-3 可交换债

与可转换债相反，可交换债作为一种新的附认股权证的债务融资工具，2013 年才开始进入中国债券市场。2013 年 10 月，武汉福星生物发行的中小企业可交换私募债券开中国可交换债的先河。2014 年发行了 5 只可交换债，其中，12 月宝钢股份发行了可交换债"14 宝钢 EB"。之后，可交换债进入快速发展期，2015 年以前发行的主要是中小企业的私募可交换债，在 2015 年 1 月证监会发布新的公司债管理办法后，可交换债的发行也分为大、小公募债和私募债三种形式，2015 年发行了 33 只共 265 亿元可交换债，2016 年发行了 67 只共 674 亿元可交换债，已经突破了 2013 年深交所《关于中小企业可交换私募债券业务试点》的相关约束（见图 7-27）。2017 年由于有几只超百亿元大型国企可交换债的发行，虽然发行数量与 2016 年相差不大，仅为 76 只，发行总额却达到 1173 亿元。2018 年 1~9 月，受低迷

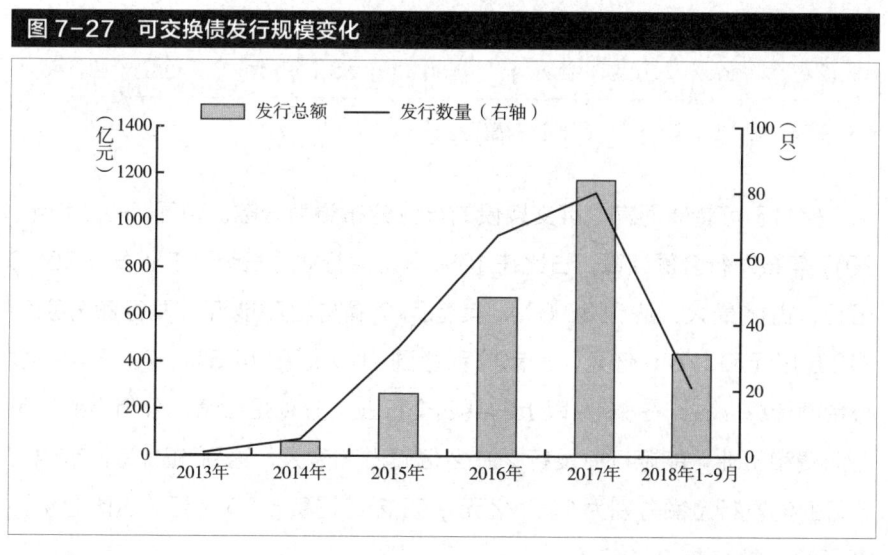

图 7-27 可交换债发行规模变化

资料来源：WIND，第一创业证券计算整理。

的股市环境影响，可交换债强劲的发展势头有所衰减，1~9月的发行量仅21只，发行额437亿元。

相对于可转债而言，可交换债的发行期限更短，以2~3年为主：2017年金额比重达78.7%，数量比重达75%；2018年1~9月金额比重虽然只有37.6%，但数量比重达到66.7%（见表7-15）。究其原因，在于2018年1~9月发行可交换债的数量大幅度减少，只有21只，而2017年有80只之多，而2018年1~9月发行期限为5年的三只可交换债的发行量都偏高，特别是于2018年1月31日发行的中油EB，发行量高达200亿元。

表7-15　2017~2018年可交换债发行期限结构一览

发行期限	2017年				2018年1-9月			
	发行数量（只）	期数比重（%）	发行总额（亿元）	金额比重（%）	发行数量（只）	期数比重（%）	发行总额（亿元）	金额比重（%）
1年以内	2	2.5	9.89	0.84				
1~2年	7	8.75	45.35	3.87	3	14.29	8.09	1.85
2~3年	60	75	923.01	78.7	14	66.67	161.9	37.06
3~4年	6	7.5	30.59	2.61				
4~5年	4	5	159	13.56	3	14.29	265	60.66
5~6年	1	1.25	5	0.43	1	4.76	1.88	0.43
合计	80	100	1172.84	100	21	100	436.87	100

资料来源：WIND，第一创业证券计算整理。

相对于可转债而言，可交换债的行业分布更为分散。如图7-28所示，2017年按发行金额计算，占比在10%以上的行业共三个：工业发行361.6亿元，占比最大，达到30.8%，其他两个是材料和能源，发行额分别为312.5亿元和170.0亿元，占比分别达到20.7%和14.5%。2018年按发行金额计算，占比在10%以上的共四个行业，分别是能源、公用事业、可选消费和工业，能源行业发行201.2亿元占比最大，达到46.1%，其他三个行业的发行金额分别为90.3亿元、59.2亿元和57.0亿元，占比分别为20.7%、13.6%和13.0%。

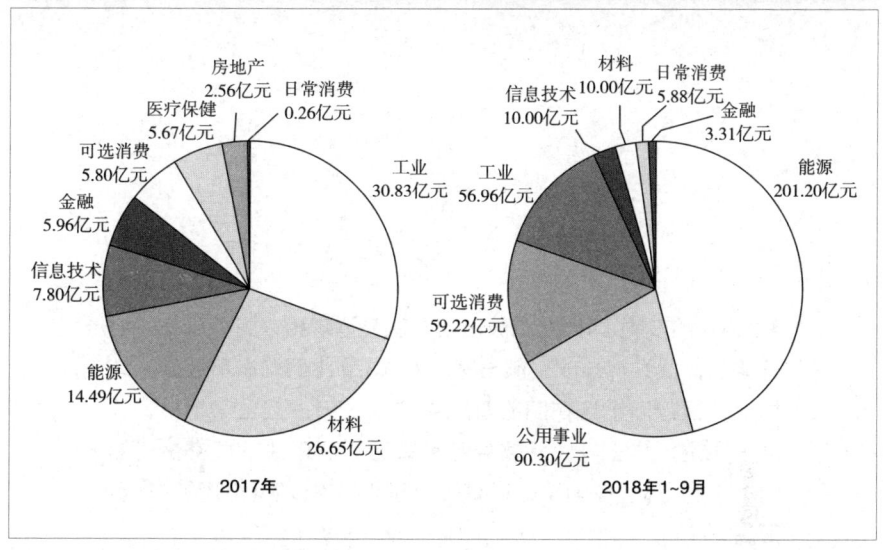

图 7-28 可交换债发行金额的行业分布

资料来源：WIND，第一创业证券计算整理。

  2018 年债券违约数量已触及历史最高点，近期上市公司债券违约集中爆发尤其值得警惕。值得注意的是，债券违约的风险正在向曾集众多优势于一身的可交换债蔓延。飞马国际 10 月 8 日公告称，控股股东发行的可交换债未能如期兑付。但即使如此，可交换债仍是一种大有发展前途的融资方式，相对于可转债、股票质押回购而言，可交换债具有融资成本低、融资期限长、质押比例高、对现有股权无稀释效应等优点。对于直接减持股份而言，可交换债通过"时间换空间"的方式，一方面可以减少直接减持股份对股价的冲击；另一方面可以等待更好的股票减持时机。而可交换债这种低成本融资、高溢价的特性正好契合目前政府融资压力大、国企混合所有制改革的融资需求。当然，鉴于已出现换股导致控股权转变的案例，对于重要的国计民生行业还需要加以控制。根据财政部 2013 年发布的《关于国有金融企业发行可交换公司债券有关问题的通知》的规定，国有金融企业只能发行可转债而不能发行可交换债。

第 8 章　债券交易及存量特征*

- 2018 年的中国债券二级市场，从整体规模来看，延续了增长势头，债券现券成交额与其占 GDP 的比例均有所回升。结构上，银行间市场在回购及现券交易上仍占据主导地位，并且占比进一步上升。从债券品种来看，信用债的成交量仍然远小于利率债，2018 年利率债中同业存单以及国债的成交量最高。

- 从托管总量上来看，全国债券市场总托管量以及占 GDP 的比例都在增加。从银行间和交易所各自的占比来看，2018 年虽然银行间市场在我国债券市场中仍占主导地位，但近三年来交易所市场的发展速度要快于银行间市场。

- 收益率走势方面，在较为宽松的流动性环境下，2018 年二级市场明显回暖，国债收益率不断振荡下行。从杠杆率来看，除季节性因素外，银行间及交易所的杠杆率都保持了下降的趋势，而交易所杠杆依然高于银行间。换手率方面，银行间的债券交易更加活跃，同业存单是银行间交易最为活跃的品种。交易所的换手率与 2017 年相比略有下行，主要是受到此前最为活跃的可转债换手率下降的影响。

- 投资者结构方面，商业银行主要增持国债、金融债以及小幅减持企业债；广义基金主要增持国债、政金债，减持企业债；证券公司主要增持政金债、国债，减持中期票据；保险机构主要增持国债、金融债，减持中期票据以及企业债；境外机构今年在国债方面的增持力度较大，同时增持了金融债及企业债。

---

* 本章作者：李隽，第一创业证券研究员。

8.1 债券市场交易总量及结构

8.1-1 债券交易的规模与结构

中国债券市场的交易量,一方面随着债券发行量和未清偿余额的增加而不断增加;另一方面随市场利率和债券价格波动而起伏。2001~2017 年,债券市场交易量稳步上升。2001 年,全市场债券现券成交额仅为 5278 亿元,但到 2017 年,现券交易额已达到 99.3 万亿元。随着债券交易额增长,它与中国 GDP 之比也不断地上升。2001 年债券现券成交额与 GDP 之比仅为 4.8%,但到 2018 年 9 月,该比例就上升到了 160.3%(见图 8-1)。2018 年的债券市场与 2017 年相比明显回暖,债券现券成交额与其占 GDP 的比例都有所回升。

图 8-1 中国债券市场现券成交额及其占 GDP 的比例

注:2001~2017 年以 12 月 31 日为截止日期,2018 年以 9 月 30 日为截止日期,2018 年 GDP 增长率按 6.8% 估算。
资料来源:WIND,第一创业证券计算整理。

当然,中国债券交易在不同市场之间的分布是不平衡的。无论是现券交易还是回购交易,都是如此。从现券交易看,银行间市场的成交额远远超过交易所市场,在总成交额中的占比近年来在 98%~99%,是中国债券市场的主体(见表 8-1)。从回购交易看,银行间市场的占比 2018 年为 75.3%,

比 2017 年提高 4.8 个百分点。综合考虑现券交易和回购交易，银行间市场的占比在 2018 年为 78.3%，比 2017 年提高 5 个百分点。从交易所市场看，上海证券交易所在回购交易中占据主导地位，而深圳证券交易所在现券交易方面略有优势，2017~2018 年占比与上海证券交易所相比均高 0.1 个百分点。

表 8-1　2017~2018 年银行间和交易所市场的现券和回购交易情况

交易市场	2017 年					
	现券交易		回购交易		合计	
	总金额（亿元）	比重（%）	总金额（亿元）	比重（%）	总金额（亿元）	比重（%）
银行间债券市场	977238.6	98.5	6162515.9	70.5	7139754.5	73.3
上海证券交易所	7399.4	0.7	2408219.7	27.5	2415619.1	24.9
深圳证券交易所	7975.1	0.8	173184.4	2.0	181159.5	1.8
合计	992613.1	100.0	8743920.0	100.0	9736533.1	100.0
交易市场	2018 年					
	现券交易		回购交易		合计	
	总金额（亿元）	比重（%）	总金额（亿元）	比重（%）	总金额（亿元）	比重（%）
银行间债券市场	1001538.0	98.7	5311201.9	75.3	6312739.9	78.3
上海证券交易所	6177.8	0.6	1598169.3	22.7	1604347.1	19.9
深圳证券交易所	6621.6	0.7	141285.3	2.0	147906.9	1.8
合计	1014337.4	100.0	7050656.5	100.0	8064993.9	100.0

注：2018 年为 1~9 月数据。
资料来源：WIND。

我国债券市场回购交易量远高于现券交易量，显示我国债券市场的货币市场功能发达。市场上容易实现回购融资且平时流动性充足的金融机构，通过二级市场买卖公司债券的积极性一定不会很高。这会导致两个结果：一是市场流动性降低；二是"以短养长"的杠杆交易盛行，市场风险上升。

虽然交易所债券交易较银行间市场要少得多，但它也有自身的独特之处，在回购交易方面尤其如此。与现券交易相比，交易所市场在回购交易中的占比相对更高，这主要是因为，交易所市场回购交易有以下优势：一是交易所市场质押券制度更加灵活，其实行的标准券折算制度、质押可替换机制以及到期自动续作机制，使交易所信用债的质押效率更高、流动性更强，也更便捷,十分有利于信用债质押回购,公开发行的 AAA 级以上的公司债均能质押;二是交易所市场采用中央对手机制,每日调整债券的标准券折算率,基本无交易对手风险,而银行间市场交易对手的风险更大;三是交易所市场作为股票交易保证金闲时的理财工具更为快速便捷,资金利用效率更高,不耽误投资者投资股票。因此,交易所债券市场与股票市场之间具有更直接的联系渠道,交易所债券回购比银行间回购更容易受股票市场的影响。

8.1-2 债券交易的品种分布

银行间市场方面,2018 年前 3 个季度与 2017 年前 3 个季度相比,由于市场环境的转暖,大部分债券品种交易量都有所增加。其中,同业存单成交量增加最多,增长了 15.12 万亿元;其后为金融债,成交量增加 77971 亿元;国债和地方政府债的成交量分别增加 38993 亿元和 14727 亿元。成交量下滑的品种为企业债和国际机构债,分别减少 9015 亿元以及 623 亿元(见表 8-2)。

表 8-2 银行间和交易所市场现券交易分类统计 单位:亿元

债券类别	2018 年前 3 个季度			2017 年前 3 个季度			2017 年全年		
	银行间	交易所	合计	银行间	交易所	合计	银行间	交易所	合计
国债	125407	425	125831	86414	687	87101	119284	876	120159
地方政府债	21150	25	21174	6423	70	6493	8298	110	8408
同业存单	402337	0	402337	251108	0	251108	358307	0	358307
金融债	322501	1023	323525	244530	331	244861	327023	531	327553
企业债	11798	270	12068	20813	638	21451	26506	807	27313
公司债	0	6177	6177	0	7083	7083	0	9677	9677
中期票据	54010	0	54010	48633	0	48633	63156	0	63156
短期融资券	53647	0	53647	51356	0	51356	64650	0	64650
项目收益票据	9	0	9	0	0	0	22	0	22
定向工具(PPN)	5866	0	5866	3036	0	3036	4889	0	4889
国际机构债	187	0	187	810	0	810	1051	0	1051
政府支持机构债	3000	1	3000	1895	0	1895	2622	0	2622
资产支持证券	1636	290	1926	832	130	962	1452	242	1694
可转债	0	3595	3595	0	1505	1505	0	2243	2243
可交换债	0	994	994	0	616	616	0	889	889
可分离转债存债	0	0	0	0	0	0	0	0	0
总计	1001547	12799	1014346	715850	11060	726910	977260	15375	992635

资料来源:WIND。

从上述统计数字看，2018 年前 3 个季度银行间同业存单市场留给人们的印象最为深刻，同业存单作为兼具流动性以及投资属性的债券品种，在债券市场中占据越来越重要的地位。2018 年前 3 个季度，利率债及信用债市场表现出分化的走势，各类利率债品种的成交量都较去年同期有明显增加，市场交易积极性高涨；以企业债为代表的信用债在信用环境的影响下，成交量较去年有所萎缩。

交易所债券交易额远不及银行间市场大，并且 2018 年交易额的增量也远少于银行间市场。交易所 2018 年前 3 个季度的债券交易额相比去年同期增加 1739 亿元，其中，增幅较大的为可转债和金融债，分别增加 2090 亿元和 692 亿元。信用品种的成交量也呈现萎缩态势，公司债与企业债分别减少 906 亿元与 368 亿元。

从全市场角度看，2017 年 10 月至 2018 年 9 月利率债成交量中，首先是同业存单成交量最大，达 509535 亿元，占利率债成交量的 46.4%；其次是金融债，成交量达 406216 亿元，占利率债成交量的 37%；再次是国债，成交量达 158890 亿元，占利率债成交量的 14.5%；最后是地方政府债，成交量达 23089 亿元，占利率债成交量的 2.1%。

对比图 8-2 与图 8-3，我们可以看出信用债的成交量比利率债要小很多，2017 年 10 月至 2018 年 9 月信用债成交量中，首先中期票据的成交量最大，达 68549 亿元，占信用债成交量的 37.6%；其次是短期融资券，成交量达 66935 亿元，占信用债成交量的 36.7%；再次是企业债，成交量达 17929 亿元，占信用债成交量的 9.8%；最后是公司债，成交量达 8771 亿元，占信用债成交量的 4.8%。而定向工具、国际机构债、资产支持证券、可转债和可交换债等其他品种的成交量合计达 20072 亿元，占比为 11%，较去年同期有明显提升。

8.1-3 债券存量的规模与结构

债券市场存量是已经发行但尚未到期的债券托管量。以各类债券托管量为代表的债券市场存量结构，是衡量债券市场的重要指标之一。自 2001 年起，中国债券市场进入稳定发展的新阶段，债券托管量从 2001 年底的 3.04 万亿元增长到 2017 年 9 月底的 61.12 万亿元，17 年来增长了 19 倍。从 2003 年不到 5 万亿元到 2007 年突破 10 万亿元，2010 年突破 20 万亿元、2015 年接近

图 8-2 利率债月度成交量的变化

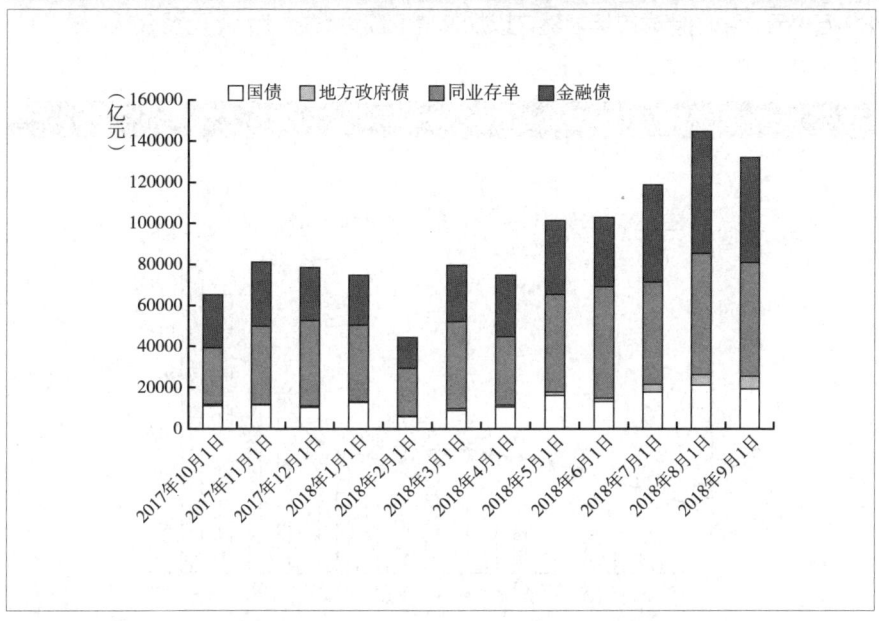

资料来源：WIND，第一创业证券计算整理。

图 8-3 信用债月度成交量的变化

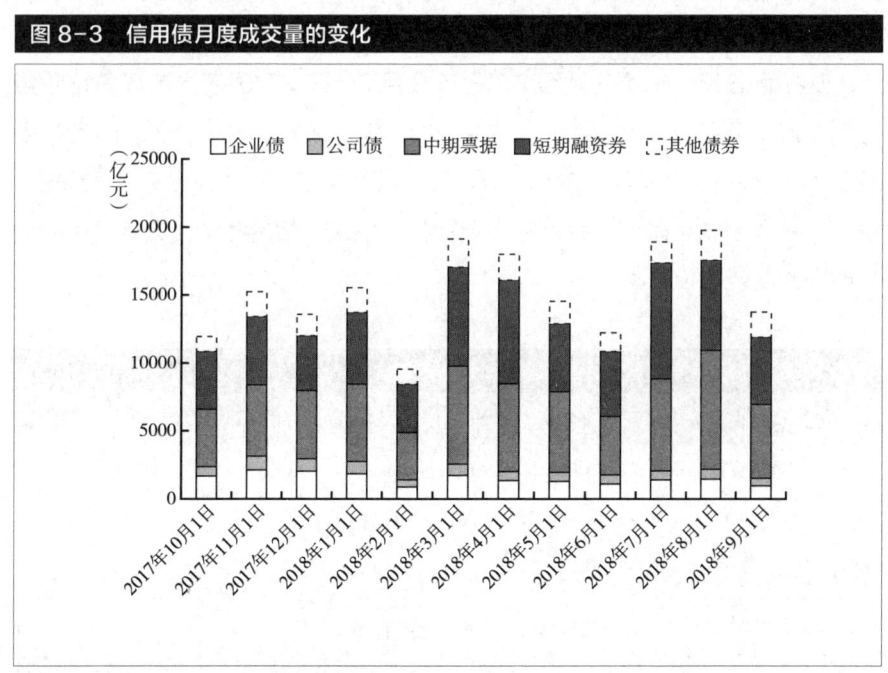

资料来源：WIND，第一创业证券计算整理。

48万亿元，2016年突破60万亿元，2017年突破70万亿元，2018年突破80万亿元，中国债券市场显然在以加速度不断地发展壮大（见图8-4）。

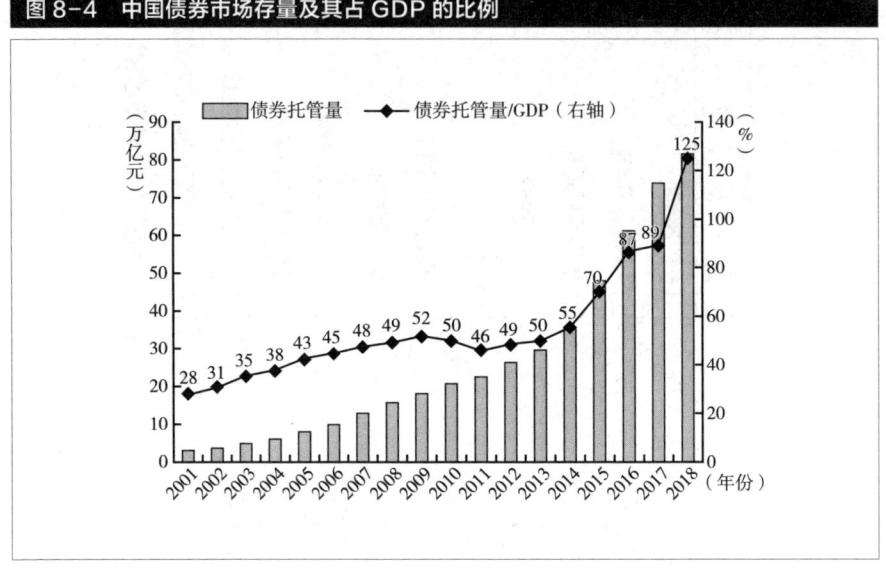

图8-4 中国债券市场存量及其占GDP的比例

注：2001~2017年以12月31日为截止日期，2018年以9月30日为截止日期。
资料来源：中国债券信息网、上清所网站、中国结算网和WIND，第一创业证券计算整理。

从托管总量上来看，截至2018年9月30日，全国债券市场总托管量达到81.57万亿元，比2017年末增加7.68万亿元，占GDP的比例达到125.3%，而在2014年末的这一比例仅为55.4%（见表8-3）。债券托管量/GDP是反映金融深化程度的重要指标，以这一指标考量，近年来中国债券市场的发展十分迅速。

表8-3 从债券托管量看中国债券市场发展情况

时间	2014年	2015年	2016年	2017年	2018年第三季度末
债券托管量（万亿元）	35.66	47.96	63.5	73.89	81.57
GDP（万亿元）	64.40	68.55	73.14	82.71	65.09
债券托管量/GDP（%）	55.4	70.0	86.8	89.3	125.3

注：2018年GDP按在2017年基础上增长6.8%估算。
资料来源：中国债券信息网、上清所网站、中国结算网和中国统计局，第一创业证券计算整理。

目前，中国债券市场包括银行间市场、交易所市场、机构间私募产品报价与服务系统及商业银行和证券公司柜台市场。其中，银行间市场和交易所市场是中国债券市场的主要组成部分。从托管量的市场构成上看，由于商业银行的大量参与，银行间市场是中国债券市场的主体，其债券存量达到中国债券市场的90%以上。

与分割的市场相对应，目前我国债券托管清算体系共有两类。一类是此前由央行监管，现由央行与银保监会共同监管的中央国债登记结算有限责任公司（本章以下简称"中债登"），以及由经财政部、央行批准成立的银行间市场清算所股份有限公司（本章以下简称"上清所"）。中债登和上清所作为银行间债券市场的后台支持系统，负责该市场上各类债券的托管与清算事宜。另一类是由中国证监会监管的中国证券登记结算有限公司（本章以下简称"中证登"），其下又分上海分公司与深圳分公司，分别负责上海证券交易所与深圳证券交易所包括债券在内的所有场内证券的托管清算。因此，在计算全市场的债券托管量时，我们将中债登、上清所和中证登三家机构的托管量相加，然后减去交易所市场在中债登的跨市场品种托管量，按这样的计算方式得出2018年9月末全市场托管量为81.67万亿元。2016~2017年的托管量以及托管只数也按类似方法得出。在这三大机构登记托管机构之外，机构间私募市场的债券托管量很小，几乎可以忽略不计。

从表8-4可以看出，截至2018年9月末，中债登和上清所的债券托管量占比合计达到91.2%。其中，在中债登托管的债券总量为56.08万亿元，占全市场托管量的68.8%；上清所托管总量为18.4万亿元，占全市场托管量的22.45%。而中证登托管总量仅为7.18万亿元，约占全市场托管量的8.79%。以债券托管量占比来衡量发展速度，上清所的扩张速度最快，其后是中债登和中证登。从2017年末到2018年9月末，上清所托管量占比提高了0.48个百分点；中债登托管量占比降低了0.2个百分点，中证登托管量降低0.29个百分点。因此，总体而言，以债券托管量占比计算，不考虑柜台市场等占比很小的市场，银行间市场的占有率从2016年末的91.56%下降到2018年9月末的91.2%，下降0.36个百分点；而交易所市场则从2016年末的8.44%上升到2018年9月末的8.79%，上升0.35个百分点。这显示虽然从总体上看银行间市场在我国债券市场中仍占主导地位，但近三年来交易所市场的发展速度要快于银行间市场。

表 8-4 中国债券市场托管情况

指标	债券托管量（万亿元）			托管量占比（%）		
时间	2016年末	2017年末	2018年	2016年末	2017年末	2018年9月
全市场	63.5	73.89	81.67	100	100	100
中债登	43.72	50.95	56.08	68.85	68.95	68.75
上清所	14.41	16.23	18.41	22.69	21.97	22.45
中证登	5.36	6.71	7.18	8.44	9.08	8.79

资料来源：中国债券信息网、上清所网站和中国结算网，第一创业证券计算整理。

从全市场角度看，2018年9月底托管量超万亿元的债券种类有国债、地方政府债、同业存单、金融债、企业债、公司债、中期票据、短期融资券、定向工具（PPN）、政府支持机构债和资产支持证券共11种（见表8-5）。与2017年末相比，增加超过万亿元的托管品种为地方政府债（40752亿元）、国债（21533亿元）。其他增量较大的债券品种包括同业存单（6327亿元）、中期票据（6219亿元）、资产支持证券（5114亿元）、短期融资券（3683亿元），而金融债、政府支持机构债均有所减少。

表 8-5 全市场债券品种托管量及其变化

债券品种	2018年9月末		2017年末	
	债券余额（亿元）	余额比重（%）	债券余额（亿元）	余额比重（%）
国债	138197	18.8	116664	16.5
地方政府债	179919	24.4	139167	19.7
同业存单	89587	12.2	83260	11.8
金融债	141844	19.3	176608	25.0
企业债	31215	4.2	36400	5.1
公司债	52919	7.2	50509	7.1
中期票据	52703	7.2	46484	6.6
短期融资券	18958	2.6	15275	2.2
定向工具（PPN）	18505	2.5	20460	2.9
政府支持机构债	1050	0.1	15655	2.2
资产支持证券	11835	1.6	6721	1.0

资料来源：WIND。

8.2 债券二级市场走势及其特征

8.2-1 2013年以来二级市场走势回顾

债券一级市场为债券发行人提供了筹资的途径，债券二级市场则提供了债券流通和转让的场所，它不仅实现了债券的流动性，还通过较连续的交易及市场化的收益率，使得债券的价格与宏观经济的变化紧密地联系起来。经历2013年年中的"钱荒"冲击之后，中国债券市场在2014年进入牛市行情，在2015年和2016年前3个季度连续上涨，大大超出市场预期。但2016年10月21日中债新综合净价指数创出103.25的新高后，便一路下滑，进入熊市。2017年的债券市场整体表现为熊市，中债新综合净价指数，从2016年12月31日的100.23下跌到2017年12月31日的96.07，下跌幅度达4.1%（见图8-5）。进入2018年后，债券市场再次进入牛市行情，中债新综合净价指数自2018年1月2日缓慢振荡上涨，2018年9月30日涨至98.3，累计涨幅2.3%。

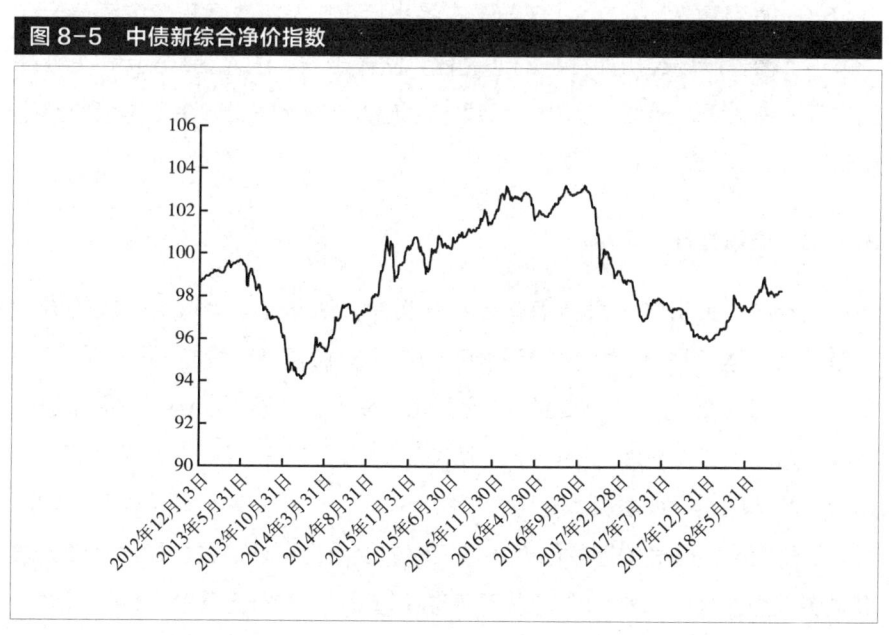

图8-5 中债新综合净价指数

资料来源：WIND。

2014年1月至2018年9月的此轮牛—熊—牛转换，和以前以CPI和GDP为代表的基本面引起的牛熊转换有着本质的区别。2014年是我国货币投放方式发生重大变化的一年，这年5月央行外汇占款达到27.5万亿元的历史高点后见顶回落，而货币当局对其他存款性公司的债权却从2014年5月的1.4万多亿元快速增加到目前的9万亿元附近，央行传统的央票、国债回购工具已不够用，创造出SLO（短期流动性调节工具）、SLF（常设借贷便利）、MLF（中期借贷便利）、PSL（抵押补充贷款）等新型工具。这些工具对于银行和抵押品都有一定的要求，因而形成央行—政策性银行/商业银行—股份制银行—城商行/农商行—非银行金融机构的资金投放渠道，即中小型银行由于吸引存款能力和接受央行流动性资质不足，主要通过发行同业存单的方式从大型银行处获得资金，而非银行金融机构主要通过接受委外资金的方式从银行处获得资金，进而形成货币基金—同业存单—同业理财—委外资金—债券市场的投资链条。在这一过程中，资金成本越来越高，为了保证收益率，加杠杆和牺牲流动性以追求高收益成为必然选择，这是2014年到2016年10月债券大牛市的动力之源。而由此带来的高风险以及资金"脱实向虚"的空转，使得监管层不得不出手，以MPA（宏观审慎评估体系）考核为主要抓手，以去杠杆和"脱虚向实"为主要表现形式，使这轮牛市在2016年10月戛然而止。2017年，在各类检查以及征求意见稿的密集出台影响下，债券市场经历加杠杆的逆过程，整体走熊。进入2018年，去杠杆的进程逐渐放缓，叠加几次降准后银行间流动性逐步宽松，带动国债收益率重新下行。

8.2-2 市场杠杆率分析

债券市场投资的一大特点就是杠杆交易，即通过具有抵押资质的券种筹借资金，达到提升资本投资回报率的效果。在债券市场，提升杠杆率的主要途径便是债券回购，以回购资金再购买债券，然后再以购买的债券进行回购，如此循环，在理论上可以极大地放大债券市场的杠杆率。杠杆率一般是指资产负债表中权益资本与总资产的比率，是一个衡量公司负债风险的指标，从侧面反映公司的还款能力。杠杆率的倒数为杠杆倍数。如果将债券质押融资视为加杠杆，则大致可以用债券托管量/（债券托管量－待购回债券余额）衡量杠杆倍数。中债每月会公布银行间的待购回债券余额及银行间债券托管量,我们可以据此粗略地计算杠杆倍数水平。需要指出的是,债券投资中的加杠杆途径多种多样,场内回购只是提升杠杆的途径之一,其他场外如分级基金和优先/劣后结构同样能提升杠杆倍数。因此,这里计算的与其说是杠杆水平,不如说是回购对债券市场杠杆的贡献度;同时,并非所有通过回购交易融入的资金都被用于债券的再投资,因此,这里杠杆贡献度应是上限。

从银行间市场的情况来看,截至 2018 年 9 月末,银行间待购回债券余额为 4.7 万亿元,银行间债券托管量为 56.08 万亿元,对应的杠杆倍数为 1.09;而在 2017 年 12 月末,银行间待购回债券余额为 6.2 万亿元,银行间债券托管量为 50.95 万亿元,对应的杠杆倍数为 1.14。近一年来,银行间市场的场内杠杆倍数呈现明显下降的特点(见图 8-6)。除 3 月、6 月、9 月杠杆季节性上升因素外,杠杆倍数保持稳中有降。2018 年以来资管新规等监管文件的逐步落地,叠加银行间宽松的流动性环境,都促进了银行间杠杆率的回落。

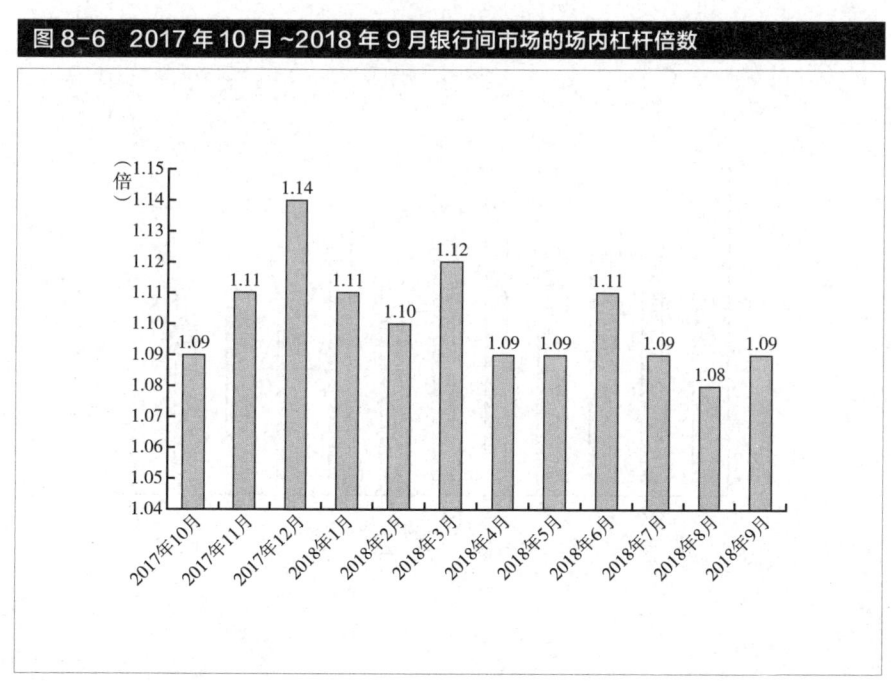

图 8-6 2017 年 10 月~2018 年 9 月银行间市场的场内杠杆倍数

资料来源:WIND,第一创业证券计算整理。

在交易所市场，杠杆倍数可以用托管债券总市值/（托管债券面值－未到期回购融资余额）计算，其中，托管债券面值可以从中证登每月公布的统计月报中获得，而未到期回购融资余额则需要计算，如 GC001 未到期回购融资余额仅计算当天的交易额，GC007 则需要对前 5 个交易日的交易额进行求和，以此类推，算出交易所市场所有回购品种之和。2018 年 9 月末交易所托管债券面值总计为 8.92 万亿元，未到期回购融资余额为 1.04 万亿元，杠杆倍数约为 1.13；而 2017 年 10 月末交易所托管债券面值总计为 8.26 万亿元，未到期回购融资余额为 1.22 万亿元，杠杆倍数约为 1.17（见图 8-7）。近一年来，银行间市场的场内杠杆率也保持稳中下降的趋势，但整体杠杆率依然高于银行间市场，其原因在于：一是交易所市场的信用债占比较高，而非银行金融机构作为委外机构，在交易所的信用债投资占比要远高于利率债，为取得较高收益率水平，其投资杠杆率较高；二是商业银行自用资金主要投资银行间的利率债，资金成本较低导致投资杠杆远低于非银行金融机构。

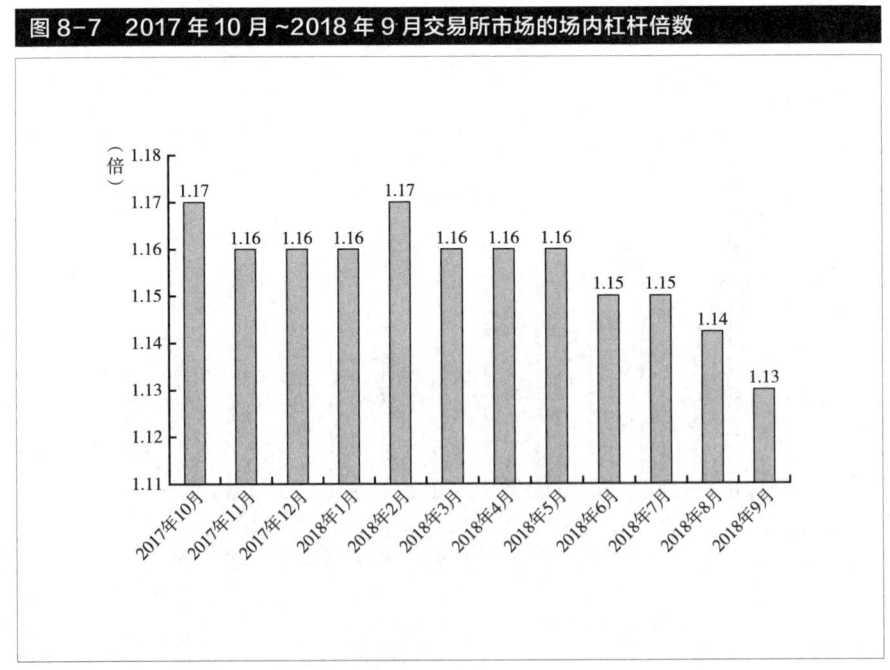

图 8-7　2017 年 10 月~2018 年 9 月交易所市场的场内杠杆倍数

资料来源：WIND，第一创业证券计算整理。

8.2-3 债券市场流动性分析

流动性是影响金融市场效率的一个重要因素。理论上，流动性越高，金融市场在资源配置、价格发现方面的功能越强。流动性取决于市场的规模、产品结构、信用状况、市场状况等诸多因素。但是，在实践中测量流动性，到目前为止仍并无统一标准和方法。无论使用哪种方法，如果交易具有即时性，并且有显著的宽度、深度和弹性，则流动性就好。我们使用交易规模、换手率和债券剩余期限来刻画中国债券市场流动性。应当说，交易规模和换手率是衡量流动性较好的代理变量。在换手率既定的情况下，交易规模越大则意味着市场的深度越大，流动性越强；在市场规模既定时，换手率越高则意味着交投活跃，买卖双方能在极小的价差上迅速成交，这非常符合流动性的基本定义。基于这两个指标，我们发现，过去十多年，中国债券市场的流动性在不断提高，银行间债券市场和交易所债券市场的流动性都有所改善。

第一，债券存量与交易规模。债券存量的规模对市场流动性有极大影响，通常而言，存量越大，单个因素对债券交易价格的影响强度越弱，买卖之间的报价差越小，市场流动性越强。这就是说，一个有深度的债券市场，其流动性通常会非常好。我们以全市场的债券未清偿余额与 GDP 之比作为债券市场的深度指标。2001 年以来，中国债券市场以债券托管量显示的未清偿余额不断上升，到 2018 年 9 月末，已达到 81.67 万亿元，而在 2001 年时仅为 3.04 万亿元；相应的，未清偿余额与 GDP 之比也从 2001 年的 27.6% 上升到了 2018 年的 125.3%，上升 98 个百分点。

由于债券存量规模不断扩张，债券市场的成交额也在大幅上升。正如我们在表 8-2 和图 8-1 看到的，2018 年前 3 个季度中国债券市场现券成交额再创纪录，由 2017 年底的 99.26 万亿元增至 101.43 万亿元，增加 2.17 万亿元。因此，中国债券市场正在朝着有深度和广度、交易不断活跃的方向发展，中国债券市场的流动性得到了不断提高。

第二，债券换手率。换手率可作为流动性的衡量指标。这里考虑现券交易换手率的计算方法，现券交易换手率 = 全年成交额 / 平均托管余额，其中，平均托管余额 =（年初托管余额 + 年末托管余额）/2。如图 8-8 所示，

图 8-8 中国债券市场现券交易额和整体现券交易换手率

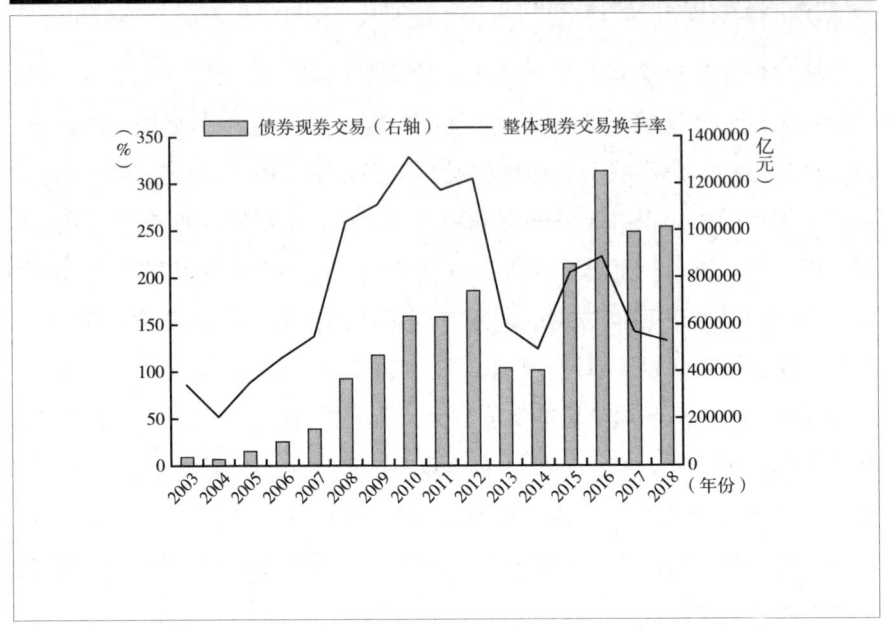

资料来源：WIND，第一创业证券计算整理。

2001~2012 年，中国债券市场整体现券交易换手率虽有反复，但整体处于上升趋势；2012 年至今，现券交易换手率呈现下降趋势。例如 2015 年换手率为 204%，今年仅为 132%，这在一定程度上与债券市场规模整体扩张较快有关。

进一步，可以分别考察银行间市场和交易所市场现券的换手率。银行间市场的换手率高于交易所市场的换手率，表明银行间市场的债券交易更加活跃。与 2017 年相比，2018 年前 3 个季度的银行间市场整体换手率有所上升，由 2017 年的 121.8% 增至 164.3%，上升幅度较大的品种有国债、同业存单、金融债、中期票据、短期融资券，只有企业债的换手率出现下滑（见表 8-6）。具体到 2018 年不同债券品种的现券交易换手率而言，2018 年前 3 个季度银行间市场现券交易换手率排名中，同业存单的换手率最高为 474%，之后依次是短期融资券（310%）、金融债（234%）、中期票据（215%）、国债（99%）。

表 8-6 债券现券交易换手率比较 单位：%

债券品种	2018 年		2017 年	
	银行间市场	交易所市场	银行间市场	交易所市场
国债	99.9	7.59	79.2	11.5
地方政府债	12.9	0.84	5.28	2.9
同业存单	474.1	—	343.9	—
金融债	234.0	123.6	143.8	90.0
企业债	35.5	2.98	66.7	6.7
公司债	—	10.9	—	15.4
中期票据	215.9	—	106.7	—
短期融资券	310.1	—	281.9	—
政府支持机构债	17.6	—	12.5	—
可转债	—	250.8	—	300.5
总计	164.3	15.1	121.8	15.9

注：2018 年平均托管量为 2017 年末和 2017 年 9 月托管量均值；表格中的"—"表示该券种当期无交易。

资料来源：WIND。

在交易所市场，2018 年现券交易换手率与 2017 年相比略有下行，全部债券的换手率由 15.9% 降至 15.1%。其中，国债由 11.5% 下降至 7.6%，可转债由 300.5% 降至 250.8%，公司债由 15.4% 降至 10.9%，企业债由 6.7% 降至 2.98%，地方政府债由 2.9% 降至 0.84%。换手率上升的品种只有金融债，由 90% 升至 123.6%。在 2018 年前 3 个季度交易所市场的现券交易换手率排名中，可转债虽然由 2017 年的 300.5% 大幅下降至 250.8%，但仍居首位，换手率大幅度下降，显示其受到今年股市的影响；其后为金融债，换手率为 123.6%。其他品种的换手率都不高。

第三，债券的剩余期限结构。除了交易量与换手率外，债券的剩余期限结构也可以作为债券市场流动性的一个衡量指标。这是因为，期限越短，流动性往往越高，期限越长，流动性则越低。就债券而言，剩余期限越短意味着债券的市场价格越接近面值与应计利息之和，债券买卖之间的利差也越小，这符合流动性的基本定义——将一种资产转换为现金而不遭受损失的能力。

当然，剩余期限的变化也直接影响债券发行人在未来一段时间的偿债分布。剩余期限短的债券余额比重越大，则面临的短期偿债压力也越大；剩余期限长的债券余额占比越大，则短期面临的偿债压力越小。为了减轻短期的偿债压力，债券发行人通常倾向于发行期限较长的债券。但这样的发行期限安排会带来两个问题。首先是发行期限越长，则债券的利率通常越高；其次是连续地发行较长期限的债券，若干年以后债券的剩余期会缩短，同样会导致剩余期限较短的债券余额上升。因此，发行期限的安排，并不能从根本上解决剩余期限的分布，因而也无法根本消除债券的偿还义务。

如前所述，债券的剩余期限分布，对债券市场的流动性具有重要的影响。中国存量债券的剩余期限呈现短期化的趋势，全市场短期债券存量占比有所上升，剩余期限较长的未清偿债券余额占比逐渐下降，这也表明，中国债券市场的流动性有逐渐上升的趋势。2017年10月到2018年9月，1年期以下的债券托管量的占比从11.33%上升到12.05%，而10年期以上的长期债券托管量由7.39%下降6.6%，5~10年的债券托管量由34.62%下降至31.37%（见图8-9）。究其原因，是近年来短期债券的发行占据主导地位。2017年10月至2018年9月，期限1年以内的债券共发行30758只，

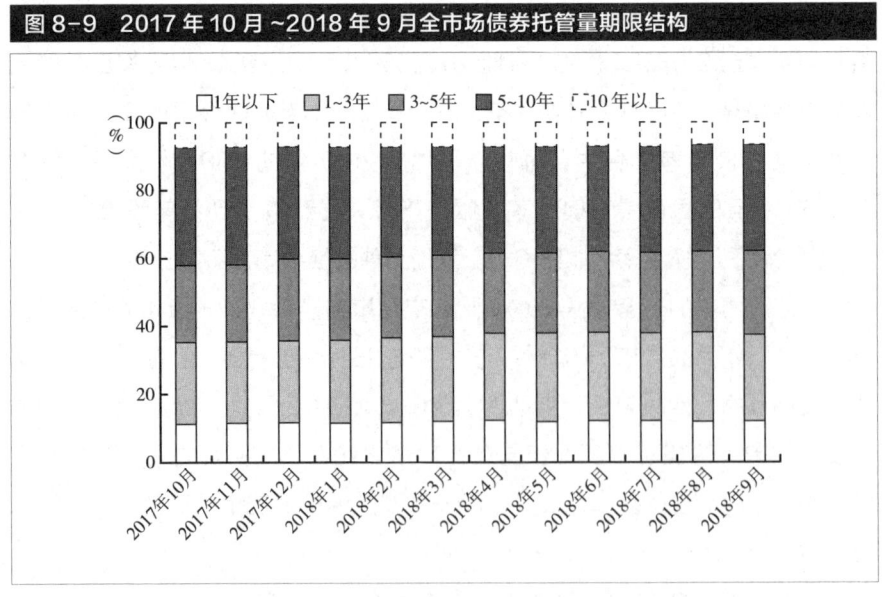

图8-9　2017年10月~2018年9月全市场债券托管量期限结构

资料来源：WIND。

发行总额为 264697 亿元，发行总额占比为 61.5%；而期限 10 年以上的债券共发行了 220 只，发行总额为 6050 亿元，发行总额占比为 1.4%。1 年期以内的债券占有极高的比重，主要得益于同业存单市场的快速扩张，以及短期融资券和超短期融资券的迅速发展。

8.3 投资者数量分布和持仓结构

8.3-1 投资者数量分布

目前，我国债券市场按投资场所分为银行间市场、柜台市场、交易所市场和自贸区市场四大类。债券市场的投资者除特殊结算会员外，可分为银行类、非银行金融机构类、非金融机构类、个人类和境外机构几大类。随着非银行的债券投资者增多，今年以来的我国债券市场的投资者结构呈现进一步多样化的趋势。

从中债登统计的持仓量结构上看（见表 8-7），截至 2017 年第三季度末，持仓量占比由高到低分别为商业银行（64.39%）、非法人产品（16.40%）、政策性银行（3.56%）、交易所市场（3.11%）。与 2017 年末相比，几大投资者中持仓量占比有增有减，银行间市场增加 0.6 个百分点，而柜台市场和交易所市场分别下降 0.05 个百分点和 0.55 个百分点，显示银行间市场在债券市场中的地位进一步提升。银行间市场中，机构也出现明显分化，全国性商业银行增加 0.89 个百分点，境外机构增加 0.66 个百分点，证券公司增加 0.38 个百分点，农商行增加 0.3 个百分点；其他投资者持仓量占比都有所下降，非法人产品减少 1.17 个百分点，信用社减少 0.22 个百分点，保险机构减少 0.18 个百分点。

8.3-2 持仓结构

1．商业银行持仓结构分析

商业银行一直以来都是债券市场的主要参与者，主要包括全国性商业银行、外资银行、城商行、农商行、农村合作银行、村镇银行及其他。2016 年商业银行的总持仓量增加 4.27 万亿元，其中，全国性商业银行增加最多，其后为城商行和农商行。

从持仓结构上看，商业银行在 2018 年主要增持国债（2860.36 亿

表 8-7 中债登投资者的持仓量结构（截至 2017 年 9 月）　　　单位：亿元，%

市场及机构	持仓量	占比	同比增长
一、银行间市场	535646	95.51	15.30
政策性银行	19991	3.56	20.19
商业银行	361121	64.39	16.80
全国性商业银行	274746	48.99	16.27
城商行	50661	9.03	15.95
农商行	30606	5.46	22.77
农村合作银行	135	0.02	−22.92
村镇银行	64	0.01	58.44
外资银行	4754	0.85	19.82
其他	154	0.03	112.09
信用社	7458	1.33	−5.85
保险机构	16245	2.90	2.52
证券公司	6155	1.10	62.66
基金公司及基金会	34	0.01	34.47
其他金融机构	1331	0.24	11.83
非金融机构	25	0.00	−29.40
非法人产品	91979	16.40	7.93
境外机构	14423	2.57	60.97
其他	16885	3.01	7.15
二、柜台市场	7743	1.38	8.32
三、交易所市场	17430	3.11	−4.18
四、自贸区市场	30	0.01	0.00
合计	560825	100.00	10.06

资料来源：根据中国债券信息网有关数据整理。

元）、国开债（2443.29 亿元）、农发债（2421.28 亿元），减持中期票据（−758.07 亿元）。总体来看，2018 年商业银行配置策略与 2017 年略有不同。与 2017 年相比，商业银行增持国债的幅度下降，而对政策性金融债的增持力度大幅上升（见表 8-8）。信用债方面，中期票据的减持幅度都有所缩减，同比少减 1112.99 亿元。

表 8-8 商业银行在中债登托管债券月增加量　　　　　　　　　单位：亿元

时间	国债	国开债	进出口债	农发债	政策性金融债合计	中期票据	企业债	商业银行债
2017年1月	1166.79	-708.70	6.17	250.65	-451.87	12.25	107.96	-8.90
2017年2月	-152.41	521.03	110.11	-98.09	533.04	-141.09	-2.13	-141.47
2017年3月	-1425.30	140.07	238.49	219.92	598.48	-282.42	-198.84	-375.03
2017年4月	1341.55	-10.97	133.86	207.14	330.03	-58.74	136.18	557.62
2017年5月	597.18	-572.01	65.78	110.16	-396.07	-369.12	25.37	240.62
2017年6月	426.61	-409.30	134.58	742.07	467.35	-159.18	-117.09	-73.39
2017年7月	1496.81	-149.41	-131.05	-290.58	-571.04	-69.27	100.76	402.55
2017年8月	546.41	368.89	221.63	187.49	778.01	-144.85	107.61	132.60
2017年9月	749.42	47.35	48.42	695.63	791.40	-305.78	-37.88	320.99
2017年10月	2193.87	495.03	190.87	89.16	775.05	-90.07	65.45	149.83
2017年11月	1675.28	423.14	-49.81	508.81	882.14	-184.29	-89.75	92.17
2017年12月	595.18	-795.21	-394.44	-468.48	-1658.13	-78.50	-103.79	-48.46
2017年合计	9211.39	-650.09	574.61	2153.87	2078.40	-1871.06	-6.16	1249.12
2018年1月	-93.94	512.80	309.17	-3.19	818.78	-41.30	75.83	-220.57
2018年2月	-38.72	237.26	-159.34	39.91	117.83	-152.37	-94.31	-16.87
2018年3月	-1118.89	-122.14	133.35	853.59	864.81	-200.06	-12.67	-129.44
2018年4月	1729.70	-252.39	246.84	-162.29	-167.84	-95.20	92.68	131.54
2018年5月	-864.47	573.51	280.45	487.61	1341.58	-78.79	69.48	-10.85
2018年6月	316.77	194.06	-248.49	670.86	616.43	-41.24	19.22	11.35
2018年7月	998.65	458.42	-132.51	-314.21	11.70	17.34	-121.05	-126.36
2018年8月	821.52	347.10	-422.99	520.08	444.20	-38.51	-54.32	291.09
2018年9月	1109.74	494.66	-56.04	328.92	767.54	-127.95	-34.41	-125.07
2018年1~9月合计	2860.36	2443.29	-49.55	2421.28	4815.02	-758.07	-59.56	-195.19

资料来源：根据中国债券信息网有关数据整理。

商业银行在中债登主要券种 2018 年的月度新增托管量如图 8-10 所示（统计至 2018 年 9 月末），前 3 个季度企业债的持有呈现上下波动的态势；金融债除 4 月、7 月外，其他月份增持力度都较强；国债则在 5 月后恢复配置力度，逐步增持。

从商业银行的不同投资者在中债登的托管结构来看（见表 8-9），与 2017 年末相比，全国性商业银行主要增持了国债（2388 亿元）和金融债（2069 亿

图 8-10 商业银行在中债登主要券种月度新增托管量走势

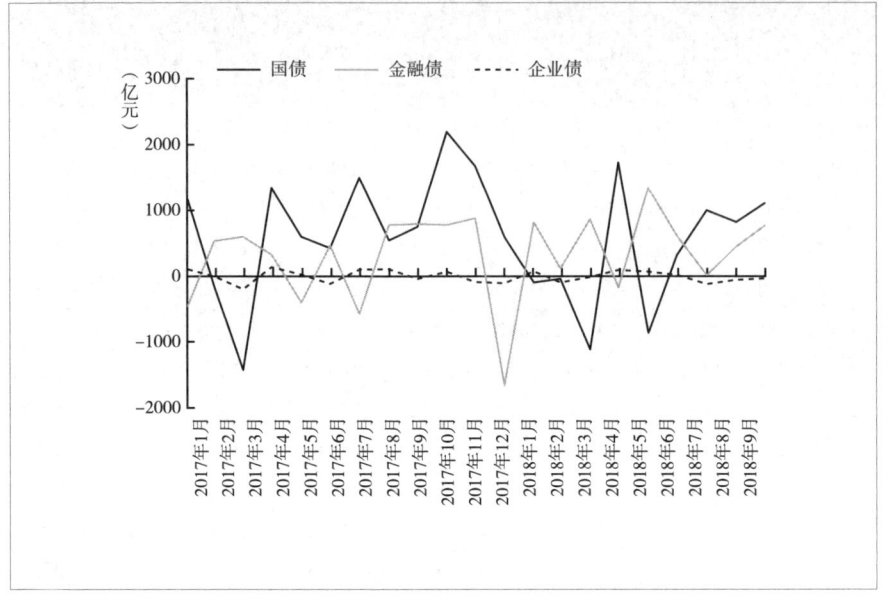

资料来源：WIND，第一创业证券计算整理。

元），小幅增持企业债（20亿元）；外资银行则大举增持了国债（259亿元）；城商行主要增持金融债（664亿元）和二级资本工具（195亿元），减持国债（-353亿元）；农商行大举增持金融债（1900亿元），小幅增持国债（505亿元）；农村合作银行主要减持企业债（-15亿元）、国债（-3亿元）。

表 8-9 商业银行在中债登托管结构 单位：亿元

商业银行类别	国债		金融债		企业债		二级资本工具		商业银行普通债	
	2018年	变化量	2018年	变化量	2018年	变化量	2018年	变化量	2018年	变化量
合计	84417	2860	87222	4815	5099	-60	4384	1404	7797	-196
全国性商业银行	62632	2388	53781	2069	1835	20	3066	1110	5465	-335
外资银行	2529	259	1667	174	9	5	12	10	40	8
城商行	12808	-353	16234	644	1668	-39	877	195	1178	-81
农商行	6327	505	15363	1900	1569	-32	429	89	1113	212
农村合作银行	18	-3	97	0	6	-15	1	0	1	0
村镇银行	26	15	31	13	0	-2	0	0	0	-1
其他	77	49	50	14	12	2	0	0	1	1

注：①"变化量"指2017年12月31日至2018年9月末托管量的变化。
②由于中票已转托管至上清所，因此其减少量不在这里统计。
资料来源：根据中国债券信息网有关数据整理。

从横向对比来看，全国性商业银行对国债的增持力度最大，农商行次之，城商行是最大的减持方；全国性商业银行、农商行也是金融债的主要增持方。除全国性商业银行和外资银行，其他银行均减持企业债。

区分投资者看商业银行在上清所的托管结构（见表8-10），与2017年末相比，国有商业银行主要增持了同业存单（841亿元）、短期融资券（357亿元）、中期票据（131亿元），减持了超短期融资券（-289亿元）；股份制商业银行主要增持超短期融资券（301亿元）、中期票据（273亿元），减持同业存单（-192亿元）；城商行主要增持中期票据（260亿元）、超短期融资券（214亿元），大幅减持同业存单（-1029亿元）；外资银行主要减持同业存单（-446亿元）和超短期融资券（-45亿元）；邮政储蓄银行大幅增持中期票据（596亿元）、同业存单（588亿元）。

表 8-10　商业银行在上清所托管债券结构　　　　　　　　　单位：亿元

商业银行类别	短期融资券		超短期融资券		中期票据		同业存单		资产管理公司金融债	
	2018	变化量	2018	变化量	2018	变化量	2018	变化量	2018	变化量
合计	754	403	2959	324	9557	1422	28880	1813	1005	-103
国有商业银行	388	357	939	-289	3855	131	6139	841	748	-124
股份制商业银行	149	26	1191	301	2150	273	2384	-192	95	-10
城商行	103	13	408	214	1225	260	5244	-1029	72	7
农商行	84	4	222	33	1323	153	13128	2042	38	4
村镇银行	2	-1	0	-2	0	-4	69	10	0	0
外资银行	12	2	40	-45	92	14	322	-446	15	5
邮政储蓄银行	16	1	159	113	912	596	1595	588	36	14

注：①"变化量"指2017年12月31日至2018年9月末托管量的变化。
②农商行和农村合作银行在上清所无托管，因此未显示。
③由于区域集优中小企业集合票据、金融企业短期融资券、信贷资产支持证券、政府支持机构债券的持有量相对较少，因而不在这里统计。

从横向对比来看，2018年在上清所托管的市场中，大部分品种托管量都有所增加。增幅较大的包括同业存单（1813亿元）、中期票据（1422亿元）、短期融资券（403亿元）以及超短期融资券（324亿元）。

2．广义基金持仓结构分析

截至 2018 年第三季度末，中国公募基金公司共有 119 家，资产净值接近 14.1 万亿元。从投资范畴上划分，可分为股票型基金、混合型基金、债券型基金、货币市场基金、另类投资基金等，其中，货币市场基金净值为 8.94 万亿元，占比高达 67%，混合型基金和债券型基金净值占比分别为 12% 和 14%（见图 8-11）。各类基金均可投资一部分资金到债券上，其中，债券型基金投资债券占比超过 80%。按照中债登统计的广义基金口径，截至 2018 年第三季度末，广义基金的托管债券总量合计为 9.2 万亿元。

2018 年基金公司在债券市场的配置分化明显，主要增持国债（1483 亿元）、政策性金融债（597 亿元）、商业银行债（484 亿元），减持了企业债（-2673 亿元）、中票（-1460 亿元），与 2017 年相比，广义基金对各类债券的持仓积极性都有明显下降，国债及政金债的缩减幅度尤其明显（见表 8-11）。

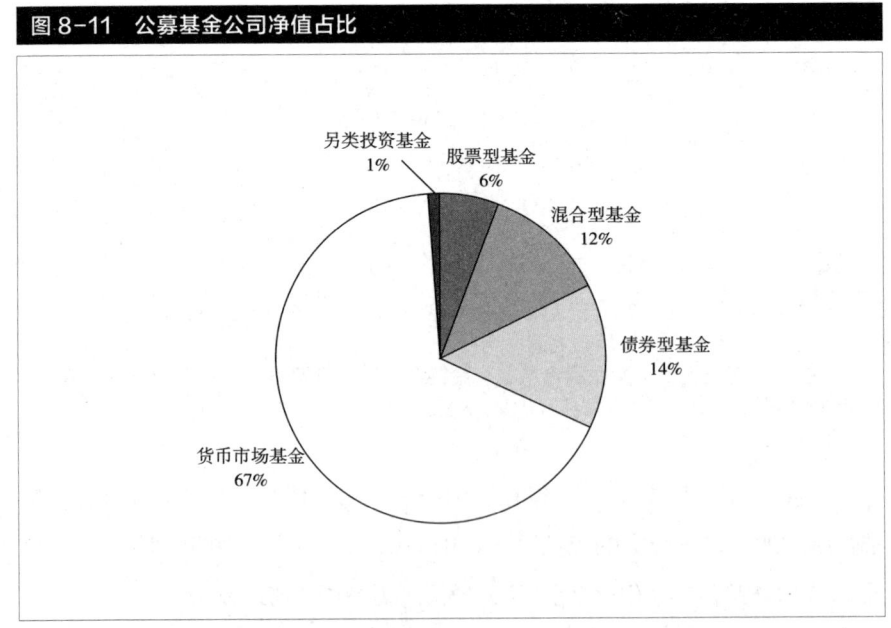

图 8-11 公募基金公司净值占比

资料来源：WIND。第一创业证券计算整理。

表 8-11 广义基金在中债登托管债券月增加量　　　　　　　　　　单位：亿元

时间	国债	政策性金融债	中期票据	企业债	商业银行债	合计
2017年1月	2	−140	−80	−132	14	−337
2017年2月	57	443	−38	−155	−19	288
2017年3月	−21	−395	−91	83	−19	−443
2017年4月	323	182	−197	16	115	439
2017年5月	211	530	−243	−203	0	295
2017年6月	1380	1029	−170	211	509	2959
2017年7月	792	368	−100	192	115	1367
2017年8月	783	965	−289	406	183	2049
2017年9月	559	1075	−369	225	152	1642
2017年10月	−154	478	−220	−4	−20	79
2017年11月	−358	164	−288	−150	−31	−663
2017年12月	−60	2541	−169	−160	5	2157
2017年合计	**3513**	**7240**	**−2253**	**328**	**1003**	**9831**
2018年1月	−107	−1975	−204	−190	−67	−2543
2018年2月	−57	1003	−148	−184	−4	611
2018年3月	404	−466	−333	−262	−20	−677
2018年4月	24	358	−318	−530	69	−398
2018年5月	90	817	−316	−322	48	318
2018年6月	106	330	−85	−345	70	76
2018年7月	583	−439	−2	−304	112	−50
2018年8月	164	351	−17	−412	213	299
2018年9月	276	620	−37	−124	63	798
2018年1~9月合计	**1483**	**597**	**−1460**	**−2673**	**484**	**−1567**

资料来源：根据中国债券信息网有关数据整理。

持有券种的结构方面，截至 2018 年第三季度末，广义基金持有国开债、进出口债、农发债共计 3.6 万亿元，约占总额的一半；企业债存量 1.45 万亿元，占比 22%；国债存量 0.85 万亿元，占比 13%（见图 8-12）。

图 8-12 广义基金在中债登托管券种的金额结构

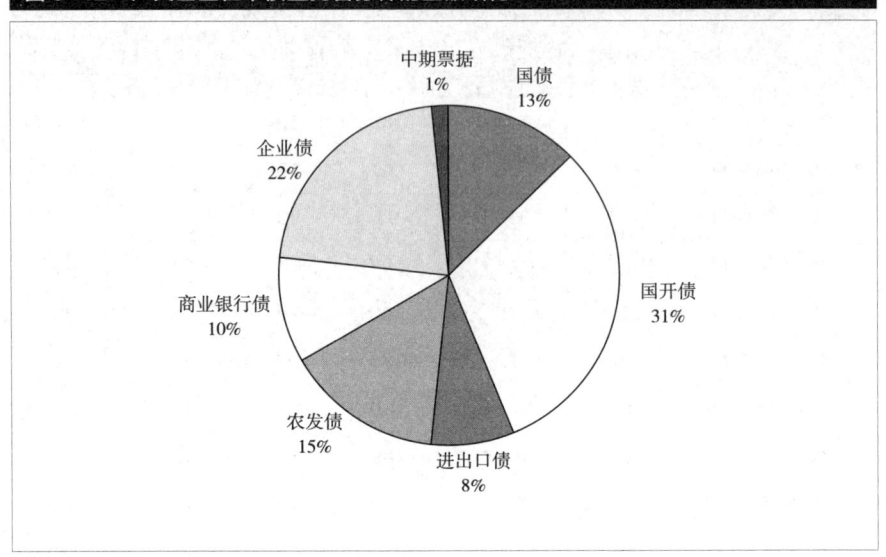

资料来源：WIND，第一创业证券计算整理。

从 2018 年的月度变化来看，广义基金对利率债和信用债的配置情况明显分化。随着银行间流动性的逐步宽松以及国债收益率的振荡下行，广义基金对国债一直保持小幅增持，7 月单月最大增持幅度为 583 亿元（见图 8-13）。政金债方面，除 3 月、7 月广义基金分别减持 466 亿元、439 亿元外，其他月份均有较大幅度增持。企业债方面，受到信用收紧、发行量骤降等因素影响，广义基金今年以来持续减持企业债，上半年减持幅度相对较大。另外，今年以来新成立基金数量大幅减少，一定程度影响了广义基金对债券的配置力度（见图 8-14）。

3．证券公司持仓结构分析

证券公司持有债券主要以自营资金及资管项目为主，由于资金收益率要求不同，债券持有策略较为灵活多变。证券公司是债券市场加杠杆的主要投资者之一，因而对于流动性的变动反应更加灵敏。

2018 年 1~9 月，证券公司累计主要增持了政策性金融债（995 亿元）、国债（448 亿元）、企业债（48 亿元），略减持中期票据（-65 亿元）。与 2017 年相比，证券公司对于利率债的增持幅度有明显提升。2018 年证券公司分别多增持 887 亿元政策性金融债以及 307 亿元国债，无风险收益率的

图 8-13　广义基金在中债登主要券种月度新增托管量走势

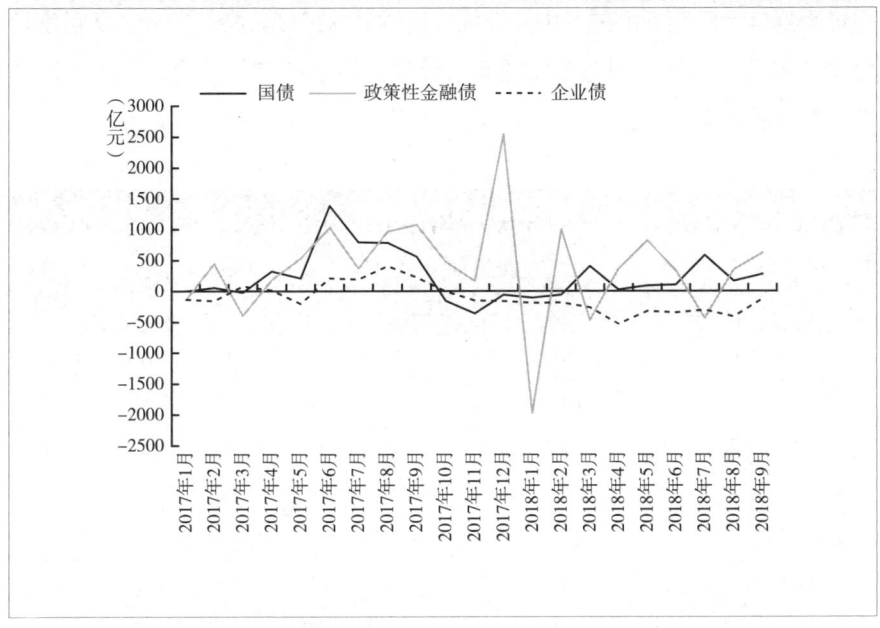

资料来源：WIND，第一创业证券计算整理。

图 8-14　基金月度新发行额及新成立数量

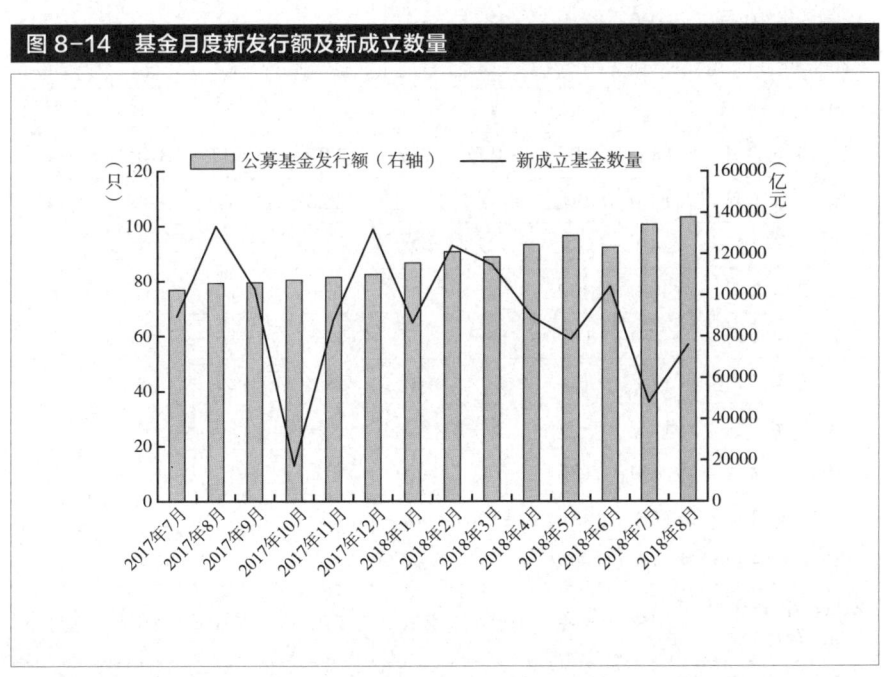

资料来源：WIND，第一创业证券计算整理。

下行很大程度提高了证券公司的交易积极性（见表8-12）。而企业债方面，同样受到信用风险发酵的影响，4月后证券公司持续减持企业债。从月度持仓变动来看，证券公司对于国债及政策性金融债的单月持仓有较大的波动性，具有明显交易特征（见图8-15）。

表8-12 证券公司在中债登托管债券月增加额　　　　　　　　　　　单位：亿元

时间	国债	国开债	进出口债	农发债	政策性金融债合计	中期票据	企业债	商业银行债
2017年1月	-62	100	7	-36	70	3	-61	-4
2017年2月	-9	14	-10	64	69	-6	-13	-2
2017年3月	122	175	17	23	215	3	67	15
2017年4月	29	-83	-12	-35	-130	-2	-23	-7
2017年5月	-40	-155	-24	-26	-205	-23	-21	-12
2017年6月	171	73	-13	6	67	-4	102	2
2017年7月	9	-33	5	-1	-29	-19	-15	-10
2017年8月	-3	42	10	-1	51	-15	74	-1
2017年9月	229	19	-8	-21	-11	-10	107	7
2017年10月	-200	63	12	-1	74	-17	-43	-15
2017年11月	-54	-87	-19	-17	-124	-13	9	13
2017年12月	-50	36	8	17	61	-4	160	6
2017年合计	**141**	**163**	**-27**	**-27**	**108**	**-107**	**342**	**-9**
2018年1月	146	90	-4	37	123	-6	-45	-4
2018年2月	-40	44	21	-25	40	-7	66	-4
2018年3月	306	352	12	90	454	-10	157	-4
2018年4月	-174	160	51	17	228	-16	36	18
2018年5月	173	83	11	70	164	-23	-8	2
2018年6月	191	-47	8	47	9	1	-9	3
2018年7月	-199	136	-54	-50	32	0	-49	4
2018年8月	-69	80	-12	32	101	0	-50	5
2018年9月	114	-202	14	31	-157	-5	-50	2
2018年1~9月合计	**448**	**698**	**48**	**250**	**995**	**-65**	**48**	**21**

资料来源：根据中国债券信息网有关数据整理。

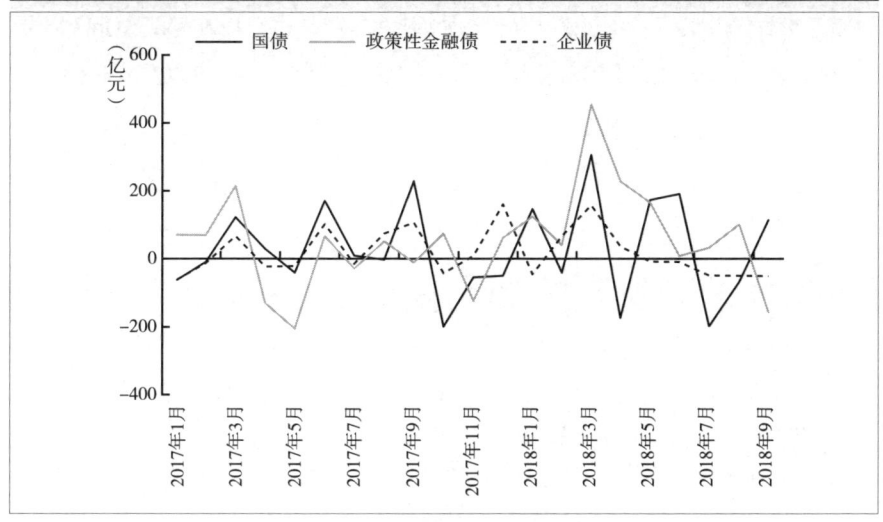

图 8-15 证券公司在中债登主要券种月度新增托管量走势

资料来源：WIND，第一创业证券计算整理。

证券公司在上清所的托管主要以短期融资券、超短期融资券、中期票据、同业存单为主，此外还包括区域集优中小企业集合票据、金融企业短期融资券、信贷资产支持证券、资产管理公司金融债等，但由于总量较小，因而未纳入统计。

2018 年 1~9 月，证券公司在上清所托管债券中增加较快的依次为中期票据（1144 亿元）、超短期融资券（230 亿元）、同业存单（134 亿元）、短期融资券（52 亿元）（见表 8-13）。从月度变动来看，证券公司的增持主要集中在上半年，第三季度整体增持幅度较弱（见图 8-16）。

表 8-13 证券公司在上清所托管债券月增加量 单位：亿元

时间	短期融资券	超短期融资券	中期票据	同业存单	政府支持机构债
2017 年 1 月	−11	−13	−93	360	0
2017 年 2 月	−18	9	18	677	1
2017 年 3 月	7	51	134	378	−3
2017 年 4 月	26	−19	−43	76	1
2017 年 5 月	3	−14	−16	−205	−1
2017 年 6 月	9	64	63	−251	−1
2017 年 7 月	−3	−26	−58	−35	−2

表 8-13 证券公司在上清所托管债券月增加量 （续表）

时间	短期融资券	超短期融资券	中期票据	同业存单	政府支持机构债
2017 年 8 月	−13	12	−12	−16	−2
2017 年 9 月	6	−16	179	−212	1
2017 年 10 月	−5	−28	−50	−152	0
2017 年 11 月	−10	32	−5	90	1
2017 年 12 月	13	−23	219	−4	1
2017 年合计	**6**	**28**	**336**	**706**	**−5**
2018 年 1 月	11	69	12	37	0
2018 年 2 月	15	56	123	494	0
2018 年 3 月	24	131	320	−85	0
2018 年 4 月	−28	38	280	−179	−1
2018 年 5 月	−8	−101	−24	442	0
2018 年 6 月	24	74	81	−258	1
2018 年 7 月	−13	−43	119	−240	0
2018 年 8 月	28	40	181	−114	0
2018 年 9 月	0	−35	51	36	3
2018 年 1-9 月合计	**52**	**230**	**1144**	**134**	**3**

资料来源：根据中国债券信息网有关数据整理。

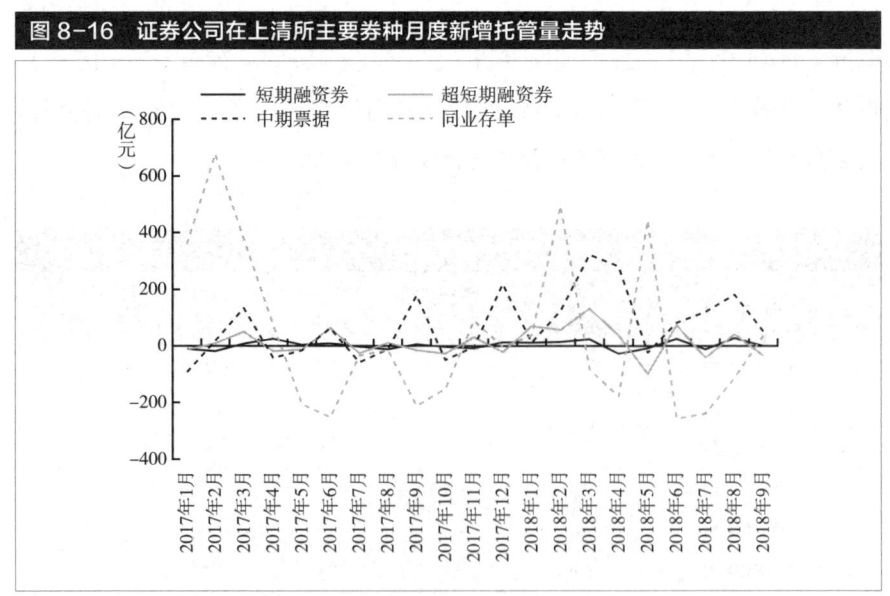

图 8-16 证券公司在上清所主要券种月度新增托管量走势

资料来源：WIND，第一创业证券计算整理。

4. 保险机构持仓结构分析

按照中债登的统计口径，保险公司在 2018 年前 3 个季度主要增持国债（492 亿元）、金融债（250 亿元），减持中期票据（-179 亿元）、企业债（-194 亿元）、商业银行债（-56 亿元）。与 2017 年相比，保险机构对债券的配置力度明显加大：2018 年保险机构多增持国债（1443 亿元）、商业银行债（830 亿元）、政策性金融债（149 亿元）、企业债（394 亿元）（见表 8-14）。

表 8-14 保险机构在中债登托管债券月增加量　　　　　　　　　　　单位：亿元

时间	国债	国开债	进出口债	农发债	政策性金融债合计	中期票据	企业债	商业银行债
2017 年 1 月	-3	652	26	66	744	3	-7	0
2017 年 2 月	27	18	1	12	31	-22	-19	0
2017 年 3 月	129	236	30	90	355	-26	45	-50
2017 年 4 月	223	16	-1	27	42	2	-88	11
2017 年 5 月	44	50	10	48	108	-5	-18	2
2017 年 6 月	-395	-804	0	11	-793	-83	-224	-544
2017 年 7 月	-538	-112	-6	-16	-134	-27	-9	-68
2017 年 8 月	-503	-251	42	0	-209	-76	-70	-140
2017 年 9 月	47	-188	23	11	-154	-113	-61	-76
2017 年 10 月	-73	-48	7	44	3	-25	-24	0
2017 年 11 月	125	43	-3	35	76	-80	-77	-15
2017 年 12 月	-32	23	2	7	32	-12	-37	-7
2017 年合计	**-951**	**-367**	**132**	**336**	**101**	**-464**	**-588**	**-886**
2018 年 1 月	-99	177	6	11	194	-23	-15	2
2018 年 2 月	49	-6	3	-3	-6	-13	-15	-1
2018 年 3 月	47	-3	-3	22	16	-17	-10	1
2018 年 4 月	91	-68	12	10	-45	-40	-10	1
2018 年 5 月	135	107	13	32	151	-27	-3	0
2018 年 6 月	85	-6	-1	24	17	-7	-4	0
2018 年 7 月	64	13	8	11	33	-5	-89	-23
2018 年 8 月	50	-70	-3	13	-60	-10	-27	-1
2018 年 9 月	70	-63	-3	15	-51	-36	-21	-34
2018 年 1-9 月合计	**492**	**82**	**33**	**135**	**250**	**-179**	**-194**	**-56**

资料来源：根据中国债券信息网有关数据整理。

从月度变化来看，保险机构今年在债券市场上的操作整体较为平稳，月度波动较小。2018年2月以来，保险机构不断增持国债，同时小幅减持企业债，也体现出保险机构对于利率债及信用债分化配置的意愿。

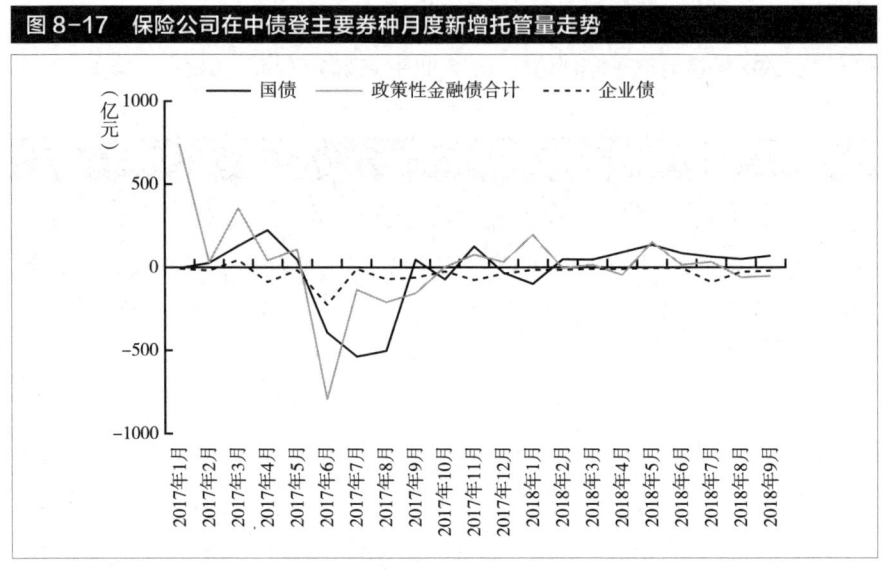

图8-17 保险公司在中债登主要券种月度新增托管量走势

资料来源：WIND。第一创业证券计算整理。

按照上清所的统计口径，保险机构主要持有短期融资券、超短期融资券、中期票据和政府支持机构债，以及少量的同业存单、区域集优中小企业集合票据、金融企业短期融资券、信贷资产支持证券、资产管理公司金融债等。2018年1~9月，保险公司分别新增短期融资券13亿元、超短期融资券27亿元、中期票据99亿元，其中超短期融资券及短期融资券转为净增持，中期票据增持幅度减小（见表8-15）。从月度新增来看，2018年保险公司对各个品种的持仓变动都较小，对于中期票据呈现为第一、第二季度增持以及第三季度减持（见图8-18）。

表8-15 保险机构在上清所托管债券月增加量　　　　　　　　单位：亿元

时间	短期融资券	超短期融资券	中期票据	政府支持机构债
2017年1月	−2	−110	70	2
2017年2月	−41	−160	39	2
2017年3月	−77	−176	133	2
2017年4月	−35	−172	56	1

表 8-15 保险机构在上清所托管债券月增加量 （续表）

时间	短期融资券	超短期融资券	中期票据	政府支持机构债
2017 年 5 月	-7	-197	171	-39
2017 年 6 月	-12	-52	-24	-1
2017 年 7 月	-42	-10	9	0
2017 年 8 月	-34	-28	43	0
2017 年 9 月	-22	-7	3	-1
2017 年 10 月	-4	17	25	0
2017 年 11 月	-6	-27	72	0
2017 年 12 月	-4	-18	38	0
2017 年合计	**-284**	**-940**	**634**	**-34**
2018 年 1 月	0	-7	29	-1
2018 年 2 月	-2	15	61	0
2018 年 3 月	9	14	48	-8
2018 年 4 月	-2	2	45	0
2018 年 5 月	0	-8	33	0
2018 年 6 月	3	-1	-17	-1
2018 年 7 月	-5	-9	-51	0
2018 年 8 月	13	19	0	-1
2018 年 9 月	-4	1	-49	-11
2018 年 1~9 月合计	**13**	**27**	**99**	**-21**

资料来源：根据中国债券信息网有关数据整理。

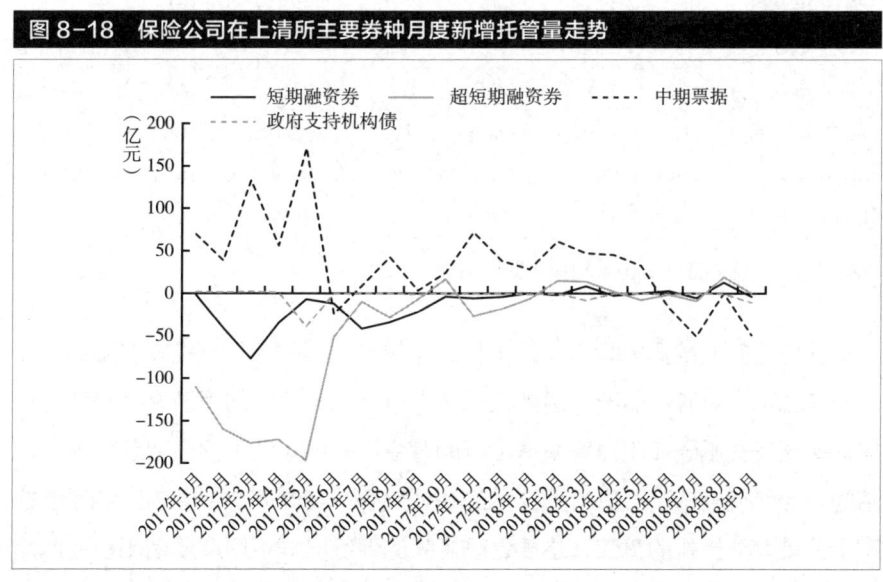

图 8-18 保险公司在上清所主要券种月度新增托管量走势

资料来源：根据中国债券信息网有关数据整理。

第 8 章 债券交易及存量特征

5．境外机构持仓结构分析

按照中债登的托管数据，境外机构 2018 年 1~9 月分别累计新增国债 4525 亿元、政策性金融债 214 亿元、企业债 13 亿元，减持中票 45 亿元（见表 8-16）。从目前持有结构上看，占比由大到小依次为国债（74%）、国开债（14%）、农发债（6%）和进出口债（5%），企业债和中期票据只占持有量的 1%（见图 8-19）。

表 8-16 境外机构在中债登托管债券存量　　　　　　　　　　单位：亿元

时间	国债	国开债	进出口债	农发债	政策性金融债合计	企业债	中期票据
2017 年 6 月	4489	1694	631	749	3075	120	147
2017 年 7 月	4868	1675	626	770	3071	124	146
2017 年 8 月	4978	1649	619	829	3098	137	151
2017 年 9 月	5262	1731	642	842	3216	139	126
2017 年 10 月	5591	1719	614	814	3147	139	112
2017 年 11 月	5735	1732	608	825	3165	147	99
2017 年 12 月	6065	1811	600	795	3206	152	99
2018 年 1 月	6670	1726	646	857	3228	159	99
2018 年 2 月	6909	1782	660	868	3311	143	82
2018 年 3 月	7121	1789	664	852	3305	151	74
2018 年 4 月	7808	1811	645	826	3281	158	64
2018 年 5 月	8359	1825	648	809	3281	164	66
2018 年 6 月	9153	1887	660	817	3364	166	69
2018 年 7 月	9804	1852	678	777	3307	165	59
2018 年 8 月	10343	1852	687	766	3306	166	61
2018 年 9 月	10590	1951	685	785	3420	165	54

资料来源：根据中国债券信息网有关数据整理。

从月度新增数据来看，境外机构对国债和政策性金融债的托管量在前 3 个季度呈稳中有升的节奏，境外机构在上半年也成为我国国债最大的增持机构。即便在美国国债收益率快速上行的背景下，中美两国国债利差仍有一定空间，因而境外资产寻求价值洼地的动力较强。与此同时，国内的信用债并不十分受境外机构的青睐，主要是国内外的评级标准不同造成信用债的风险定价有一定差异，因而投资人更看好由国家信用作保障的利率债。

图 8-19 境外机构持有各主要券种存量占比

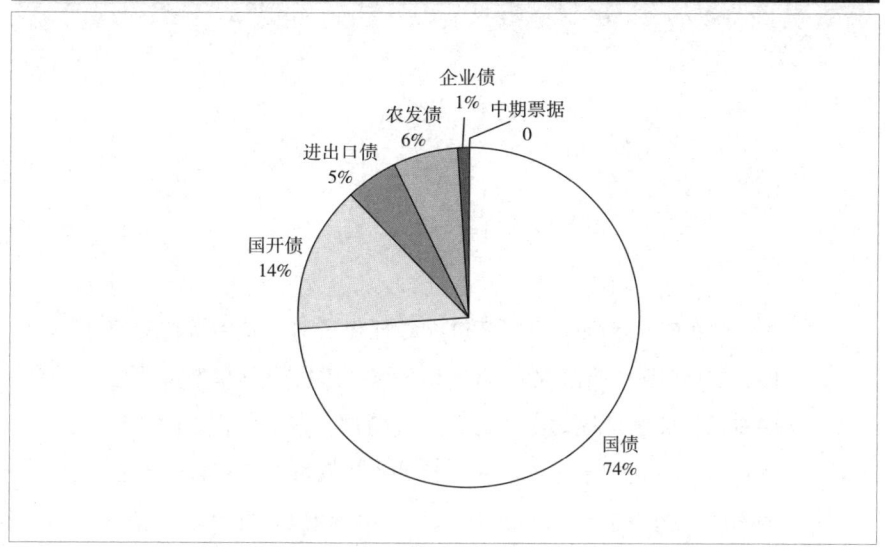

资料来源：根据中国债券信息网有关数据整理。

第 9 章 债券收益率曲线*

- 2018 年，我国由去杠杆进入稳杠杆阶段。受中美贸易摩擦、信用收缩等因素的影响，2018 年我国货币政策整体中性偏宽松，监管环境边际趋缓，利好债市；下半年货币政策延续宽松，财政政策更加积极，目的在于缓冲信用收缩对经济的影响，但由于宽信用传导不畅，实际效果有待观察，经济仍面临一定的下行压力，债市收益率仍有一定的下行空间。

- 2018 年信用事件频发，投资者风险情绪偏低，信用利差整体压缩有限、低等级债券"牛市更牛"特征不在。在偏低的资金利率水平下，期限利差处历史较高水平，收益率曲线呈现陡峭化态势。

- 海外市场，债券收益率普遍上行。美国国债受经济数据向好、通胀压力加大和美联储不断加息的影响，收益率总体攀升，中美利差（10 年）亦降至历史偏低水平。美债收益率的不断上行，在一定程度上压制了我国国债收益率的走势；离岸债券市场受此影响更大，中资美元债收益率亦有一定幅度的上行。

---

* 本章作者：高占军，中信证券原董事总经理，哈佛大学访问学者，国家金融与发展实验室特聘高级研究员，中国债券论坛首席经济学家；曹巍，中信证券固定收益部高级副总裁；王正国、张泽、霍飞鹏，均为中信证券固定收益部副总裁；崔莉莉、牛露莎、刘鹏和杨恩百，均为中信证券高级经理。

9.1 债券市场收益率波动的总特征

9.1-1 总体描述

2018年，金融去杠杆进入监管"补短板"阶段，年初监管集中发文，后续落地则相对宽松，中美贸易摩擦和美联储加息加剧国内经济下行压力，宏观政策逐步由去杠杆转向稳杠杆，货币政策注重疏通传导机制，流动性保持宽松：收益率下行，短端利率大幅下行，期限利差走阔，收益率曲线陡峭化；债券发行和交易回暖，换手率相应回升；不同等级品种信用利差有所分化，高等级债券信用利差振荡下行，低等级债券受信用事件频发影响利差略有上行；企业和金融机构再融资依然有待改善。

具体来看，1月初监管当局密集发文加强金融监管，债券代持、委托贷款等业务受到规范，债券收益率明显上行；1月中下旬，降准释放资金叠加央行动用临时准备金安排（CRA），带动现券收益率进入下行通道；3月，受贸易战影响收益率继续下探；4月中旬，降准释放资金前，资金面较为紧张，叠加油价上涨抬升通胀预期、美债收益率上行以及资管新规正式发布等利空因素，债券收益率转而向上；5月中旬，债券收益率达到阶段性高点；6月中旬，由于经济和金融数据明显弱于预期，中国人民银行未跟随美联储加息调整公开市场利率，中美互征关税，收益率下行至年内新低；6月下旬，中国人民银行年内第三次降准，债券收益率再下台阶；第三季度，在中央政治局会议定调转向部分修复经济悲观预期、食品项带动通胀回升、地方债供给放量以及滞胀预期的轮番冲击下，收益率振荡上行。

9.1-2 收益率变动：下行后进入振荡格局

2018年前2个季度，受监管落地转松、三次降准释放资金从而流动性环境宽松和贸易摩擦打压风险偏好影响，债券市场收益率明显下行，间有振荡。第三季度起，宏观政策定调积极财政，经济悲观预期边际修复，地方债供给放量，收益率振荡上行。

年初，受监管文件密集发布影响，投资者担忧监管进一步趋紧，收益率曲线快速上行；1月中旬至4月中旬，央行货币投放量上升，资金面转松叠加贸易摩擦压制风险偏好，收益率曲线明显下移；4月至5月中旬，美债收益率向上突破3.0%，原油和螺纹钢价格暴涨施压长端，收益率曲线陡峭化；5月至6月末，年内第三次降准释放资金，中美进入互征关税阶段，国内经济悲观预期氛围加重,中长端收益率下行幅度较大,收益率曲线平坦化;第三季度,政策定调托底经济,地方债供给压力上升,食品价格上升引发通胀担忧,MLF投放量增多,短端下而长端上,收益率曲线重新走陡。与年初相比,至9月末,中国债券市场整体收益率曲线陡峭化下行,中短端品种下行幅度大于长端品种。至9月末,1年、10年和30年国债收益率分别下行71BP、29BP和20BP(见图9-1);1年、10年和30年国开债收益率分别下行140BP、67BP和48BP(见图9-2);1年、5年AAA信用债收益率下行137BP、

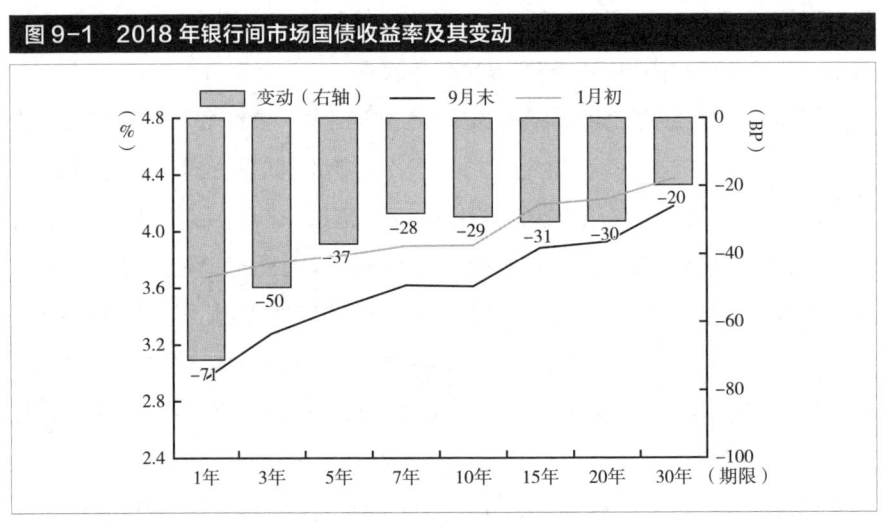

图9-1 2018年银行间市场国债收益率及其变动

资料来源:WIND,中信证券。

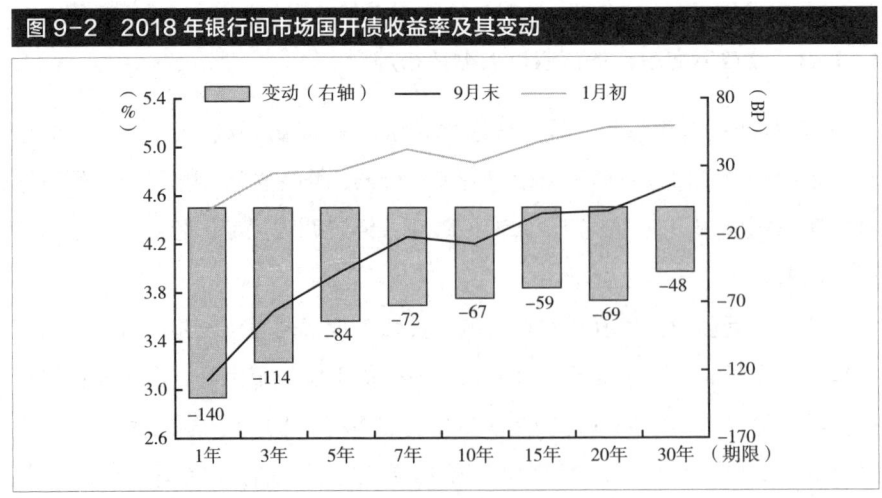

图9-2 2018年银行间市场国开债收益率及其变动

资料来源:WIND,中信证券。

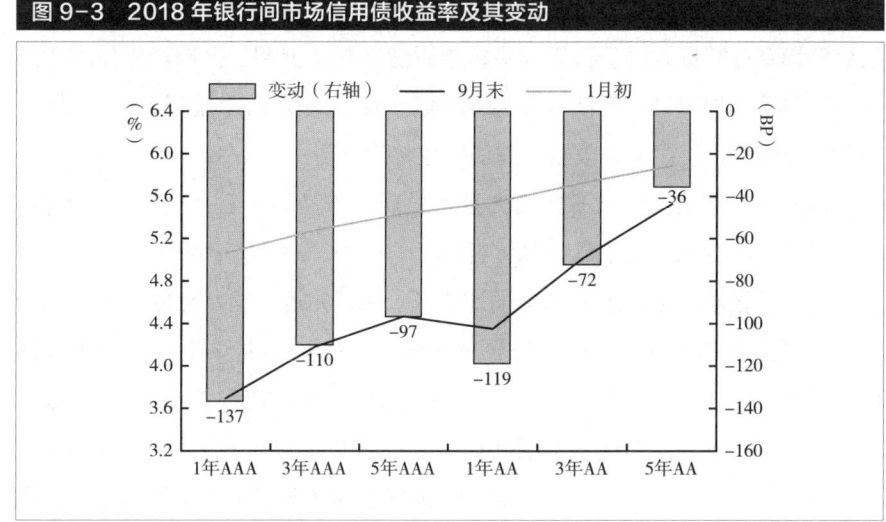

图 9-3　2018 年银行间市场信用债收益率及其变动

资料来源：WIND，中信证券。

97BP，1 年、5 年 AA 信用债收益率下行 119BP、36BP（见图 9-3）。

年初，监管当局一方面规范债券交易，另一方面设定银行同业的风险暴露和同业存单备案上限，让市场产生担忧。总体来看，从年初到 1 月中旬，债券市场在监管加强和资金收缩带来的去杠杆压力下，收益率快速上行。

随着 2017 年定向降准释放资金以及央行动用临时准备金安排（CRA），债券收益率下行，3 月美国发布对中国"301 调查"结果，宣布对 500 亿美元中国商品加征关税和设置投资限制，贸易摩擦催生避险情绪，4 月央行宣布降准 100BP，部分置换到期中期借贷便利（MLF），并释放 4000 亿元增量资金用于支持小微企业，在货币宽松和避险情绪带动下债券收益率一路下行。

4 月中旬，债券收益率出现阶段反弹。央行宣布降准后资金未立即释放，适逢缴税因素导致资金面意外收紧；资管新规正式下发，边际放松未对债券情绪产生缓解，通胀预期升温和美联储持续加息，各国抛售美债导致其收益率向上突破 3.0%；5 月初，美国先后空袭叙利亚和宣布退出伊朗核协议，重启对伊制裁，中东局势出现动荡导致原油供给恶化，油价上涨引发输入性担忧，收益率曲线陡峭化上行。

5 月下旬，白宫违背日前经贸磋商发布的联合声明，突然宣称将对 500 亿美元中国商品征收关税，在中方提出等额反制后，美国进一步宣称将对

2000亿美元中国商品加征关税并将升级至5000亿美元；6月中下旬公布的经济和金融数据均弱于预期，央行未跟随美联储上调公开市场操作利率并宣布年内第三次降准，定向释放7000亿元支持银行法制化债转股，长端收益率下行幅度大于短端，收益率曲线平坦化下行。

进入第三季度，经济下行压力开始显现，政策转向后收益率振荡上行。本轮去杠杆严控地方政府融资平台债务，今年基建投资不断收缩，第二季度经济数据显示国内投资和消费端均走弱。海外方面，日本和欧洲未能延续年初的经济复苏走势，除美国外全球主要经济体PMI掉头向下，贸易摩擦使外需也面临压力。内外交困下，7月中央政治局会议正式定调实施积极财政政策托底经济，一方面基本面悲观情绪有所修复，另一方面积极财政也带来地方债供给压力。除此之外，寿光水灾和非洲猪瘟引发食品价格上行拉动通胀的担忧，尽管其间中美进一步加征关税，第三季度收益率振荡上行，短端方面，除到期对冲外，央行7月、8月、9月均在中下旬投放MLF，全季共计释放6065亿元，带动短端利率中枢下行，收益率曲线走陡（见图9-4至图9-7）。

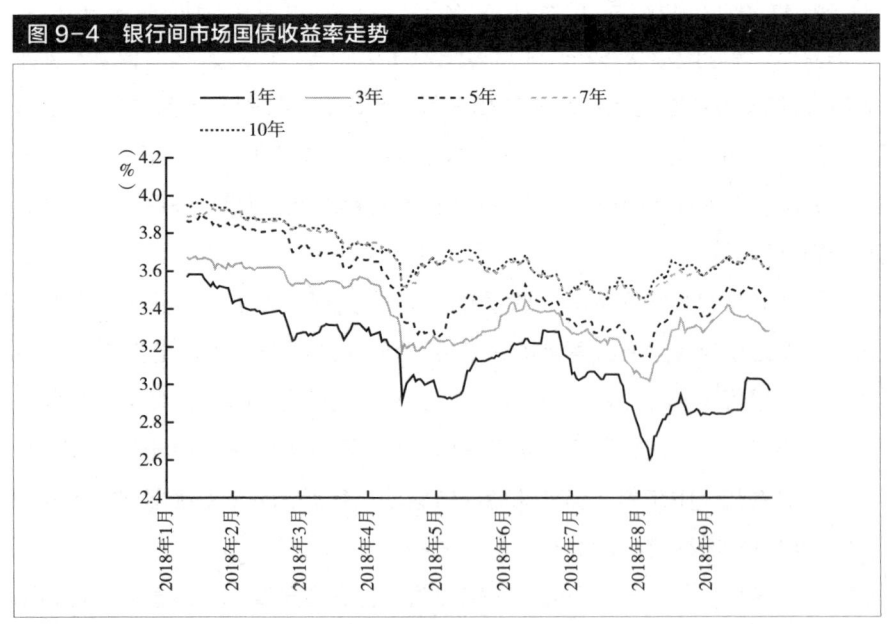

图9-4 银行间市场国债收益率走势

资料来源：WIND，中央结算公司，中信证券。

图 9-5 银行间市场国开债收益率走势

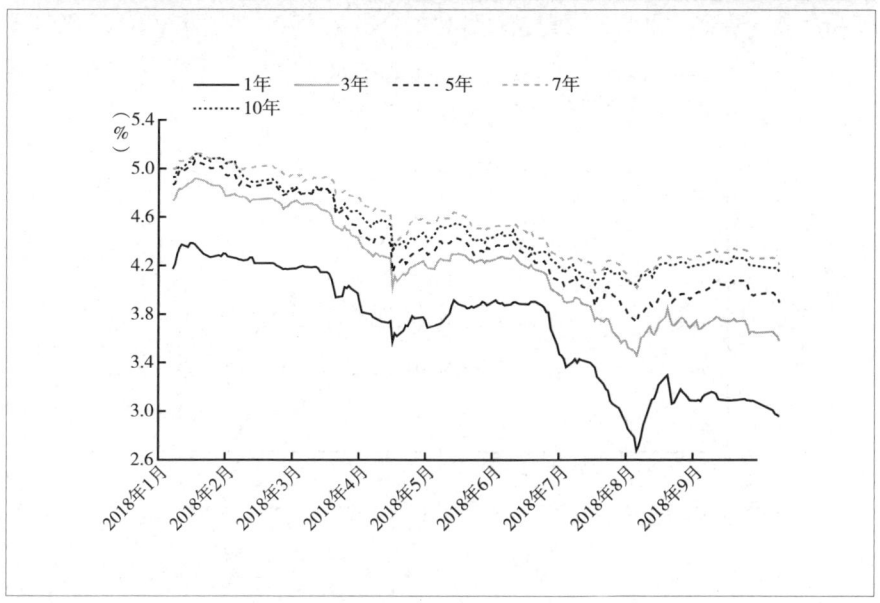

资料来源：WIND，中央结算公司，中信证券。

图 9-6 银行间市场信用债收益率走势

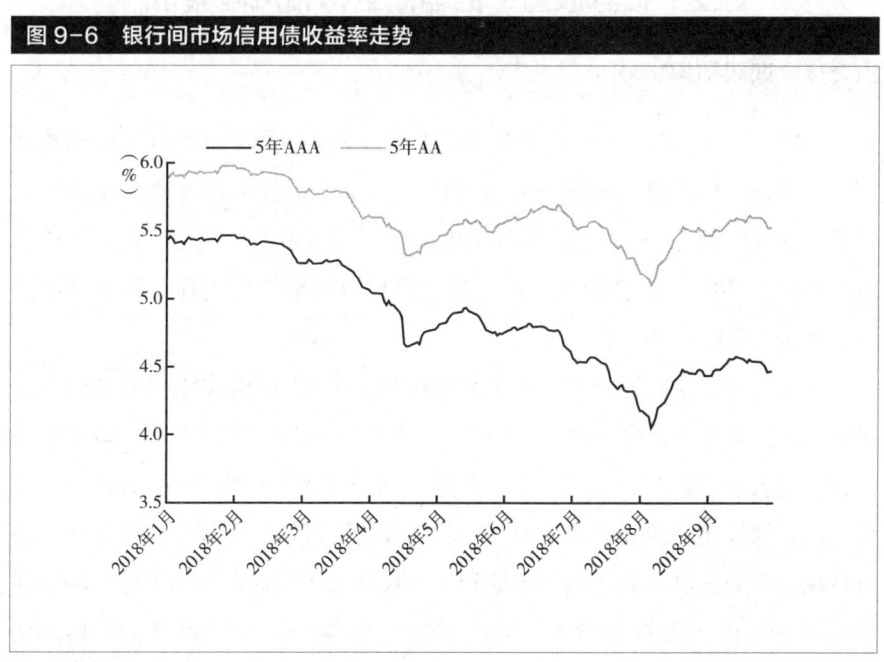

资料来源：WIND，中央结算公司，中信证券。

图 9-7 银行间市场利率互换收益率走势

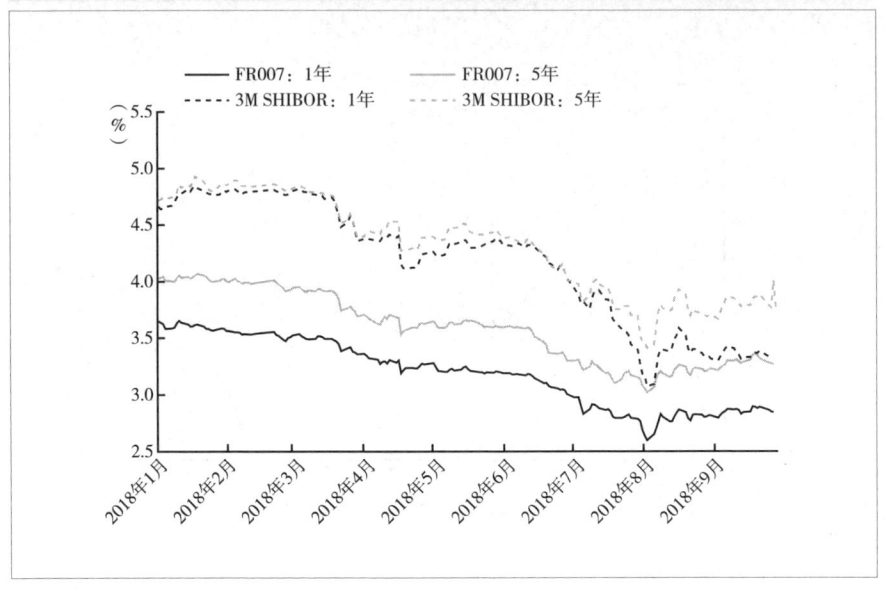

资料来源：WIND，中信证券。

9.2 债券收益率的期限结构和风险溢价

9.2-1 期限结构

年初，"一行三会"密集发布监管文件，限制债券交易杠杆率对长端利空大于短端，央行通过临时准备金安排（CRA）投放临时流动性接近 2 万亿元，使用期限 30 天，加之原来的定向降准释放资金 4500 亿元，春节前流动性较为宽松，资金价格下行，短端品种收益率下行明显，利率债期限利差上行（见图 9-8）。

进入 3 月，央行逆回购基本采取等额对冲操作到期量的方式保持资金面稳定，虽然央行在月中投放 3270 亿元 MLF，但对冲 3 月 MLF 到期量后并无更多增量资金释放，除月末央行连续净回笼导致资金收紧外，3 月全月资金价格较为稳定，另外，白宫发布"301 调查"报告并宣称将对中国商品进行征税和实施限制，避险情绪带动利率债长端债券收益率快速下行，利率债期限利差收窄。但信用债的短端和长端收益率均出现较大幅度下行，期限利差基本保持不变（见图 9-9）。

图 9-8 利率债期限利差及其变动

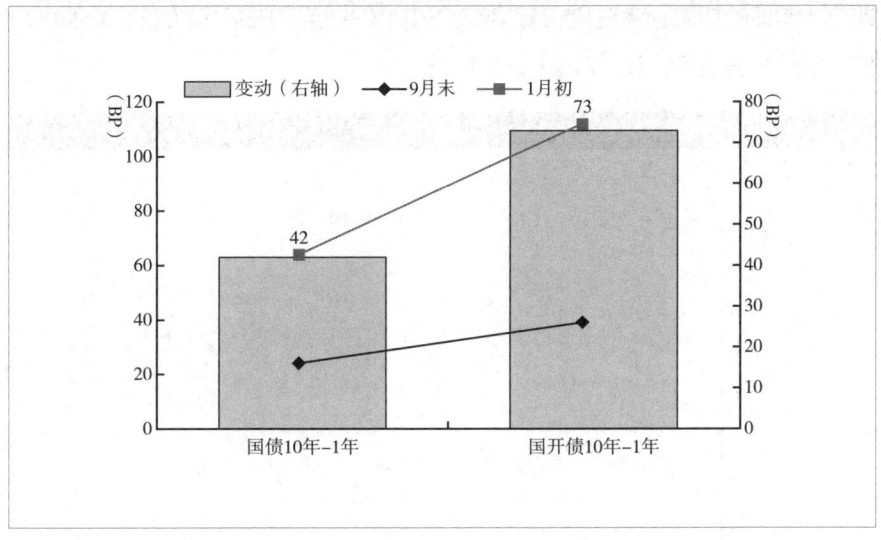

资料来源：WIND，中央结算公司，中信证券。

图 9-9 信用债期限利差变动

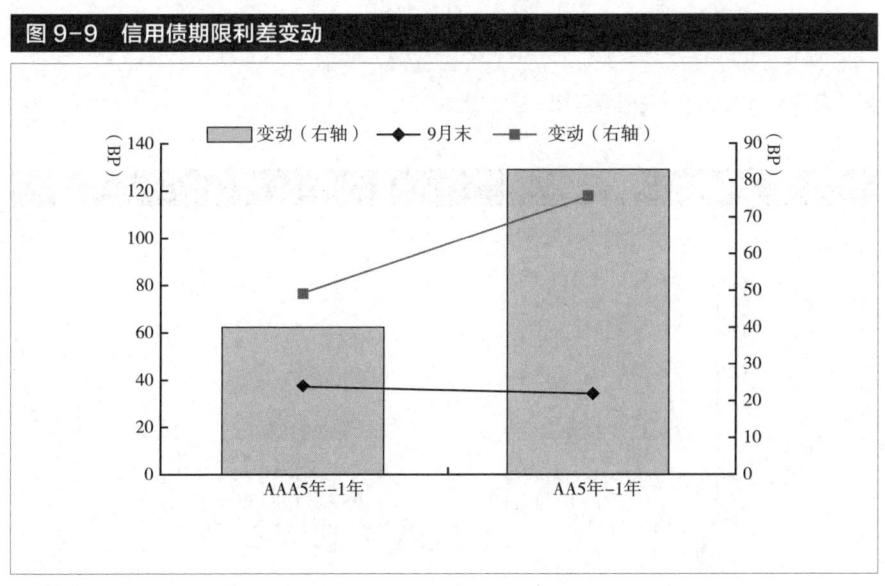

资料来源：WIND，中央结算公司，中信证券。

4月初至5月上旬，第一季度经济数据显示国内经济韧性仍存，去杠杆环境对融资收缩的影响尚未明显传导至经济表现，但微观结构上小微企业面临的生产压力渐大，4月的准备金调整使长端利率在经济数据超预期影响下上行，利率债期限利差扩大，3月30日至5月9日，国债和国开债10年期与1年期的期限利差分别上行36BP和18BP至78BP和81BP；而信用债的期限利差先升后降（见图9-10、图9-11）。

图 9-10　利率债期限利差走势

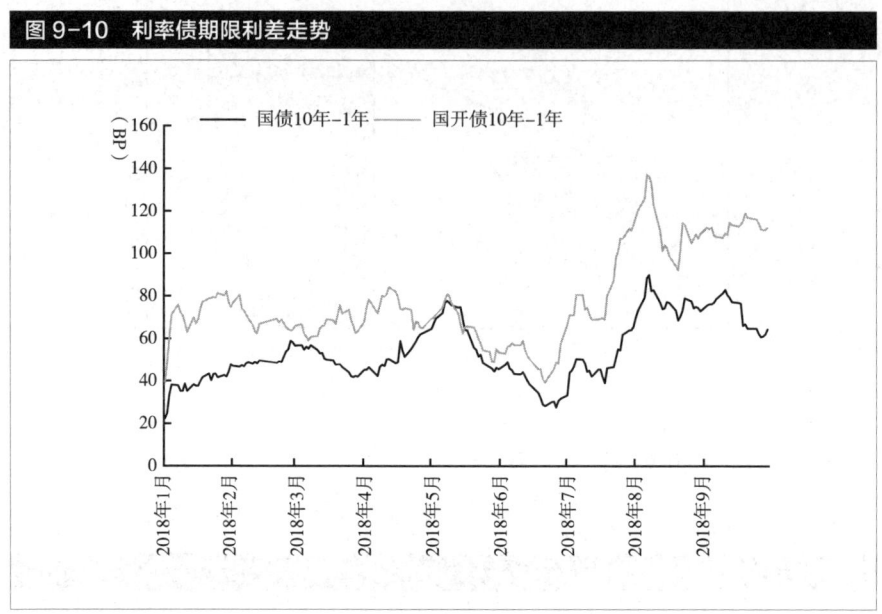

资料来源：WIND，中央结算公司，中信证券。

图 9-11　信用债期限利差走势

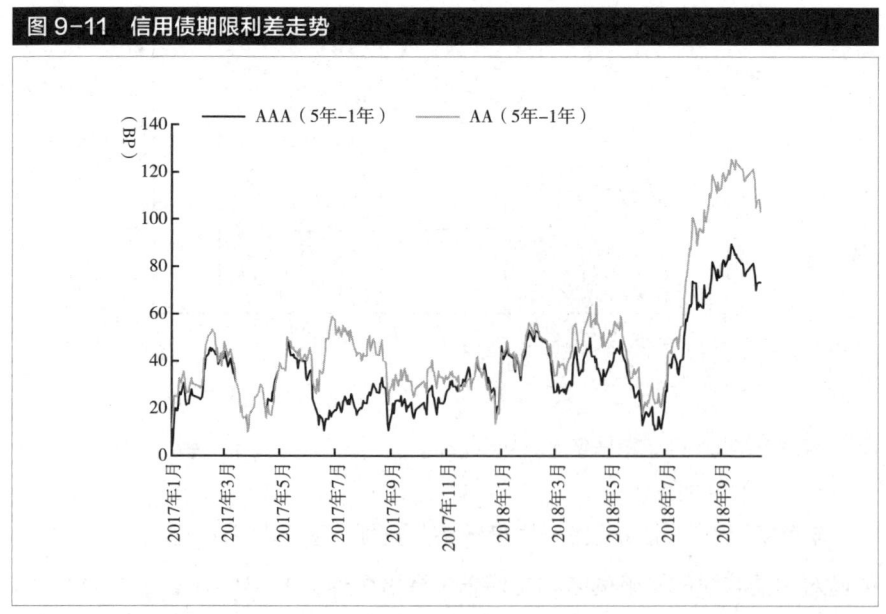

资料来源：WIND，中央结算公司，中信证券。

5月初至6月中旬，经济和社融数据出现疲态，信用收缩对经济的副作用开始显现，6月初，央行宣布扩大MLF担保品范围，货币政策进一步探索宽信用传导机制，各品种债券长端收益率逐步回落，但资金面有所收紧，资金价格上行，期限利差收窄，曲线平坦化。

进入第三季度，央行在6月末未跟随美联储加息，同时宣布年内第三次降准，释放7000亿元定向支持银行法制化债转股，由于宽信用短期难以见效，流动性淤积于金融体系内。7月23日国务院常务会议和7月31日中央政治局会议均定调积极财政，使市场经济悲观预期有所修复，地方债供给也使长端收益率承压上行。受益于流动性宽松，利率债短端收益率大幅下行，而长端收益率由于悲观预期边际修复、地方债供给放量和通胀预期影响出现上行，期限利差大幅走阔，曲线陡峭化明显。信用债利差同样如此。

8月中旬至9月末，由于降准和基建的组合无法解决经济面临的结构性问题，市场主体对宽信用和基建托底经济的效果开始心生疑惑。8月，华北和华东地区接连出现灾害，非洲猪瘟以及山东寿光水灾冲击猪肉和蔬菜供给，通胀预期开始升温。此外，贸易战不断发酵，首轮关税中剩余160亿美元部分开始生效，第二轮2000亿美元也于9月下旬开始征收，但市场对贸易摩擦的反应有所钝化。多空交织影响下，利率债长端收益率横盘振荡，期限利差主要受短端利率变动的影响，由于此前处于低位的资金价格有所回升，期限利差下行。至9月末，国债、国开债10年期和1年期的期限利差较8月初分别下行25BP和24BP至64BP和112BP。但信用债的长端收益率上行，并导致期限利差进一步走阔，9月末，5年和1年AAA、AA债券的期限利差较第二季度末分别上行66BP、97BP至77BP、117BP。

9.2-2　风险溢价

至2018年9月末，各等级信用债信用利差走势出现了较为明显的分化：高等级信用债信用利差"先振荡、后下行为主"，至9月末与国债信用利差101BP，较上年末下行57BP；低等级信用债信用利差则总体振荡，至9月末与国债信用利差207BP，较上年末上行4BP（见图9-12）。不同于以往，低等级债券"牛市更牛"的历史特征，2018年前3个季度低等级债券表现不佳，与信用事件频发、投资者信用风险厌恶程度未得到明显改善有关。

图9-12 信用债信用利差变动

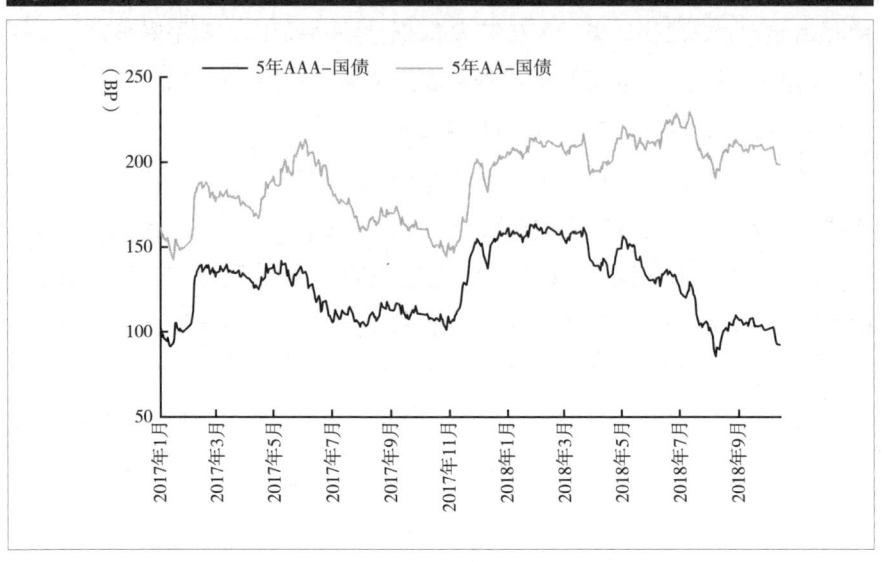

资料来源：WIND，中央结算公司，中信证券。

1月，受监管文件继续出台影响，收益率高位振荡，信用利差小幅上行5~10BP；2月春节资金无虞，央行呵护资金面，收益率有所下行，信用利差小幅缩窄5BP；至2月末，5年期AAA和AA评级信用债与国债利差分别上行2BP和9BP至160BP和212BP，处于高位振荡态势。3~4月，在贸易战隐忧、资金面持续宽松的背景下市场情绪逐渐回暖，特别是4月17日央行意外降准后，市场做多热情被激发；与利率债的火热相比，低等级信用债一二级市场均表现清淡，投资者的风险情绪仍较为谨慎。4月中下旬，受资金面转紧且美债收益率快速上行影响，收益率出现了一定程度反弹。至4月末，5年期AAA和AA评级信用债与国债利差分别下行11BP和上行2BP至149BP和214BP，低等级信用债表现较差。5月，交易情绪偏谨慎，违约事件频发，利率债信用利差有所上行，信用债成交清淡、信用利差被动压缩；至5月末，5年期AAA和AA评级信用债与国债利差分别下行18BP和2BP。6~7月，资金面维持宽松，贸易纷争升级，资管、理财等监管政策边际放缓，国务院常务会议提出"积极财政政策要更加积极""保障合理融资需求"等，政策释放宽松信号，债券收益率曲线下行明显，信用利差压缩明显；至7月末，5年期AAA和AA评级信用债与国债利差分别下行25BP和8BP至106BP和204BP。8~9月，受地方债供给增加及美债收益率加速上行影响，债券收益率在一波上行后转为振荡，信用利差亦同步跟随；在此期间信用事件频发，投资者对信用风险始终较为警惕。至9月末，5年期AAA和AA评级信用债与国债利差分别变动-4BP和+4BP至101BP和207BP。

9.3 金融加强监管对债券收益率的影响

2018年，监管政策出现了前后两个不同的阶段，先是严厉的监管，后则因市场波动而被迫做出适度调整。

9.3-1 监管延续收紧态势

2018年开年第一周，债市并没有迎来"开门红"，10年国债与10年国开债连跌三天，造成此轮收益率快速上行的主要原因是以"302号文"为代表的一系列监管文件的密集出台，市场对于监管的悲观预期加强。

首先，债券代持被禁止。

《关于规范债券市场参与者债券交易业务的通知》要求各债券交易机构或部门要完善债券交易业务部门间以及业务部门和其余部门间的隔离，将自营、资管、投顾等各类前台部门以及前中后台部门岗位之间相互隔离，中后台部门应该全面掌握前台部门交易情况，同时加强合规性审查，对内控制度的要求提升且更加明确，未来债券交易业务将更加透明化，各参与方着手整改势必减少不合规债券交易业务的开展，整改期为一年。此外，2016年"萝卜章"事件后，债券代持业务受到监管部门高度重视，监管对债券代持业务进行了规范，要求债券交易要线上化、透明化，并根据交易实质签订回购主协议，同时禁止私下签订"抽屉协议"的行为，从业务指引层面规范债券代持。从对债券市场的影响来看，通过线下协议来实现杠杆操作等目的的代持行为将受到冲击。

同时，参与者开展债券回购交易应按照会计准则要求将交易纳入机构资产负债表内及非法人产品表内核算，计入"买入返售"或"卖出回购"科目。约定由他人暂时持有但最终须购回或者为他人暂时持有但最终须返售的债券交易，均属于买断式回购，债券发行分销期间代申购、代缴款的情形除外。开展买断式回购交易的，正回购方应将逆回购方暂时持有的债券继续按照自有债券进行会计核算，并以此计算相应监管资本、风险准备等风控指标，统一纳入规模、杠杆、集中度等指标控制。

从表述上看，该规则涉及监管的两个层次：一是将债券代持业务定性为买断式回购，二是将其纳入表内计算相关指标。前者将债券代持业务摆上桌面，随后对其建立风险监控，表达了"一行三会"对该业务的明确整治态度。可以看到，未来通过债券代持业务实现资产出表、修饰利润的道路将被阻断，这将对高风险、低评级的信用债产生较大冲击。

综合各文件来看，第一，监管当局此番密集发文的初衷在于规范市场上的风险行为。第二，监管部门间的协调性相较于前期有了较大提升，同时各监管部门或多或少都提及穿透监管，体现的是监管当局对整治市场乱象的坚定决心。第三，开年的此轮监管有两大特点：按实质重于形式原则定义业务，引导机构回归业务本源；量化考核更加严格，对各类指标的统计口径和监管上限均做出调整，完善指标监控体系。新的监管措施对债券代持业务实施多方面把控，涉及主体范围更大，同时针对该业务设置正逆回购指标上限加强监管，使债券代持业务透明化。

其次，填补通道监管漏洞，委贷办法有的放矢。

在以往的委贷业务中，银行存在撮合资金供需双方的行为。从本质上看，委托贷款是在资金供需双方已达成借贷意向后，资金供给方将资金委托银行发放给资金需求方的行为，银行的作用表现为接受委托、发放贷款，而不应承担撮合职能，因此不应当对贷款人提供各种形式的担保，更不应当以资金垫付的形式代为发放或偿还借款。在此基础上，委贷业务中银行将摆脱中介角色，从短期看资金融通效率或将面临下滑，银行的中介业务费用也将下降，但因此承担的担保风险也会降低，且随着资本市场的进一步完善，资金供需双方沟通渠道更加顺畅，规范后的委贷业务仍有发展潜力。

《商业银行委托贷款管理办法》从资金的来源和运用入手，封堵了银行借道资管产品再通过委贷投资非标的路径。一方面禁止受托管理资金进行委贷业务，另一方面禁止投向各类限制性领域和用途。虽提及委贷资金不准投资债券，但鉴于实际中此类业务主要服务于非标融资，因此对非标融资影响较大，由于此前已有资管新规对嵌套行为和非标融资的明确限制，其对市场造成的预期差并不大。

最后，大额风险暴露管理新规打压银行同业业务。

《商业银行大额风险暴露管理办法（征求意见稿）》对银行风险暴露的定义囊括了债券投资、资管产品、ABS、同业业务、担保和衍生品等表内外业务；相比此前对于单一集团客户15%的限制，此次规定中的非同业关联客户统计范围更广，因而设定20%的上限更加合理；规定中对于同业风险暴露的调整幅度较大，由此前的50%降低至25%，但此前对于有质押物的融出并不进行扣除，而当前规定有合格质押物的融出风险权重为零，另外，风险暴露不超过一级资本25%的要求也与巴塞尔委员会发布的《测量和控制大额风险暴露的监管框架》相一致。同时，要求将无法识别底层资产的产品归为单一匿名客户并据此按15%的上限管理，是对当前银行授信业务多元化的积极应对。从银监会的测算来看，国内银行对非同业客户的授信指标大多符合要求，而同业授信指标达标压力较大，单家银行大量依赖同业负债的经营难度加大，但设定的三年过渡期较为充分，资产端将平缓过渡。

9.3-2 监管边际放松

首先，银监会下调监管红线，为表外回表创造空间。

2月末，银监会发布《关于调整商业银行贷款损失准备监管要求的通知》，主要对贷款拨备率和拨备覆盖率进行调整，贷款拨备率由此前的2.5%调整至1.5%~2.5%，拨备覆盖率由此前的150%调整至120%~150%。此次调整遵循"同质同类、一行一策"的原则，并参照单家银行90天以上逾期贷款纳入不良贷款的比例、处置的不良贷款与新形成不良贷款的比例以及资本充足率情况三个标准进行区分。

分析银监会公布的处罚样本可以发现，多家银行为了规避监管将部分不良资产通过通道业务腾挪至表外，或人为掩盖不良资产。例如，某银行曾于2014年用自有资金投资某证券公司的定向资管计划，用于向某公司发放委托贷款，委托贷款用于归还其母公司的土地出让金，且这种操作模式未计提风险资产，受到银监会的处罚。未来，随着监管政策的不断落地，将会有更多的表外业务面临转入表内的问题，在此背景下银监会调整拨备率，为表外不良资产回表提供了更多空间，体现了监管的前瞻性，也从侧面鼓励商业银行对不良资产进行准确分类、主动处理。

下调拨备率对于经营状况较好的商业银行而言将释放大量的利润。跟据银监会公布的不良贷款余额数据，模拟拨备率下调不同程度的情况下释放的贷款减值准备，测算得到全部商业银行未来可释放1700亿~5100亿元的拨备。银行释放的拨备若计入资本金，一方面可以用来处置不良资产，另一方面可以投入信贷或者债券中。受此影响，新规传出后，股市债市双双上行，国债期货大幅收红，随之现券收益率明显下行，10年期国开债最低报4.88%，创该券两个月收盘收益率新低。

其次，资管新规温和落地，业务调整仍在路上。

4月27日，市场期待已久的《关于规范金融机构资产管理业务的指导意见》（本章以下简称"资管新规"）正式发布，市场及整个资管行业环境为资管新规的落地提供了合适的条件。正式稿较此前的征求意见稿明显不同的地方主要包括以下几个方面。（1）过渡期转换。过渡期由此前的自发布日至2019年6月末更改为自发布日至2020年底。在过渡期内，金融机构不可以发行不符合新规的新产品，可以发行产品滚动对接未到期的资产，但是在过渡期结束后，不符合规定的产品不得再有存量。（2）净值法下的估值问题。金融资产坚持公允价值计量原则，鼓励使用市值法，但符合一定条件的资管产品可以采用摊余成本法进行计量。非标资产仍可以延续此前使用的估值方法，对于不活跃的标准化资产也可以采用摊余成本法，但是以摊余成本法计量的资产价格与兑付时资产价值的偏离度不得超过5%。（3）明确非标资产特征。非标资产一直是重点配置领域，2017年银行理财市场报告显示，非标资产投资占比排名第二，仅次于债券。"资管新规"明确了非标需要具备的特征，包括等分化、可交易、集中登记、独立托管、公允定价、流动性机制完善、在经国务院同意设立的交易市场上交易等，总体较此前银行掌握的"非非标"范畴要严格很多，使市场有了更清晰的判断标准。（4）调整资管产品的份额质押限制。除禁止金融机构将受托管理的产品份额进行质押外，使资管产品仍然具备一定的融资功能，比征求意见稿大幅放松，保留了券商报价回购等产品的空间。

变化不大但仍需重点关注的内容主要包括以下几点。（1）打破刚兑，这是此次新规的核心精神。（2）消除多层嵌套和通道业务。金融机构不得为其他金融机构的资产管理产品提供规避投资范围、杠杆约束等监管要求的通道服务，减少通道业务生存空间。在穿透原则中，"资管新规"要求对于多层嵌套资产管理产品要向上识别产品的最终投资者，向下识别底层资产。（3）规范资金池。明确资金池具有滚动发行、集合运作、分离定价的特征，期限错配不再视为资金池的特征，而是根据投资品种进行限制，更符合理财产品的会计核算要求。除此之外，特别强调了单独管理、单独建账、单独核算的要求。

最后，理财新规正式落地，长期影响深远。

2018年9月，银保监会公布了《商业银行理财业务监督管理办法》（本章以下简称"理财新规"），明确了公募理财基金可以通过投资公募基金的方式间接进入股市，并且与资管新规保持一致，理财产品投资公募证券投资基金可以不再穿透至底层资产。

"理财新规"虽然对理财资金进入股市有所放松，但短期来看对股市的整体影响有限。考虑到银行理财产品的资产配置仍以债权类资产、现金和银行存款为主，权益类资产占比较小，一方面银行的股权投资经验仍有所欠缺，另一方面银行风险偏好较低，对于股权投资的偏好有待考量。此外值得关注的是，公募理财投资公募基金无须做进一步的穿透，但仍需要满足监管对于单一证券投资集中度的要求，如每只公募理财产品持有单只证券或单只公募证券投资基金的市值，不得超过该理财产品净值的10%；商业银行全部公募理财产品持有单只证券或单只公募证券投资基金的市值，不得超过该证券或单只公募证券投资基金市值的30%；等等。

修改机构投资者资金向上穿透要求，消除非银行金融机构开展理财产品投资的顾虑。"理财新规"不适用于未来成立的银行理财子公司，理财子公司将迎来差异化监管。理财子公司的成立将给银行资管业务带来较大的利好，但未来理财子公司的定位及运作模式仍有待探究。随着资管产品公平准入，理财产品购买门槛的下调对于风险偏好较低的投资者更加具有吸引力。此外，理财产品销售门槛的降低有助于扩大银行的客户范围，同时对于银行理财产品的规模具有积极的正面影响。鉴于信用债在银行理财投资的债券资产中占有很大的比重，监管政策的微调既可以缓解银行负债端的压力，也有助于吸引新的客户弥补过度悲观情绪引起的资金缺口。

9.3-3 监管政策对收益率的影响

监管政策对收益产生的影响主要体现在两个阶段。第一阶段，2018年1月5日延续2017年的强监管态势，市场对于监管的悲观预期加强，收益率有所上行。第二阶段，2月末银监会下调拨备率叠加资金面宽松等因素，利率有所下行。4月27日"资管新规"发布,监管在边际上有所宽松,受降准引发的资金面超预期性紧张影响,债市小幅上行,但随着资金面紧张影响退去,政策边际宽松的预期开始显现,债市收益率延续下行走势。

年初监管文件集中下发至1月18日,资金和现券利率同步上行。利率债方面,1年期品种略有异常,国债和国开债收益率分别下行9BP和10BP至3.58%和4.38%,10年期国债和国开债收益率分别较年初上行8BP和24BP至3.98%和5.12%。国债期货方面,5年合约价格下降0.70%,10年合约价格下降1.27%。信用产品方面,1年AAA、AA评级产品收益率分别上行1BP至5.08%、5.56%,5年期AAA、AA产品收益率分别上行0BP、4BP至5.43%、5.92%。利率互换方面,1年期以7天回购定盘利率为基准的互换收益率较年初下行3BP至3.62%,3年期、5年期分别上行2BP、3BP至3.87%、4.05%。

2月以后监管落地相对放松,流动性宽松配合下资金利率和现券收益率均进入下行通道。截至8月初,利率债方面,1年期国债和国开债收益率分别下行86BP和152BP至2.72%和2.85%,10年期国债和国开债收益率分别较年初下行52BP和106BP至3.46%和4.06%。国债期货方面,5年合约价格上升降2.98%,10年合约价格上升4.66%。信用产品方面,1年AAA、AA评级产品收益率分别下行163BP、137BP至3.44%、4.18%,5年期AAA、AA产品收益率分别下行126BP、74BP至4.17%、5.18%。利率互换方面,1年期、3年期、5年期以7天回购定盘利率为基准的互换收益率较年初下行93BP、98B、98BP至2.69%、2.90%、3.08%。

9.4 信用事件影响趋弱,但重点行业仍备受关注

2018年下半年以来,虽然宽信用政策稳步推进,但整体融资仍面临一定的收缩压力,国企、民企之间出现比较明显的信用分化。叠加民企融资的信用收缩以及2018年债券回售和到期压力的加大,今年信用违约事件频发。信用收缩背景下,投资者整体风险情绪保持谨慎,并对中低等级债券、民企债券收益率走势造成一定压制。所幸今年周期性行业业绩整体继续趋好,相关行业的信用资质较为稳定。

9.4-1 违约主体数量有所上升,但对市场影响较为有限

2018年1~9月,债券市场共有29家发行主体的63只债券违约,违约金额合计650.52亿元;较2017年同期违约主体数量增加14家,债券数量增加32只,违约金额增加417.92亿元;新增违约主体23家,其中16家为民营企业,4家为国有企业,3家为其他企业。新增违约主体的违约规模合计约为565.11亿元,约占当期违约总规模的87%。

从时点冲击上看,我们对新增发行主体首笔债券违约对市场的影响进行了分析。其中,16亿阳01(1月27日)违约当周,5年AAA、AA产品收益率均下降2BP分别至5.45%、5.96%的水平,与国债信用利差亦均下行1BP分别至161BP、212BP,上述信用事件并未给市场带来冲击。16环保债(3月14日)违约当周,5年AAA、AA产品收益率均上行1BP分别至5.27%、5.78%的水平,与国债信用利差均下行1BP分别至158BP、209BP,该违约为上市公司首笔违约,但影响较为有限。14富贵鸟(4月23日)违约当周,5年AAA、AA产品收益率分别上行9BP、7BP至4.76%、5.41%的水平,与国债信用利差分别上行15BP、12BP至149BP、214BP,信用债调整与4月降准后资金面超预期收紧有关,国开债与国债利差亦出现了一定幅度上浮。15中安消(5月7日)和11凯迪MTN1(5月7日)违约当周,5年AAA、AA产品收益率均上行7BP,分别至4.90%、5.55%的水平,与国债信用利差均下行3BP,分别至152BP、217BP。17沪华信SCP002(5月21日)违约当周,5年AAA、AA产品收益率分别下行11BP、8BP至4.77%、5.50%的水平,与国债信用利差分别下行5BP、2BP至138BP、211BP,市场对于华信违约预期较为充分,上述信用事件对市场冲击有限。16凯迪债(6月1日)违约后一周,5年AAA、AA产品收益率均上行3BP,分别至4.77%、5.58%的水平,与国债信用利差均上行1BP,分别至132BP、213BP。16长城01(6月13日)违约当周,5年AAA产品收益率基本维持稳定,AA产品上行3BP至5.64%的水平,与国债信用利差分别上行2BP、5BP至134BP、218BP。17永泰能源CP004(7月5日)违约当周,5年AAA、AA产品收益率分别下行了7BP、6BP至4.54%、5.53%的水平,与国债信用利差亦分别下行5BP、4BP至122BP、221BP,该事件未对市场产生明显影响。15乐视

01（8月3日）违约当周，5年AAA、AA产品收益率分别下行了15BP、12BP至4.17%、5.18%的水平，与国债信用利差亦分别下行4BP、1BP至103BP、204BP，该事件对信用市场影响较小。15城六局（8月13日）和17兵团六师SCP001（8月13日）违约后5个交易日，5年AAA、AA产品收益率均上行了15BP，5年国债与国开债亦上行5BP左右，上述信用事件对市场影响有限。15金鸿债（8月23日）、17美兰机场SCP002（8月24日）和16锡洲01（8月24日）违约当周，5年AAA、AA产品收益率均上行了1BP，分别至4.39%、5.44%的水平，与国债信用利差均上行2BP，分别至105BP、210BP，市场反应仍较小。17印纪娱乐CP001（9月10日）违约当周，5年AAA、AA产品收益率均下行了4BP，分别至4.58%、5.60%的水平，与国债信用利差亦均下行2BP，分别至108BP、210BP，该事件亦未对市场产生明显影响。17众品SCP002(9月25日)、17新光控股CP001(9月25日)、14利源债（9月25日）、16刚集01（9月26日）、16众品02（9月27日）、16飞投02（9月28日）、15华阳经贸MTN001（9月30日）于9月底陆续违约，主要为民营企业，当周5年AAA、AA产品收益率均下行了7BP，分别至4.47%、5.53%的水平，与国债信用利差亦均下行3BP，分别至101BP、207BP，信用债整体受资金和政策利好影响表现不差，违约事件未对市场产生明显影响（见图9-13）。

总体而言，虽然信贷整体持续扩张，但民企发债不振、非标融资亦不佳，

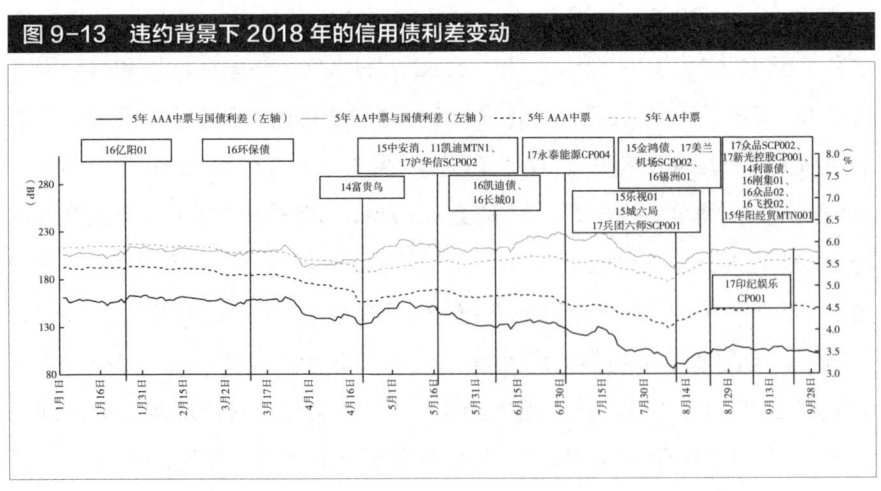

图9-13 违约背景下2018年的信用债利差变动

资料来源：WIND，中信证券。

导致今年以来民企融资持续收缩。加之 2018 年民企债券回售和到期压力均较大，上述违约事件频发。需要关注的是，虽然违约事件较多，但是违约主体资质多数偏弱，违约在投资者预期范围之内，对市场影响有限。不过，投资者 2018 年整体风险情绪不佳，压制了低等级债券及民企债收益率走势。

9.4-2　周期性行业资质整体趋稳，投资者对中低等级个券较为谨慎

随着供给侧改革持续深化，2018 年周期性行业运行继续保持稳定，赢利能力继续改善。具体来看，2018 年前 8 个月煤炭、钢铁、有色金属行业中规模以上工业企业利润总额分别为 2081 亿元、2738 亿元、3145 亿元，分别实现 16.6%、80.6%、13.8% 的同比增长；机械设备相关行业——通用设备制造业、专用设备制造业前 8 个月实现规模以上工业企业利润总额 1715 亿元、1384 亿元，同比增长 8.3%、23.7%；化工相关行业——化学原料、化学纤维实现规模以上工业企业利润总额 3631 亿元、247 亿元，同比增长 25.0%、22.4%。可以看出，2018 年前 3 个季度周期性行业盈利改善仍较为明显，整体增速较去年有一定程度下滑，但信用资质较为稳定。

截至第三季度末，煤炭、有色金属、机械设备、钢铁、建筑材料、化工板块 AAA 级别信用利差分别是 63BP、54BP、54BP、54BP、45BP、27BP，上述行业利差处于历史偏低位置，几乎已无信用利差压缩空间（见图 9-14）。

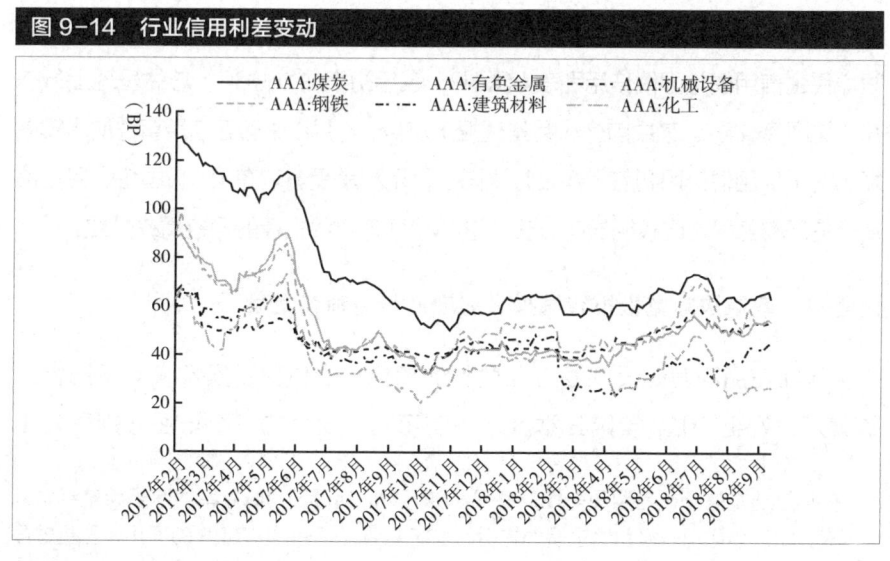

资料来源：WIND，中信证券。

相对于高等级债券，中低等级债券信用利差仍存在较大波动。考虑到整体信用条件的收缩，投资者对于中低等级债券保持谨慎，即便是表现相对稳定的周期性行业；此外，周期性行业亦存在负债率高，未来业绩不确定的问题。上述行业 AA+ 级别信用利差分别是 240BP、293BP、81BP、63BP、119BP、167BP；AA 级别信用利差分别是 428BP、54BP、363BP、192BP、170BP、225BP。

综合来看，2018 年前 3 个季度，周期性行业赢利能力持续改善，但投资者风险情绪仍偏谨慎，高等级债券信用利差继续压缩的空间有限，低等级债券信用利差仍较大，存在择券空间。

9.4-3　民企融资收缩，信用利差大幅上升

2018 年以来，各种监管文件细则逐步落地。与年初市场预期相比，政策给予了一定的缓冲期，边际有所放缓，但非标投资仍需满足期限匹配、禁止多层嵌套等要求，影子银行限制的大方向不变。在此次影子银行收缩的过程中，民营企业融资受影响最大，加之民企信用事件不断爆发，民企融资面临一定的困难。下半年，我国实施更为积极的信用宽松政策，但前 9 个月民企债券市场融资仍净减 2546 亿元。

由于上述情况，今年以来投资者对民企面临的流动性风险非常关注，对民企债券投资较为谨慎，民企与国企的信用利差出现比较明显的分化。截至 2018 年 9 月末，国企信用债与国债信用利差 207BP，较年初减少 15BP，整体波动有限；民企信用债与国债信用利差 501BP，较年初增加 169BP，总体呈现上行态势（见图 9-15）。其中前 3 个月呈现振荡态势，4 月以来随着信用事件的密集爆发，民企信用债信用利差大幅上行（国企信用利差受影响有限）。国企、民企信用债信用利差呈现比较明显的分化，这与投资者对民企债的规避情绪一致。[1]

9.4-4　政策边际宽松扭转城投、房地产行业利差走势

行业信用利差是反映各行业风险的指标，也体现了投资人对不同行业的偏好。截至 2018 年第三季度末，信用利差最大的三个行业分别是轻工

---

[1] 中信证券的信用债信用利差按以每只债券与相应期限国债收益率的信用利差平均编制，不区分信用等级，民企债券信用利差在 8 月 27 日有约 70BP 的下移，主要是多只债券到期所致。

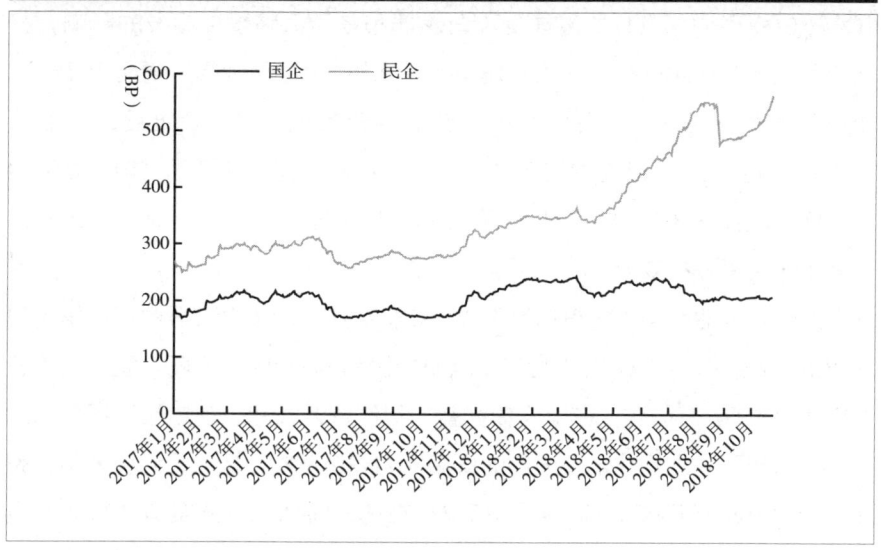

图9-15 民企与国企信用债信用利差变动

资料来源：WIND，中信证券。

制造（356BP）、机场（334BP）和纺织服装（324BP），而公用事业、电力和铁路运输的排名靠后，利差水平分别是78BP、73BP和44BP（见图9-16）。从行业利差的变化情况看，机械设备、铁路运输等相关行业

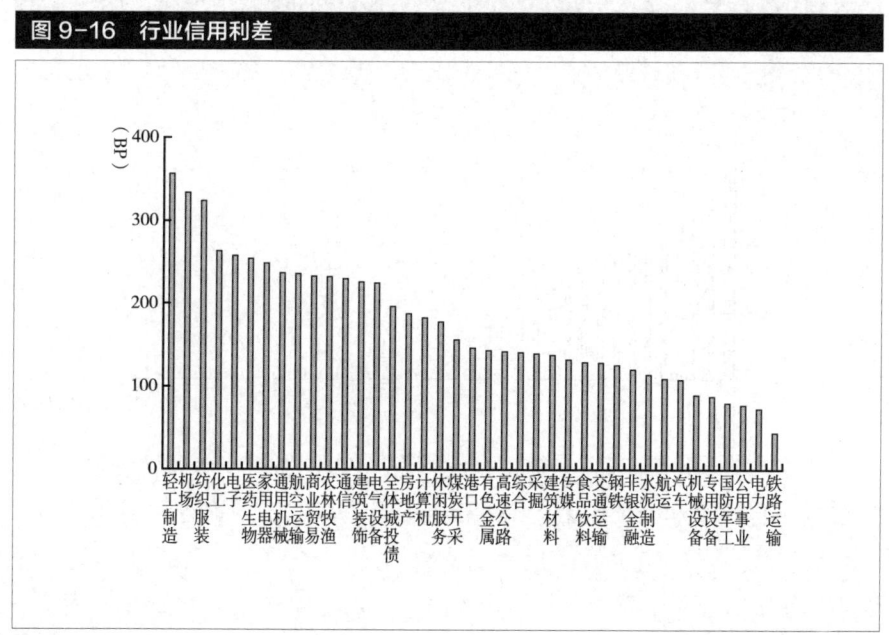

图9-16 行业信用利差

资料来源：WIND，中信证券。

景气度不断回升，与 2017 年末相比，行业信用利差分别收窄了 19BP、16BP（见图 9-17）；城投债受监管趋严和信用风险事件频发的影响，整体也呈现利差走阔态势，信用利差由上年末的 140BP 大幅走阔至 197BP，走阔幅度为 57BP（见图 9-18）；在调控政策加码、融资难度增加的背景下，房地产信用利差由上年末的 155BP 走阔至 188BP，走阔幅度为 33BP（见图 9-19）；经营相对稳定的交通运输、公共运输等行业的信用利差水平几乎没有变动。

对个别行业而言，政策的累积效应和信用事件的爆发会导致行业信用利差出现波动，甚至变化趋势改变。以城投债为例，2018 年城投债的待偿还规模达到 1.57 万亿元，在政府债务置换已经进入末期、地方融资平台"去杠杆"背景下，市场对城投平台的偿债能力趋于悲观，自 1 月起，云南、天津、陕西等地出现了非标违约的情况，市场避险情绪不断发酵。在此背景下，上半年城投债信用利差不断走阔，从年初的 140BP 大幅走阔至 7 月中旬的 240BP。进入 7 月份，政策基调转向，释放宽松信号稳定了市场预期。截至第三季度末，城投债信用利差为 197BP，较最高点收窄 44BP。

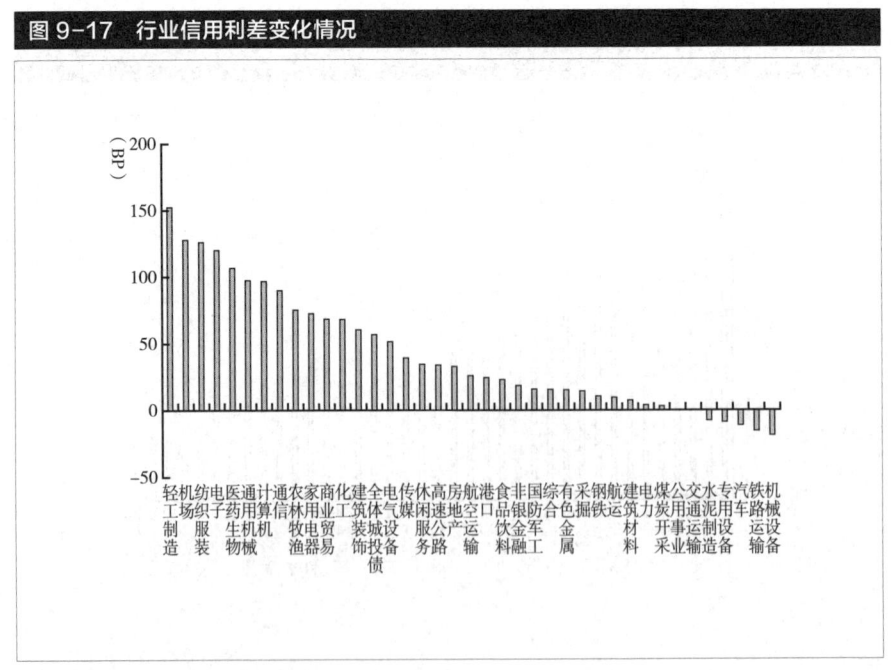

图 9-17　行业信用利差变化情况

资料来源：WIND，中信证券。

图 9-18 城投债信用利差情况

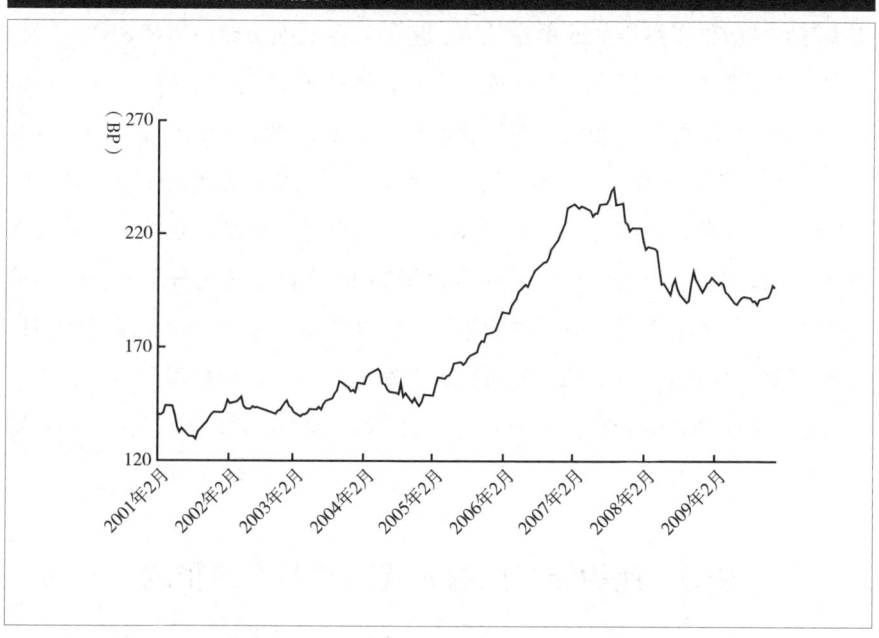

资料来源：WIND，中信证券。

图 9-19 房地产信用利差情况

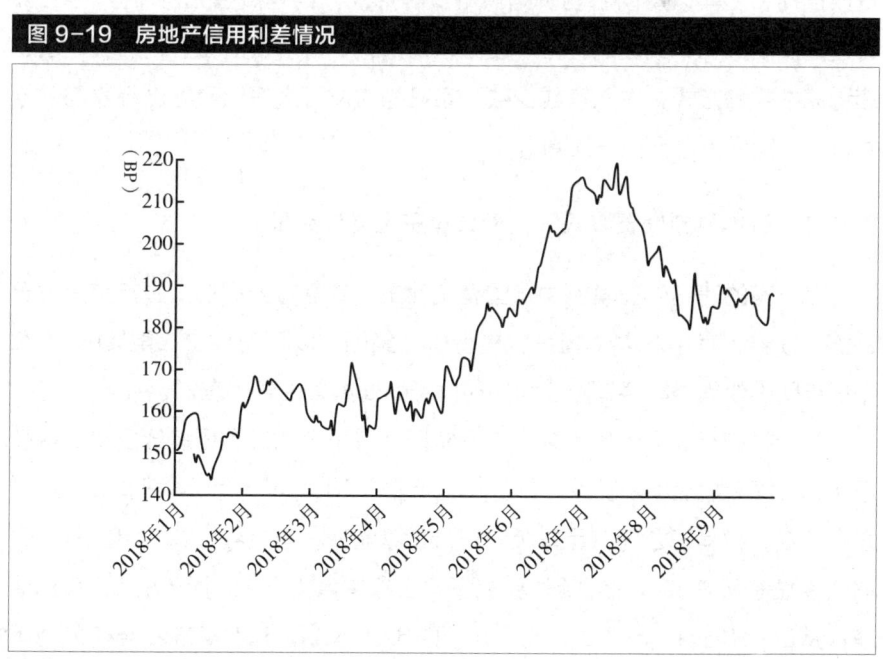

资料来源：WIND，中信证券。

房地产行业在 2018 年也出现了信用利差的大幅变化。2018 年初，在坚决落实"房住不炒"的政策定位下，房地产企业融资渠道持续收紧，银行贷款、公开市场发债等表内融资成本上升，而影子银行监管趋严、非标持续萎缩导致表外融资难度加大，叠加房地产企业公司债回售进入高峰期，行业流动性压力持续增加。2018 年 5 月，媒体爆料天津房地产集团有限公司的信托计划出现兑付危机，后期虽完成兑付，但市场对房地产企业流动性压力的恐慌持续发酵，行业信用利差由 5 月初的 162BP 迅速拉升至 7 月中旬的 220BP。2018 年 7 月，在"防风险"的大背景下，政策开始出现边际放松迹象，缓和了降杠杆下的市场悲观预期，房地产行业信用利差下行，利差开始收敛。截至 2018 年第三季度末，行业信用利差为 188BP，较最高点收窄 31BP。

9.5　违约债券处置方式对收益率的影响

违约债券处置方式主要包括以下四种：第一，利用外部资金支持，包括利用来自母公司、担保方以及第三方代偿资金的方式兑付债券；第二，通过资产抵押、变卖以及向金融机构再融资等形式，自筹资金兑付债券；第三，通过降低债券利率或延期支付等债务重组形式，缓解偿债压力；第四，通过违约债券收购方式，由一家或少数几家机构对发行人违约债券进行收购，与发行人、担保人进行统一谈判。

9.5-1　违约债券处置方式一：母公司资金支持兑付

在已有的违约处置案例中，国有企业主要依靠母公司的资金支持兑付已违约的债券，其中，以中国第二重型机械集团（以下简称"二重集团"）和中煤集团山西华昱能源有限公司违约债券的处置为主要代表。

随着机械行业景气度下降，二重集团及其子公司二重重装经营状况持续恶化，公司亏损面不断扩大，债务负担沉重。2014 年 7 月 24 日，二重集团发布公告，称其子公司二重重装的银行贷款逾期，紧接着，12 二重 MTN01 估值收益率从 8.18% 上升到 15.31%，上行幅度为 7.13 个百分点，其估值净价从 93.12 元跌至 77.03 元；10 月 16 日，二重集团发布公告称公司本部银行贷款逾期，12 二重 MTN01 估值收益率从 14.84% 上升到 21.31%，其估值净价从 79.25 元跌至 68.15 元。2015 年 9 月 15 日，公司发布 12 二重 MTN01 无法支付债券利息的提示性公告，12 二重 MTN01 估值收益率进一步上升至 50.50%，其估值净价跌至 49.97 元。2015 年 9 月 22 日，二重集团发布公告称其控股股东中国机械工业集团（国机集团）拟受让全部 12 二重集 MTN1 中票，之后收益率恢复到 8.80%（见图 9-20）。

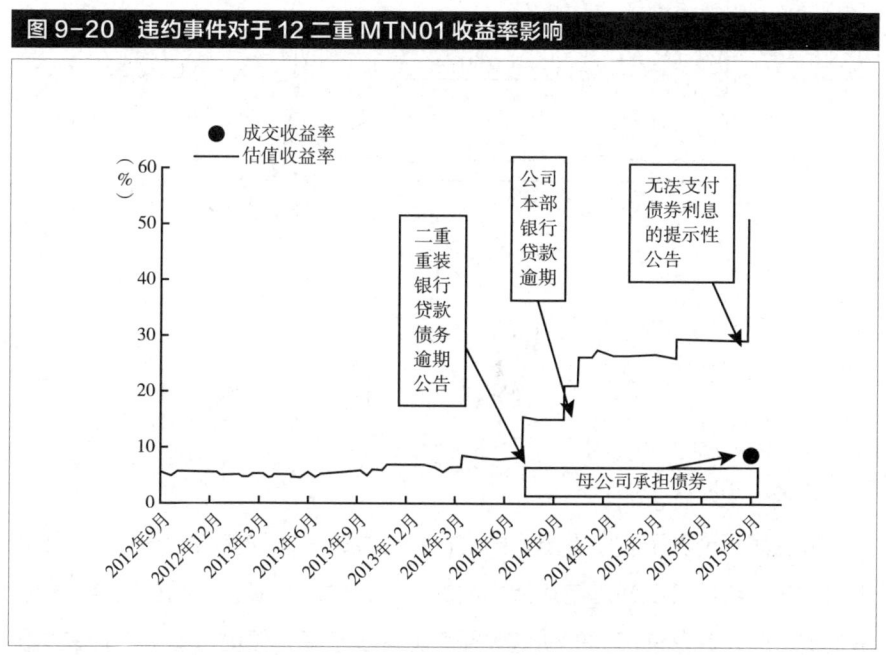

图 9-20 违约事件对于 12 二重 MTN01 收益率影响

资料来源：WIND，中信证券。

中煤集团山西华昱能源有限公司合计发行两期债券，分别为 12 金海洋 MTN1 和 15 华昱 CP001，其中 15 华昱 CP001 早于 12 金海洋 MTN1 到期。在 15 华昱 CP001 到期时，公司于 4 月 6 日宣布该期债券违约。受此影响，处于交易状态下的 12 金海洋 MTN1 的估值收益率迅速从 9.31% 上升到 90.67%，其估值净价从 94.14 元跌至 36.67 元，跌幅接近 60 元。很快，华昱能源称公司通过多种渠道筹措资金，将于 4 月 13 日兑付 15 华昱 CP001。受兑付利好影响，华昱能源存续债券 12 金海洋 MTN1 的估值收益率逐步从 90% 左右下降到 30%，其估值净价由 54 元左右重新上升至 95.27 元（见图 9-21）。

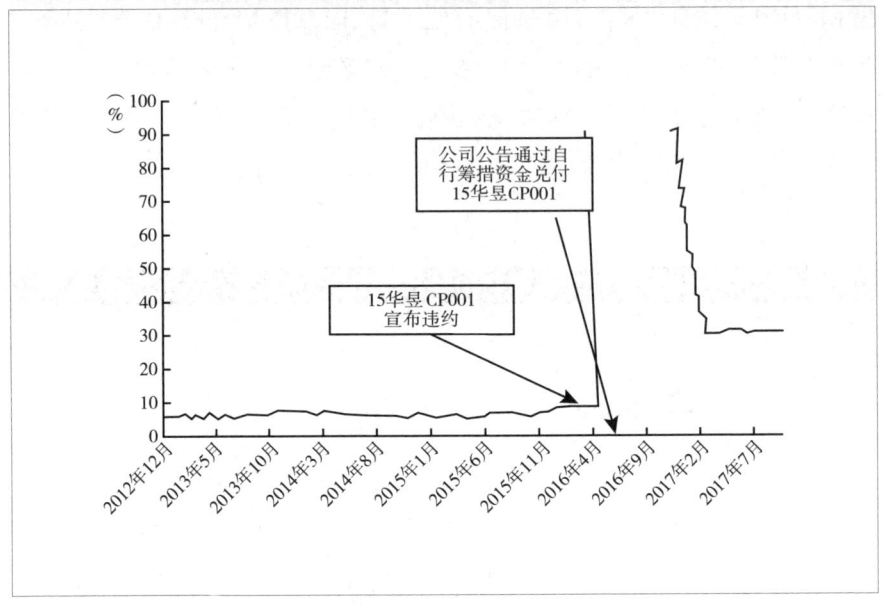

图 9-21 违约事件对 12 金海洋 MTN1 收益率影响

资料来源：WIND，中信证券。

从上面两个例子可以看出，国企债券的发行主体往往属于一个大的国有集团，在违约后可以通过向集团求助的方式兑付违约债券，而在获得母公司资金支持后，其存续债券的估值收益率将逐步下降，但仍可能维持在较高位置。值得注意的是，国有企业违约后，该主体的存续债券基本处于不交易的状态，估值收益率只是一个参考价格，并不完全真实反映该主体债券的收益率水平，最终该债券的投资价值仍主要依赖企业的足额兑付。

9.5-2 违约债券处置方式二：自行筹措

在观测到的违约处置案例中，民营企业主要通过资产抵押、变卖以及向金融机构再融资等形式，自筹资金兑付违约债券。亚邦集团和珠海中富的违约事件便是两个突出的案例。

亚邦集团是一家从事化工、医药、物流、房地产等产业的民营公司，在债券市场上发行 15 亚邦 CP001、15 亚邦 CP002、15 亚邦 CP003 和 15 亚邦 CP004 共 4 期债券，到期日分别为 2016 年 2 月 9 日、4 月 17 日、9 月

11 日和 9 月 29 日。2016 年 2 月 15 日，公司发布公告称，受外部互保企业牵连及房地产开发亏损影响，企业资金链紧张，15 亚邦 CP001 违约。受此影响，公司其他存续债券收益率明显上升，当日 15 亚邦 CP004 估值收益率由 5.98% 上升至 23.40%，其估值净价从 99.81 元下降到 90.64 元。3 月 8 日公司发布公告称，将通过自行筹措资金的方式，于 2016 年 3 月 10 日足额兑付 15 亚邦 CP001。受此影响，15 亚邦 CP004 收益率从 23.24% 下降至 16.13%，其估值净价从 91.51 元上升到 94.72 元。最终 15 亚邦 CP004 于 2016 年 12 月 28 日兑付部分本金 1.4 亿元，并于 2017 年 3 月 24 日兑付剩余本金 0.6 亿元和全部利息（见图 9-22）。

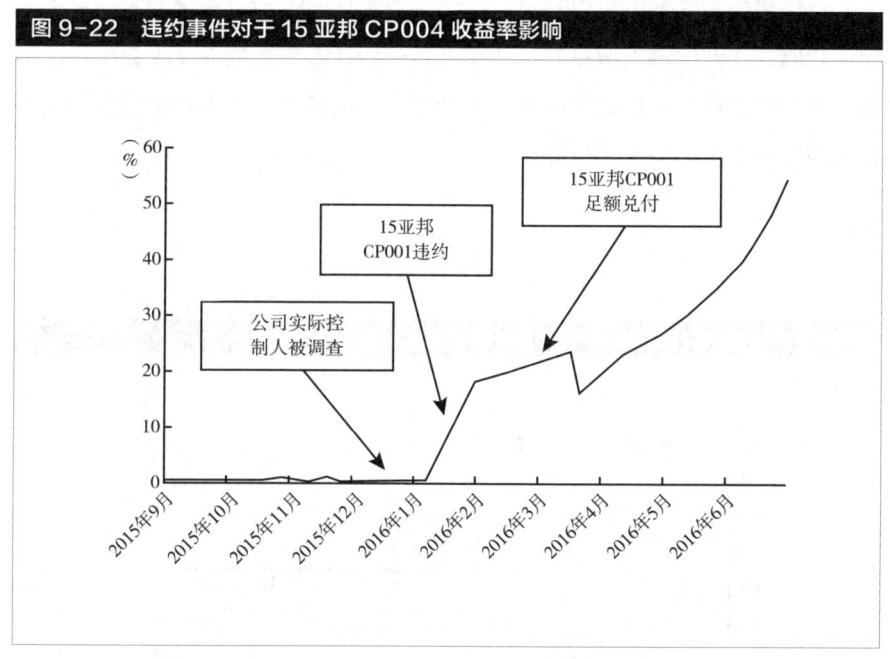

图 9-22　违约事件对于 15 亚邦 CP004 收益率影响

资料来源：WIND，中信证券。

珠海中富实业股份有限公司分别于 2012 年 3 月 27 日和 2012 年 5 月 28 日发行 12 珠中富 MTN 和 12 中富 01，期限分别为 5 年和 3 年。2015 年 4 月末，12 中富 01 即将到期兑付，由于偿债保障专户余额不足，受托管理人多次向投资者进行了信息披露和风险提示，5 月 12 日，第一次风险提示后次日，12 中富 01 中债估值收益率上涨 7851BP 至 96.94%。12 珠中富 MTN 受其影响，估值收益率上涨 4464BP 至 55.91%。2015 年 8 月 26 日，公司控股股东深圳市捷安德实业对 12 珠中富 MTN 出具担保函。9 月 24 日，公司发布公告称通过土地抵押的方式获得了 2 亿元银行流动资金贷款用以兑付债券，10 月 27 日，12 中富 01 逾期本金和利息全部兑付。当日 12 珠中富 MTN 成交 2 笔，成交价格为 48.84 元，收益率为 87.35%。12 珠中富 MTN 随后仍有多笔成交，但收益率是逐渐走高（见图 9-23）。2017 年 3 月 28 日，12 珠中富 MTN 未能按期兑付。当日，12 珠中富 MTN 发行人提请启动信用增进程序，由担保人履行代偿责任。公司于 2017 年 4 月 18 日完成全部利息支付，于 5 月 2 日兑付 12 珠中富 MTN 部分本金，于 6 月 1 日完成全部兑付。

　　从珠海中富的案例可以看出，虽然民营企业通过自筹资金的方式兑付了已违约债券，但投资人似乎并不买单，其存续债券的后续成交收益率仍非常高，并随着债券兑付日期的临近而逐渐增高，这说明投资人对于已违约民营企业的信用资质仍然十分担忧。

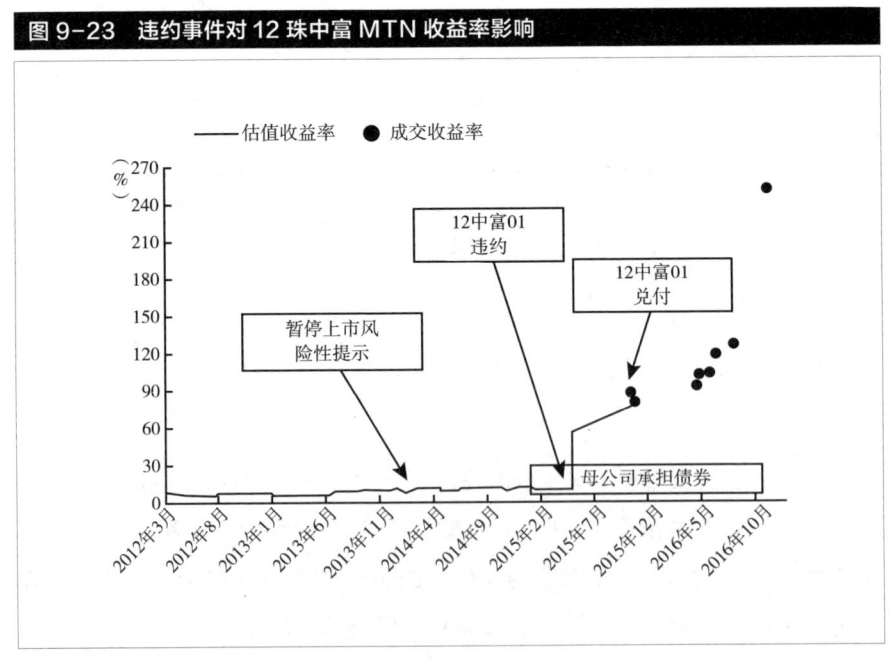

图 9-23　违约事件对 12 珠中富 MTN 收益率影响

资料来源：WIND，中信证券。

9.5-3 违约债券处置方式三：债务重组

永泰能源股份有限公司是一家以电力生产和煤炭采掘为主业的能源民企，也是一家 A 股上市公司。2018 年 7 月 5 日 17 永泰能源 CP004 到期，公司当日未能将足额本息兑付资金划至清算所，构成实质性违约，触发了存续期内合计 13 只债券的交叉保护条款，加速了相关债券的到期。当日，未涉及交叉违约条款的 13 永泰债估值收益率提升 712.98 个百分点至 811.30%，净价估值由 92.13 元跌至 56.85 元。7 月 30 日，永泰能源发布《永泰能源股份有限公司"13 永泰债"偿债正式方案》，将对该债券本息进行展期兑付安排，并追加担保，进行提前偿还。然而，当日 13 永泰债估值收益率继续走高，市场也未出现交易（见图 9-24）。

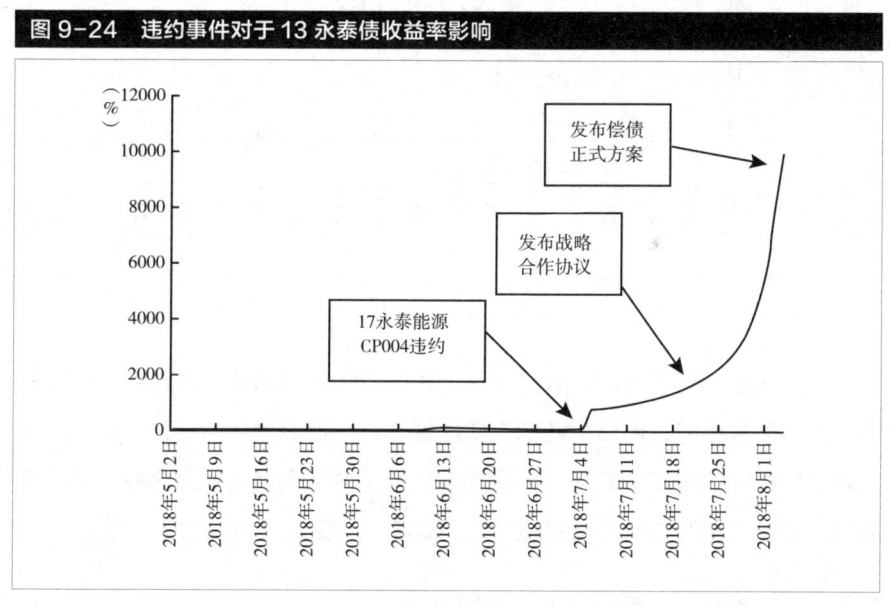

图 9-24 违约事件对于 13 永泰债收益率影响

江苏飞达控股集团有限公司发行了一期 12 飞达债，期限为 6 年期固定期限，附第 3 年末发行人上调票面利率选择权和投资者回售选择权。2014 年，由于下游行业需求减少，国内钢板材市场低迷，公司经营困难，收入大幅下降，陷入亏损。延期公布的 2014 年年报显示，2014 年底公司多家银行贷款已经逾期。2014 年 12 月，公司债券估值收益率也由 7.20% 左右一度上升到 12.00%。2015 年 4 月至 7 月初，受种种负面消息影响，公司债券收益率已经上升到 20% 以上。为避免违约，发行人和地方政府进行了种种努力，2015年 8 月 18 日，公司召开债券持有人大会，发布公告称债券存续期间利率由 7.6% 下调至 6.23%，另外，债券未回售部分由丹阳投资提供担保。2015 年 8 月 27 日公司发布该期债券付息公告，8 月 31 日公司发布回售 1.1 亿元的公告，随之债券的估值收益率下降到 6.24% 左右（见图 9-25）。

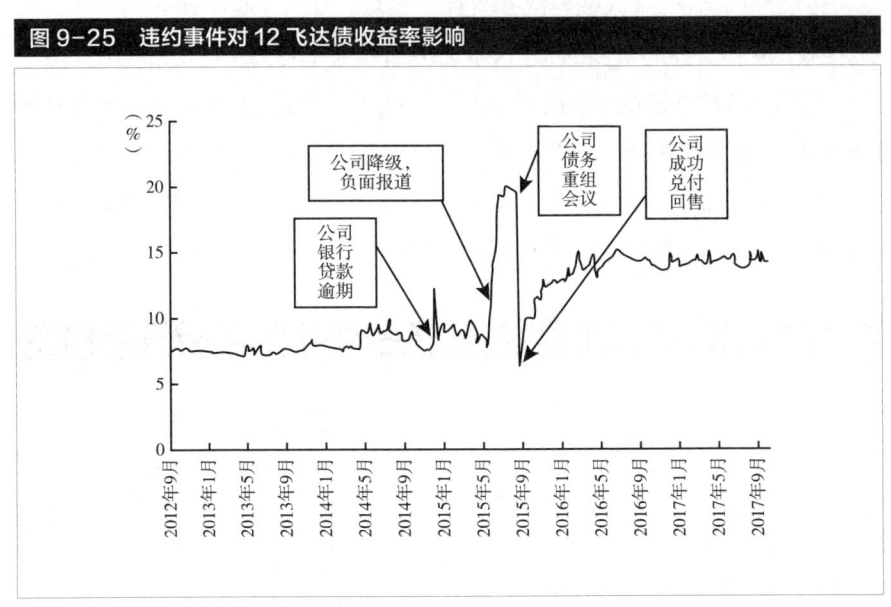

图 9-25　违约事件对 12 飞达债收益率影响

可以看出，对于违约较多的企业，债务重组方式对债券收益率的影响较小，虽然债务重组之前债券还没有实质性违约，但其他债券违约的事实已经反映了公司的信用资质状况，即便企业进行了债务重组，也面临较大的信用风险，相关债券的估值收益率始终处于高位，反映该主体较大的风险溢价。

9.5-4　违约债券处置方式四：收购谈判

内蒙古博源控股集团有限公司发行债券 16 博源 SCP001、16 博源 SCP002、12 博源 MTN1 和 13 博源 MTN001，分别于 2016 年 12 月 3 日、2017 年 1 月 29 日、11 月 21 日和 2018 年 7 月 18 日到期。2016 年，受宏观经济不景气的影响，公司煤炭及化工业务盈利持续恶化，业绩大幅下滑，公司资金收紧，导致债券出现违约。2016 年 12 月 2 日，公司公告称 16 博源 SPC001 到期兑付存在不确定性，随后 13 博源 MTN001 估值收益率大幅上涨 67.23 个百分点至74.98%，估值净价由98.84元跌至45.53元。2017年11月14日，公司再度违约，12博源MTN1无法按时兑付本息。2018年4月17日，事件出现转机，公司公告称正在与信达资产协商推动逾期债券收购事宜，但该债券已经处于不交易的状态，并未对估值产生影响。2018年7月11日，博源集团发布公告称，13博源MTN001应于7月18日兑付本息，但由于公司资金紧张，到期本息兑付存在不确定性，目前正在积极筹措资金。当月18日，公司公告称信达资产已完成公司全部存续的30亿元债券的收购工作，博源控股将在信达资产的帮助下制定整体解决方案。在首次违约出现之后，公司存续期债券纷纷违约，即便部分债券被延期兑付，但估值收益率未再发生变化。

博源控股的债券发生违约之后，现存债券收益率大幅走高，随后均处于不交易的状态，估值收益率可能并不能反映真实收益率水平。因此，即便进行了债券收购，也未对估值收益率产生影响。另外，我们发现这种处置方式可以将回收不良债权的风险从原债券持有人转移到专业资产处置机构，对于发行人来说也可以避免重组失败进入诉讼或者破产程序，处理方案更加灵活，各方损失也相对较低。而随着打破刚兑进程的不断推进，债券违约也将进入多发期，届时，这种由专业机构主导的债券收购或许将成为违约债券处置的主流。

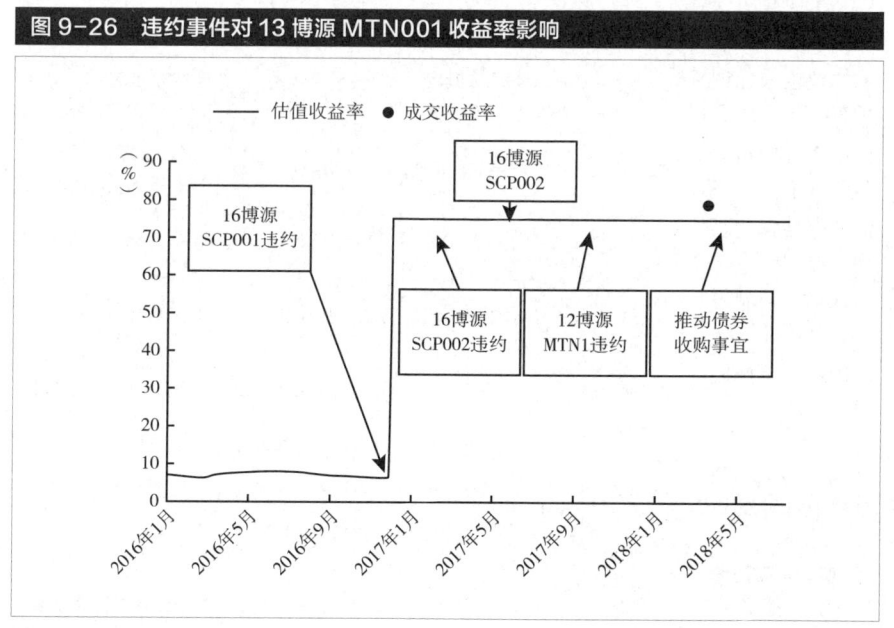

图9-26　违约事件对13博源MTN001收益率影响

资料来源：WIND，中信证券。

本章附录

2018年1~9月债券市场信用债违约一览

发行人	债券余额（亿元）	债券名称	发生日期	进展
春和集团有限公司	5.40	12春和债	2018-04-24	暂无具体偿债方案
大连机床集团有限责任公司	13.00	15机床MTN001	2018-07-30	进入重整程序，暂无具体偿债方案
		15机床PPN001	2018-02-07	
		16大机床MTN001	2018-01-15	
丹东港集团有限公司	64.00	15丹东港PPN002	2018-08-22	暂无具体偿债方案
		13丹东港MTN1	2018-03-13	
		15丹东港MTN001	2018-03-12	
		16丹港01	2018-01-29	
		15丹东港PPN001	2018-01-15	
飞马投资控股有限公司	8.00	16飞投01	2018-09-28	暂无具体偿债方案
		16飞投02	2018-09-28	
富贵鸟股份有限公司	21.00	16富贵01	2018-05-09	进入重整程序，暂无具体偿债方案
		14富贵鸟	2018-04-23	
刚泰集团有限公司	10.00	17刚泰02	2018-09-26	暂无具体偿债方案
		16刚集01	2018-09-26	
海口美兰国际机场有限责任公司	10.00	17美兰机场SCP002	2018-08-24	技术性违约，2018年8月27日兑付本息
河南众品食品有限公司	1.50	17众品SCP002	2018-09-25	技术性违约，2018年9月26日兑付本息
河南众品食业股份有限公司	5.00	16众品02	2018-09-27	暂无具体偿债方案
吉林利源精制股份有限公司	7.40	14利源债	2018-09-25	暂无具体偿债方案
金鸿控股集团股份有限公司	8.00	15金鸿债	2018-08-23	暂无具体偿债方案
凯迪生态环境科技股份有限公司	16.57	16凯迪01	2018-09-05	暂无具体偿债方案
		16凯迪02	2018-09-05	
		11凯迪MTN1	2018-05-07	
乐视网信息技术（北京）股份有限公司	0.73	15乐视01	2018-08-03	暂无具体偿债方案

2018年1~9月债券市场信用债违约一览 （续表）

发行人	债券余额（亿元）	债券名称	发生日期	进展
内蒙古博源控股集团有限公司	8.00	13博源MTN001	2018-07-18	暂无具体偿债方案
上海华信国际集团有限公司	201.00	17沪华信MTN002	2018-09-25	暂无具体偿债方案
		16申信01	2018-09-10	
		17华信Y1	2018-09-03	
		17沪华信SCP005	2018-08-20	
		17沪华信SCP004	2018-07-30	
		17沪华信SCP003	2018-06-25	
		17沪华信MTN001	2018-06-21	
		17沪华信SCP002	2018-05-21	
神雾环保技术股份有限公司	4.50	16环保债	2018-03-14	暂无具体偿债方案
四川省煤炭产业集团有限责任公司	14.00	15川煤炭PPN002	2018-09-25	仅兑付利息，本金暂无具体偿还方案
		12川煤炭MTN1	2018-05-21	
		15川煤炭PPN001	2018-01-09	
五洋建设集团股份有限公司	0.01	15五洋债	2018-08-16	暂无具体偿债方案
新光控股集团有限公司	39.00	15新光01	2018-09-25	暂无具体偿债方案
		17新光控股CP001	2018-09-25	
新疆生产建设兵团第六师国有资产经营有限责任公司	5.00	17兵团六师SCP001	2018-08-13	于2018年8月19日兑付本息
阳光凯迪新能源集团有限公司	18.00	16凯迪债	2018-06-01	暂无具体偿债方案
亿阳集团股份有限公司	36.00	16亿阳06	2018-09-10	暂无具体偿债方案
		16亿阳05	2018-07-03	
		16亿阳04	2018-04-17	
		16亿阳03	2018-02-28	
		16亿阳01	2018-01-27	
印纪娱乐传媒股份有限公司	4.00	17印纪娱乐CP001	2018-09-10	暂无具体偿债方案

2018年1~9月债券市场信用债违约一览 （续表）

发行人	债券余额（亿元）	债券名称	发生日期	进展
永泰能源股份有限公司	83.00	18永泰能源CP003	2018-08-07	暂无具体偿债方案
		17永泰能源CP006	2018-08-07	
		18永泰能源CP002	2018-08-07	
		17永泰能源CP005	2018-08-07	
		17永泰能源CP007	2018-08-07	
		17永泰能源MTN001	2018-08-03	
		17永泰能源MTN002	2018-08-03	
		17永泰能源CP004	2018-07-05	
中安科股份有限公司	0.91	15中安消	2018-05-07	于2018年9月14日兑付全部本息
中城投集团第六工程局有限公司	10.50	15城六局	2018-08-13	暂无具体偿债方案
中国城市建设控股集团有限公司	36.00	15中城建MTN001	2018-07-16	暂无具体偿债方案
		16中城建MTN001	2018-03-01	
中国华阳经贸集团有限公司	8.00	15华阳经贸MTN001	2018-09-30	暂无具体偿债方案
中融双创（北京）科技集团有限公司	12.00	16长城02	2018-09-11	进入破产重整程序，暂无具体偿债方案
		16长城01	2018-06-13	

资料来源：WIND，中信证券。

第 10 章 债券衍生品市场*

- 2018 年利率衍生品市场总体保持快速发展，不同品种有所分化。利率互换成交量保持高速增长，国债期货成交量则较去年有所下降。截至 2018 年 9 月末，利率互换成交名义本金 16.1 万亿元，同比增长 76%；国债期货总成交量 806.96 万手，同比下降 28%。货币市场利率下行，债券市场收益率和发行利率下行明显，收益率曲线呈陡峭化趋势。在市场利率总体下行的环境下，机构套保需求有所下降；充裕的流动性和陡峭化的收益率曲线使得债券投资价值提高，衍生品跨期套利策略吸引力下降，交易性需求成为交易量变化的主要原因。

- 利率衍生品交易量增长分化的深层次原因是投资者结构的变化。人民币利率互换保持快速发展得益于投资者多元化，境内外投资机构不断增加的同时，非法人机构资产管理计划等产品户增长迅速。中国国债期货的机构参与度还十分有限，目前以券商、资管产品为主，商业银行、保险公司等国债托管量较大的机构始终没能进入国债期货市场。随着投资者结构的进一步完善，预计利率衍生品会加快发展。

- 2018 年随着经济增长降速，信用融资收紧，企业尤其是民营企业经营环境进一步恶化，信用风险事件频繁爆发。在此背景下，信用衍生品得到进一步发展，首次出现了以民营企业作为参考实体的信用衍生品，这对于优化民营企业融资环境、降低企业融资成本产生了积极的影响。银行间信用风险缓释工具引入簿记建档的发行机制，定价过程更加透明，市场化程度有所提高。交易所市场也推出了信用风险保护合约，并且首批产品都以民营企业债券为参考债务。在监管机构和市场成员的共同推进下，信用衍生品的制度体系、交易规则、信息披露、投资者结构得到进一步规范完善，为今后信用衍生品的发展奠定了良好的基础。

---

* 本章作者：秦龙，中泰证券固定收益部总经理。吴世明、陈浩、滕知凡、蔡亚冬对本章亦有贡献。

经历了 2017 的大幅调整之后，债券市场在 2018 年进入收益率下行周期。在流动性宽裕，信用债发行较少的宽货币、紧信用市场环境下，利率类品种收益率大幅下行。带动利率衍生品交易性需求提升。随着资管新规的出台，以及利率市场化水平的不断提升，金融机构特别是各类理财产品投资者更加广泛地使用利率衍生品管理利率风险。投资者利用衍生品开展交易的策略更加丰富。衍生品与现货市场的关联度继续提升，衍生品的价格发现功能和风险管理功能得到更有效发挥。

2018 年，利率衍生品市场总体保持快速发展，但不同品种有所分化。人民币利率互换成交量保持高速增长，国债期货成交量则较去年有所下降。截至 2018 年 9 月末，人民币利率互换成交名义本金 16.1 万亿元，同比增长 76%；国债期货总成交量 806.96 万手，同比下降 28%。前 3 个季度，银行体系流动性合理充裕，货币市场利率下行后保持稳定，债券市场收益率和发行利率下行明显，收益率曲线呈陡峭化趋势。在市场利率总体下行的环境下，机构套保需求有所下降；充裕的流动性和陡峭化的收益率曲线使得债券投资价值增加，现券套息空间较大，衍生品跨期套利策略吸引力下降，相关策略类交易活跃度有所下降；交易性需求成为交易量变化的主要原因。

利率衍生品交易量增长分化的深层次原因是投资者结构的变化。人民币利率互换保持快速发展得益于投资者结构多元化，在境内外投资机构稳步增加的同时，非法人机构资产管理计划等产品户增长迅速。而中国国债期货市场的机构参与度还十分有限，目前仍以券商、私募和资管产品为主，商业银行、保险公司等国债托管量较大的机构始终没能进入国债期货市场。今年以外资银行为代表的境外机构的债券托管量增长迅速，但也未能进入国债期货市场。债券现货和期货市场准入标准的不一致是制约国债期货市场发展的重要原因。随着投资者结构的进一步完善，预计利率衍生品会加快发展。

2018 年随着经济增长降速下行，信用融资收紧，企业尤其是民营企业经营环境进一步恶化，信用风险事件频繁爆发。在此背景下，信用衍生产品得到进一步发展，首次出现了以民营企业作为参考实体的信用衍生品。这对于优化民营企业融资环境、降低企业融资成本产生了积极的影响。银行间信用风险缓释工具引入簿记建档的发行机制，定价过程更加透明，市场化程度有所提高。交易所市场也推出了信用风险保护合约，并且首批产品都以民营企业债券为参考债务。在监管机构和市场成员的共同推进下，信用衍生品的制度体系、交易规则、信息披露、投资者结构得到一步规范完善，为今后信用衍生品的发展奠定了良好的基础。

10.1 利率互换市场

10.1-1 利率互换市场运行情况

2018 年人民币利率互换市场继续维持高速增长，市场规模加速扩大。截至 9 月底，人民币利率互换交易名义本金规模已达 161417.44 亿元，已经超过 2017 年全年的交易规模，较 2017 年同期增长 75.72%，显示市场整体运行良好，发展迅速（见图 10-1）。随着利率市场化改革的稳步推进和中央银行市场化利率调控和传导机制的健全，金融机构的定价能力和利率风险管理需求不断提升，利率互换已经成为利率风险管理的重要工具。从期限结构来看，1 年及 1 年期以下交易最为活跃，名义本金总额达 11.48 万亿元，占总量的 71.17%。从参考利率来看，人民币利率互换交易的浮动端参考利率主要包括 7 天回购定盘利率和 SHIBOR，与之挂钩的利率互换名义本金占比为 80.6% 和 17.8%。

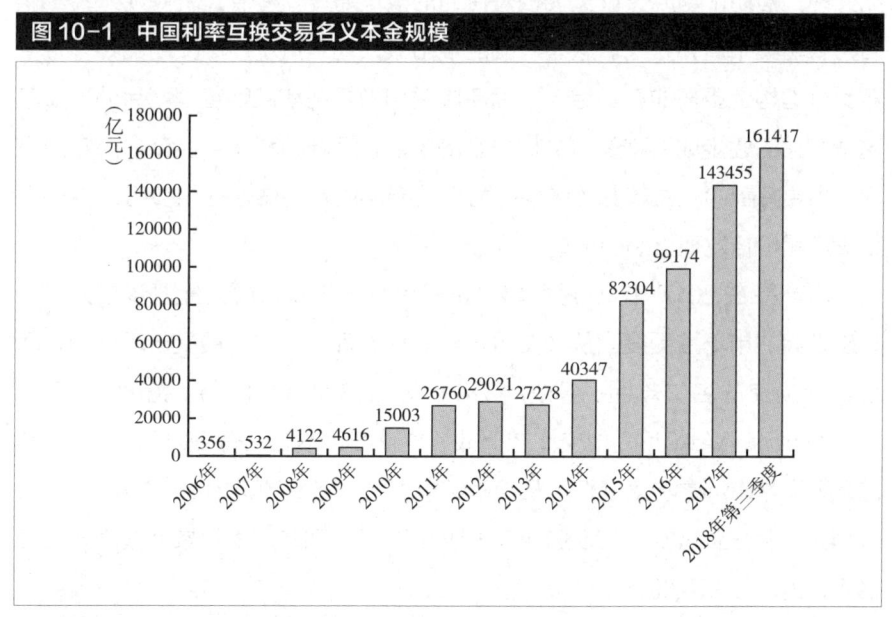

图 10-1 中国利率互换交易名义本金规模

资料来源：中国外汇交易中心。

在市场规模加速扩大的同时，2018年利率互换市场还呈现如下四个特点。

第一，债券收益率互换品种推出后，交易量逐步提升，市场影响力不断扩大。

近年来，随着债券市场品种的不断完善和交易者类型的多元化，市场交易策略得到极大丰富，产品间套利策略在实践中有广泛的应用。一方面，利率互换作为横跨货币端和长久期债券端的产品，与货币市场品种和各种利率债有很高的相关性；另一方面，国内独有的政策性金融债与国债在特定市场环境下会有独特的市场表现，从而体现出两者利差的波动。从投资者角度看，利率互换既可以对冲货币市场利率风险，也可以对冲债券投资利率风险，这些品种的市场特点使得投资者可以构造多种低风险的套利套保组合，满足其风险管理的需求。因此，这些策略在实践中得到了很多机构的青睐。

正是在此背景下，全国银行间同业拆借中心于2017年10月推出四款新产品：以GB10（中债10年期国债到期收益率）、CDB10（中债10年期国开债到期收益率）、D10/G10（中债10年期国开债和10年期国债到期收益率的差值）和AAA3/D3（中债3年期中短期票据到期收益率曲线和中债3年期国开债到期收益率的差值）为参考利率的利率互换产品。上述新品种的利率互换合约在本币交易系统X-Swap上采用双边授信方式通过匿名点击达成交易，初期市场成员仅实现相关合约的双边清算，待清算所完成开发工作后再新增集中清算方式。这些产品的推出极大地丰富了市场交易品种，方便各类机构构造更多的产品组合，提高收益和做好利率风险管理。另外，随着这些产品的逐步成熟和参与机构类型的丰富，活跃的利率互换交易能够为市场提供更完善的收益率曲线结构，为相关产品的定价估值提供参考，并促进相关产品价格发现机制的形成。

新产品在2017年10月推出，正式运行一年以来成交量逐步放大，表现出较高的市场接受度。从成交量上看GB10和CDB10最受市场欢迎，两者累计成交的名义本金分别为1314.5亿元和593.5亿元（见图10-2）。D10/G10和AAA3/D3成交比较清淡，累计名义本金只有20亿元，反映利差系列品种市场参与度较低。从期限结构上看，各品种集中在1个月期限上，GB10_1月累计成交1236亿元，占比94%；CDB10_1月累计成交532.5亿元，占比89.72%。

新产品选择的浮动端利率具有完全的市场化特征，和现行的Repo和

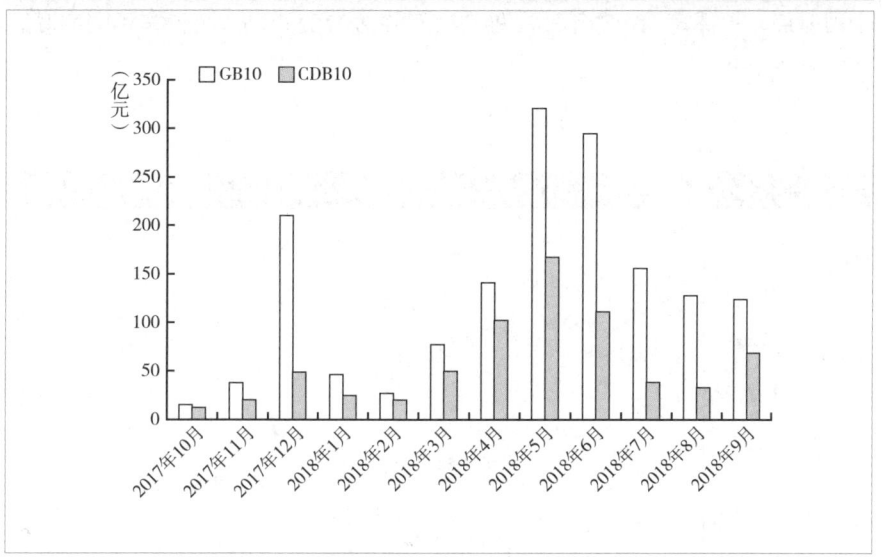

图 10-2　GB10 和 CDB10 月度交易名义本金规模

资料来源：中国外汇交易中心。

SHIBOR 相比较少受政策干扰。国债和金融债到期收益率有足够的波动性，从交易功能出发具备良好的交易价值。但交易初期长期限品种成交清淡，导致该品种在构造组合方面无法实现和债券的对冲功能。另外，D10/G10 和 AAA3/D3 从市场策略出发是非常好的两种组合，这两组利差本身具有较大的波动性，但要复制与现券相同的策略，在久期上需要拉长。而长久期的衍生品从互换推出后一直不活跃，一方面有机构授信期限结构的约束，另一方面二级流动性不足，缺乏持续的报价。因此上述新品种的成熟还需要相应的条件配合和市场机制的逐步完善。

第二，利率互换的期限集中在 1 年及以内，中长期限品种成交量占比有所提高，但结构有待进一步优化。

从 2018 年前 9 个月的数据来看，各品种在期限分布上表现出同样的特点：短期限活跃，中长期限活跃度不高。具体来看，1 年期利率互换的名义本金高达 53715 亿元，其后为 6 个月和 9 个月期限品种，以及 5 年期品种为 22796 亿元（见图 10-3）。短期限的 3 个月以内的品种成交稳定且均衡，长期限 7~10 年期品种仅有 28 亿元。从占比来看，1 年期（含）以内的利率互换品种合计成交占全部交易量的 71%，较去年同期下降近 4 个百分点；1

年期以上的品种合计成交占全部交易量的 29%，相比去年同期上升了近 4 个百分点。具体来看，2 年期品种成交有较大的变动，占比较去年同期增加了 5 个百分点。

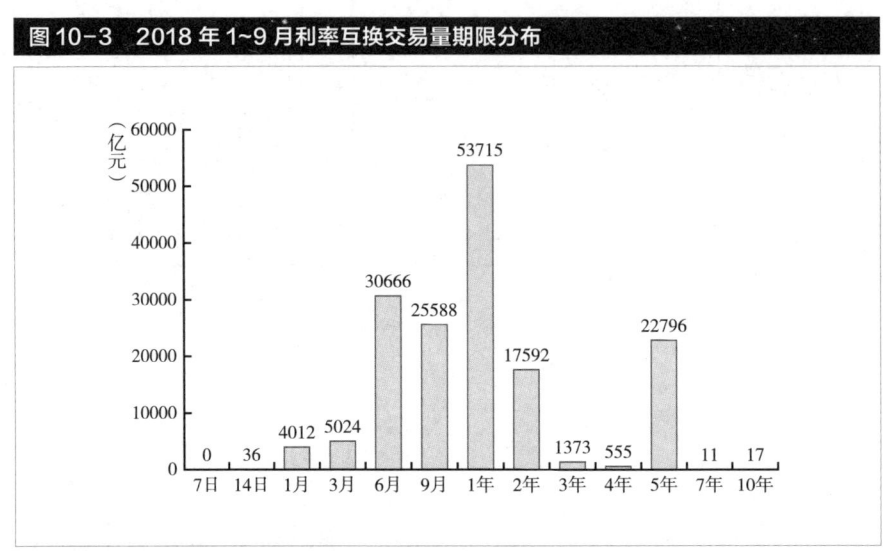

图 10-3　2018 年 1~9 月利率互换交易量期限分布

资料来源：中国外汇交易中心。

自中国开展利率互换交易以来，利率互换交易的期限结构一直存在短期化的特点。一方面，这源自产品本身的特点，浮动端利率主要受货币市场利率影响，定价准确，原因是货币市场融资成本的对冲需求旺盛，也容易操作，而货币市场本身特点就是期限短、波动大和成交量大，对应相同期限的衍生品也有类似的特点，为了匹配久期，自然需要更大规模的名义本金。另一方面，中长期限的利率互换合约定价相对短期限品种困难，影响因素更多，长期限品种久期大，需要的名义本金也较货币端明显减少。这种期限结构是基础资产市场本身固有的特点，预计将长期存在。但随着市场的不断发展，投资者对中长期限债券风险管理需求增加，全国银行间同业拆借中心也及时响应市场需求推出了长期限品种，整个市场成交的期限结构在逐步发生变化。

2017 年全国银行间同业拆借中心推出以 FR007 和 SHIBOR_3M 为参考利率的 5 年以上期限利率互换合约，从实际交易情况来看，目前活跃度还不够高。从产品本身设计来看，非常贴近市场对冲中长期债券利率风险的需求，但目前中国利率互换市场的主要报价机构还是商业银行，有对冲需求的非银行金融机构在衍生品业务开展中往往受制于双边授信的限制，5年期以上的衍生品授信额度较难获取，这在一定程度上限制了长期限利率互换品种的发展。另外，长期限品种的定价相对困难，风险更大。市场交易机构退而求其次仍旧选择熟悉的5年期品种作为替代品，虽然承担了债券曲线形状变动的风险，但从总量风险对冲上来讲也可以取得较好的效果。同时，国债期货有10年期的品种，非银券商类机构参与极为便捷，也在一定程度上替代了10年期利率互换品种，从产品特性上讲，期货流动性好、交易成本低、无须双边授信，这些特点都优于目前的利率互换品种。

第三，以FR007与SHIBOR作为参考利率的交易占比继续增加，存贷款利率作为参考利率的交易持续萎缩，反映利率市场化进程加快，货币市场利率在利率定价体系中的基准性得到进一步强化。

2018年前3个季度，以存贷款利率为参考利率的利率互换交易名义本金规模仅146.45亿元，占比0.09%，以LPR为参考利率的利率互换交易名义本金也只有102.7亿元，两者合计占比为0.15%；以FR007为参考利率的利率互换继续维持市场的领先地位，交易规模攀升至1.3万亿元，占比为80.55%，比2017年下降2.31个百分点；以SHIBOR_O/N为参考利率的利率互换交易规模396.1亿元，占比0.25%，比2017年下降0.17个百分点；以SHIBOR_3M为参考利率的交易规模2.88万亿元，占比17.84%，比2017年上升1.31个百分点，在2017年增长的基础上继续维持上升趋势；以其他利率作为参考利率的品种占比合计1.26%，增速明显大于存贷款利率品种（见图10-4和表10-1）。

SHIBOR_3M作为基准利率的利率互换产品交易占比不断提高的原因一方面在于中国人民银行探索建立利率走廊机制，常备借贷便利利率（SFL）作为利率走廊上限的作用不断加强。随着3个月MLF利率的重要性和指引作用逐步提升，与其相关性最高的SHIBOR_3M利率互换交易活跃度也逐步提高。另一方面随着利率市场化的推进，金融机构利率定价能力不断增强，同业存单发行规模迅速扩大，发行利率更趋市场化，SHIBOR_3M作为同业存单发行中最重要的参考标准，能够有效反映货币市场中端期限基准水平，在利率互换交易中作为参考利率的比例不断上升。商业银行金融市

图10-4 中国利率互换参考利率分布（2018年1~9月）

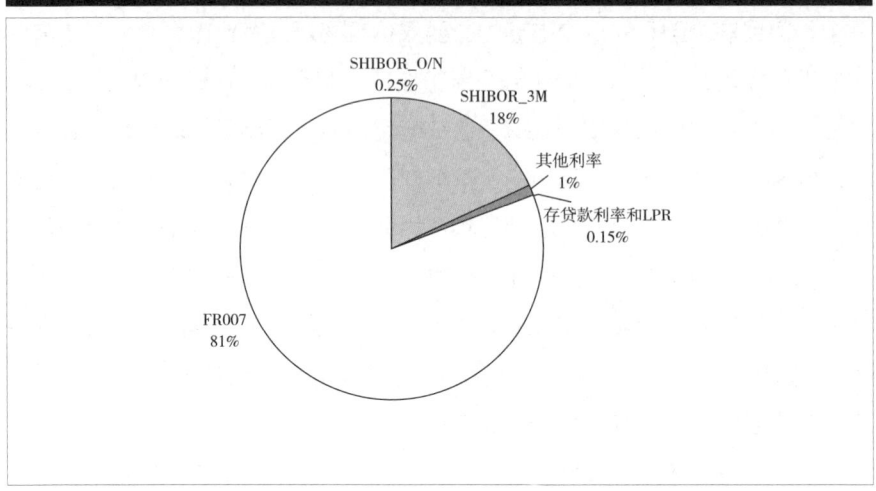

资料来源：中国外汇交易中心。

场业务内部资金转移定价（FTP）主要基于货币市场利率，随着利率市场化的推进和商业银行负债更趋多元化、市场化，商业银行贷款FTP也逐步向金融市场利率靠拢，存贷款利率对市场利率变动的敏感度增加。而当前存贷款利率保持稳定，缺乏波动，是以存贷款利率为参考利率的利率互换交易不断萎缩的根本原因。

第四，投资者多元化不断增强，新增投资者以产品类账户为主。

近年来，随着债券市场的快速发展，投资者类型不断丰富，投资模式从以杠杆套息为主转向现券和衍生品组合多元化发展。同时，中国人民银行继续稳步推进利率市场化改革，不断加强对理财产品及其他影子银行的监管，按照"实质重于形式"的原则统一监管标准，强化资本、流动性和其他审慎约束，消除定价扭曲。金融机构的定价能力不断提升，利率风险管理需求也不断增加。理财产品净值法估值成为资管产品未来的改革方向，越来越多的机构和非法人产品户开始利用衍生品构造策略组合管理利率风险。

2017年11月17日，中国人民银行等五部委发布《关于规范金融机构资产管理业务的指导意见（征求意见稿）》，提出金融机构对资产管理产品应当实行净值化管理，净值生成应当符合公允价值原则，及时反映基础资产的收益和风险。中国人民银行、银保监会、证监会、外管局于2018年4月27日联合发布《关于规范金融机构资产管理业务的指导意见》（本章以

表 10-1 2018年前3个季度人民币利率互换业务名义本金成交规模

单位：亿元

期限 参考利率	FR007	FDR007	SHIBOR_3M	SHIBOR_O/N	存贷款利率	一年期LPR	GB10	CDB10	其他品种	合计
7日	0	0	0	0	0	0	0	0	0	0
14日	36	0	0	0	0	0	0	0	0	36
1月	2225	0	0	1	0	0	1236	533	17	4012
3月	4878	0	0	11	0	0	75	61	0	5024
6月	27212	0	3366	86	0	0	0	0	3	30666
9月	22497	0	3067	17	0	3	4	0	0	25588
1年	35953	24	17311	282	60	72	0	0	0	53701
2年	15875	0	1659	0	45	27	0	0	0	17606
3年	1013	0	337	0	24	0	0	0	0	1373
4年	476	0	72	0	0	0	0	0	0	547
5年	19813	0	2972	0	18	0	0	0	0	22804
7年	10	0	2	0	0	0	0	0	0	11
10年	16	0	0	0	0	0	0	0	0	17
合计	130003	24	28786	396	147	103	1315	594	20	161386

资料来源：全国银行间同业拆借中心。

下简称《资管指导意见》），立足整个资产管理行业，按照资产管理产品的类型统一监管标准，消除多层嵌套，分类统一杠杆比例，实施净值化管理，规范非标准化债权类资产投资要求。《资管指导意见》规定，"金融机构对资产管理产品应当实行净值化管理，净值生成应当符合企业会计准则规定，及时反映基础金融资产的收益和风险，由托管机构进行核算并定期提供报告，由外部审计机构进行审计确认，被审计金融机构应当披露审计结果并同时报送金融管理部门"。净值化管理对产品管理者提出了挑战，而利用衍生品对冲风险、构造风险较小的投资组合就成了各家机构和产品户面临的现实选择。衍生品的重要性不断凸显，利率互换也迎来了发展的机遇。

截至 2018 年 9 月底，已经有 366 家机构和 460 家产品户签署《中国银行间市场金融衍生产品交易主协议》，有 374 家机构或产品承诺对通过银行间本币交易系统达成的人民币利率互换交易按照《承诺函》完成交易确认。在全国银行间同业拆借中心开展利率互换交易的主体较 2017 年的 282 家增长 92 家，增幅 32.6%。从签署主协议的机构和产品增速来看，机构数量从 294 家增加 72 家，增幅 24.5%；而非法人机构增加了 340 家至 460 家，增幅 283%，呈现爆发性增长的态势。新增的非法人机构以资管产品为主，可以预期随着资产管理行业的进一步发展，非法人机构账户增速将持续高于法人机构账户，在利率互换市场中的交易量和影响力也将逐步上升。

10.1-2 利率互换利率走势及与其他利率相关性分析

从利率走势来看，2018 年中国利率互换利率在上半年整体大幅快速下行，第三季度反弹后维持振荡走势。至 2018 年第三季度末，1 年期 FR007 利率互换、1 年期 SHIBOR_O/N 利率互换、1 年期 SHIBOR_3M 利率互换的利率分别较 2017 年末下行 87BP、40BP、136BP，5 年期 FR007 利率互换、5 年期 SHIBOR_3M 利率互换的利率分别下行 79BP、74BP。同时收益率曲线呈现陡峭化趋势，FR007 的 5 年期与 1 年期利差从年初 34BP 上升至 42BP，SHIBOR_3M 的 5 年期与 1 年期利差从年初 3BP 大幅走阔至 42BP（见图 10-5）。

2018 年前 3 个季度，货币市场利率与利率互换利率的整体相关性有大幅提高，其中，1 年期以内短期限 FR007 IRS 与 R007 相关性相对去年进一步增强，相关系数从 0.39~0.56 回升到 0.6 附近，接近 2012~2015

图 10-5 2018 年利率互换利率走势

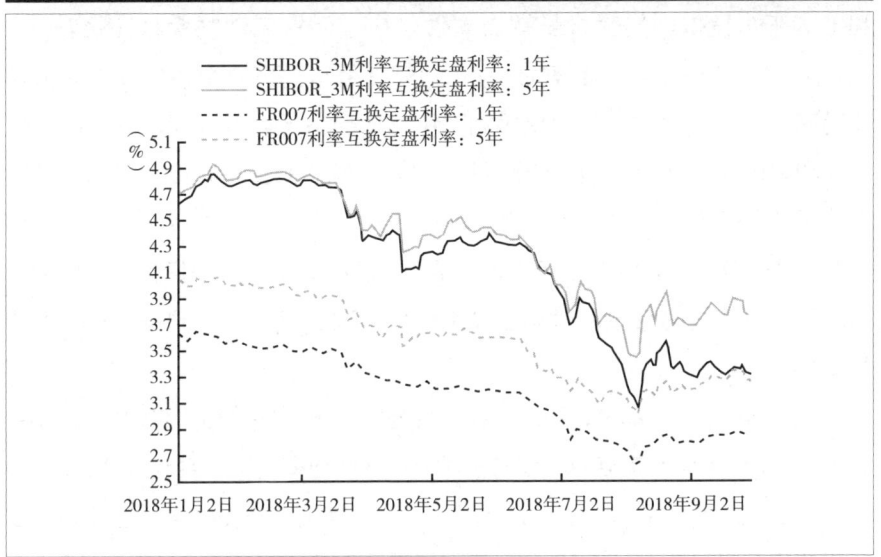

资料来源：全国银行间同业拆借中心。

年 0.7 左右的历史水平，FR007 IRS 的日变化与 R007 日变化的相关性也有所增加，从 2017 年的 0.08~0.21 上升至 0.1~0.7，尤其是半年以内的期限品种相关性大幅提高；SHIBOR_3M 与 SHIBOR_3MIRS 的相关系数整体较高，相较于去年也有所提升，目前与历史水平相当，SHIBOR_3M 日变化与 SHIBOR_3M IRS 日变化的相关系数也较去年有较大幅度提高（见表 10-2）。

表 10-2 2018 年前 3 个季度货币市场利率与利率互换利率的相关系数

期限	1月	3月	6月	9月	1年	2年	3年	4年	5年
R007 与 FR007 IRS	0.68	0.67	0.61	0.59	0.58	0.57	0.56	0.55	0.54
SHIBOR_3M 与 SHIBOR_3M IRS	—	—	0.99	0.98	0.98	0.96	0.94	0.94	0.93
R007 日变化与 FR007 IRS 日变化	0.4	0.7	0.5	0.3	0.3	0.2	0.1	0.1	0.0
SHIBOR_3M 日变化与 SHIBOR_3M IRS 日变化	—	—	0.6	0.4	0.3	0.3	0.2	0.2	0.2

资料来源：根据全国银行间同业拆借中心数据计算。

2018 年以来，中国人民银行先后四次定向降准，并增加中期借贷便利（MLF）投放，增大中长期流动性供应，保持流动性合理充裕。6 月末，金融机构超额准备金率为 1.7%，较 3 月末高 0.4 个百分点，较上年同期高 0.3 个百分点。货币市场利率中枢适当下行，银行间市场存款类机构以利率债为质押的 7 天期回购利率（DR007）从上年末 2.9% 左右下降到 7 月末的 2.6% 左右。7 天内资金保持非常稳定的态势，而长期限品种 SHIBOR_3M 则伴随去杠杆有非常显著的下行。货币市场资金利率保持稳定的同时，市场对资金的预期也非常平稳，利率互换的波动在第三季度明显降低。

2018 年前 3 个季度，利率互换利率与国开债利率的相关系数显著提高，具体而言，5 年期利率互换利率与各期限国开债利率的相关系数从 0.39~0.6 跃升至 0.9 以上水平，升幅十分明显。利率互换利率日变化与国开债利率日变化的相关系数也从 0.3~0.6 水平继续增加至 0.5~0.7（见表 10-3）。这种相关性的提高，使得利率互换和国开债之间的各种策略组合更为有效，尤其是在利率风险管理方面有效性极大提高。

表 10-3　2018 年 1~9 月利率互换利率与国开债收益率相关系数

期限	1 年	3 年	5 年	7 年	10 年
5 年 FR007 IRS 与国开债利率	0.94	0.98	0.98	0.99	0.98
5 年 SHIBOR_3M IRS 与国开债利率	0.97	0.98	0.97	0.96	0.94
5 年 FR007 IRS 日变化与国开债利率日变化	0.50	0.66	0.67	0.70	0.64
5 年 SHIBOR_3M IRS 日变化与国开债利率日变化	0.56	0.69	0.62	0.66	0.55

资料来源：根据全国银行间同业拆借中心与中央结算公司数据计算。

10.2　国债期货市场

10.2-1　2 年期国债期货挂牌上市

2018 年 8 月 17 日，2 年期国债期货正式在中国金融期货交易所挂牌上市，标志着我国已基本形成覆盖短中长期的国债期货产品体系。2 年期国债期货的上市，进一步丰富了我国金融市场的利率风险管理工具，将形成 2

年、5年、10年关键期限国债期货产品完整的收益率曲线，进一步提高国债市场收益率曲线在期限结构和利差结构等方面定价的有效性，为市场提供更加行之有效的价格发现功能，助力货币政策传导机制更为有效通畅。

1．2年期国债期货的合约介绍

根据表10-4的内容对比可以发现，2年期国债期货与已经上市的5年期、10年期国债期货有一定差异，除了可交割国债的期限范围不同之外，主要有以下几个不同之处。

（1）面值不同：5年期和10年期国债期货的面值均为100万元，而2年期国债期货的面值为200万元。

（2）最低交易保证金不同：2年期国债期货的最低交易保证金为合约价值的0.5%，小于5年期国债期货的1%和10年期国债期货的2%。但由于每张2年期国债期货的合约面值为200万元，因此2年期国债期货和10年期国债期货的最低交易保证金均为每手1万元。

表10-4 2年期、5年期和10年期国债期货合约条款对比

条款	2年期国债期货	5年期国债期货	10年期国债期货
合约标的	面值为200万元人民币、票面利率3.0%的名义中短期国债	面值为100万元人民币、票面利率3.0%的名义中期国债	面值为100万元人民币、票面利率3.0%的名义长期国债
可交割国债	发行期限不高于5年，合约到期月份首日剩余期限为1.5~2.25年的记账式付息国债	发行期限不高于7年，合约到期月份首日剩余期限为4~5.25年的记账式付息国债	发行期限不高于10年，合约到期月份首日剩余期限不低于6.5年的记账式付息国债
报价方式	百元净价	百元净价	百元净价
每日价格最大波动限制	上一交易日结算价±0.5%	上一交易日结算价±1.2%	上一交易日结算价±2%
最低交易保证金	合约价值的0.5%	合约价值的1%	合约价值的2%
交易代码	TS	TF	T

资料来源：中国金融期货交易所。

根据合约条款的设计，2年期国债期货的可交割券范围为1.5~2.25年，首发期限不高于5年的国债。则目前符合交割要求的国债如表10-5所示。

表10-5 符合2年期国债期货合约可交割国债范围的国债发行量统计

名称	发行总额（亿元）	期限（年）	剩余期限（年）	票面利率（%）
18附息国债15	290.5	2	1.78	3.14
17附息国债16	1082.8	3	1.82	3.46
15附息国债19	861	5	1.94	3.14
17附息国债23	941.2	3	2.07	3.60
16附息国债02	600	5	2.29	2.53
18附息国债02	600	3	2.32	3.56
18附息国债07	1313.1	3	2.53	3.42
16附息国债07	1106	5	2.54	2.58
可交割券总金额	6794.6			

资料来源：WIND，中泰证券。

预估的适用于交割规则的国债存量为6794.6亿元，且随着财政部2年期国债发行常规化，可交割国债存量规模将稳步扩大。其中尤以2015~2017年发行的老券和次新券占比较大。可交割国债存量的稳步扩大有利于整体提高2年期国债期货合约的流动性，满足潜在的市场交割和期限套利需求。

2．2年期国债期货上市对市场的影响

对国债期货市场的影响。2年期国债期货合约上市后，期货市场形成完整的2年、5年和10年的国债收益率曲线，覆盖主要关键期限，完善了国债期货收益率曲线。所以无论从市场套保角度，还是从投资者套利投机角度来讲，机构投资者都能根据自身持仓特点和风险管理计划，从容选择相应期限的期货品种作为标的，不必再为期货现货对冲的久期中性问题而困扰，工具选择上更为丰富和方便。

对国债和金融债现货市场的影响。2018年以来，财政部2年期国债发行已经实现常规化，使该期限品种的市场活跃度显著提升。从今年4月起，财政部每个月都按时进行290亿元规模的2年期国债招标，3年期国债招标量也从今年第一季度的每个月300亿元扩展到今年4~7月的650亿元、560亿元、650亿元和600亿元。2年期国债期货合约覆盖期限的现货市值总量不断上升，新发的2年期国债可以直接成为可交割券，而期限略长的3年期国债由于每季度更新一次发行代码，按照1.5~2.25年的可交割券范围计算，当期活跃 3 年期国债将成为 1 年后的可交割券，当期次新的 3 年期国债则是远月合约可交割券。所以从国债现货市场的角度观察，2 年期国债期货合约的上市能有效提升 2~3 年国债现券的市场活跃度。未来国债和期货的期现联动关系也将更为紧密。

套保及对冲功能方面。2 年期国债期货能满足市场的多元化利率风险管理需求，2 年期国债和市场流动性的相关性明显要强于 5 年期和 10 年期国债期货，新合约的上市无疑将更利于组合的流动性风险管理。这点对信用债的套保特别有利。信用债久期相对较短，2 年期国债期货合约设定的 1.5~2.25 年可交割券范围，使其成为目前最适合对冲信用债的利率风险工具。

综上所述，成熟市场的实践经验表明，2 年期国债期货的上市符合市场预期和期待，对市场具有重大意义，也对市场参与机构的期现货管理能力提出了更高的要求。这一合约的上市是 2018 年国债期货市场中最值得关注的亮点之一。

10.2-2　国债期货市场运行及交割

2018 年 1~9 月，国债期货市场总体交投活跃。在经历 2017 年国债期货市场的单边大幅下跌行情后，市场走势跟随经济基本面和货币政策出现明显转变，总体情绪从去年较为一致的做空和套保中得以缓解，国债期货各合约价格均出现较明显上涨，同时市场波动性增加，多空交投热烈，总体成交量和持仓量从去年极端情绪时的较高水平向正常水平有序过渡。2018 年前 3 个季度，国债期货总成交量达到 806.96 万手，较 2017 年同期下降 28.12%；其中，5 年期合约总成交量 148.32 万手，较 2017 年同期减少 25.91%；10 年期合约总成交量 658.64 万手，较 2017 年同期减少 28.60%。持仓量方面，9 月底，国债期货总持仓量为 7.4 万手，较 2017 年同期减少 46.65%；其中，5 年期合约持仓 1.9 万手，较 2017 年同期减少 70.7%，10 年期合约持仓 5.46 万手，较 2017 年同期减少 25.6%（见图 10-6 和图 10-7）。

国债期货成交量较去年同期有所减少，主要有以下几个原因。

第一，国债市场投资者结构发生了深刻的变化。2018 年，国债市场总托管量继续稳步上行，近年来，国债总托管量的同比增速始终稳定在 12%~15%，托管总量则从 11 万亿元左右稳步上行至 12.5 万亿元的水平。

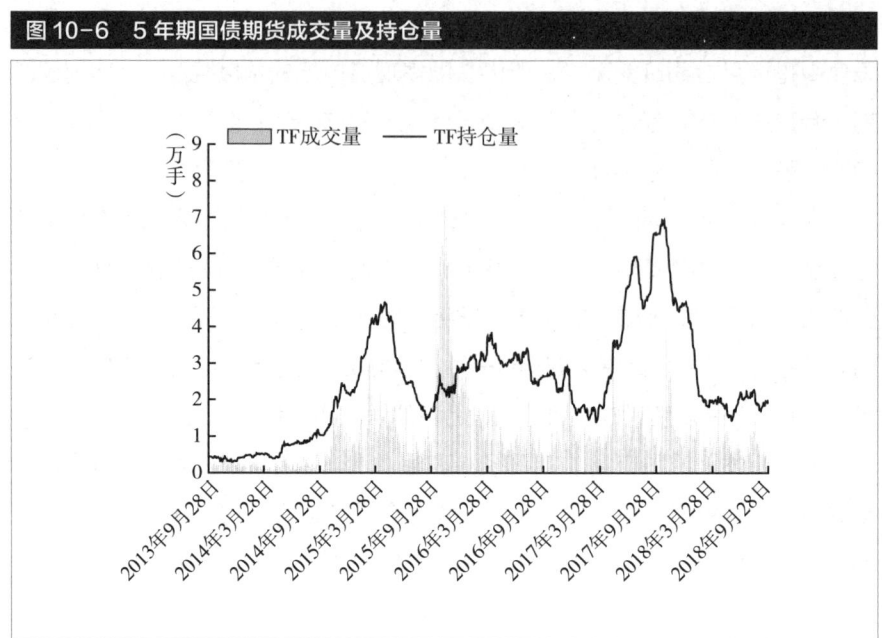

图10-6 5年期国债期货成交量及持仓量

资料来源:中国金融期货交易所。

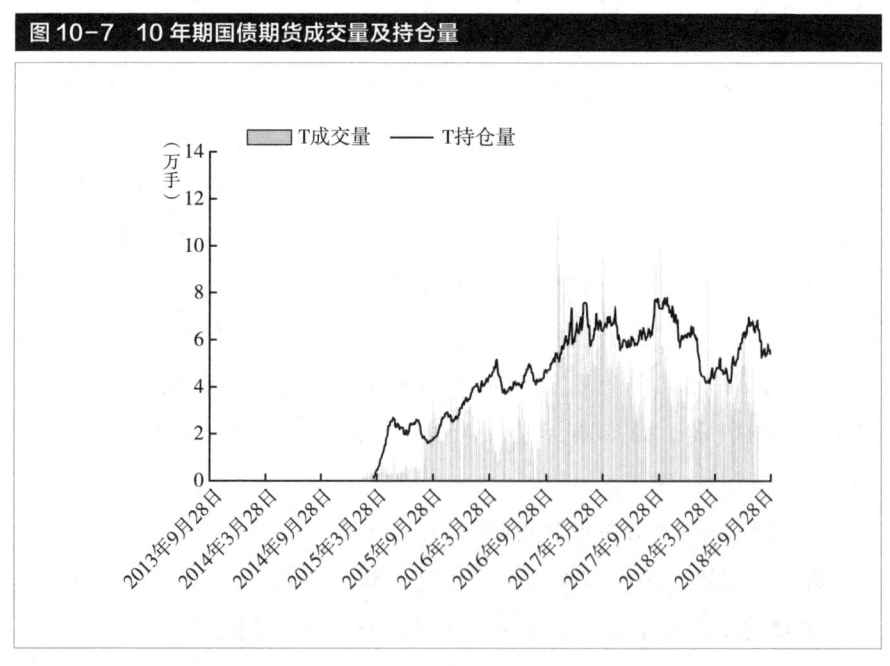

图10-7 10年期国债期货成交量及持仓量

资料来源:中国金融期货交易所。

国债市场的扩容，也给国债市场投资者结构带来了深刻变化。主要表现在以外资银行为代表的境外机构和以商业银行理财产品为代表的非法人类产品的债券托管量迅速增加。机构投资者中境外机构占比明显提高，3~5 年期限的国债在上半年需求大幅增加。外国央行、主权基金通过外资行的国内分行在银行间市场买入国债，其特点以持有到期为主，不会参与国债期货市场上的套保或其他操作，所以一定程度上使得国债现货市场成交量增大，但其对期货市场的成交量贡献有限。

第二，2016 年末开始并贯穿 2017 年全年的债券市场调整。10 年期国债在短短一年时间里收益率从 2.65% 大幅上行至接近 4.0%，上行幅度超过 100BP。大量机构现货持仓浮亏导致套保需求大增，推动了 2017 全年国债期货主力合约持仓与成交量均大幅增加。进入 2018 年后，债市开始上涨，10 年期国债在半年时间内下行幅度接近 50BP。去年大量的套保需求不再延续，致使国债期货的成交和持仓量出现一定程度下滑。

第三，2018 年宽货币、紧信用的环境下银行间回购利率持续降低，去年极度平坦的收益率曲线凸显了 5 年期国债现货的价值，所以资金对国债现券需求迅速回暖，收益率曲线迅速陡峭化。曲线形态的变化和银行间流动性的好转，使机构从去年的期货跨品种套利策略转向今年的做多现货策略，在一定程度上压制了国债期货的成交持仓量。

截至 2018 年 9 月底，国债期货共进行三次交割，累计交割 5737 手，较去年同期交割量增加 21.2%。其中，5 年期国债期货合约累计交割 4351 手，是去年同期交割量的 2.3 倍，10 年期国债期货合约累计交割 1386 手，较去年同期交割量下滑 51.4%。以上数据说明国债期货整体交割量稳中有升，但分品种的区别较大，5 年期国债期货交割量显著大于 10 年期国债期货。且今年三次交割量的差异较为明显，表现为 3 月和 9 月的交割量明显大于 6 月（见图 10-8）。

2018 年 3 月 1803 合约的交割程序中，TF1803 交割量为 2025 手，接近 TF1509 创下的 2121 手的历史纪录。而与此同时，T1803 交割量却仅为 362 手，为 T 合约上市以来最低交割量。TF 多头选择主动交割是本期合约交割量大幅上升的核心原因，由少数席位始终牢牢把持大量多头持仓直至最终交割。而相对的，TF 空头并未出现明显的变化，持仓分散。所以从微观层面的期货公司数据可以推断，此次交割量偏高，大概率是多头选择主动交割的结果，而且在 1 月下旬加仓时就已经有交割的打算。多头之所以选择

图 10-8　国债期货上市以来交割情况统计

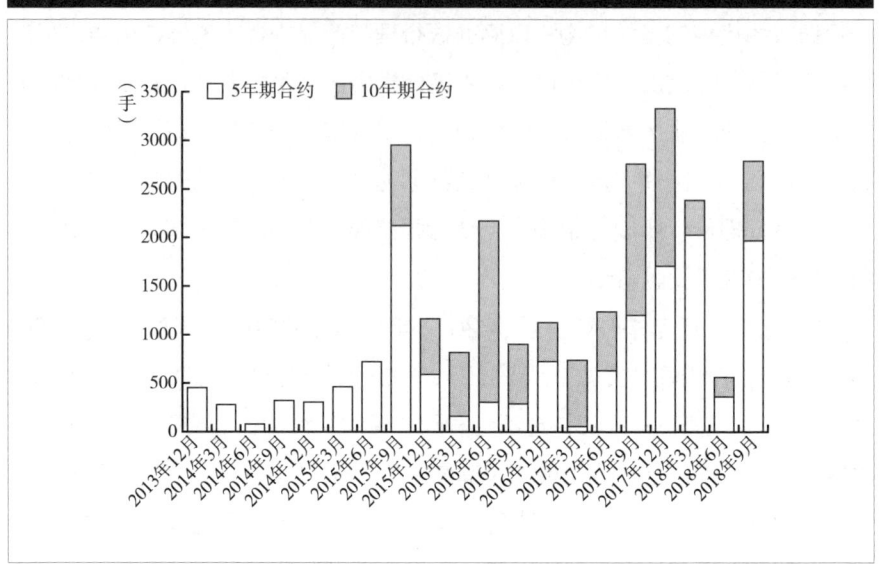

资料来源：中国金融期货交易所。

主动进入交割，可能基于以下原因。

第一，合约存续期间基差较大，使多头交割具备较高的安全边际。根据 TF1803 的 IRR 数据，整个第一季度 TF1803 存续期内，IRR 一路下滑，从最高 3%~4% 开始下行，并最终由正转负，且此时正是今年来国债现券收益率的最高位置，这给期货多头提供了较好的建仓时间和位置，为持仓至交割提供了较高的安全边际。

第二，利用春节窗口不能交易逼空，增加博到流动性较好的现券的机会。根据期货的移仓节奏，最晚在交割月前一个月中下旬结束移仓，近月合约丧失流动性，而 2018 年春节恰好在 2 月中下旬，使得可交易日进一步减少，可以有一定的逼空效果，增加博到活跃交割券的概率。多头大概率看好节后债市行情，考虑到年初银行大概率有配置需求，对 3~5 年期国债的需求较大，也促进了多头放量交割的意愿。

2018 年 6 月 1806 合约的交割情况与 1803 合约的高交割量呈现完全相反的局面，合约交割量水平很低，T1806 合约仅交割 200 手，交割量创合约上市以来历史新低。而 TF1806 交割量也仅为 360 手，较 TF1803 合约少很多。两合约均为一年以来最低交割量，也是自 2015 年以来首次出现两个合约交割量均小于 400 手的情况。之所以如此，主要有以下几点原因。

第一，5 月以来债市波动有限，期货现货同步性较高，基差变动不大导致交割必要性下降。5 月整体的利率债走势振荡，央行降准后虽然国债期货呈现冲高回落的走势，但现券整体波动不大，且期货盘中走势多数跟随现货，基差保持平稳，多头空头均缺乏进入交割的动力。

第二，交割规则有所调整，导致期货移仓推迟，交割的空头择时期权价值下降。从 1806 合约开始，中金所将持仓限额由三级调为两级：一般月份持仓限额提高到 2000 手，交割月第一个交易日提高到 600 手。保证金也发生相应调整：5 年期国债期货梯度保证金由 1.2%-1.5%-2% 调整为 1.2%-2%，10 年期国债期货梯度保证金由 2%-3%-4% 调整为 2%-3%。该规则的修改使远月合约的流动性进一步下降，而主力合约的移仓明显推迟。相应投资者可以等到临近交割月再决定移仓还是交割。时间越晚，择时期权的价值越低，必然导致交割意愿下降。

2018 年 9 月 1809 合约总体交割活跃度较上一季度的 1806 合约有较明显回暖，呈现多头主动进入交割的特征，但空头的准备也较为充分。交割量较高，TF1809 合约交割量达 1966 手，为 1509 合约以来的历史第三高。T1809 合约交割量达 824 手，大幅高于前两个季度合约的交割量。飙升的交割量与 1812 合约将开始执行新的交割券范围的规则修改有关。因此，本次交割是投资者借助交割卖出持仓中流动性较差、溢价较低的老券的最后机会，所以主动寻求交割的意愿较强。这点在 TF1809 合约上体现得尤为明显。同时，在交割月前一个月，由于地方债发行量大增的挤出效应、市场关于通胀的预期和较有韧性的经济数据，国债市场曾出现明显调整，TF1809 基差一度走扩，IRR（隐含回购利率）由正转负，这也提高了多头参与交割的意愿（见图 10-9 和图 10-10）。

10.2-3　国债期货价格与国债收益率相关性分析

2018 年前 3 个季度，国债期货结算价、国债收益率及其两者间变动的负相关性总体相较 2017 年同期出现显著提高，说明国债期货对国债现券的定价作用和价格发现作用得到较为充分的发挥，市场机制运行良好。其中，5 年期国债期货和 10 年期国债期货与可交割范围内国债现券收益率的负相关性均超过 -0.9，期货现货的价格联动十分紧密（见表 10-6 和表 10-7）。

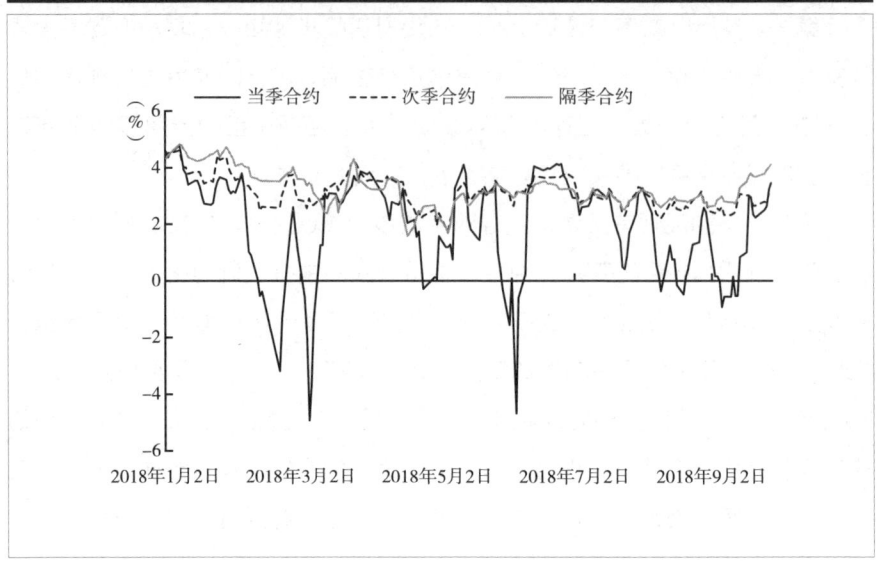

图10-9 2018年前3个季度5年期国债期货合约隐含回购利率走势

资料来源：WIND，中泰证券。

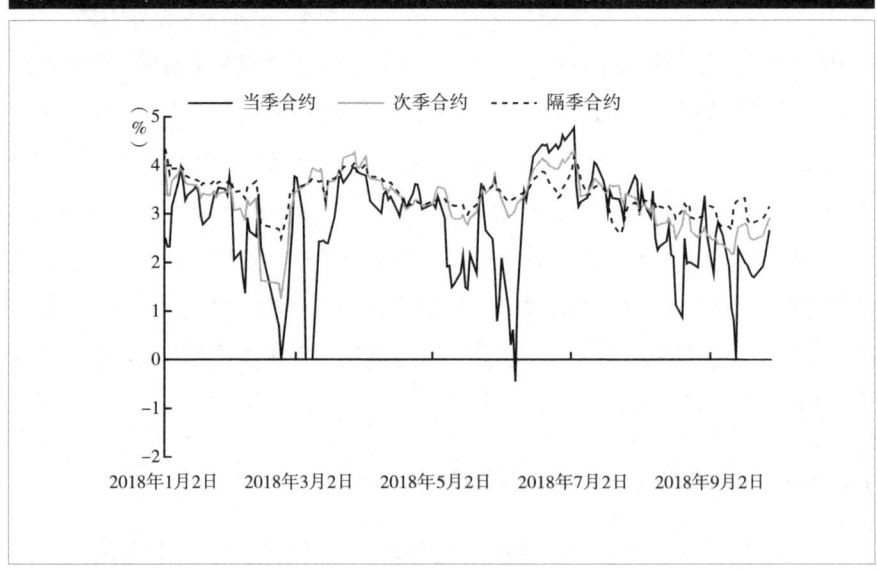

图10-10 2018年前3个季度10年期国债期货合约隐含回购利率走势

资料来源：WIND，中泰证券。

在国债期货结算价变动与国债收益率变动的相关性方面，国债现券的期限越长，则与国债期货结算价变动的负相关性越高，以10年期国债期货为例，三只上市合约结算价变动与 10 年期国债收益率变动的负相关性均达到 −0.8 左右水平，而与 7 年期国债收益率变动的负相关性仅为 −0.6~−0.7（见表 10-8 和表 10-9）。说明国债现券期限越长，与期货结算价变动的相关性越高，这与国债期货最便宜可交割券 CTD 的制定规则有关，也说明国债剩余期限距离关键期限越近，则定价效率越高。

表 10-6　5 年期国债期货结算价与国债收益率的相关系数

指标	4 年期国债收益率	5 年期国债收益率
当季合约结算价	−0.95	−0.97
次季合约结算价	−0.93	−0.95
隔季合约结算价	−0.91	−0.93

资料来源：根据中国金融期货交易所及中央结算公司数据计算。

表 10-7　10 年期国债期货结算价与国债收益率的相关系数

指标	7 年期国债收益率	8 年期国债收益率	9 年期国债收益率	10 年期国债收益率
当季合约结算价	−0.97	−0.98	−0.98	−0.98
次季合约结算价	−0.96	−0.97	−0.98	−0.98
隔季合约结算价	−0.96	−0.97	−0.97	−0.97

资料来源：根据中国金融期货交易所及中央结算公司数据计算。

表 10-8　5 年期国债期货结算价变动与国债收益率变动的相关系数

指标	4 年期国债收益率变动	5 年期国债收益率变动
当季合约结算价变动	−0.70	−0.73
次季合约结算价变动	−0.69	−0.72
隔季合约结算价变动	−0.58	−0.63

资料来源：根据中国金融期货交易所及中央结算公司数据计算。

表 10-9　10 年期国债期货结算价变动与国债收益率变动的相关系数

指标	7 年期国债收益率	8 年期国债收益率	9 年期国债收益率	10 年期国债收益率
当季合约结算价变动	−0.65	−0.62	−0.66	−0.78
次季合约结算价变动	−0.70	−0.67	−0.72	−0.85
隔季合约结算价变动	−0.63	−0.61	−0.68	−0.78

资料来源：根据中国金融期货交易所及中央结算公司数据计算。

10.3 其他债券衍生品

2018年前3个季度,除利率互换和国债期货外的其他利率衍生品交易整体依然不活跃,但是标准债券远期产品因合约优化而交易量有所提升。根据全国银行间同业拆借中心数据,2018年前3个季度,债券远期累计成交5笔,累计成交面值3.96亿元;根据上清所数据,2018年前3个季度,标准债券远期累计交易面值525亿元,9月末存续合约面值15亿元。

2018年2月,全国银行间同业拆借中心发布《关于进一步优化标准债券远期现金交割方式的通知》(中汇交发〔2018〕60号),对标准债券远期现金交割方式进行优化,主要涉及合约的可交割券和到期交割价的调整;2018年3月26日,标准债券远期优化合约正式上线。

标准债券远期业务自2015年推出以来交易量不断萎缩,2015~2017年交易笔数分别为59笔、8笔、0笔,交易名义本金分别为17.2亿元、1.0亿元、0亿元,究其原因,主要包括以下两方面。

第一,合约设计存在一定缺陷,特别是一篮子可交割券筛选及交割价规则使产品定价存在较大难度。具体而言,首先,合约的一篮子可交割券数量较多,普遍在8~12只,投资者难以使用现券开展套利策略;其次,一篮子可交割券权重由最后交易日上午成交量决定,存在极大不确定性且事前无法预知,难以进行产品定价;最后,合约的一篮子可交割券在合约上市时即确定,合约存续期内(约1年时间)并不进行调整,导致合约可交割券在临近交割时均为交投不活跃的老券。综上,合约可交割券和交割价设计的缺陷导致产品定价在实操中面临极大困难。

第二,参与主体较少且同质化程度较高,产品流动性难以提升。截至2018年9月末,标准债券远期集中清算成员合计54家,且以银行和证券公司为主,参与主体较少,机构类型集中,策略模式相近,投资者交易行为趋同导致对产品价格分歧较小,产品交投活跃度难以提升。

10.4　信用衍生品

10.4-1　银行间市场信用风险缓释工具发展情况

2016年9月23日，中国银行间市场交易商协会发布了修订后的《银行间市场信用风险缓释工具试点业务规则》，在原有的合约式信用风险缓释工具（CRMA）、凭证式信用风险缓释工具（CRMW）的基础上推出了信用违约互换合约（CDS）和信用联结票据（CLN）两类信用风险缓释新工具。新产品和新规则推出进一步激发金融机构对信用衍生品市场发展和创新的兴趣。在随后的一段时期中，部分市场机构在信用风险缓释工具的创设、交易等领域开展了新的探索与尝试。2017年，CDS合约交易、CLN创设等业务均在一定的制度框架下有序开展。以渣打银行、德意志银行为代表的外资银行业获准进入信用风险缓释工具市场，并开展了相关业务。全国银行间同业拆借中心也开始正式提供相关工具的报价、交易确认等基础设施服务。

2018年，在经济新旧动能转换、信用融资紧缩的背景下，企业经营环境进一步恶化，信用风险加速暴露，尤其是较多民营企业发生的信用事件引起市场广泛关注。截至2018年第三季度末，已有33家债券发行主体的83支债券出现违约，违约金额达到808亿元，其中，民营企业违约28家，违约债券76支，违约金额达到763亿元。这一方面是由于这些企业前期扩张激进、财务杠杆不合理、业务缺乏核心竞争力，积累了较大的风险隐患；另一方面也与金融机构风险偏好下降，信用融资环境紧缩有关。一些金融机构对民营企业授信、投资"一刀切"的情况时有发生，部分经营稳健、竞争力强的民营企业也受到"误伤"，民营企业、小微企业再融资面临困境，流动性难以流向实体经济。针对这种情况，习近平总书记9月在辽宁考察时强调"毫不动摇地鼓励、支持、引导、保护民营经济发展"，刘鹤副总理10月接受采访时强调"不支持民营企业发展的行为必须坚决予以纠正"。党和国家领导人的集中表态，表明服务实体经济、支持民营企业仍然是金融行业的重要任务。信用风险缓释工具通过信用债券与衍生工具的组合，实现信用风险分层，将单一债券的信用风险转化为资产组合下的交易对手的主体风险，促进债券信用风险和投资者风险偏好的更好匹配，从而吸引更多投资者参与信用债券的认购，以市场化的方式疏通企业融资渠道、降低企业融资成本。

在目前民营企业融资难、融资贵的环境下，信用风险缓释工具也在逐步发挥更重要的作用。2018年6月以来，中债增进、宁波银行、杭州银行已陆续创设了2单CLN产品、6单CRMW产品。前期信用风险缓释工具均以国有企业作为参考实体，今年创设的信用风险缓释工具首次将民营企业作为参考实体，荣盛集团、红狮水泥、富邦控股三家民营企业在发行非金融企业融资工具时配套创设了5单CRMW产品（见表10-10）。投资者同时认购债务工具与CRMW可将民营企业主体风险转化为CRMW对手方风险。由于CRMW创设方均为大型银行及专业增信机构，主体风险很低，信用债券与CRMW的组合满足了低风险偏好投资者的需求，扩大了债券的潜在投资者范围，降低了民营企业债券发行的难度与融资成本。18中债增CRMW002的参考债务为荣盛集团发行的超短期融资券18荣盛SCP005。荣盛集团是国内PTA、涤纶化纤龙头企业，主体评级AA+，18荣盛SCP005发行利率为5.22%，而荣盛集团发行的其他剩余期限相近的债券的市场价格约为5.40%，配套有CRMW的债券品种利率较同主体可比品种的利率下降约20BP。18杭州银行CRMW001及18中债增CRMW003的参考债务为红狮水泥发行的超短期融资券18红狮SCP006。红狮水泥是全国12家大型水泥企业之一，主体评级AA+，18红狮SCP006发行利率为4.96%，而红狮水泥发行的其他剩余期限相近的债券的市场价格约

表10-10 2018年信用风险缓释工具创设情况

工具名称	创设机构	参考实体	主体评级	参考债务	费率
18中债增CLN001	中债增信	焦煤集团	AAA	16晋焦煤MTN001	
18宁波银行CLN001	宁波银行	路桥集团	AA+	18晋路桥SCP001	
18中债增CRMW001	中债增信	太钢集团	AAA	18太钢MTN001	40BP
18中债增CRMW002	中债增信	荣盛集团	AA+	18荣盛SCP005	100BP
18杭州银行CRMW001	杭州银行	红狮水泥	AA+	18红狮SCP006	41BP
18中债增CRMW003	中债增信	红狮水泥	AA+	18红狮SCP006	40BP
18中债增CRMW004	中债增信	富邦控股	AA	18富邦PPN003	
18宁波银行CRMW001	宁波银行	富邦控股	AA	18富邦PPN003	

资料来源：根据WIND数据整理。

在5.24%，配套有CRMW的债券品种利率较同主体可比品种的利率下降约30BP。18宁波银行CRMW001及18中债增CRMW004的参考债务为富邦控股发行的定向债务融资工具18富邦PPN003。富邦控股是浙江省大型综合性控股集团，业务涉及电力、供热等，主体评级为AA，18富邦PPN003发行利率为6.45%，而富邦控股发行的其他剩余期限相近的债券的市场价格在6.95%左右，配套有CRMW的债券品种利率较同主体可比品种的利率下降约50BP。

针对民营企业发行的5期CRMW产品，在产品定价上也更为市场化。前期信用风险缓释凭证的价格均由创设方在一对一询价后直接定价，投资者参与程度有限，定价也难以完全公允。而在本次针对民营企业创设的CRMW产品中，创设机构先进行前期询价，并结合理论模型、业务成本等，综合考虑确定价格区间，再经过投资者投标，通过簿记建档确定最终的产品价格。从簿记结果来看，以18荣盛SCP005为参考债务的18中债增CRMW002定价在100BP，以18红狮SCP006为参考债务的18杭州银行CRMW001和18中债增CRMW003分别定价在41BP和40BP，两期债券经CRMW价格调整后的组合收益率分别在4.22%和4.46%，在同期限无风险收益率的基础上有一定溢价，但基本可满足部分负债成本较低的市场机构的收益率要求。簿记建档确定CRMW价格，定价机制更加透明公开，也为信用风险的市场化定价探索了一条新的途径。

在国际CDS市场，市场各方对于CDS的名义本金一般无限制，且多采用现金结算的方式。这样减少了CDS市场的限制，有助于扩大市场容量、提高产品流动性，但也容易产生CDS名义本金远超过参考债务，进而成为裸卖空投机工具的风险。针对这种情况，今年新发行的2单CLN产品、6单CRMW产品，全部采取实务交割的结算模式，且名义本金均小于参考债务的发行规模。这样的设计有助于产品保持信用风险对冲管理的初衷，避免裸卖空的风险。认购信用风险缓释产品必须要配套认购参考债务，否则将面临无法交割的风险。这就将衍生工具与债务工具认购紧密结合在一起，有助于参考债务的顺利发行。

截至2018年第三季度末，信用风险缓释工具核心交易商已经由34家增长至39家，信用风险缓释凭证创设机构由25家增长至30家，信用联结票据创设机构由26家增长至31家，德意志银行、法国巴黎银行等外资银行也获得了核心交易商及工具创设机构的资格。存续的凭证类信用风险缓释工具的名义本金增加至 10.45 亿元。信用风险缓释工具的市场深度与广度在稳步提高。目前已经推出并在运行的信用风险缓释工具仍然集中在银行间市场，参考债务主要为银行间非金融企业融资工具。监管机构已在统筹部署，预计覆盖交易所市场债务工具的信用衍生品也将在未来推出。届时，信用衍生品在信用风险管理、优化融资环境、指导信用定价方面将发挥愈加重要的作用。

10.4-2 交易所市场信用风险保护工具的推出

在证券监督管理部门的推动下，交易所市场信用风险保护工具也在稳步发展中。交易所市场信用风险保护工具以交易所公司债券和可转债为参考债务，这使得信用衍生品的覆盖范围进一步扩大，主流信用债券品种均配备了相应的信用衍生对冲工具。交易所市场信用风险保护工具同样分为合约类的信用保护合约和凭证类的信用保护凭证。信用保护合约是交易对手之间签订的不可交易转让的金融合约，采取前端费用+标准票息的方式进行支付结算；信用保护凭证是凭证创设方与认购方之前签订的，可在交易所挂牌转让交易的凭证式工具，采取前端费用的结算方式。

2018 年 10 月以来，在交易所的统筹组织下，部分大型证券公司开展了交易所信用风险保护工具的试点业务。2018 年 11 月 2 日，首批四单交易所信用保护合约推出，标志着交易所市场信用保护工具的正式起航（见表 10-11）。上交所推出的两单信用保护合约参考主体分别为红狮水泥、金诚信矿业，参考债务分别为 S18 红狮 2、18 金诚 01，信用保护合约卖方分别为国泰君安证券、中信证券。由于有信用保护合约的对冲，S18 红狮 2 发行利率为 5.50%，较同主体同期限的公司债券估值收益率低约 40BP；18 金诚 01 发行利率为 7.50%，较同主体同期限的公司债券估值收益率低约 30BP。深交所推出的两单信用保护合约，参考主体分别为苏宁电器、恒逸集团，参考债务分别为 18 苏电 02，18 恒集 03，信用保护合约卖方分别为国泰君安证券、中信证券。18 恒集 03 发行利率为 6.90%，较同主体同期限的公司债券估值收益率低约 80BP。整体看，交易所市场信用风险保护工具很好地起到了降低企业融资成本及提供信用对冲、风险管理工具的作用。

表 10-11　2018 年交易所市场信用保护合约发行情况

合约卖方	参考实体	主体评级	参考债务	交易场所
国泰君安	红狮水泥	AA+	S18 红狮 2	上交所
中信证券	金诚信矿业	AA	18 金诚 01	上交所
国泰君安	苏宁电器	AAA	18 苏电 02	深交所
中信证券	恒逸集团	AA+	18 恒集 03	深交所

资料来源：根据 WIND 数据整理。

虽然我国信用衍生品的发展还面临法律法规不健全、投资者集体决议保护机制缺失、债务主体预算软约束、定价扭曲、难以对违约率进行回溯和预估、资本缓释功能不明确等诸多制约因素，但应该看到，当前我国债券市场信用风险加速暴露，市场违约率已在逐步接近国际市场水平，同时广大中低评级债券及民营企业债券难以发行成功，金融机构需要信用衍生工具来管理、对冲信用风险，并实现对信用风险的更准确定价，债券发行人需要更多的正规、公开、市场化的工具拓宽融资渠道。在这样的环境下，以信用风险缓释工具为代表的信用衍生工具理应发挥更大的作用。在监管机构、金融机构的共同推进下，信用风险缓释工具的制度体系、交易规则、信息披露、投资者结构都在进一步规范完善，为信用衍生品的发展奠定良好的基础。预计随着防范金融风险的持续推进，信用衍生品市场会进一步加快发展并发挥更大作用。

第 11 章 政府债券市场[*]

- 2018 年，地方政府项目收益专项债券试点范围不断扩大，债券品种持续创新和丰富。随着稳投资诉求的不断强化，地方政府专项债券的重要性进一步凸显。为保障专项债券发行，财政部在完善发行机制方面推出了一系列举措，包括引入弹性招标制度，实行公开承销制度等，还对发行利率做出指导。在相关措施的共同作用下，地方政府专项债券市场特别是项目收益专项债券市场加速发展。

- 2018 年，财政部针对地方政府债券管理出台的一系列文件涉及不少有关债券市场基础制度建设的内容，包括提升发行定价市场化水平、推动投资主体多元化、完善信用评级和信息披露机制、促进市场流动性改善、丰富债券期限结构、推出再融资债券等。未来在价格形成、收益率波动、投资者约束、信用评级、信息披露、违约惩戒等方面还需要进一步完善相应的制度基础。

- 2018 年以来，政企信用剥离、市场风险偏好改变等因素共同引致城投"信仰"趋弱，城投债发行难度提升，收益率和信用溢价同时走高。进入 2018 年下半年，在维稳基础设施投资成为逆周期调节重要工具的背景下，为确保基建项目获得充足的投资资金，针对地方融资平台的政策在一度收紧后又呈边际放松状态。随着融资约束的松动，城投债的融资功能得到一定强化，整体利率水平和信用利差出现了一定程度的修复。

---

[*] 本章作者：常欣，中国社会科学院经济研究所宏观经济研究室研究员；刘学良，中国社会科学院经济研究所宏观经济研究室副研究员；王佳，中国社会科学院经济研究所宏观经济研究室助理研究员。

2018 年以来，宏观经济政策的相机抉择特征对政府债券市场的运行态势产生了较大的影响。上半年，在严控政府债务风险的背景下，政府债券市场的发行和交易环节都处于相对低迷的状态。进入第三季度，伴随宏观经济政策取向的适度调整，政府债券市场的整体环境在一定程度上出现了边际改善的迹象。展望下一阶段，政府债券市场的基本走势或将继续受以控风险为主还是以稳增长为主这一政策选择的影响。

11.1 国债市场

国债是中央政府以信用形式有偿筹集财政资金的一种政府债券，是国家信用的一种重要的体现方式。自 1981 年恢复国债发行以来，随着其规模的不断扩大，国债的功能和作用也从早期的筹集建设资金、弥补预算赤字逐步发展为实施政策调控、引导社会资源合理配置。从图 11-1 可以看出国债发行规模近年来总体呈不断上升的趋势，其中 2007 年、2016 年和 2017 年国债发行规模出现明显的跃升，2018 年 1~9 月国债发行规模有所回落，为 26060.77 亿元，比上年同期下降了 14.3%。

国债的年度发行规模主要与当年国债的到期规模和中央财政赤字规模相关，其中当年国债的到期规模决定了国债滚动发行规模，中央财政赤字规模决定了国债净发行规模。2007 年由于国际收支失衡，累积的大量外汇储备导

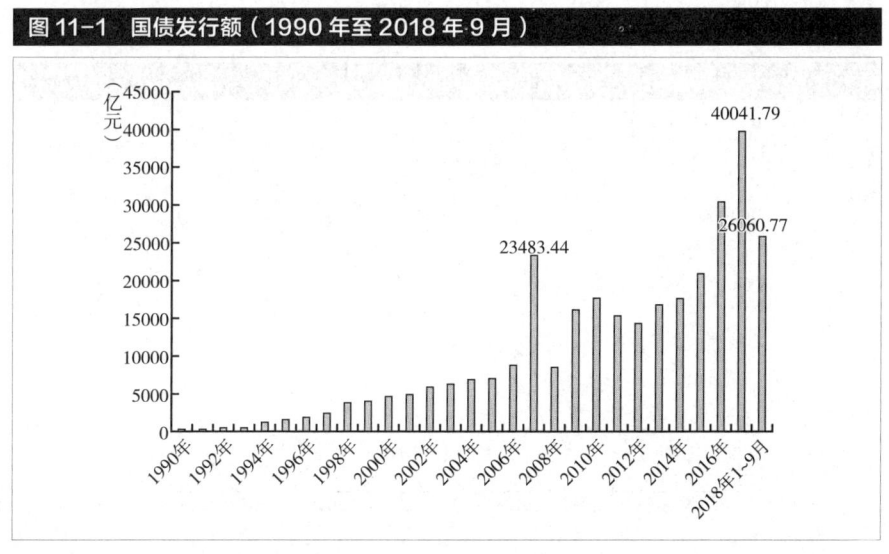

图 11-1 国债发行额（1990 年至 2018 年 9 月）

资料来源：WIND。

致国内经济流动性泛滥,财政部发行了 15500 亿元的特别国债以部分购买外汇储备,使当年国债发行规模暴涨了 164%,国债发行总额也突破了 20000 亿元(见图 11-2)。2016 年和 2017 年国债发行规模的大幅提高,主要来自国债到期规模上升和赤字率上升;2018 年前 3 个季度国债发行规模的回落,也与到期规模下降和赤字率下降有关。2018 年年内拟安排财政赤字 2.38 万亿元,赤字率从 2016 年和 2017 年预算的 3% 降至 2.6%(见图 11-3)。从国债余额看,除了 2007 年出现一次跃升之外,其他年份都保持平稳增长。

图 11-2　国债余额、发行额和到期金额(2001 年至 2018 年 9 月)

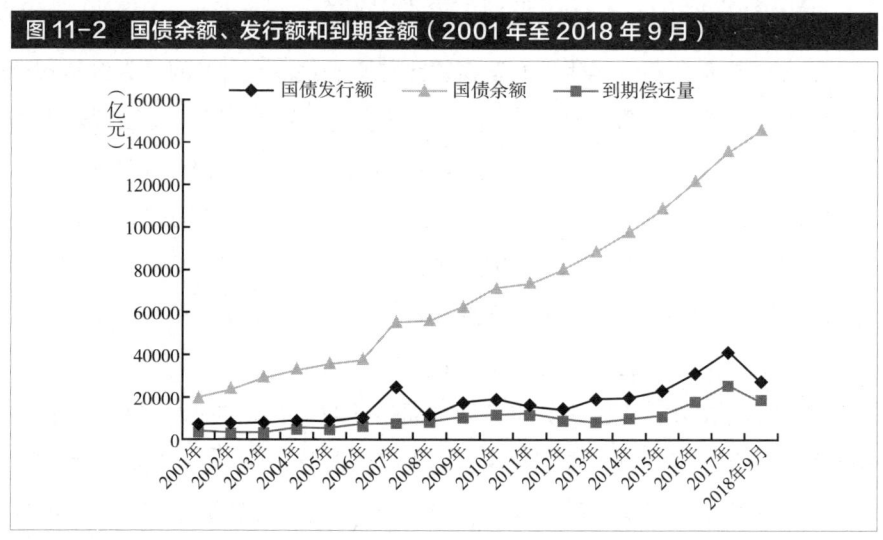

资料来源:WIND。

图 11-3　历年政府财政赤字率预期目标

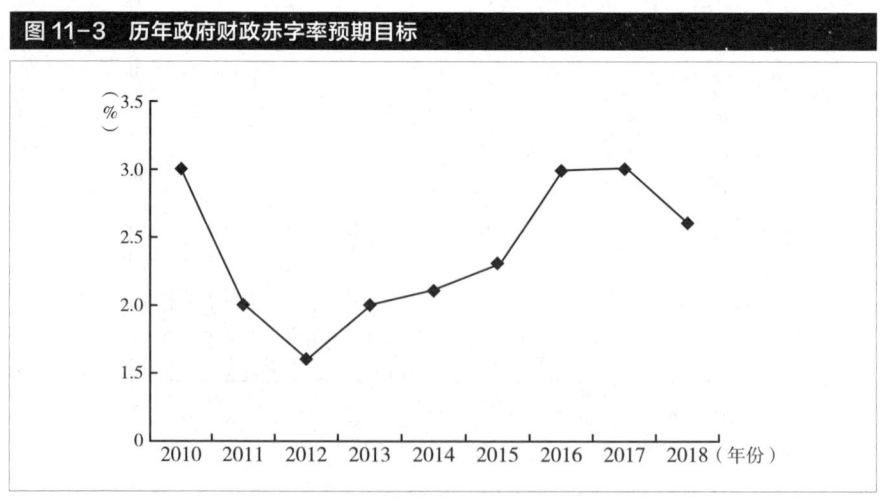

资料来源:WIND。

近年来，国债中 1 年期以内（含 1 年）的短期国债占比最高，如 2018 年 1~9 月，累计发行的 1 年期以内短期国债占总发行额的比重超过了 1/4。由于 2017 年 8 月有 6000 亿元 10 年期特别国债到期，财政部滚动发行 4000 亿元 7 年期和 2000 亿元 10 年期国债，2017 年 6~7 年期国债与 9~10 年期国债占比较往年显著提高至 19.28% 和 14.28%，2018 年 1~9 月的 6~7 年期国债和 9~10 年期国债占比则回落到 2016 年的水平（见表 11-1）。2018 年 1~9 月 1~2 年期国债发行占比达到近年来最高水平 6.7%，而近几年这一比例从未超过 5%。1~2 年期国债发行增多，可以看作为推行 2 年期国债期货做准备。2018 年 8 月 3 日，证监会正式批准中国金融期货交易所开展 2 年期国债期货交易，合约正式挂牌交易时间为 2018 年 8 月 17 日。与美国、德国和日本等国外市场相比，中国 2 年期国债的发行量相对偏少，而 2 年期是国债收益率曲线中短端的关键期限点，增加 2 年期国债发行将有助于进一步健全国债收益率曲线。

表 11-1 各年度不同期限国债发行额占比 单位：%

国债期限	1 年以内	1-2 年	2-3 年	4-5 年	6-7 年	9-10 年	10 年以上	合计
2007 年	9.63	0.14	9.18	4.30	5.49	32.42	38.83	100
2008 年	20.44	0.00	27.03	11.09	12.29	12.19	14.96	100
2009 年	35.16	0.00	21.36	11.06	11.55	10.12	8.75	100
2010 年	33.40	1.46	14.81	12.23	11.27	12.89	11.95	100
2011 年	20.22	0.00	19.10	16.11	11.71	17.74	11.12	100
2012 年	15.94	0.00	18.94	11.44	18.93	21.19	11.56	100
2013 年	11.50	4.49	19.42	18.25	20.82	15.15	8.38	100
2014 年	16.45	4.19	19.15	16.18	17.94	17.30	8.79	100
2015 年	21.83	2.41	20.27	18.51	15.28	14.34	7.35	100
2016 年	30.38	3.81	16.78	17.35	12.09	11.76	7.84	100
2017 年	25.92	4.21	11.10	16.20	19.28	14.28	7.01	100
2018 年 1~9 月	28.72	6.70	16.46	16.10	12.07	11.44	8.51	100

资料来源：WIND。

2017 年国债发行利率呈上升态势，从 2017 年 1 月的 2.8% 持续上升至 12 月的 3.9%，而 2018 年国债发行利率则逐步下行，由 2018 年 1 月的

3.6%逐渐下降到9月的3.3%（见图11-4）。2017年国债利率持续上升，主要受央行出于去杠杆考虑收紧流动性、多部门加强金融监管以及美联储加息等多重因素影响。而2018年以来国债发行利率逐步下降，一方面是由于货币政策出现一定程度的放松，另一方面是由于2018年出现了多起信用债违约事件，打破刚性兑付的预期强化，市场对国债等安全资产的需求提高，也拉低了其利率水平。

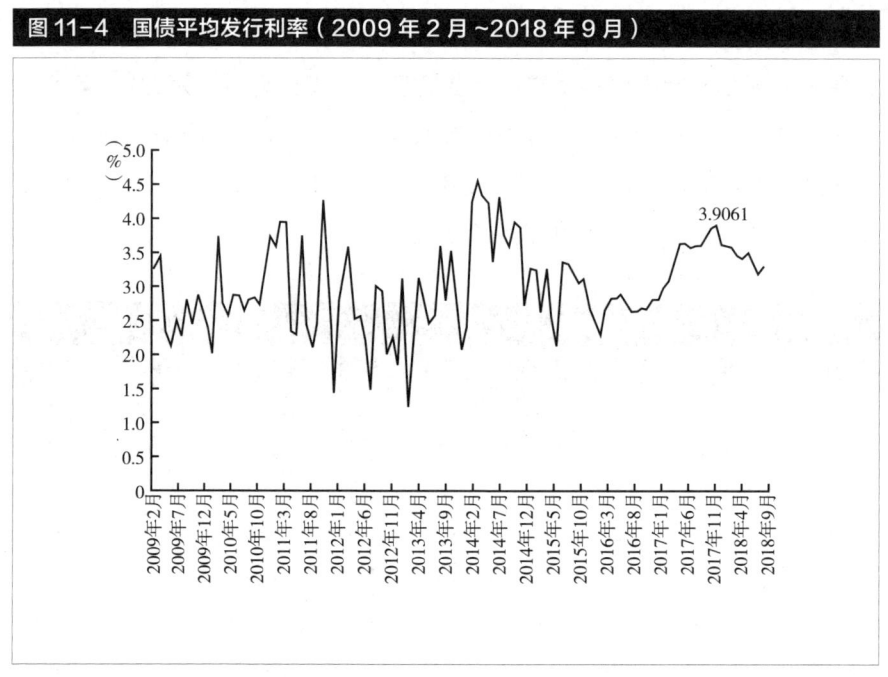

图11-4　国债平均发行利率（2009年2月~2018年9月）

资料来源：WIND。

11.2　地方政府债券市场

11.2-1　地方政府债券市场基本情况分析

2015年1月1日正式实施的《中华人民共和国预算法》明确规定，地方政府只能通过发行地方政府债券举借债务的方式筹借资金，地方政府及其所属部门不得以其他任何方式举借债务，除法律另有规定外，地方政府及其所属部门也不得为任何单位和个人的债务以任何方式提供担保。自2015年起地方政府债券发行规模开始快速上升，发行方式也由一开始的代发代还、自发代还转变为全部由地方政府自发自还。截至2018年第三季度末，地方政府债券余额为17.99万亿元，在整个债券市场托管总量中的占比为21.87%，已经超过了国债17.35%的比例，成为中国债券市场中重要的债券种类（见图11-5）。

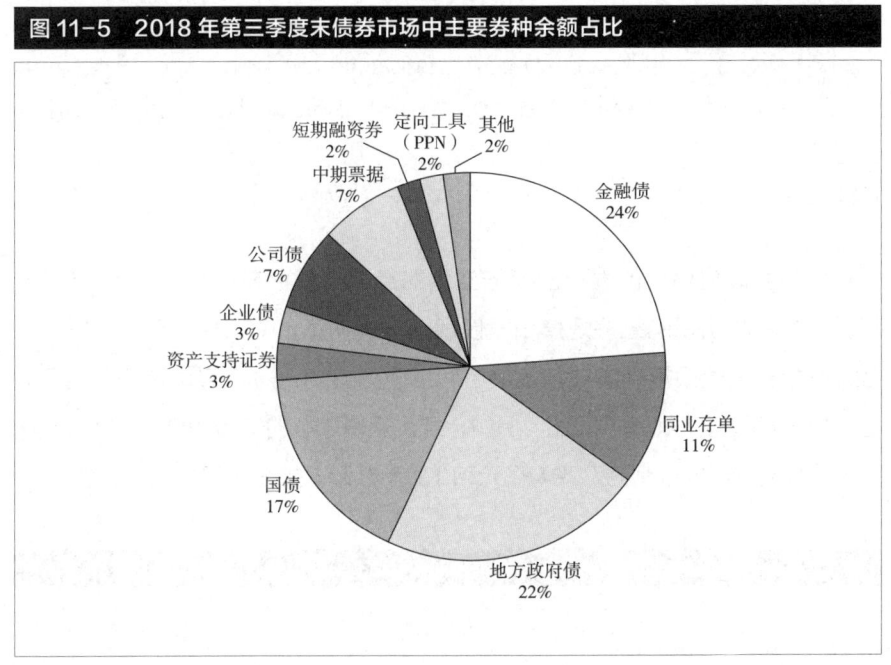

图11-5　2018年第三季度末债券市场中主要券种余额占比

资料来源：WIND。

2018年前3个季度，地方政府债券发行规模共计3.8万亿元，较上年增长7.58%，发债主体共计35个（仅西藏未发行）。从各种期限债券的发行规模来看，2018年前3个季度，1年期、2年期、15年期和20年期地方政府债券发行量极少，仅占发行总额的1.78%；而3年期、5年期、7年期和10年期发行量占发行总额的98.22%，其中，5年期和7年期债券占比分别达到了43.78%和23.17%（见表11-2）。整体加权平均期限为6年，略低于2017年的6.27年。

表 11-2　2009 年~2018 年 9 月各期限地方政府债券发行规模　　单位：亿元

年份	1 年期	2 年期	3 年期	5 年期	7 年期	10 年期	15 年期	20 年期	发行总额
2009			2000						2000
2010			1384	616					2000
2011			992.5	1007.5					2000
2012			1098	1257.5	144.5				2500
2013			1417	1757	326				3500
2014			1157	1599.8	915.6	327.6			4000
2015	12.22		6532.37	12061.55	10553.44	9191.02			38350.62
2016			11291.83	19222.99	16753.74	13189.85			60458.4
2017	100		7988.59	14764.57	11939.72	8788.08			43580.94
2018 年 1~9 月	115.75	309.79	5815.44	16634.14	8804.39	6064.32	140	110	37993.83

资料来源：WIND。

各地方政府债券的发行规模与当地的经济规模存在一定的联系，例如，江苏、广东和山东的经济规模和发债规模均排在各省前三名，青海和宁夏的经济规模和发债规模均排在各省最后两名（见图 11-6）。但也有不少地区债券发行规模与经济规模不匹配，例如，经济规模较小的安徽和贵州 2018 年前 3 个季度发债规模分别为 2224 亿元和 1904 亿元，排在第四名和第五名。

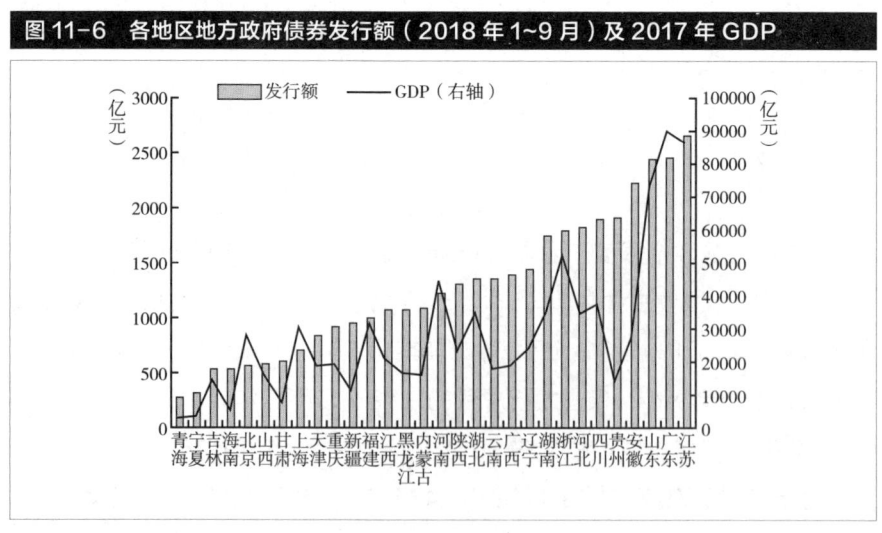

图 11-6　各地区地方政府债券发行额（2018 年 1~9 月）及 2017 年 GDP

资料来源：WIND。

不同地区的发债规模与中央制定的各地区新增债券限额有关，而限额主要由各地的 GDP、财政收入、还本付息情况、债务风险以及经济社会发展需要等因素决定。从图 11-7 给出的 2017 年各地债务率（地方政府债务余额/GDP）数据看，发债规模较大的安徽债务率处于中等水平，而贵州 2017 年债务率高达 64%，排在第一位，远高于其他各省份水平，其较高的发债规模或与经济社会发展需要等因素有关。

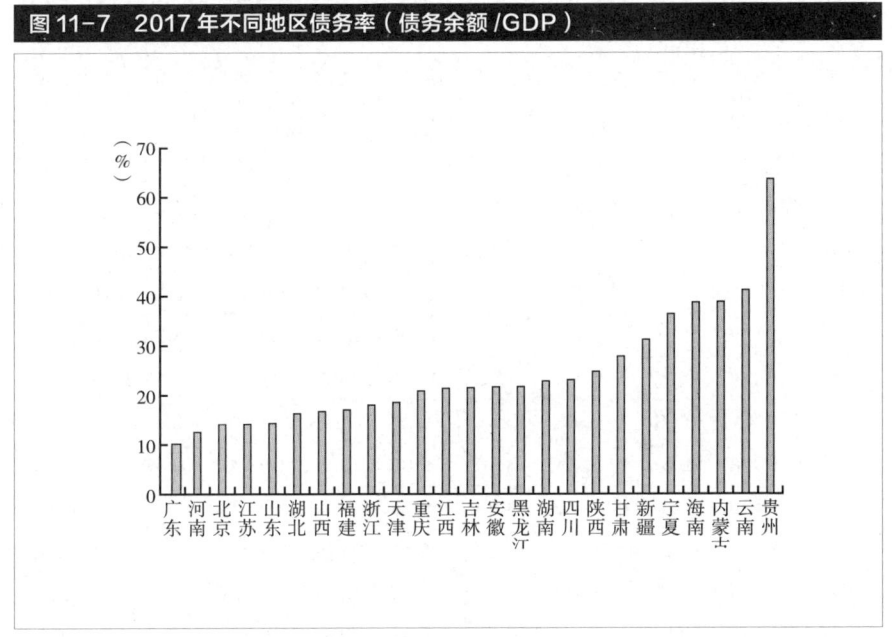

图 11-7　2017 年不同地区债务率（债务余额/GDP）

资料来源：WIND。

表 11-3 给出了 2018 年 1~9 月各地区不同期限地方政府债券发行额（由于 1 年期、2 年期、15 年期和 20 年期发行额占比极少，表中仅列出了占比超过 98% 的 3 年期、5 年期、7 年期和 10 年期债券情况）。专项债券发行比例最高的几个省份，如天津、山东、福建、安徽、江苏和重庆，3 年期和 5 年期债券发行占比较高；一般债券发行比例较高的省份，如辽宁、内蒙古、宁夏和青海，7 年期和 10 年期债券发行占比较高，在一定程度上反映了一般债券发行期限高于专项债券发行期限。

表 11-3 2018 年 1~9 月各地区不同期限地方政府债券发行额　　　单位：亿元，%

省份	3 年 发行规模	3 年 占比	5 年 发行规模	5 年 占比	7 年 发行规模	7 年 占比	10 年 发行规模	10 年 占比	发行总额
山西	30.00	5.12	178.14	30.41	136.71	23.34	240.96	41.13	585.81
安徽	163.20	7.34	1407.80	63.31	616.82	27.74	35.73	1.61	2223.56
北京	98.23	17.36	127.79	22.58	102.36	18.08	237.62	41.98	566.00
福建	12.84	1.29	611.90	61.76	134.11	11.49	187.16	18.83	994.01
甘肃	22.67	3.75	362.22	59.95	151.72	25.11	67.60	11.19	604.21
广东	136.14	5.56	1126.52	46.01	657.40	26.85	497.03	20.30	2448.68
广西	118.00	8.51	918.00	66.17	303.39	21.87	48.00	3.46	1387.39
贵州	452.29	23.75	611.89	32.24	493.34	25.91	344.82	18.11	1904.34
海南	129.73	24.21	155.32	28.98	143.06	26.70	107.75	20.11	535.87
河北	262.19	14.38	734.83	40.30	437.27	23.98	389.07	21.34	1823.36
河南	178.03	14.57	736.11	60.25	255.72	20.93	0.00	0.00	1221.86
黑龙江	125.86	11.75	530.85	49.56	364.42	34.02	50.00	4.67	1071.14
湖北	111.86	8.31	479.23	35.59	260.96	19.38	222.64	16.54	1346.45
湖南	344.00	19.77	726.00	41.73	638.60	36.71	31.00	1.78	1739.60
吉林	2.79	0.53	242.13	45.59	159.24	29.98	127.00	23.91	531.16
江苏	499.40	18.85	1152.30	43.50	489.00	18.46	508.40	19.19	2649.10
江西	91.98	8.60	586.71	54.83	195.71	18.29	195.71	18.29	1070.10
辽宁	348.53	24.32	520.21	36.30	488.33	34.08	76.01	5.30	1433.08
内蒙古	116.66	10.77	234.86	21.68	211.18	19.68	305.26	28.18	1083.35
宁夏	46.47	14.57	109.53	34.34	76.00	23.83	86.94	27.26	318.94
青海	20.00	7.35	96.50	35.45	146.69	53.89	9.00	3.31	272.19
山东	862.14	35.42	1061.30	43.60	447.41	18.38	63.31	2.60	2434.16
陕西	280.60	21.53	444.49	34.10	365.90	28.07	212.55	16.31	1303.54
上海	150.70	21.35	237.90	33.70	149.20	21.14	168.10	23.81	705.90
四川	298.41	15.76	906.86	47.90	623.92	32.95	64.14	3.39	1893.32
天津	119.42	14.26	561.47	67.03	103.67	12.38	12.25	1.46	837.60
新疆	86.90	9.16	312.00	32.90	21.50	2.27	528.00	55.67	948.40
云南	298.70	22.03	503.40	37.12	315.20	23.24	238.70	17.60	1356.00
浙江	174.98	9.77	587.89	32.84	134.95	7.54	872.49	48.73	1790.31
重庆	232.70	25.45	366.00	40.03	178.62	19.53	137.08	14.99	914.40

资料来源：WIND。

地方政府债券按偿债来源可以划分为一般债券和专项债券,一般债券是指为没有收益的公益性项目发行的债券,专项债券是指为有一定收益的公益性项目发行的债券。对于一般债券的偿还,地方政府通常以本地区的一般公共预算收入作为保证;对于专项债券的偿还,地方政府往往以项目对应的政府性基金或专项收入作为保证;一般债券的发行数量大于专项债券,但二者的差距在逐渐缩小,专项债券占比逐年提高。2018 年 1~9 月,一般债券发行 20355.94 亿元,占比 53.58%,专项债券发行 17637.89 亿元,占比 46.42%(见图 11-8)。

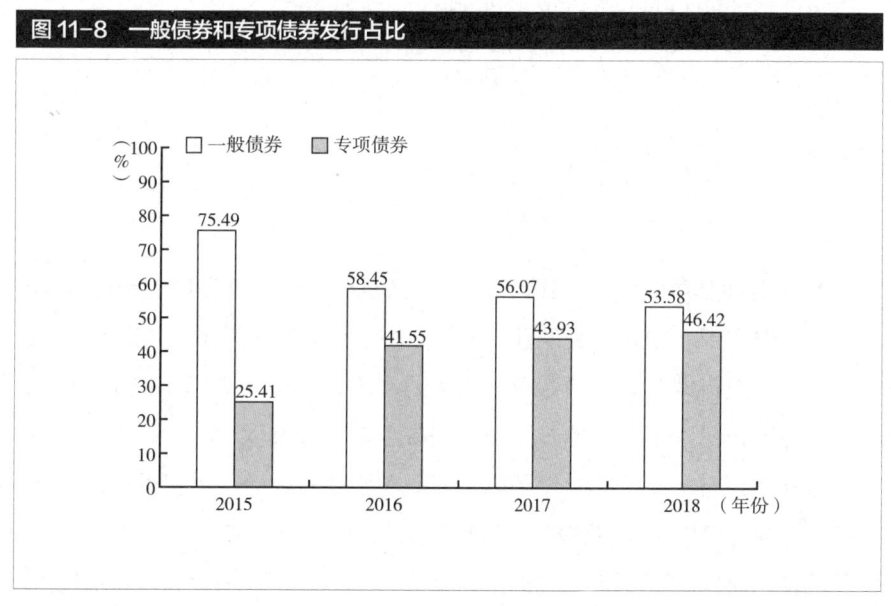

图 11-8 一般债券和专项债券发行占比

注:2018 年数据截至 9 月。
资料来源:WIND。

图 11-9 显示了 2018 年 1~9 月不同地区的一般债券和专项债券发行占比,从图中可以看出,经济发展水平较高的省份,包括江苏、重庆、天津、福建和山东等,专项债券发行占比都高于 50%,其中,天津专项债券占比达到 82%。专项债券占比低于 30% 的省份包括黑龙江、吉林、辽宁、内蒙古、宁夏和青海六个省份,这些省份都是经济发展水平相对落后的省份,财政收入规模相对偏小,因此需要发行一般债券为公益性项目筹资。

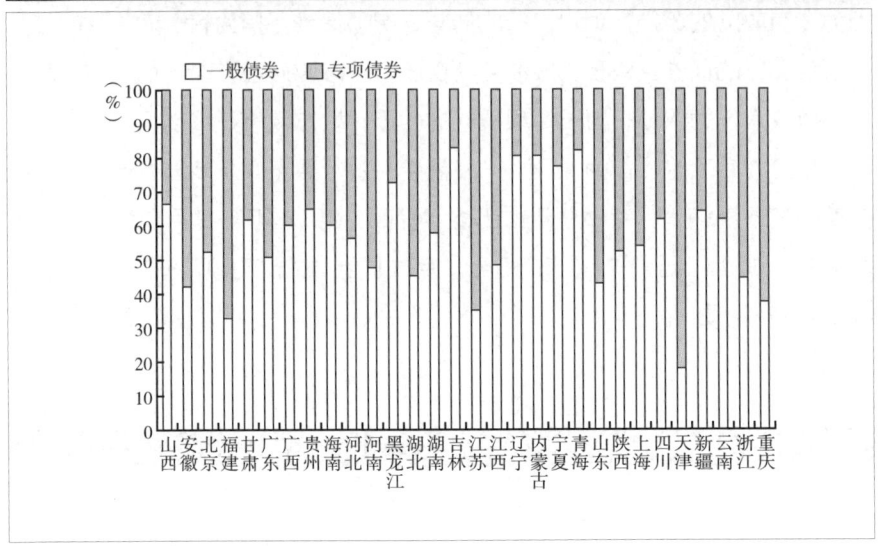

图11-9 2018年1~9月各地区一般债券和专项债券发行占比

资料来源：WIND。

地方政府债券按发行方式可以划分为公开发行债券和定向债券。2015年5月，财政部、中国人民银行、银监会联合印发的《关于2015年采用定向承销方式发行地方政府债券有关事宜的通知》指出，"对于地方政府存量债务中的银行贷款部分，地方财政部门应当与银行贷款对应债权人协商后，采用定向承销方式发行地方债予以置换。关于地方政府存量债务中对信托、证券、保险等其他机构融资形成的债务，经各方协商一致，地方财政部门也可采用定向承销方式发行地方债予以置换"。2018年1~9月，定向债券占比较前几年明显下降，公开发行债券发行33852.62亿元，占比89.10%；定向发行债券发行4141.21亿元，占比10.90%，远低于2017年前3个季度的28.36%（见图11-10）。

定向发行债券占比下降主要受置换债券发行占比下降影响。2015年财政部首次发行了置换债券，通过发行地方政府债券来置换约14万亿元的非政府债券形式的债务，以此降低地方政府利息负担，避免地方政府资金链断裂，降低金融系统呆坏账损失。2015~2017年3年间实施地方政府存量债务置换，减少利息负担1.2万亿元。2015年8月，全国人民代表大会常务委员会审议批准2015年地方政府债务限额时明确指出，"对债务余额

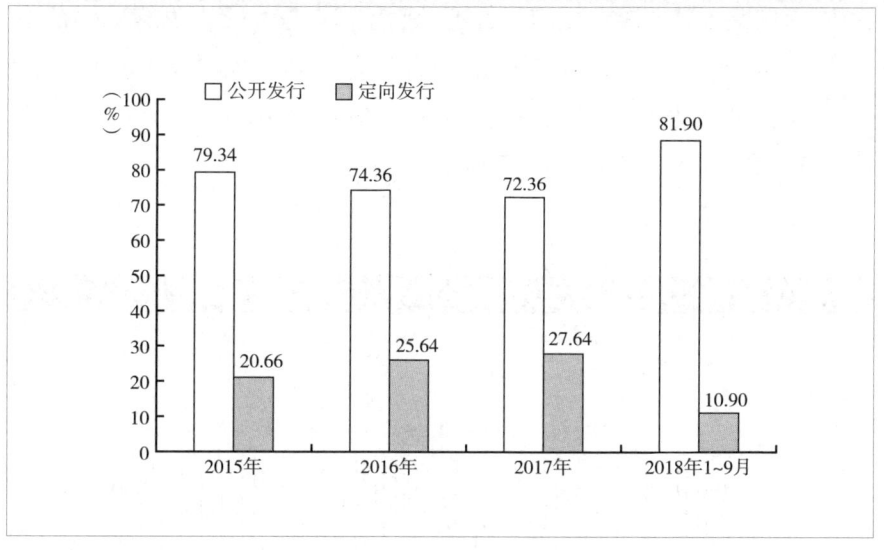

图 11-10 不同发行方式占比

资料来源：WIND。

中通过银行贷款等非政府债券方式举借的存量债务，通过三年左右的过渡期，由地方政府在限额内安排发行地方政府债券置换"。2018 年初财政部表示，8 月底前全面完成债务置换工作。截至 8 月末的非债券形式地方债务为 2566 亿元，较 2017 年末的 1.73 万亿元减少了 1.47 万亿元，大于 1.32 万亿元的置换债发行量，这既是因为置换债券发行到抵减存量债务规模之间可能存在时滞，也侧面反映了地方政府可能运用其他资金来置换或消化存量债务。

另外，按照地方政府债券的募集资金用途，2018 年除新增债券和置换债券两种类型外，还增加了再融资债券类型。2018 年前 3 个季度，置换债券发行 13236.95 亿元，占比 34.84%；新增债券发行 20112.81 亿元，占比 52.94%；再融资债券发行 4644.07 亿元，占比 12.22%。再融资债券类型的引入与借新还旧压力的增大有一定关系。与前两年不到 3000 亿元的到期债务相比，2018 年及以后年份地方政府到期债务明显增加，2018 年到期债务约 8389 亿元，此后几年更将超过 1 万亿元。未来满足地方政府新增资金缺口的新增债券以及满足债券本金到期偿还的再融资债券或将成为地方政府债券的主要分类科目。

图 11-11 给出了 2018 年 1~9 月不同地区公开发行债券和定向发行债券占比,可以看到,北京、上海、山西、河南、江苏、江西、内蒙古、新疆、重庆和湖南十个省份发行的债券全部是公开发行债券;而广东、贵州、海南等地定向发行债券占比较高,其中,海南定向发行的债券占比达到 55.7%,应与历史债务负担以及前几年的置换进度相关。

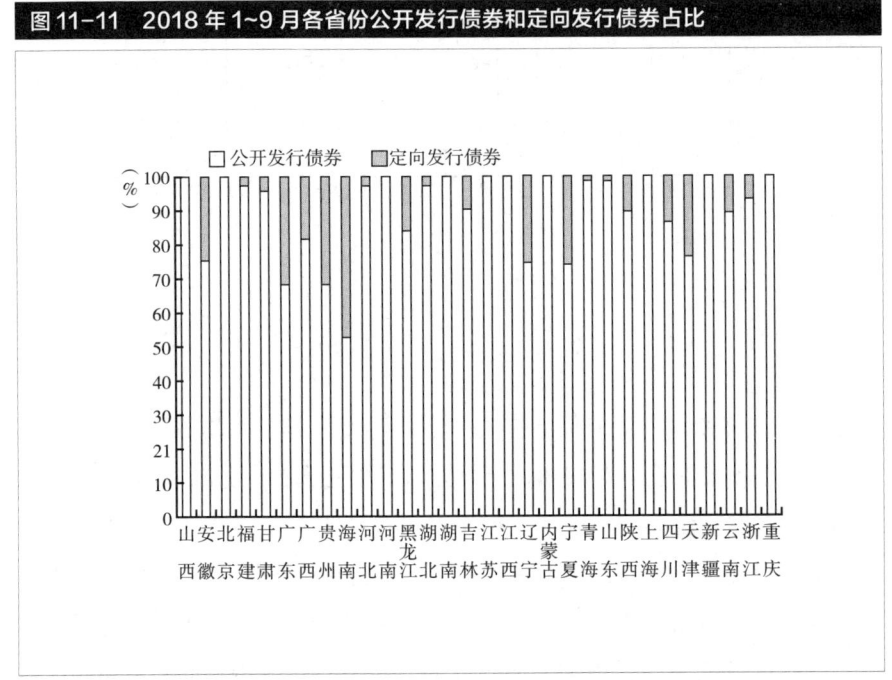

图 11-11 2018 年 1~9 月各省份公开发行债券和定向发行债券占比

资料来源:WIND。

图 11-12 给出了地方政府债券的发行成本。可以看到,2018 年前 3 个季度,地方政府债券发行利率自 2018 年 2 月 4.3% 的最高点逐步回落至 9 月的 3.9%。由于地方政府债券利率主要是在无风险利率基础上加上信用风险溢价、久期风险溢价和流动性风险溢价等,而在目前的定价体制下,地方政府债券利率走势与国债利率走势比较接近,前面已经指出,2018 年以来,在货币政策放松、打破刚性兑付等因素的共同影响下,国债发行利率逐步下降,地方政府债券利率也跟随同步下跌。

表 11-4 给出了 3 年期、5 年期、7 年期和 10 年期各省份地方政府债券

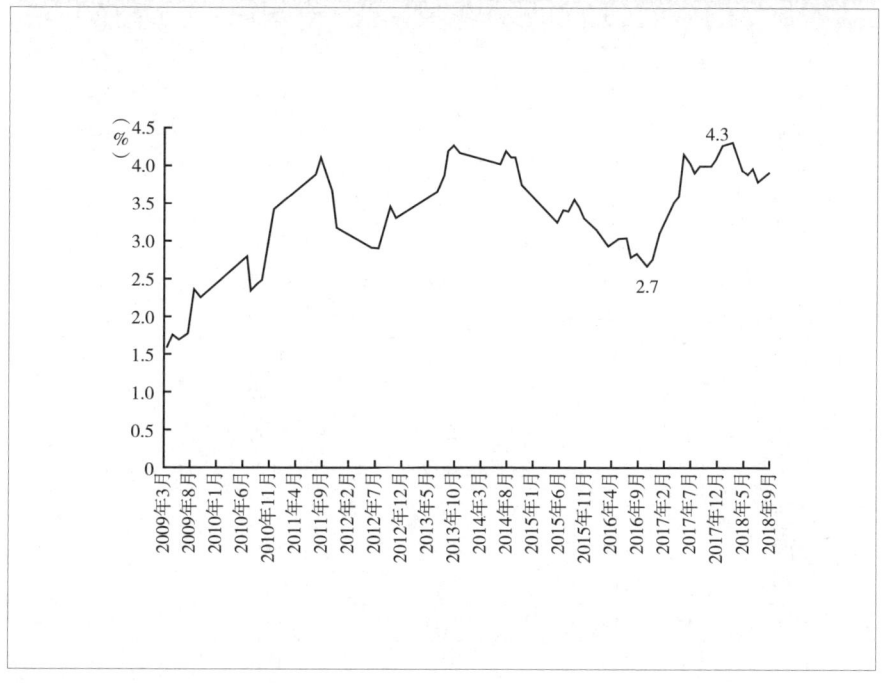

图11-12 2009年3月~2018年9月地方政府债券发行利率

资料来源：WIND。

的加权平均利率。可以看出，整体而言，期限越长的债券利率越高，但个别省份如黑龙江、青海等有倒挂现象。此外，不同省份的债券发行利率能够反映一定的信用利差，尽管所有省份地方政府债券信用评级都为 AAA 级别，但北京、上海、江苏、福建、重庆等经济实力较强的地区，各个期限债券的加权平均利率都相对较低，而黑龙江、内蒙古、贵州、青海等各个期限债券的加权平均利率都较高。与此同时，存在不同地区间利率分化程度相对偏低的现象，此外，个别地区如新疆、甘肃等部分期限债券定价与信用风险水平可能并不相符，在一定程度上说明地方政府债券定价中风险溢价反映尚不充分，市场化水平有待进一步提高。

表11-4 2018年1~9月各省份不同期限地方政府债券加权平均利率　　　单位：%

省份	3年	5年	7年	10年
山西	3.55	3.62	3.95	4.03
安徽	3.92	3.94	4.13	4.19
北京	3.18	3.72	3.72	3.89
福建	3.43	3.8	3.83	3.95
甘肃	3.73	3.76	3.97	4.08
广东	3.81	3.8	3.96	3.99
广西	3.6	3.88	4.12	4.25
贵州	3.92	3.98	4.22	4.14
海南	3.78	3.92	4.11	4.14
河北	3.67	3.94	4.02	4.18
河南	3.71	3.81	4.05	—
黑龙江	3.93	3.92	4.1	4.24
湖北	3.8	3.89	3.94	4.05
湖南	3.56	3.84	4.04	4.1
吉林	3.92	3.93	4.12	4.06
江苏	3.54	3.8	3.92	3.94
江西	3.74	3.92	4.16	4.24
辽宁	3.77	3.91	4.06	4.03
内蒙古	3.74	4.02	4.12	4.2
宁夏	3.62	3.75	4.01	3.98
青海	4	3.94	4.08	4.04
山东	3.63	3.8	4.02	4.09
陕西	3.71	3.85	4.07	4.13
上海	3.57	3.69	3.69	3.79
四川	3.88	3.89	4.07	4.19
天津	3.8	3.9	4.18	4.16
新疆	3.65	3.76	4	4.1
云南	3.7	3.82	4.08	4.25
浙江	3.61	3.76	3.94	3.86
重庆	3.44	3.8	3.75	3.88

资料来源：WIND。

11.2-2　推动地方政府专项债券市场加快发展

2018年3月，财政部下发《关于做好2018年地方政府债务管理工作的通知》，提出要扩大项目收益专项债券试点范围，特别是在创新和丰富债券品种方面，明确优先在重大区域发展以及乡村振兴、生态环保、保障性住房、公立医院、公立高校、交通、水利、市政基础设施等领域选择符合条件的项目，积极探索试点发行项目收益专项债券。4月，财政部下发《关于印发〈试点发行地方政府棚户区改造专项债券管理办法〉的通知》，这是继2017年以文件形式推出土地储备专项债券、收费公路专项债券之后，以政策文件形式明确的第三个类别的项目收益专项债券。该专项债券专门为推进棚户区改造发行，以项目对应并纳入政府性基金预算管理的国有土地使用权出让收入、专项收入（包括属于政府的棚改项目配套商业设施销售、租赁收入以及其他收入）偿还。值得注意的是，该券种在期限的要求上有所放松，"棚改专项债券期限应当与棚户区改造项目的征迁和土地收储、出让期限相适应，原则上不超过15年，可根据项目实际适当延长"。在期限上允许突破15年，有利于偿债资金和项目收益之间的对接，以避免期限错配风险。

进入下半年，随着稳投资诉求的不断强化，专项债券的重要性进一步凸显。7月的国务院常务会议要求"加快今年1.35万亿元地方政府专项债券发行和使用进度，在推动在建基础设施项目上早见成效"。8月，财政部下发《关于做好地方政府专项债券发行工作的意见》，明确"地方政府债券发行进度不受季度均衡要求限制，各地至9月底累计完成新增专项债券发行比例原则上不得低于80%，剩余的发行额度应当主要放在10月份发行"。为保障地方政府债券发行工作顺利开展，财政部在完善发行机制方面推出了一系列举措，包括引入弹性招标制度，实行公开承销制度等，还对发行利率做出指导。从相关信息反映的情况看，为推动地方政府专项债券尽快完成发行，财政部对商业银行参与投标价格下限进行指导，即较相同期限国债前5个工作日收益率均值上浮40BP或以上，以避免地方政府过分压价，确保新发专项债券的票息水平匹配实际风险偏好与配置意愿。当然，在推出这一举措后，债券发行利率的区域间分化也有所减弱。除了财政部推出的一系列举措，《中国银保监会关于商业银行承销地方政府债券有关事项的通知》也明确"地方政府债券参照国债和政策性金融债，不适用《中国银监会关于加强商业银行债券承销业务风险管理的通知》相关规定"。这意味着，之前有关"商业银行投资部门投资本行所主承销债券的金额，在债券存续期内不应超过当只债券发行量的20%"的比例限制相应取消，以提升银行承销地方债券的认购意愿。

在相关措施的共同作用下，地方政府专项债券特别是项目收益专项债券市场加速发展。根据中债资信的统计，2018年前3个季度，累计发行项目收益专项债券9472.94亿元（其中第三季度发行9295.92亿元，占比达98.13%），同比增长414.14%。分类型来看，累计有29个省份发行土地储备专项债券5557.14亿元；26个省份发行棚户区改造专项债券2968.08亿元；23个省份发行收费公路专项债券647.8亿元；仅湖北省发行轨道交通专项债券18亿元；四川、云南、广西等10个省份发行高校、医疗、污水处理等其他项目收益专项债券281.92亿元。

11.2-3 深化地方政府债券制度改革

2018年，财政部针对地方政府债券管理的系列文件包括不少有关债券市场基础制度建设的内容。主要包括如下几个方面。

一是提升发行定价市场化水平。对于地方财政部门在债券发行中通过"指导投标""商定利率"等非市场化方式干预发行定价、以财政存款等对承销机构施加影响人为压价的行为进行规范，充分发挥市场在地方政府债券发行中的决定性作用。

二是推动投资主体多元化。鼓励商业银行、证券公司、保险公司等各类机构和个人全面参与地方政府债券投资。在利用银行间市场、证券交易所市场发行地方政府债券的同时，探索在商业银行柜台销售地方政府债券，便利非金融机构和个人投资者购买地方政府债券。为拓宽地方政府债券发售渠道，中国人民银行、财政部、银保监会联合发布《关于在全国银行间债券市场开展地方政府债券柜台业务的通知》，明确经发行人认可的已发行地方政府债券和发行对象包括柜台业务投资者的新发行地方政府债券可在银行间债券市场开展柜台业务；强调优先向地方债券发行人所在地的投资者开展该地方债柜台业务。地方政府债券由此成为继记账式国债、政策性金融债后又一类可开展银行间债券市场柜台业务的品种，为个人投资者提供了更多选择，有利于提高社会公众对地方政府债券的熟悉程度和接受程度。

三是完善信用评级和信息披露机制。在区分地方政府债券的不同类型特点的基础上，有针对性地提出信息披露要求。对于一般债券，应当重点披露本地区生产总值、财政收支、债务风险等财政经济信息，以及债券规模、利率、期限、具体使用项目、偿债计划等债券信息；对于专项债券，应当重点披露本地区及使用债务资金相关地区的政府性基金预算收入、专项债务风险等财政经济信息,以及债券规模、利率、期限、具体使用项目、偿债计划等债券信息;对于土地储备、收费公路专项债券等项目收益专项债券,在专项债券信息披露的基础上,还应当充分披露对应项目详细情况、项目融资来源、项目预期收益情况、收益和融资平衡方案、潜在风险评估等信息。

四是促进市场流动性改善。不断完善地方政府债券现券交易、回购、质押安排,鼓励各类机构在回购交易中更多地接受地方政府债券作为质押品。继续开展公开发行一般债券的续发行工作,适当增加单只一般债券规模。对于项目收益与融资自求平衡的专项债券,适当加大集合发行力度。

五是丰富债券期限结构。公开发行的一般债券,增加2年、15年、20年期限;公开发行的普通专项债券,增加15年、20年期限。同时,公开发行的7年期以下(不含7年期)一般债券,每个期限品种发行规模不再设定发行比例上限;为优化发行程序,专项债券期限比例结构也不再加以限制。

此外,还有一项变化值得关注,就是推出"再融资债券"。2018年4月,在财政部披露的地方政府债券发行和债务余额情况报告中,首次出现了"再融资债券"类型,并标注为"用于偿还部分到期地方政府债券本金"。《关于做好2018年地方政府债券发行工作的意见》明确指出,"发行地方政府债券用于偿还2018年到期地方政府债券的规模上限,按照申请发债数与到期还本数孰低的原则确定"。这一表述与之前两年略有不同。2016年的表述是"对于根据地方政府债务限额管理规定,利用腾出的债务限额空间发行债券的,以及通过发行新的地方债偿还到期旧的地方债的,应当在置换债券发行规模上限内统筹考虑";2017年的表述是"发行置换债券偿还存量地方债的,应当在置换债券发行规模上限内统筹考虑"。这就意味着,之前发行新债偿还到期旧债都限于"置换债券"这一种类,而2018年的借新还旧则扩大至非置换债券。实际上,2015年财政部发布的《2015年地方政府一般债券预算管理办法》就提出,"2015年地方政府一般债券,包括为2015年1月1日起新增一般债务发行的新增一般债券、为置换截至2014年12月31日存量一般债务发行的置换一般债券(含为偿还2015年到期的地方政府债券本金发行的一般债券)",其中也隐含了"还本债券"的类型。可以预期的是,随着置换债券的逐步退出,再融资债券将成为借新还旧的主渠道。

我们认为,就未来的地方政府债券市场发展来说,在推进市场化程度提升方面仍面临不小挑战。比如，在定价机制方面，区域间的票面利率和发行利差的分化仍不显著，债券定价对于相应风险的揭示能力依然有限，尤其是在定向债券和专项债券方面，发行利率市场化程度有待进一步提升。在信用评级方面，各地发债的信用区分度不充分，高度拥挤在 AAA 级别。而这与信息披露不完全、发债主体信用区隔度不明显（都是信用水平相对较高的省级地方政府，并且还带有一定的国家信用成分）、付费模式不合理（由发行人即地方政府通过超投标的方式来选择评级机构，在地位不对等的情况下容易产生恶性竞争）均密切相关。在惩戒机制方面，债券违约的发生概率极低，不足以形成警示作用；债券发行主体、资金使用主体和债务偿还主体存在一定程度的脱节，加大了道德风险，弱化了偿债责任。在管理模式方面，具有比较明显的权力集中特征，发债规模、额度配置、债务结构甚至利率等方面都由中央政府决定。这种"自上而下"的模式对于控制地方政府债务风险具有一定的正面作用，但也无法克服中央与地方之间天然的信息不对称问题，造成债券供给总量与结构同地方实际需求脱节，同时也不利于地方政府独立信用地位的形成，难以避免风险转嫁和预算软约束问题。总之，未来在价格形成与收益率波动、投资者约束、信用评级、信息披露、违约惩戒等方面还需进一步完善相应的制度基础。

11.3　城投债市场

2016 年底以来，国务院和财政部针对地方政府债务和平台公司融资管理的相关政策密集出台，对城投债的发行和定价造成了一定影响。2017 年 12 月，中央经济工作会议又将"防范化解重大风险"列为三大攻坚战之首，并明确"重点是防控金融风险"。2018 年来，又出台了一系列新的政策措施，部分政策措施涉及规范地方政府和地方国有企业的投融资行为，防范地方隐性债务风险。

比如，2018 年 4 月 24 日，财政部发布的《关于进一步加强政府和社会资本合作（PPP）示范项目规范管理的通知》要求，"坚持政企分开原则，加强 PPP 项目合同签约主体合规性审查，国有企业或地方政府融资平台公司不得代表政府方签署 PPP 项目合同，地方政府融资平台公司不得作为社会资本方"，在未来文件具体执行过程中，融资平台是否"一刀切"不能作为 PPP 社会资本方仍有待进一步明确。再如，2018 年 4 月，央行、银保监会、证监会、外管局联合发布《关于规范金融机构资产管理业务的指导意见》，旨在规范金融机构资产管理业务，统一同类资产管理产品监管标准，有效防控金融风险。尽管资管新规不是针对地方政府债务相关问题的，但资管的表外渠道是地方政府债务和投融资平台获得融资的重要途径。因此资产管理业务的从严监管，也从资金供给角度起到了约束地方政府融资的作用。2018 年 7 月 20 日央行又发布《关于进一步明确规范金融机构资产管理业务指导意见有关事项的通知》和《〈关于进一步明确规范金融机构资产管理业务指导意见有关事项的通知〉的说明》，银保监会发布《商业银行理财业务监督管理办法（征求意见稿）》并公开征求意见，证监会发布《证券期货经营机构私募资产管理业务管理办法（征求意见稿）》《证券期货经营机构私募资产管理计划运作管理规定（征求意见稿）》并公开征求意见，这些文件针对资管新规部分内容进行明确和修正，部分措施略有放松。

以上政策举措虽然许多是对以往文件的归总、梳理和重申，与之前的政策思路是一脉相承的，但进一步表明了中央对控制地方政府债务规模，严防地方政府债务风险的态度。因此，不管是通过银行贷款、非标还是通过公开市场的企业债渠道，地方城投公司的融资难度都会进一步上升。这样的结果一方面可能是融资成本抬升、发行利率相对上升；另一方面新增城投债的内部结构会有变化，不符合要求的城投平台融资被限制，能获得融资的可能是相对较好的企业和项目。

11.3-1 城投债市场的基本情况分析

我们利用 WIND 数据库下载并整理了 2008 年 1 月 1 日至 2018 年 11 月 13 日发行的所有城投债的数据，共计 12049 只债券，分析的主要结果如下。

1．2018 年城投债发行规模相比 2017 年同期增长 17%

如图 11-13 所示，城投债的发债规模自 2009 年始呈快速上升的趋势，于 2012 年首次超过 1 万亿元，并于 2016 年达到顶峰，当年融资规模达 2.5 万亿元。2017 年，城投债的发行规模显著下降，当年发行规模 1.97 万亿元。不过，2018 年发行规模又有所回升，其中，截至 2018 年 9 月 30 日，城投债发行规模达 1.7 万亿元，比 2017 年同期增长了 17%。截至 2018 年 9 月

30日，全国31个省份未到期城投债共有7993只，债券余额为7.4万亿元，而2017年同期为7.1万亿元。

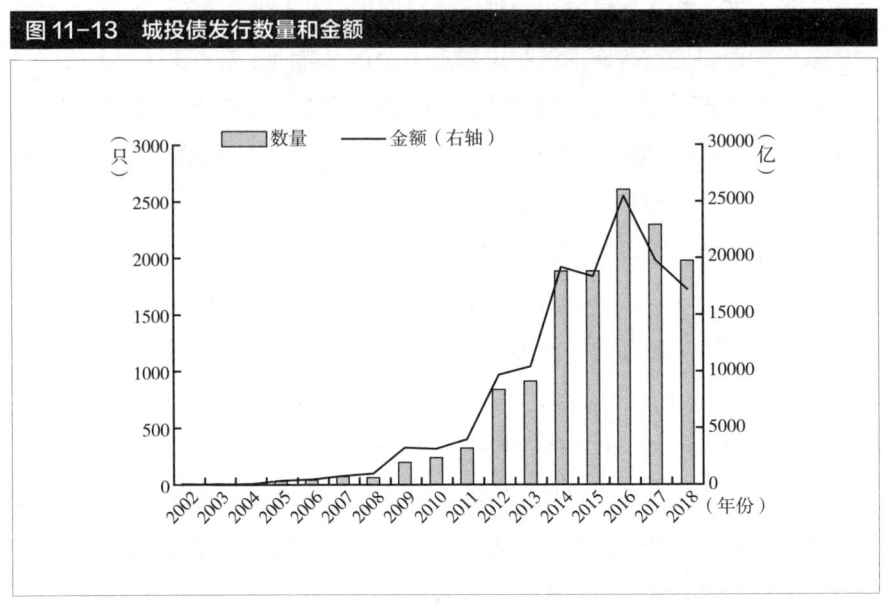

图11-13 城投债发行数量和金额

注：2018年数据截至9月30日。
资料来源：WIND。

2．2019~2024年是目前剩余债券的偿债高峰期

从城投债的到期时间看，如图11-14所示，由于城投债的发行期限一般以1年内的超短融、1年的短期融资券以及3年、5年、7年等几个代表性期限的债券为主，因此截至2018年9月30日，未到期的城投债到期时间集中在2019~2024年，特别是2021年是目前未到期城投债的偿债高峰。

3．城投债的发行期限越来越短，2018年平均发行期限已缩至3.2年

利用WIND的城投债发行数据，我们整理了2008~2018年发行的所有城投债的发行期限，然后按发行年份进行平均，得到历年的全国城投债发行期限（见图11-15），可以发现，总体来看，城投债的发行期限正在越变越短，从2008~2009年的平均7年以上，降至2015年的4年左右。2016年城投债发行期限又反弹至4年以上，但2017~2018年发行的城投债期限又进一步缩短，2018年发行的城投债期限已缩至3.2年。此外，从图中看，

图 11-14 截至 2018 年 9 月 30 日城投债到期时间情况

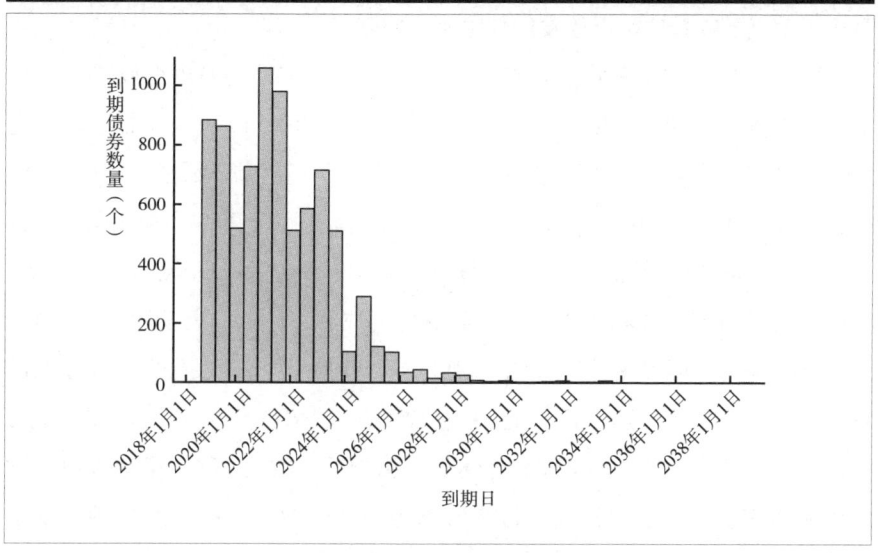

资料来源：WIND。

图 11-15 历年全国城投债发行期限

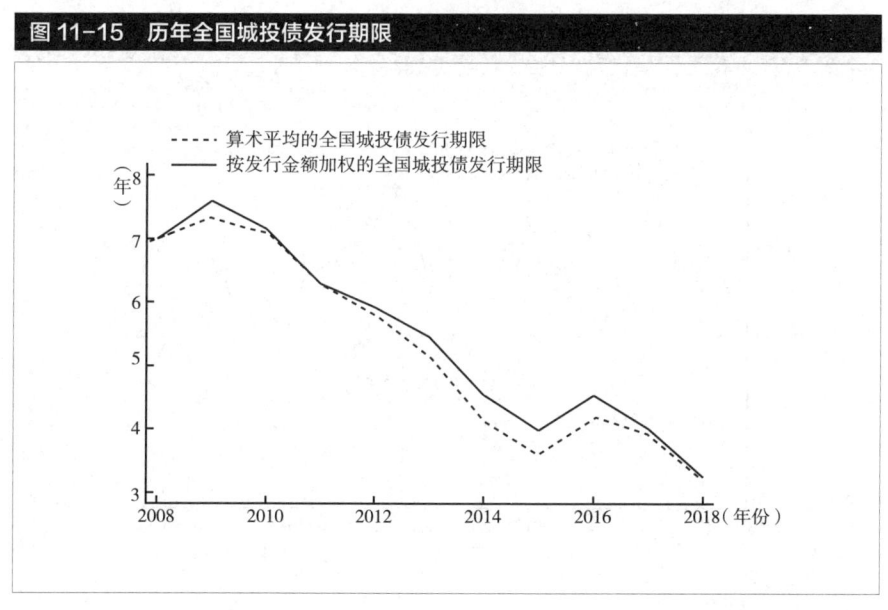

资料来源：WIND。

按发行金额加权的城投债平均发行期限总体要大于算数平均城投债发行期限，这是因为发行金额与发行期限存在一定正向关系，发行金额越大的债券期限也倾向于越长。这部分体现了城投债的功能从过去的支持长期项目投资

第 11 章 政府债券市场　　313

和建设，向为城投企业提供短期流动资金转变，特别是 1 年期短期融资券以及一年期以下的超短融近年发行数量明显增多。

同时，发行期限变短也可能是城投债对货币市场的策略性反映。发行期限越长则利率越高，且在货币市场趋紧、整体利率升高时，城投债相对同期限国债的风险溢价也会升高。如图 11-16 所示，我们看表性的 5 年期城投债和中债国债 5 年期到期收益率，并用 5 年期城投债利率减同期限国债收益率作为城投债的风险溢价，发现城投债利率和国债收益率同向波动，且城投债的风险溢价与国债利率水平也呈明显正向关系。因此，若货币市场趋紧、利率水平偏高，城投企业为降低利息成本，可能就倾向于发行期限较短的债券。而在 2008 年"四万亿"的刺激政策后，2010~2014 年经历了长达 5 年的加息周期，2015~2016 年则处于降息周期，因此 2016 年的城投债发行期限也变长，而 2017 年前后的加息周期则可能让城投企业更倾向于发行短期债券。

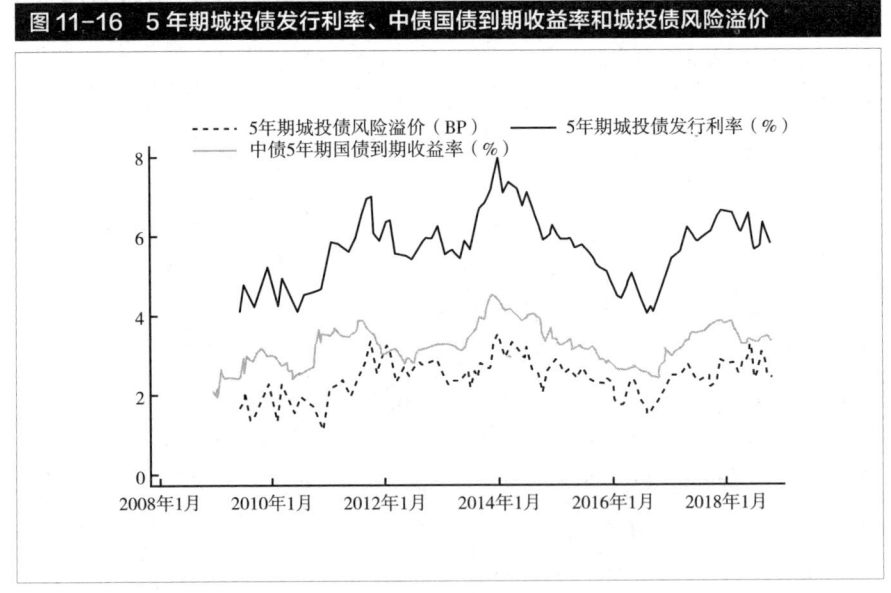

图 11-16　5 年期城投债发行利率、中债国债到期收益率和城投债风险溢价

资料来源：WIND。

4．不同地区城投债的发行期限有明显差异

我们计算了 2008~2018 年分省份的城投债平均到期期限，结果显示不同省份的城投债期限有明显不同，如图 11-17 所示。总体上看，平均发行

期限较长的有海南、宁夏、贵州、湖南、湖北、江西、黑龙江、内蒙古等省份[1]，而东南沿海发达省份，如上海、北京、福建、广东以及部分近几年经济发展较好的省份，城投债期限较短。在诸省市中，债券平均期限最长的是海南省的6.78年，最低的是福建省的3.53年。

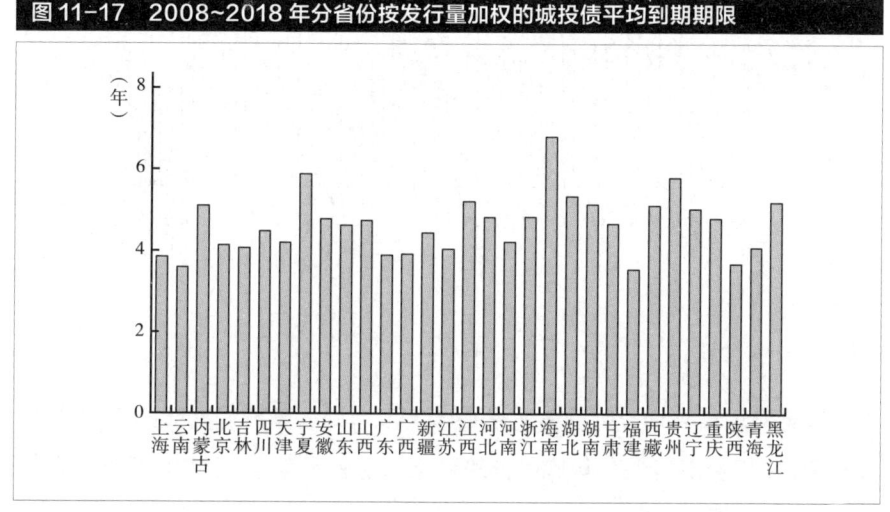

图11-17 2008~2018年分省份按发行量加权的城投债平均到期期限

资料来源：WIND。

2018年的情况与总体又有所不同，图11-18给出了2018年按发行量加权的分省份城投债平均发行期限，其中发行期限最长的是贵州省（6.08年），其后是辽宁、黑龙江等省份；发行期限最短的是青海（但因当年青海只发行了一只城投债，因此缺乏参考意义）、内蒙古（1.4年）、云南（2.1年）等。当然，仅一年的数据可能波动较大，存在结果不够稳健的问题。

5．不同地区剩余城投债的久期有明显差别

若要判断未来短期内偿债压力和债务的偿还周期，债券的久期是一个比较通用的指标。因此，我们又利用这12049只债券数据，根据其发行金额、利率和偿还期限，计算了每只债券从发行之日起至到期历年的还本付息支出，然后，计算了每只未到期债券在每年底（12月31日）的麦考利久期，

1　西藏的发行期限虽然也较长，但发行数量较少。

图 11-18　2018 年按发行量加权的分省份城投债平均发行期限

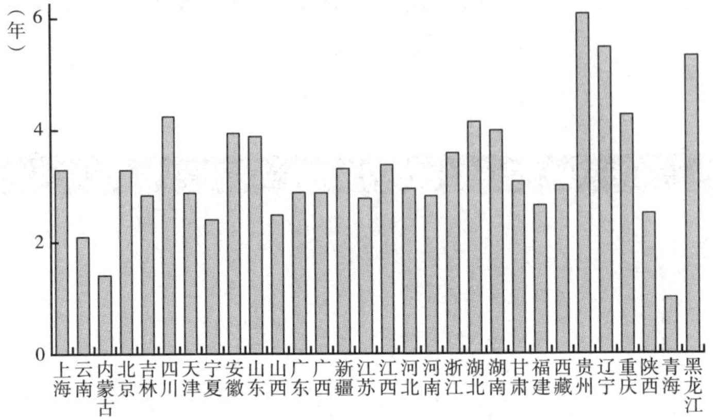

资料来源：WIND。

再按照金额加权平均，得到各省份每年底所有尚未到期城投债的平均久期。限于篇幅，只给出 2018 年底的计算结果（这里不考虑 2018 年剩余时间新发行的债券，见图 11-19）。

图 11-19　2018 年各省份未到期城投债的平均麦考利久期

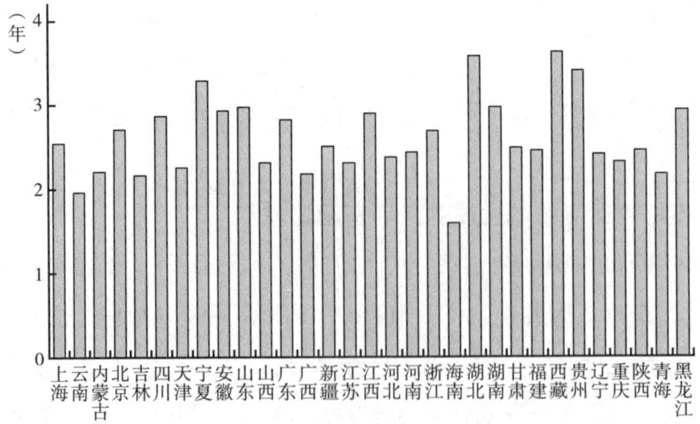

资料来源：WIND。

到 2018 年底，各省份未到期城投债中平均麦考利久期较低的主要是海南（1.59 年）、云南（1.96 年）、吉林（2.16 年）、青海（2.17 年）、广西（2.18 年）、内蒙古（2.21 年）等，这些省份短期内的城投债偿还压力较大；西藏、湖北、贵州、宁夏、山东、湖南、黑龙江、安徽、江西等省份，久期相对较长，因此相对短期内的偿债压力较小。已有资料显示，海南的地方政府债务占 GDP 比例相对较高，城投债平均发行期限也是最高的（意味着相对更高的利息支出），同时，还是目前各省份中城投债久期最短的（意味着短期内的偿债压力更大），这可能说明海南的地方债务问题尤为值得关注。[1]

6．城投债与国债利差在近两年又有所升高

由于各种原因，截至目前，仍然没有实质性的城投债违约出现，因此无法利用常见的如 Logistic 模型、存活分析模型（如比例风险模型，Proportional Hazard Model）等评估违约风险的模型来分析。但是，市场仍然会对不同的时期、地域、企业、债券的风险大小做出评判。

城投债的审批、发行以及监管虽然主要是按照企业债的模式进行，却必须注意到平台债与企业债（一般国有企业债）相比所具有的特殊性，这种特殊性主要体现在三个方面：首先，平台债的发债主体是地方政府所有的投融资平台企业，这类企业与一般的国有企业不同，它们很大程度上不以营利为目的，而主要从事城市基础设施建设以及提供相应（准）公共产品和服务等；其次，平台债募集的资金多投入市政建设等项目，作为一种准公共产品，许多市政建设项目所能产生的直接回报有限；最后，平台债资金用途的特殊性决定其在偿债资金来源上的特殊性，由于平台债所投资的项目常常不能产生足够的现金流，所以其到期偿还也不能仅依赖城投公司，而需地方政府的财政支持。以上特征决定了平台债与一般的（地方国有）企业债有明显的不同。

因此，平台债多是城投债，它在特定时期发挥了西方国家市政债的功能。从这个角度看，平台债兼具两方面的性质——实质上的市政债和形式上的企业债（地方国有企业），因此，从理论上讲，其信用风险会同时受到上述两方面因素的影响，其风险和风险溢价（利差）则应同时具有市政债和企

---

[1] 当然，这只是城投债反映的情况，但债券只占城投企业融资的一小部分，主要仍然通过信贷渠道，因此可能不能反映全部情况。

业债两方面特征。

　　这里,我们利用城投债的发行利率减去发行起始日的同期限国债到期收益率,度量该城投债的风险溢价,来看城投债和国债的利差随时间的变动及其在不同省份的情况,通过风险溢价反推市场反映的债券风险。2008~2010年,城投债风险溢价基本处于收缩区间,之后城投债利率开始大幅上升,特别是在2011年底和2012年初,城投债利率溢价出现明显的高峰,在2013年底和2014年初同样也出现了明显的峰值(见图11-20)。这一现象可能与外部冲击有关,其中,2011年底的城投债溢价飙升很可能与当时愈演愈烈的欧债危机有关,当时投资者也担忧中国地方政府的债务问题。而2013年底的城投债利率溢价高峰则很可能与当时美国底特律破产案和联邦政府的债务上限危机有关。这两次国际债务危机的主角都是政府债务,因此很可能也影响了中国市场的情绪。

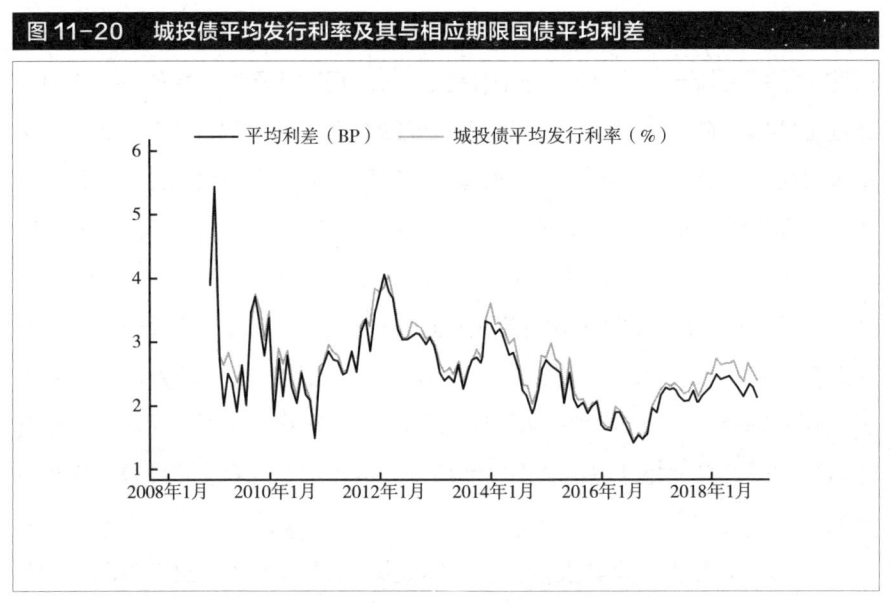

图 11-20　城投债平均发行利率及其与相应期限国债平均利差

资料来源:WIND。

　　2014年初至2016年中,城投债的风险溢价处于下行区间,但2016年中至目前,城投债的风险溢价又一次攀升。一个重要原因是,财政部为落实"43号文"(《关于加强地方政府性债务管理的意见》)而随之发布的《地方政府性存量债务清理处置办法》明令2015年12月31日后的新增投资项目只能通过省级政府发行地方政府债券的方式融资，而之后发行的城投债务，其政府的隐性担保程度可能因此而大大减弱，一定程度上造成了城投债风险溢价的提升。

7．不同地区城投债风险溢价水平有较大差异

我们还计算了各省份城投债与国债的平均利差，结果见图11-21。从图中看，东南沿海经济发达省份的城投债风险溢价相对较低，其中，最低的包括上海（1.54BP）、北京（1.57BP）、广东（1.61BP）、福建（1.77BP）等；而风险溢价水平较高的省份有黑龙江、辽宁、内蒙古、山西、贵州等，这与这些省份在近年经济发展遇到较大困难（如东北老工业基地、山西和内蒙古等依靠煤炭资源的省份发展较慢）或者有较大的债务规模（如贵州）等情况相吻合。

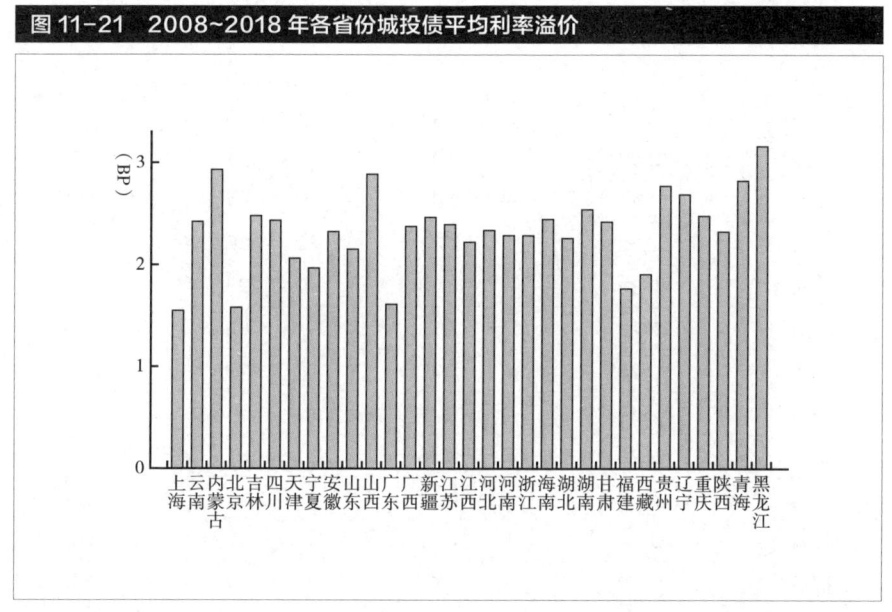

图11-21　2008~2018年各省份城投债平均利率溢价

资料来源：WIND。

在表11-5中，我们还分时段计算了2014~2018年各省份城投债的风险溢价水平，其中2018年城投债风险溢价水平较高的省份有辽宁、贵州、黑龙江、新疆等。值得注意的是，宁夏的风险溢价水平相对较低。宁夏的城投债集中发行于2015年后，如前所述，其所处发行时期城投债风险溢价整体降低了，这可能造成了一定影响。但看2014~2018年的数据，横向比较宁夏的城投债风险溢价水平仍然是相对较低的。

表 11-5 各省份按发行量加权平均的城投债风险溢价　　　　　　　　　单位：BP

省份	2008~2018 年	2014~2015 年	2016~2017 年	2018 年
上海	1.54	1.69	0.81	1.39
云南	2.42	2.58	1.95	2.60
内蒙古	2.93	3.20	2.34	2.50
北京	1.57	1.65	1.13	1.58
吉林	2.47	2.72	2.17	2.28
四川	2.44	2.60	2.12	2.54
天津	2.06	2.32	1.61	1.97
宁夏	1.96	1.97	1.78	1.71
安徽	2.33	2.25	1.92	2.59
山东	2.14	2.09	1.79	2.42
山西	2.88	3.06	2.60	2.81
广东	1.61	1.77	1.25	1.39
广西	2.37	2.47	2.03	2.56
新疆	2.47	2.68	1.91	3.03
江苏	2.40	2.61	1.94	2.63
江西	2.22	2.33	1.66	2.38
河北	2.34	2.43	1.93	2.40
河南	2.28	2.73	1.83	2.17
浙江	2.28	2.35	1.79	2.37
海南	2.44	2.76		
湖北	2.26	2.46	1.81	2.32
湖南	2.54	2.83	2.17	2.64
甘肃	2.42	2.51	1.73	2.08
福建	1.77	1.82	1.27	1.98
西藏	1.90	1.95	0.61	2.31
贵州	2.77	2.95	2.48	3.86
辽宁	2.69	2.77	2.38	3.90
重庆	2.47	2.62	2.05	2.90
陕西	2.33	2.65	1.82	2.03
青海	2.83	2.67	1.98	2.40
黑龙江	3.16	2.53	3.12	3.66

注：海南省在 2015~2018 年无新城投债发行，因此是空值。
资料来源：WIND。

11.3-2 控风险到稳增长转换背景下的政策收紧到趋松

进入 2018 年，我国对地方政府融资举债持续保持严监管态势，相继推出了系列管控地方政府债务风险的政策措施。相应的，对城投债的信用基础也继续构成挑战。其中，有四个重要举措的影响最为明显。

一是"194 号文"对发行企业债的规范。2018 年 2 月，国家发改委办公厅、财政部办公厅联合发布《关于进一步增强企业债券服务实体经济能力严格防范地方债务风险的通知》，就企业债券工作做出进一步规范，旨在进一步发挥企业债券直接融资功能、遏制地方政府隐性债务增量。其中，对地方融资平台在发行企业债过程中的若干规范性要求再次予以强调。特别是在政企信用切割方面，明确提出信息披露中"严禁涉及与地方政府信用挂钩的虚假陈述、误导性宣传"；申报债券时"应主动公开声明不承担政府融资职能，发行本期债券不涉及新增地方政府债务"；在信用评级中"应当基于企业财务和项目信息等开展评级工作，不得将申报企业信用与地方政府信用挂钩"；在债务偿还方面"应当依托自身信用制定本息偿付计划和落实偿债保障措施"，做到"谁借谁还、风险自担""严禁申报企业以各种名义要求或接受地方政府及其所属部门为其市场化融资行为提供担保或承担偿债责任"。此外，在资产注入和准入条件方面，特别明确"严禁将公立学校、公立医院、公共文化设施、公园、公共广场、机关事业单位办公楼、市政道路、非收费桥梁、非经营性水利设施、非收费管网设施等公益性资产及储备土地使用权计入申报企业资产""纯公益性项目不得作为募投项目申报企业债券"。尽管该文件是针对发改委监管的企业债进行规范，但对于证监会监管的公司债、交易商协会主管的债务融资工具也具有一定的指导意义，从而对整个城投债的融资环境形成约束。

二是对金融机构资金供给行为的监管。2018 年 3 月，财政部印发《关于规范金融企业对地方政府和国有企业投融资行为有关问题的通知》，针对金融企业对地方政府和国有企业的投融资行为，特别是国有金融企业在支持地方基础设施和公共服务领域建设过程中存在的过于依靠政府信用背书、捆绑地方政府、捆绑国有企业、堆积地方债务风险等不规范行为强化监管，旨在与地方政府债务管理等政策形成合力，共同防范和化解地方政府债务风险，再次明确国有金融企业"除购买地方政府债券外，不得直接或通过地方国有企事业单位等间接渠道为地方政府及其部门提供任何形式的融资"，试图在源头上遏制增量债务风险的产生；在资本金审查方面，强调在向参与地方建设的国有企业（含地方政府融资平台公司）提供融资时，如果发现"以公益性资产、储备土地等方式违规出资或出资不实的问题，国有金融企业不得向其提供融资"；在还款能力评估方面，要求"国有金融企业参与地方建设融资，应审慎评估融资主体的还款能力和还款来源，确保其自有经营性现金流能够覆盖应还债务本息"；在金融中介业务方面，指出"国有金融企业为地方政府融资平台公司等地方国有企业在境内外发行债券提供中介服务时""在债券募集说明书等文件中，不得披露所在地区财政收支、政府债务数据等明示或暗示存在政府信用支持的信息，严禁与政府信用挂钩的误导性宣传"。这些都是为了避免国有金融企业依赖政府信用、强调政府背景，打破地方政府与融资平台间信用关联。结果，城投债以及整个平台融资的政府隐形增信作用也趋于弱化。

三是对地方隐性债务的高度重视。从有关信息反映的情况看，2018年8月，《中共中央国务院关于防范化解地方政府隐性债务风险的意见》和《中共中央办公厅国务院办公厅关于印发〈地方政府隐性债务问责办法〉的通知》同时下发。围绕隐性债务，各地着手摸底统计工作，并对其可能引发的风险采取相关对策。从对隐性债务的内容界定看，主要是指2015年1月修正后的《中华人民共和国预算法》实施后各级政府及其部门、融资平台公司、国有企业、事业单位等以非政府债券方式举借、以公益性项目为主要投向、最终需要由财政性资金偿还的债务（包括各类融资贷款、担保贷款、拖欠工程款等），以及以协议约定的形式涉及的若干未来财政支出责任（包括到期股权回购和以政府购买服务的名义增加的财政性支付款项等）。从对隐性债务的化解方式看，涉及出让政府股权、经营性国有资产权益，使用其他项目结转资金、经营收入，盘活财政存量资金、政府闲置资产等多种形式，但进行新一轮的债券置换基本被排除在化解方案之外。针对存量隐性债务，各地需要制订分步化解计划，做好分年度偿还安排，在逐级上报后纳入年度考核的内容。此外，围绕隐性债务的化解，还确定了终身问责的责任机制。由于2015年以来新增的地方融资平台债务（2015年以前形成的平台债务部分已经甄别进入置换范围，当然也有部分未被认定为政府债务）是隐性债务的重要组成部分，因此在强化地方政府隐性债务治理的背景下，地方融资平台的举债相应受到较大限制，地方政府融资平台的市场化转型也更加迫切。

四是地方政府债务置换基本完成。根据之前设定的债务置换三年计划，到 2018 年 8 月，当初清理甄别认定的 2014 年末非政府债券形式存量政府债务通过发行地方政府债券进行置换的工作要全部完成。从实际进展的情况看，这一计划基本按期实现（尚余规模较小）。这意味着已经在名义上做到了融资平台债务与地方政府（存量）债务的完全剥离，对包括城投债在内的地方政府融资平台债务进行政府兜底偿付的法理基础不复存在。

除了上述四方面重要举措，还需提及的是 2018 年 9 月发布的《关于加强国有企业资产负债约束的指导意见》。围绕加强国有企业资产负债约束的配套措施，文件在"依法依规实施国有企业破产"方面特别提到了"对严重资不抵债失去清偿能力的地方政府融资平台公司，依法实施破产重整或清算，坚决防止'大而不能倒'，坚决防止风险累积形成系统性风险"。这对于破解地方融资平台的预算软约束、打破城投债刚性兑付同样具有重要影响。

总之，2018 年以来，在控风险、严监管的主基调下，地方政府融资平台的信用特征发生了进一步的变化，特别是在与地方政府信用的区隔方面有所推进。地方政府融资平台基于《中华人民共和国政府采购法》《中华人民共和国招标投标法》等法律框架，按照商业合同的一般原则，以一般性国企的身份公平参与地方项目的建设与运作的转化预期也有所强化。另外，值得关注的是，伴随信用收缩，投资者的风险偏好发生了某种改变，对城投债的风险预期也相应提升。这既与信用债整体违约发生率提高有关，也与城投风险事件频发直接相关。进入 2018 年，多款城投企业的非标产品违约，还发生了新疆建设兵团第六师国有资产经营有限公司的一只超短融未能按期足额偿付而出现实质性违约的事件。尽管这只债券的发行主体并非严格意义上的城投企业（只是具备类平台特征，部分履行政府融资的职能，并与地方财政存在一定关联），并且很快完成了本息延期兑付，但仍对市场情绪造成了一定的负面影响。在各种因素共同引致城投"信仰"趋弱的情况下，城投债发行难度提升，收益率和信用溢价同时走高。当然，在这一过程中，不同等级城投债呈现信用分化的态势：高等级债券发行量占比提升，发行利率跟随无风险利率走低，信用利差也有所收窄，收益率走势趋向同类型地方政府债；

而低等级债券发行量下降,发行成本居高不下,利差进一步走阔,收益率走势则趋向同类型企业债。

不过,进入 2018 年下半年,城投债市场随政策转换又出现了一些调整。第三季度以来,面对不断增大的经济下行压力,宏观经济政策进行了相机微调,适度放松了货币政策,金融监管政策也做出了一些柔性化处理,同时辅之以更加积极的财政政策,维稳基础设施投资由此成为逆周期调节的重要工具。事实上,伴随对地方政府债务融资的从严管控,2017 年以来持续放缓的基础设施投资增速自进入 2018 年后加速下滑,固定资产投资的增速也相应受到较大影响,已经接近历史低位。为重拾以基建投资拉动经济增长的动能,7 月的国务院常务会议提出要"引导金融机构按照市场化原则保障融资平台公司合理融资需求,对必要的在建项目要避免资金断供、工程烂尾"。随后的中央政治局会议提出要"加大基础设施领域补短板的力度"。为支持基础设施领域补短板,推动有效投资稳定增长,8 月银保监会在《关于进一步做好信贷工作提升服务实体经济质效的通知》(银保监办发〔2018〕76 号)中明确"在不增加地方政府隐性债务的前提下,加大对资本金到位、运作规范的基础设施补短板项目的信贷投放"。这意味着除了支持在建项目,也要加大对新开工项目的融资支持。10 月,国务院办公厅下发《关于保持基础设施领域补短板力度的指导意见》(国办发〔2018〕101 号),强调"坚持既不过度依赖投资也不能不要投资、防止大起大落的原则""保持基础设施领域补短板力度,进一步完善基础设施和公共服务",以达到保持经济平稳健康发展的目的。在配套政策措施方面,文件特别提到"合理保障融资平台公司正常融资需求",要"按照一般企业标准对被划分为'退出为一般公司类'的融资平台公司审核放贷。在不增加地方政府隐性债务规模的前提下,对存量隐性债务难以偿还的,允许融资平台公司在与金融机构协商的基础上采取适当展期、债务重组等方式维持资金周转。支持转型中的融资平台公司和转型后市场化运作的国有企业依法合规承接政府公益性项目,实行市场化经营、自负盈亏,地方政府以出资额为限承担责任"。由此可见,为确保基建项目获得充足的投资资金,针对地方政府融资平台的政策在一度收紧后又呈边际放松状态。随着融资约束的松动,在地方政府融资平台贷款来源得到保障的同时,城投债的融资功能也得到一定强化,整体利率水平和信用利差出现了一定程度的修复。这一过程对非金融企业信用债的风险缓释以及市场整体风险偏好的相应改善，也起到了相应的作用。

那么，对于地方政府融资平台以及城投债市场的未来走向，究竟如何判断呢？我们认为，只要稳增长的压力暂时难以消除，对于基建投资进而对于地方政府融资平台的倾斜和依赖就都是不可避免的，从而预示着城投债市场在短期内可能仍会维持偏宽松的政策环境。但从中长期来看，在针对地方政府隐性债务的监管思路不会发生根本性改变的前提下，地方政府融资平台与地方政府进行信用隔离的大趋势是无法逆转的。当城投企业的三张财务报表最终与地方政府不再紧密关联时，传统城投债的概念就会不复存在，而代之以一般意义上的企业债。当然，如果地方政府"既要做事，又缺资金"的体制现状不做实质性调整，这一转化的进程也可能会被拉长。

第 12 章　资产支持证券市场*

- 2018 年，我国资产支持证券市场延续快速发展势头，市场规模继续快速增长，创新品种层出不穷，参与主体更加多元化，基础资产更加多样化，产品设计日趋成熟。截至 2018 年第三季度末，资产支持证券发行量 1.23 万亿元，占债券市场的 3.7%，同比增长 36%；托管总量 2.23 万亿元，占债券市场的 2.71%，同比增长 52%。

- 2018 年相关政策和业务规则立足于加强信用风险管理和提高二级市场流动性，通过扩大基础资产范围、加强存续期信息披露和中介机构职责、拓宽投资机构范围，发行效率得到提高，存续期信用风险管理有所加强，市场流动性得到提升。

- 以供应链金融产品为基础资产的资产支持证券发展迅速。2018 年前 3 个季度共发行供应链资产支持证券 99 笔，发行规模 775.77 亿元，市场存量规模 1050 亿元，其中房地产相关供应链资产支持证券存量规模 750 亿元。大力发展供应链金融资产支持证券对拓宽小微企业融资渠道、降低融资成本有重要意义。

- 2018 年以来，资产支持证券信用违约事件逐渐增多。截至 2018 年第三季度，企业 ABS 共发生 3 起违约事件，1 起评级下调事件；信贷类 ABS 尚未出现违约，但涉及基础资产拖欠、违约的产品较多。基础资产的真实性问题和基础资产现金流的独立性问题是资产支持证券信用违约的两个主要原因。未来可通过加强资产支持证券的法律基础建设、完善市场业务规则和强化信息披露等降低资产支持证券的信用风险。

---

* 本章作者：秦龙，中泰证券固定收益部总经理；中泰证券固定收益部肖奕辰对本章亦有贡献。

12.1 资产支持证券市场运行情况

2018年,我国资产支持证券市场延续快速发展势头,市场规模快速增长,产品创新层出不穷,参与主体更加多元化,基础资产更加多样化,产品设计日趋成熟。产品类型中以信用卡贷款、消费性贷款、不动产投资信托REITs、企业债权、应收账款和小额贷款等为基础资产的资产证券化产品取得较快的发展。

12.1-1 资产支持证券一级市场

2018年前9个月,资产支持证券共发行550只,发行额1.23万亿元,已经达到2017年全年发行额的81.74%,超过2016年全年的发行额,较2017年同期增长36%(见图12-1)。

分品种看,截至2018年9月末,信贷ABS发行总规模23518.46亿元,发行数量534只,目前存量规模8194.53亿元,存量数量307只;企业ABS发行总规模22480.34亿元,发行数量1578只,目前存量规模13161.33亿元,存量数量1120只;ABN发行总规模1508.42亿元,发行数量109只,存量总规模1123.51亿元,存量数量93只(见图12-2和图12-3)。

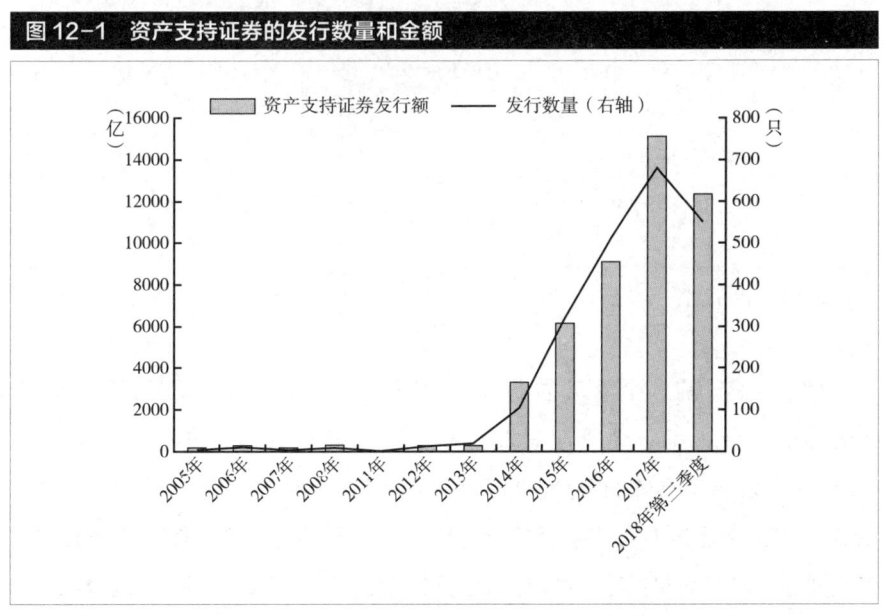

图12-1 资产支持证券的发行数量和金额

资料来源:WIND。

图 12-2 资产支持证券发行规模分布

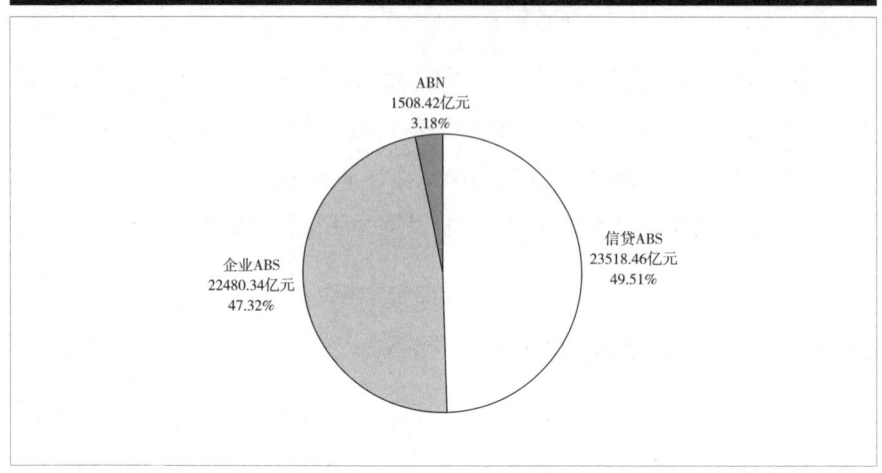

资料来源：WIND。

图 12-3 资产支持证券存量规模分布

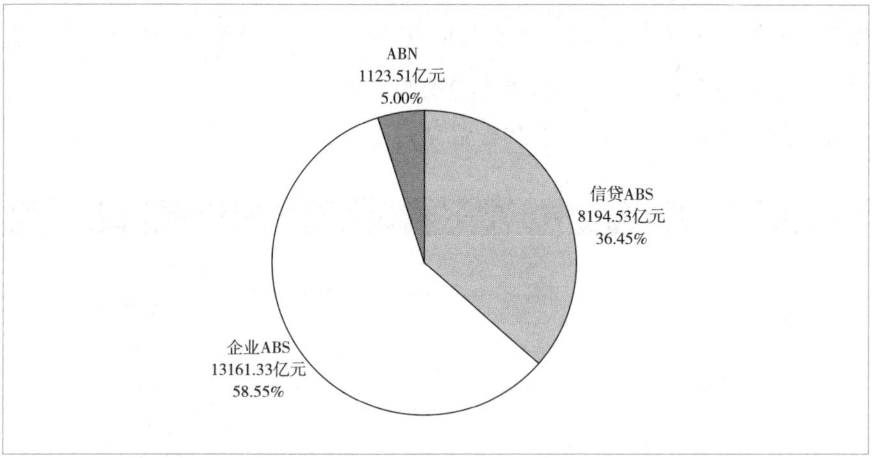

资料来源：WIND。

信贷 ABS 前 3 个季度发行量分别为 789.08 亿元、2262.39 亿元和 2686.86 亿元，前 3 个季度总发行量 5738.33 亿元，比去年同期增长了 74.51%，发行节奏依旧维持前低后高的特点。从结构上来看，2018 年企业贷款资产支持证券（CLO）品种发行量占比明显下降，个人住房抵押贷款资产支持证券（RMBS）品种发行量占据绝对优势。2018 年前 3 个季度 CLO 品种占比压缩至 14.10%，RMBS 品种占比则提升至 60.38%（见图 12-4）。

图 12-4 信贷 ABS 发行额分资产类型统计

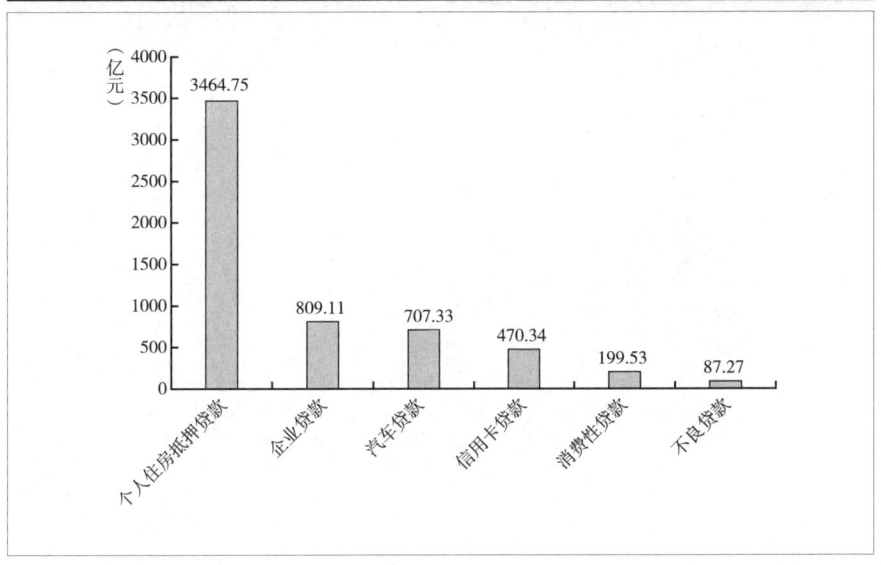

资料来源：WIND。

企业 ABS 前 3 个季度发行量分别为 1303.18 亿元、2340.65 亿元和 2343.80 亿元，前 3 个季度总发行量 5987.64 亿元，比去年同期增长了 6.56%。从结构上来看，2018 前 3 个季度应收账款 ABS 一跃成为发行主力，而去年发行量占优的小额贷款 ABS 产品和信托受益权 ABS 产品，今年以来发行量有较大回落。前 3 个季度企业债权、租赁租金、融资融券债权等 ABS 产品较去年发行项目增多，成为新的增长点（见图 12-5）。

ABN 前 3 个季度发行量分别为 126.93 亿元、231.05 亿元和 169.72 亿元，前 3 个季度总发行量 527.70 亿元，比去年同期增长了 63.37%。从结构上来看，2018 前 3 个季度应收债权、租赁债权和信托受益债权的 ABN 发行金额较大（见图 12-6）。

12.1-2 资产支持证券二级市场

二级市场方面，在发行规模加速扩大的背景下，二级市场交易量也在逐步提升，虽然市场流动性绝对水平仍旧很低，但交易量增速较高。2018 年前 3 个季度，信贷 ABS 成交量 2005.45 亿元，企业 ABS 成交量 356.98 亿元，ABN 成交量 325.20 亿元，资产支持证券总交易量为 2687.63 亿元，

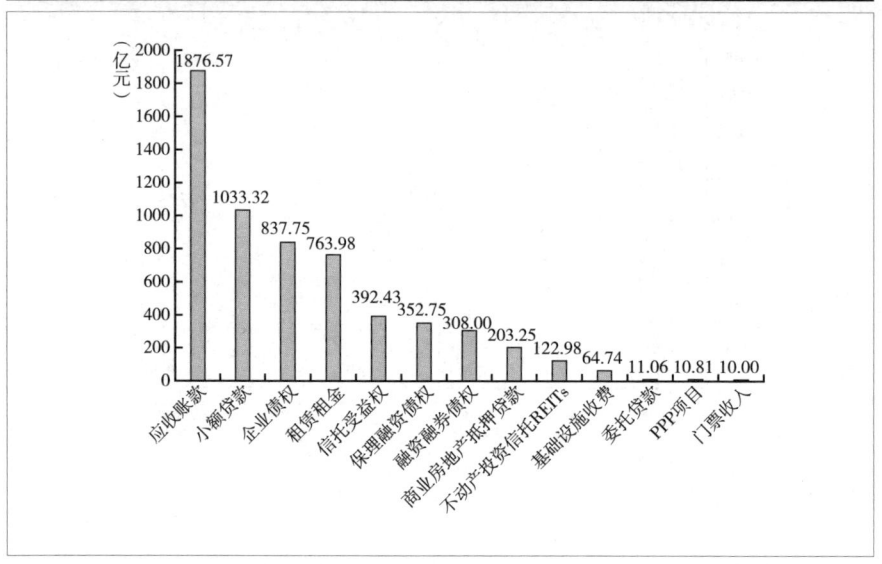

图 12-5 企业 ABS 发行额分资产类型统计

资料来源：WIND。

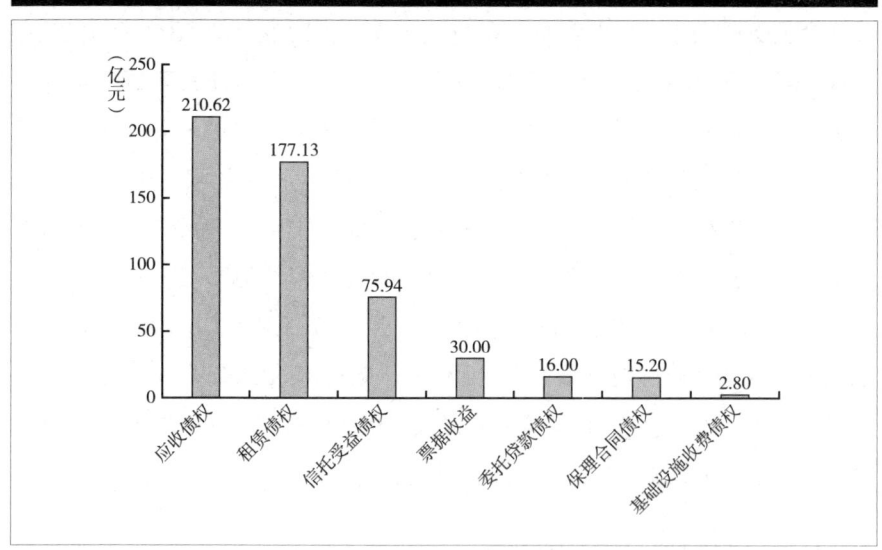

图 12-6 ABN 发行额分资产类型统计

资料来源：WIND。

但是同期我国债券市场总成交量约为 132.86 万亿元，资产支持证券成交量约占整个债券市场的 2‰，占比很低。从增速来看，流动性改善十分显著。资产支持证券交易量较去年同期增长 179.29%，其中，信贷 ABS 成交量同比增长 182.47%，企业 ABS 成交量同比增长 174.43%，ABN 成交量同比增长 165.97%。参与二级市场交易的机构类型也更加丰富，一些做市机构开始对部分资产支持证券品种进行双边报价，除优先级之外，一些夹层的交易也较以往更加活跃。

12.1-3　资产支持证券发行利率走势

2018 年前 9 个月，资产支持证券发行利率小幅走低，与其他债券品种利差保持相对平稳。

信贷 ABS 优先级利率集中于 4%~5.0%，与可比债券收益率的利差保持在 60BP 左右的历史中位水平（见图 12-7）。信贷 ABS 夹层与优先级利差维持在 50~80BP，也基本与历史水平相似。

企业 ABS 整体发行利率仍然高于非公开品种，基本与同期限私募债券收益率相当。优先级利率集中于 5.5%~6.5%，夹层利率集中于在 6%~7.5%（见图 12-8）。

ABN 发行利率与企业 ABS 整体相似，优先级发行利率集中于 5%~7%（见图 12-9）。

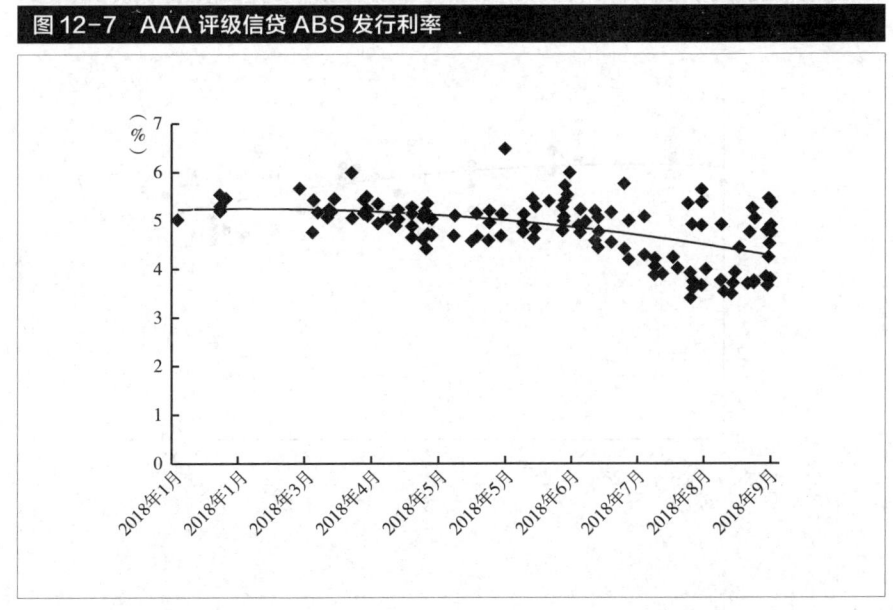

图 12-7　AAA 评级信贷 ABS 发行利率

资料来源：WIND。

图 12-8 AAA 评级企业 ABS 发行利率

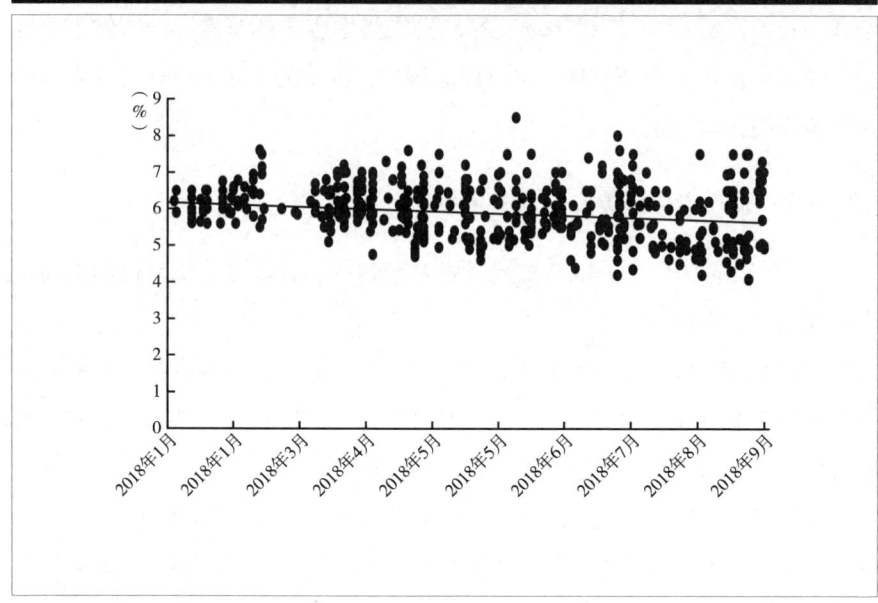

资料来源：WIND。

图 12-9 AAA 评级 ABN 发行利率

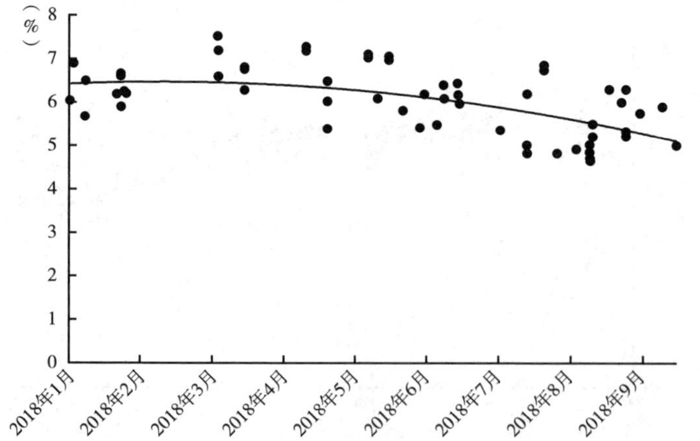

资料来源：WIND。

12.1-4 资产支持证券产品创新层出不穷

2018 年 4 月 4 日,国内首单产业园区商业地产抵押贷款支持票据北大科技园 CMBN 成功上市流通。此项目是 CMBN 的重要发展成果。相对于 REITs,CMBN 在融资成本、可复制性上均有优势,另外,CMBN 属于商业抵押贷款的证券化,可以借用底层资产产生的现金流进行融资,同时也可保留自家的优质物业,这一点也优于房地产投资信托基金(REITs)。

2018 年 4 月 19 日,"兴元 2018 年第一期个人住房抵押贷款资产支持证券"在银行间债券市场成功发行,成为中国银行间市场首只通过"债券通"("北向通")引入纯境外投资者的 RMBS 产品。

2018 年 4 月 27 日,国内首单百亿元 REITs"中联前海开源－碧桂园租赁住房一号资产支持专项计划"首期 17.17 亿元成功发行。

2018 年 5 月 9 日,国内首单以公共租赁型住房作为底层资产的 REITs 产品"深创投安居集团人才租赁住房资产支持专项计划"获得深圳证券交易所评审通过。

2018 年 5 月 30 日,全国教育系统首单 PPP 资产证券化项目"国君资管山东财经大学莱芜校区 PPP 项目资产支持专项计划"在上交所正式挂牌。

2018 年 6 月 8 日,国内首单承续类 REITs"华泰佳越－苏宁云新一期资产支持专项计划"正式成立并将在深交所挂牌转让。

2018 年 9 月 6 日,全国首单"债券通"CLO 产品"飞驰建融 2018 年第五期信贷资产支持证券"在银行间市场成功发行,由建设银行发起。

12.2 监管政策和市场规则发展

2017 年以来,金融监管加强是金融市场的主旋律之一,2018 年仍然延续了这样的政策基调,各类监管政策陆续出台。相较于其他金融产品、业务,资产证券化产品仍然处于方兴未艾的发展阶段,其发展是受到政策鼓励的。2018 年,资产证券化领域的监管主要集中在基础资产、发行与存续期管理、投资交易等方面。

12.2-1　基础资产相关政策

2018 年，证监会、交易所等监管机构陆续出台文件，对住房租赁 ABS、基础设施 ABS、绿色 ABS 等产品进行了规范。整体而言，这些政策秉承了"规范中发展"的思路，在标准明确、业务规范的前提下，继续将资产证券化产品的基础资产范围进行扩大，并推动相关标准化产品有序发展。

2018 年 4 月，证监会与住房城乡建设部联合发布了《关于推进住房租赁资产证券化相关工作的通知》。该文件是国务院明确提出"加快发展住房租赁市场"总体要求之后，第一个由主管机关联合发布的针对住房租赁资产证券化业务的专门性规定。首先，该文件明确了基础资产的标准。重点支持以自持物业开展证券化项目，明确优先支持大中型城市、雄安新区等国家政策重点支持区域和利用集体建设用地建设租赁住房试点城市的证券化项目。其次，文件进一步明确了产品类型。住房租赁资产证券化产品主要包括权益类 ABS、债权性质 ABS、REITs 三类产品，重点支持以自持物业开展"权益类 ABS"，积极推动多类型 CMBS、以融资型 REITs 为代表的债权性质 ABS，明确在住房租赁领域"试点发行"REITs。再次，通过简化审批等方法，建立基础资产验收备案、ABS 产品发行审核等方面的绿色通道，快速扩大租赁住房的资产储备，缩短住房租赁 ABS 的发行审核流程。最后，文件还指出，应探索设立专业住房租赁资产证券化增信机构，为住房租赁企业开展证券化业务脱离主体信用提供新路径。

2018 年 6 月，沪深交易所分别发布基础设施类资产支持证券挂牌条件确认指南及信息披露指南，在基础资产的范围、权属性质、原始权益人资格等方面进行了规定。在基础资产范围方面，指出相关产品涵盖基础资产范围包括"以燃气、供电、供水、供热、污水及垃圾处理等市政设施，公路、铁路、机场等交通设施，教育、健康养老等公共服务产生的收入"等。权属性质方面，要求相关资产权属应当清晰明确，不得附带抵押、质押等担保负担或者其他权利限制。在原始权人资格方面，要求原始权益人从事相关业务满 2 年，主体评级达 AA 级及以上或提供有效增信措施的主体评级达 AA 级及以上，并要求相关许可资质应当覆盖专项计划期限。

2018 年 8 月，上海证券交易所在中国资产证券化分析网上发布了《上海证券交易所资产支持证券化业务问答（二）》的通知，其中对绿色 ABS 的相关概念和业务规则进行了明确，符合基础资产要求（基础资产占全部入池基础资产的比例应不低于 70%）、转让基础资产所取得的资金（所得资金应主要用于建设、运营、收购绿色项目、偿还绿色项目贷款或为绿色项目提供融资等）用于绿色项目的金额不低于转让基础资产所得资金总额的 70% 和原始权益人主营业务属于绿色产业领域的项目可以被认定为绿色 ABS。

12.2-2 产品发行相关政策

产品发行的监管政策主要涉及发行无异议函有效期延长，为资产证券化产品的发行提供了便利。

2018 年 8 月，上海证券交易所在中国资产证券化分析网上发布了《上海证券交易所资产支持证券化业务问答（一）》，该文件旨在规范计划管理人在业务申报过程中的相关流程，延长了无异议函的有效期，进一步为相关产品的发行提供了便利。资产支持证券一次发行的，无异议函的有效期由自出具之日起 6 个月内有效延长至 12 个月内有效；资产支持证券采取分期发行方式的，无异议函有效期由自出具之日起 12 个月内有效延长至 23 个月内有效，管理人应当自无异议函出具之日起 12 个月内完成首期发行。

12.2-3 存续期管理相关政策

存续期管理的监管政策主要涉及加强存续期的风险管理，对资产证券化产品的风险管理提出了更高要求。

2018 年 3 月，沪深交易所与报价系统公布了《上海证券交易所资产支持证券存续期信用风险管理指引（试行）（征求意见稿）》，指导资产证券化业务的各参与方切实加强资产支持证券存续期间的信用风险管理。该指引明确了管理人、原始权益人、增信机构、资产服务机构、托管人、资信评级机构及其他参与机构在资产证券化产品存续期间的职责，并要求各方提高在制度建设、产品运营、运营监测、信息披露等方面的履职尽责能力。该指引进一步明确了风险监测的方法、渠道以及风险监测的分类：管理人应根据专项计划的风险监测结果，将专项计划划分为正常类、关注类、风险类、违约类四类。该指引就资产支持证券的信用风险预警、处置等也做出了细化规定，要求对风险类和违约类的资产支持证券及时形成风险处置预案，通过处置资产、增加资产、资产置换、增加增信措施、仲裁诉讼等方式，及时化解、处置相关信用风险。该指引对于督促各参与机构有效管理、预警并化解处置资产支持证券信用风险有重要的指引、规范意义，在信用风险事件频发的环境下，加强存续期信用风险管理、强化各参与方履职责任，对于防范未来资产证券化产品风险有显著的正面影响。

12.2-4　投资交易相关政策

在资产证券化产品的投资交易方面，2018年陆续出台了资产支持证券可用于三方质押、银行理财产品可投资ABN、私募基金可投资资产支持证券等政策，对于银行投资资产支持证券如何计算大额风险暴露等问题也进行了进一步的明确和细化。整体来看，监管政策在逐步引导资产证券化产品向传统标准债券靠拢，推动资产证券化产品成为常规的固定收益类产品。

2018年4月，上海证券交易所发布了《上海证券交易所债券质押式三方回购交易业务指南》（本章以下简称《业务指南》）和《上海证券交易所中国证券登记结算有限责任公司债券质押式三方回购交易及结算暂行办法》，正式推出债券质押式三方回购。《业务指南》规定三方回购的担保品范围为上交所上市交易或者挂牌转让的债券，包括公开发行债券、非公开发行债券和资产支持证券。资产支持证券明确被纳入三方质押回购业务的质押担保品，但次级资产支持证券、已经发生违约或经披露还本付息存在重大风险的债券和资产支持证券不得用于质押。截至目前，交易所资产支持证券中AAA级产品占比约60%，AA+级及以上占比约83%，大多数资产支持证券均可以获得8%~15%的折扣率。因此，随着三方回购交易量的逐步增大，资产支持证券的融资便利性也得到提升。在协议回购、三方回购中资产支持证券的接受度、成交量、流动性也将逐步改善。

2018年7月，银保监会发布了《银行理财业务监督管理办法（征求意见稿）》（本章以下简称"理财新规"），对银行理财产品投资资产支持证券的范围、投资比例限制和估值方法进行了细化规定。第三十六条规定，银行理财产品可投资银行间及交易所资产支持证券，但"不得直接或间接投资于本行发行的次级档信贷资产支持证券"，银行面向非机构投资者发行的理财产品不得直接或间接投资于不良资产支持证券，国务院银行业监督管理机构另有规定的除外。投资比例限制为每只公募理财产品持有单只证券或单只公募证券投资基金的市值不得超过理财产品净资产的10%；商业银行全部公募理财产品持有单只证券或单只公募证券投资基金的市值不得超过该证券市值或公募证券投资基金市值的 30%。商业银行开展此类理财业务应按照《企业会计准则》和《关于规范金融机构资产管理业务的指导意见》关于金融资产估值核算的相关规定，确认和计量理财产品的净值。

2018 年 7 月，证监会发布《证券期货经营机构私募资产管理业务管理办法（征求意见稿）》，在投资运作中明确私募基金可以投资在证券交易所、银行间市场等国务院同意设立的交易场所交易的具有合理公允价值和完善流动性机制的资产支持证券。比例限制上要求一个集合资产管理计划投资于同一资产的资金，不得超过该计划资产净值的 20%；同一证券期货经营机构管理的全部资产管理计划投资于同一资产的资金不得超过该资产的 20%。私募产品对资产支持证券的整体持仓不得超过产品净资产的 20%。

2018 年 5 月 4 日，银保监会发布《商业银行大额风险暴露管理办法》正式稿（中国银行保险监督管理委员会令 2018 年第 1 号）（本章以下简称"管理办法"），于 2018 年 7 月 1 日开始实施，商业银行应于 2018 年 12 月 31 日前达到文件相关要求。管理办法规定银行在投资资产支持证券计算大额风险暴露时，要本着穿透的原则确定交易对手，如可以穿透且基础资产风险暴露小于投资银行一级资本净额的 0.15%，采用产品本身作为交易对手方；如可以穿透且基础资产风险暴露大于投资银行一级资本净额的 0.15%，采用基础资产的最终债务人作为交易对手方；如不能穿透且投资金额小于一级资本净额的 0.15%，采用产品本身作为交易对手方；如不能穿透且投资金额大于一级资本净额的 0.15%，计入匿名客户。高分散的资产支持证券将免于穿透计算大额风险暴露，绝大部分资产支持证券将不占用匿名账户额度，降低了资产支持证券的大额风险计量要求，促进了银行投资者对于资产支持证券的投资需求。

12.3　供应链 ABS 专题

12.3-1　供应链 ABS 的定义

供应链 ABS 是指以核心企业上下游交易为基础背景，以未来的"供应链"或"供应链金融"属性的现金流收益为基础资产，通过发行资产支持证券募集资金的一种项目融资方式。

供应链 ABS 的基础资产目前以供应链上下游企业的应收账款为主，以核心企业的信用作为保障，通过保理商或者商业银行提供融资服务。

目前市场上已发行的供应链 ABS 的主要发行主体为互联网类企业（阿里巴巴、京东等）和传统行业的核心企业（以房地产企业为主）。两类主体多以保理 ABS 和反向保理 ABS 方式进行产品设计。

保理又称托收保付，是指卖方将其应收账款转让给保理商，由保理商向其提供资金融通、买方资信评估、销售账户管理、信用风险担保、账款催收等一系列服务的综合金融服务方式。它是商业贸易中以托收、赊账方式结算货款时，卖方为了强化应收账款管理、增强流动性而采用的一种委托第三方（保理商）管理应收账款的做法。保理 ABS 的基础资产为保理机构持有的保理债权，即原始权益人对债务人享有的债权及其附属的担保权益。

反向保理是一种新兴保理业务模式，其核心价值在于以供应链核心企业信用替代中小供应商信用，针对中小企业授信额度不高、融资规模较小的特点，利用信用替代机制实现供应链上下游资金融通的目的。核心企业一般为行业的龙头企业，具有一定的资产规模、财务实力和信用实力。项目多数采用出具《付款确认书》将母公司列为共同付款人（对应付账款逐笔确权）、提供差额支付承诺等方式来使供应商的应收账款更好地体现为母公司信用。

12.3-2 供应链 ABS 的交易结构

以核心企业的信用作为保障是供应链 ABS 最大的特点，也是其区别于传统的供应链金融融资模式的根本。将应收账款质押，通过保理机构或商业银行发行，此类传统的融资模式对较为弱势的上游供应商的信用水平要求较高，很难得到融资且融资成本很高。供应链 ABS 的"1+N"模式基于一个产业龙头或供应链中的强势核心企业的信用，为围绕这个核心企业的上下游企业或供应链的全体成员企业进行融资，有效满足了中小企业的融资需求，大大降低了中小企业的融资成本，提升了融资效率。

在供应链 ABS 发展的过程中，反向保理业务模式逐渐成为产品结构设计的主流。由于传统的保理模式中保理机构存在债权退出的风险，所以对于债权人（上游中小企业）的资信也有较高的要求，这是因为应收账款类资产的真实性较难验证。反向保理成功将核心企业拉入产品结构设计中，对核心企业的信用依赖程度更强，从而降低了保理商对中小企业资信的要求，整体融资效率得到了较大的提升。

以 2018 年 9 月 28 日发行的"平安证券－一方保理万科供应链金融 25 号资产支持专项计划"为例，对供应链 ABS 的基本交易结构进行描述。

如图 12-10 所示，产品的债权人为万科股份各供应商，基础资产为其向万科股份下属公司提供货物买卖等基础交易获得的应收账款。原始权益人为一方保理，计划管理人为平安证券。产品中，万科股份通过出具《付款确认书》做出到期付款承诺，与其下属公司成为共同债务人，其中不对产品做担保和差额支付等增信措施，完全依赖万科股份自身的高评级。

图 12-10 "平安证券－一方保理万科供应链金融 25 号资产支持专项计划"交易结构

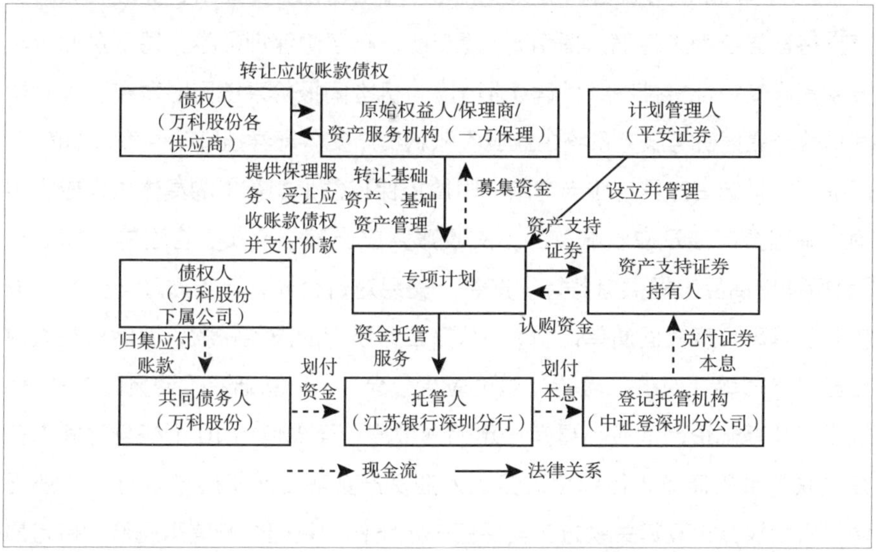

资料来源：中诚信证评。

12.3-3 供应链 ABS 的发展历程和市场运行情况

2016 年 7 月 27 日，由平安证券主承的首单供应链 ABS"平安证券－万科供应链金融 1 号资产支持专项计划"在深交所成功发行，标志着供应链金融自 2003 年由深圳平安银行提出的依托核心企业信用的"1+N"模式成功与 ABS 品种结合，也使得供应链金融逐步从线下模式转向线上模式，资金的供给方也由原来单一的银行机构拓展为多种金融机构。

2017年5月2日,中国人民银行、工信部、财政部、商务部、国资委、银监会、外管局七部门联合印发《小微企业应收账款融资专项行动工作方案(2017~2019年)》,在全国开展为期3年的小微企业应收账款融资专项行动。

10月13日,在由商务部起草、国务院办公厅印发的《关于积极推进供应链创新与应用的指导意见》中,再度提到积极稳妥开展供应链金融业务,鼓励商业银行、供应链核心企业等建立供应链金融服务平台,为供应链上下游中小微企业提供高效便捷的融资渠道。鼓励供应链核心企业、金融机构与中国人民银行征信中心建设的应收账款融资服务平台对接,发展线上应收账款融资等供应链金融模式。

2017年12月25日,上交所发布了《上海证券交易所企业应收账款资产支持证券挂牌条件确认指南》,深交所发布了《深圳证券交易所企业应收账款资产支持证券挂牌条件确认指南》,机构间报价系统同时发布了《机构间私募产品报价与服务系统企业应收账款资产支持证券挂牌条件确认指南》,明确了"基础资产界定应当清晰,附属担保权益(如有)的具体内容应当明确。基础资产涉及应收账款的,应收账款应当基于真实、合法的交易活动(包括销售商品、提供劳务等)产生,交易对价公允,且不涉及《资产证券化业务基础资产负面清单指引》。从第三方所得的应收账款,原始权益人应当已经支付转让对价,且转让对价应当公允"。从基础资产池风险的角度,规定了"基础资产池应当具有一定的分散度,至少包括10个相互之间不存在关联关系的债务人且单个债务人入池资产金额占比不超过50%",还强调"原始权益人及其关联方应当保留一定比例的基础资产信用风险,持有最低档次资产支持证券,且持有比例不得低于所有档次资产支持证券发行规模的5%,持有期限不低于资产支持证券存续期限。若持有除最低档次之外的资产支持证券,各档次证券均应当持有,且应当以占各档次证券发行规模的相同比例持有,总持有比例不得低于所有档次资产支持证券发行规模的5%,持有期限不低于各档次资产支持证券存续期限"。

随着监管机构对供应链ABS细则的进一步明确,2017年至2018年3季度,供应链ABS发行规模快速增长,根据WIND统计,2016年全年发行了共计14只供应链金融ABS,总金额为164.97亿元;2017年全年共计发行了54只,总金额为524.5亿元;2018年1~9月共计发行了99

只,总金额为 775.77 亿元。如图 12-11 所示,在政策支持文件发布后,供应链 ABS 呈现井喷式发展,尤其在 2018 年前 3 个季度,发行量逼近 800 亿元。

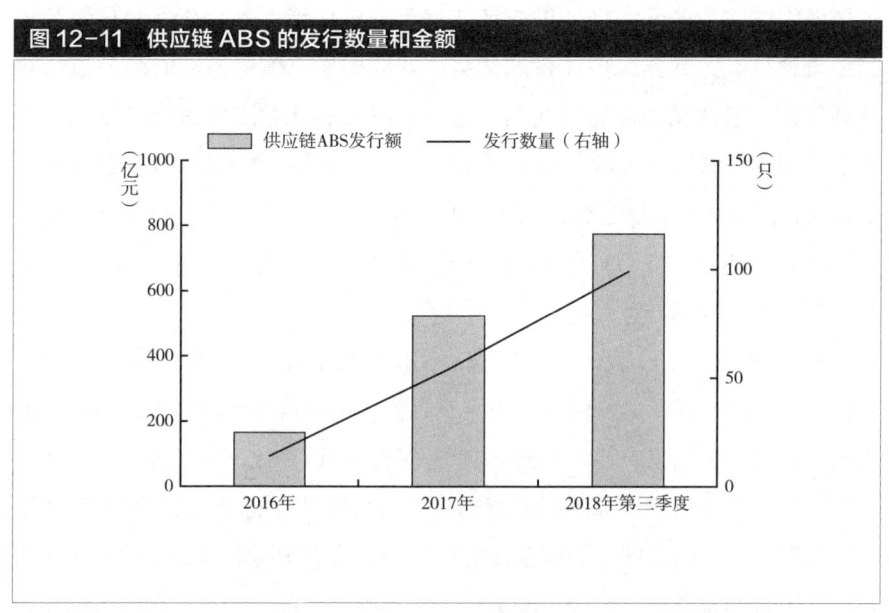

图 12-11 供应链 ABS 的发行数量和金额

资料来源:WIND。

12.3-4 2018 年供应链 ABS 的创新品种

2018 年 2 月 2 日,国内首单传媒行业供应链 ABS "平安 – 四川广电供应链金融 1 号资产支持专项计划"成功发行,该项目也是全国首单通过金融创新开展精准扶贫的供应链融资项目。项目通过供应链 ABS 的方式为四川广电众多中小微企业供应商提供了高效、低成本融资,促进贫困地区文化传媒事业发展。

2018 年 3 月 1 日,"中信证券 – 小米 1 号供应链应付账款资产支持专项计划"取得上海证券交易所无异议函,该项目发行规模 100 亿元,采用储架发行模式,成为国内首单支持新经济企业供应链金融的资产支持证券,促进了"小米"产业链中小企业供应商的协同发展。

2018 年 3 月 9 日,"平安 – 比亚迪供应链金融资产支持证券"获深交所审议通过，产品总规模 100 亿元，拓展了供应链 ABS 的行业分布。

2018 年 3 月 16 日，"德邦蚂蚁供应链金融应收账款资产支持证券"取得上海证券交易所无异议函，发行规模 20 亿元，成为全国首单互联网电商供应链资产支持证券。蚂蚁金服在成熟的信贷 ABS（花呗/借呗）之外再度尝试将互联网科技、供应链与资产证券化结合，旨在借助蚂蚁金服的金融科技、大数据风控体系的优势，对阿里生态圈中入驻的商户进行筛选并授信，通过反向保理方式对合格商户的应收账款进行资产证券化。此次创新利用互联网小贷额度小、期限短、分散度高、贸易真实性强的特点，弱化了供应链 ABS 管理弱、风险大的劣势，实现了互联网、物联网与供应链体系有效结合，在互联网科技服务实体经济、解决中小微企业融资难题方面迈出了坚实的一步。

2018 年 8 月 8 日，"平安－同煤集团供应链金融1号资产支持专项计划"项目成立，发行规模 2.8 亿元，由平安证券承销并担当计划管理人进行流动性安排，成为全国首单能源行业供应链资产支持证券化产品。煤炭行业多数主体处于资产负债率较高的财务状态（类似房地产行业），此次资产支持证券的发行，一方面降低了同煤集团的供应商对传统银行的依赖，提高了融资效率和资金回笼速度，响应了国家对"解决中小企业融资难、金融机构加强对实体经济的支持和服务"的倡导；另一方面对同煤集团而言，调节了负债端的付款节奏，缓解了企业集中付款的压力。

12.3-5 供应链 ABS 未来发展趋势

供应链 ABS 属于应收账款类企业 ABS，虽然在 2018 年迎来了快速增长，但同时也积累了一些风险和潜在的问题。目前供应链 ABS 中，房地产供应链 ABS 存量规模占比近 80%，其中以万科、碧桂园等房地产公司为核心企业的产品规模已突破百亿元，在政策持续对房地产行业进行调控的背景下，未来以房地产企业为核心的供应链 ABS 发展速度将放缓。

另外，供应链 ABS 在通过核心企业增强产品信用的同时也带来了其他风险，主要来源于基础资产的真实性难以核查，且应收账款类底层资产此类问题更为严重。基础资产的真实性问题主要包括底层资产的确权和贸易真实性两个方面。一般来说，产品会聘请中介机构进行核查，但是对于基础资产笔数较多的产品，中介机构只是采取抽样核查的方式，从而导致存在虚假贸易的情况。因此，引入区块链技术对基础资产进行管控是未来 ABS 发展的趋势。区块链技术采用承载信用记录的分布式"账本"，无须借助第三方来呈现交易对手信用，使得每笔交易都得以录入并开放给所有参与者，从而加强了底层资产质量的透明度和可追责性，可以有效提高供应链 ABS 底层资产的真实性和解决资产质量等问题。2017 年 12 月 26 日，首单区块链供应链 ABS 产品"德邦证券浙商银行池融 2 号资产支持专项计划"成功在上交所发行，产品利用区块链技术对基础资产进行确权，对保理、贴现、质押等资产交易记录并留下数据存证，防止票据作假、重复质押等风险。此单产品的发行象征区块链技术被成功引入 ABS 产品。

随着蚂蚁金服、京东金融等互联网供应链 ABS 在今年的成功发行，互联网电商的供应链反向保理作为一种新兴的业务模式成为未来的发展趋势。互联网电商基于真实的贸易环境和大数据风控的技术优势，在反向保理业务上具备独特的优势，同时解决了传统保理 ABS 管理弱、风险大的问题，资产池的质量得到大幅提升。互联网企业凭借效率高、发展快的优势，在供应链 ABS 核心企业中的占比将有所提高。

12.4　资产支持证券违约专题

随着资产支持证券规模的快速扩张，2018 年以来违约事件或信用事件也逐渐增多。资产支持证券作为一类特殊的标准化金融产品，既有传统信用品种的信用风险，也有基于产品结构的特殊风险。

资产支持证券的违约事件包括：当前资产支持证券最优先等级的利息未能兑付、法定到期日未能偿还本金、信托公司失去信托资格或存在重大操作失误、法律问题等和资产池的累积违约率达到某一水平。信贷 ABS 截至目前尚未发生优先级的违约，但是涉及基础资产拖欠、违约的产品较多。企业 ABS 在 2018 年共发生 3 起违约事件、1 起评级下调事件。

12.4-1　庆汇租赁 ABS 违约

事件：2018 年 4 月 10 日"庆汇租赁 1 期资产支持专项计划"发生利息兑付违约。

产品概况：产品基础资产为单一承租人鸿元石化租赁租金权和附属担

保权,产品结构设计为鸿元石化将其拥有的设备资产以 5 亿元的价格转让给庆汇租赁,再由庆汇租赁出租给鸿元石化,租赁期限为 3 年,融资期限最后 3 个月按照 1 亿元、2 亿元、2 亿元的顺序分别偿还本金,租赁利息按季支付,年租赁利率为 8.5%,产品采用内部增信的方式(见表 12-1 和图 12-12)。

表 12-1 "庆汇租赁 1 期资产支持专项计划"产品概况

产品分级	本金规模(亿元)	本金规模占比	信用等级	预期到期日
优先级	4.75	95%	AAA	2018-11-4
次级	0.5	5%		2018-11-4

资料来源:WIND。

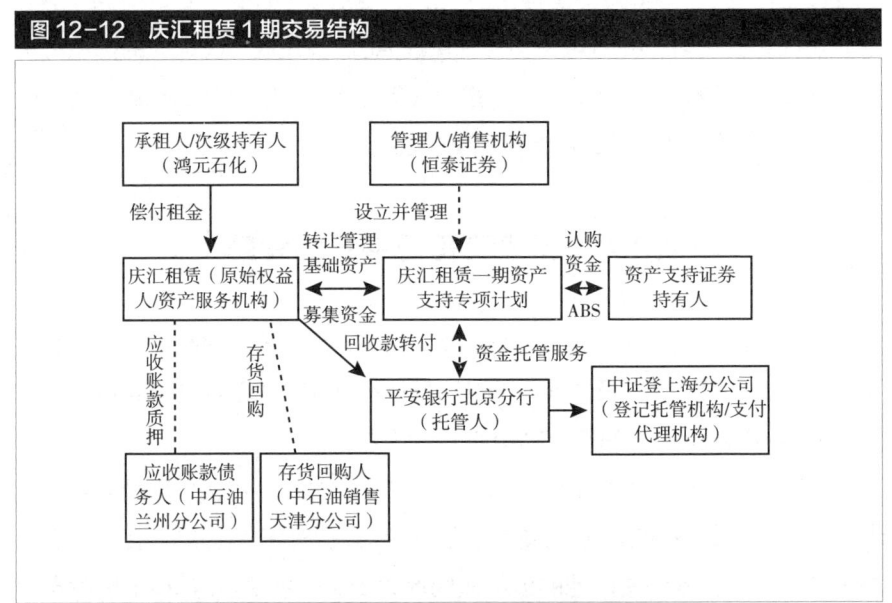

图 12-12 庆汇租赁 1 期交易结构

资料来源:根据《庆汇租赁 1 期资产支持专项计划说明书》整理。

产品违约原因:鸿元石化作为产品的单一承租人于 2017 年底被核查出重大问题并停产予以整改,此后又受到审计署调查,实际控制人失联,鸿元石化的业务经营和客户均较为单一,基本是按需生产,而应收账款的债务人主要为中石油兰州分公司。

产品违约分析:产品的还款来源单一,基础资产分散性过低,虽然产品设立了存货回购、应收账款质押等增信措施，但是由于租赁资产和承租人单一都不利于分散风险，内部增信等同于无效。

12.4-2 凯迪电力 ABS 违约

事件：2018 年 5 月 25 日"平安凯迪电力网上收费权资产支持专项计划"2 期触发提前终止事件。

产品概况：凯迪生态共发行 2 期 ABS 产品，分别是"平安凯迪电力上网收费权资产支持专项计划 1 期"和"平安凯迪电力上网收费权资产支持专项计划 2 期"。两期产品的基础资产均为凯迪生态下属子公司未来特定期间所获得的电费收入对应的电力上网收费权，原始权益人为隆回县凯迪绿色能源开发有限公司、南陵县凯迪绿色能源开发有限公司、松滋市凯迪阳光生物能源开发有限公司、崇阳县凯迪绿色能源开发有限公司、来凤县凯迪绿色能源开发有限公司、江陵县凯迪绿色能源开发有限公司、赤壁凯迪绿色能源开发有限公司和谷城县凯迪绿色能源开发有限公司。该 ABS 产品 1 期于 2015 年 9 月设立，总规模 11 亿元，其中优先级 10 亿元，共分 5 小档；次级 1 亿元由凯迪生态全额认购。该 ABS 产品 2 期于 2015 年 11 月设立，总规模 22.22 亿元，其中优先级 20 亿元，共分 6 小档；次级 2.22 亿元由凯迪生态全额认购（见表 12-2 和表 12-3）。产品的增信措施包括凯迪生态提供的差额支付及保证金支付承诺，以及将 5 家子公司全部股权、全部机器设备、全部土地使用权及房屋所有权抵押或质押给管理人（见图 12-13）。

表 12-2 "平安凯迪电力上网收费权资产支持专项计划"1 期产品概况

证券名称	本金规模（亿元）	本金规模占比	信用等级	预期到期日
凯迪 01	2	18.2%	AA+	2016-6-12
凯迪 02	2	18.2%	AA+	2017-6-12
凯迪 03	2	18.2%	AA+	2018-6-12
凯迪 04	2	18.2%	AA+	2019-6-12
凯迪 05	2	18.2%	AA+	2020-6-12
凯迪次级	1	9.1%		2020-6-12

资料来源：WIND。

表12-3 "平安凯迪电力上网收费权资产支持专项计划"2期产品概况

证券名称	本金规模（亿元）	本金规模占比	信用等级	预期到期日
凯迪2优1	2	9%	AA+	2016-8-23
凯迪2优2	3	13.5%	AA+	2017-8-23
凯迪2优3	3	13.5%	AA+	2018-8-23
凯迪2优4	3	13.5%	AA+	2019-8-23
凯迪2优5	4	18%	AA+	2020-8-23
凯迪2优6	5	22.5%	AA+	2021-9-23
次级	2.22	10%		2021-9-23

资料来源：WIND。

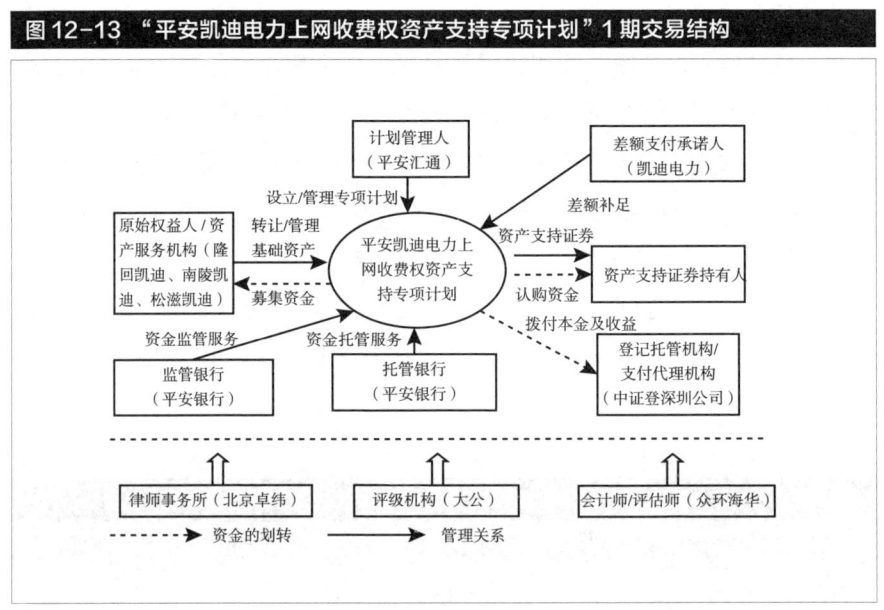

图12-13 "平安凯迪电力上网收费权资产支持专项计划"1期交易结构

资料来源：根据《平安凯迪电力上网收费权资产支持专项计划说明书》整理。

产品违约原因：公司从事生物质电行业，虽然行业为国家鼓励行业，并得到多项优惠政策支持，但是经营困难导致下属多个电厂停产，基础资产现金流产出能力大幅下降。2018年5月8日，11凯迪MTN1中票违约引发母公司共有9个账户被冻结，冻结金额10.76亿元，被冻结账户余额为 2444 万元；此外，公司旗下共有 24 家子公司的 38 个账户被冻结，冻结金额 14.56 亿元，被冻结账户余额为 2284 万元；公司第一大股东阳光凯迪集团公司股份被冻结，凯迪集团及凯迪电力陷入全面停滞状态。

产品违约分析：主要因为本计划的差额支付承诺人和原始权益人的实际控制人凯迪电力的信用水平发生恶化，如资产负债率上升较快、赢利能力较弱等。产品虽然设置多方增信，如原始权益人将其建筑物所有权、国有土地使用权、机器设备抵押给专项计划，将其电力上网收费权质押给专项计划，同时凯迪电力将其所持原始权益人的股权质押给专项计划，但是工业土地、工业厂房、股权抵押物等处置难度较大，且物业价值较低。

12.4-3 红博会展 ABS 违约

事件：红博会展 ABS 产品第 3 期应付本息为 37210684.93 元，第 4 期应付本息为 36889315.07 元，合计应付 74100000.00 元。2018 年 6 月，公司已支付厦门信托 9000000.00 元。截至目前，尚余 65100000.00 元，未能按时足额归集。按照信托合同，该事项已触发"违约处理"约定条款，厦门信托宣布该信托贷款于 2018 年 9 月 18 日提前到期，并要求公司于 2018 年 9 月 18 日向其归还全部未偿贷款本金及相应利息。截至 2018 年 9 月 25 日，该产品的 9 档证券评级已均被从 AA+ 下调至 B+，评级下调降幅较大。

产品概况：红博会展 ABS 是国内首单获批的上市公司主体 CMBS，该产品的基础资产池标的物业为红博会展购物中心，属于哈尔滨地区运营 14 年的首家体验式购物商场。该物业估值 22.77 亿元，抵押率仅为 39.52%，质押物估值 20.77 亿元，现金流覆盖本息 1.4 倍以上，发行规模 9.5 亿元，分为 10 档，其中优先级证券 9.0 亿元，分为 9 小档；次级档发行规模 0.5 亿元（见表 12-4）；除运用内部分层作为增信措施外，该产品还设置了超额利差、物业抵押、应收账款质押、差额支付、担保（哈尔滨工大集团）、保证金、留存金 7 种增信措施。

产品违约原因：工大高新公告称公司流动性存在较大困难导致未能足额留存本息，此事件对"17 红博 01-09"的第二次收益分配造成不利影响，优先级资产支持证券的本息兑付出现了重大不确定性。产品违约主要由发行人工大集团违规占用用于偿还信托贷款本息的资金导致，证监会终止工大高新 2018 年 3 月提出的资产重组事项也与此次违规挪用资金有关。

表 12-4　红博会展 ABS 产品概况

证券名称	本金规模（亿元）	本金规模占比	信用等级	预期到期日
17 红博 01	0.6	6.7%	AA+	2018-9-30
17 红博 02	0.7	7.8%	AA+	2019-9-30
17 红博 03	0.8	8.9%	AA+	2020-9-30
17 红博 04	0.9	10.0%	AA+	2021-9-30
17 红博 05	1	11.1%	AA+	2022-9-30
17 红博 06	1.1	12.2%	AA+	2023-9-30
17 红博 07	1.2	13.3%	AA+	2024-9-30
17 红博 08	1.3	14.4%	AA+	2025-9-30
17 红博 09	1.4	15.6%	AA+	2026-9-30
次级	0.5	5.5%		2026-9-30

资料来源：WIND。

从 2018 年出现信用违约事件的 4 个企业 ABS 案例来看，资产支持证券出现违约等信用事件主要有三类原因。一是基础资产现金流大幅下降或不及预期，庆汇租赁 ABS 属于此类原因。此产品的基础资产现金流完全来源于鸿元石化的生产经营，鸿元石化经营困难导致基础资产的现金流大幅下降致使产品违约。二是原始权益人或承诺差额支付的担保人信用资质发生恶化，凯迪电力 ABS 属于此类原因。产品的基础资产为包括南陵凯迪公司在内的三家原始权益人自 2015 年 5 月至 2020 年 6 月的电力上网收费权，其母公司作为承诺差额支付的担保人信用资质发生恶化引发 11 凯迪 MTN1 中票违约，触发提前终止事项，致使子公司所有生产经营停止、公司账户被冻结，导致产品违约。三是相关机构基础资产管控能力弱、发行人违规挪用资金或产品结构设计存在缺陷，红博会展 ABS 属于此类原因。工大集团违规占用用于偿还信托贷款本息的资金，即发行人违规挪用资金导致产品违约。

随着资产支持证券产品高速发展，基础资产更加多元化，交易结构更加复杂，产品违约也随之增加。未来可以从加强对基础资产的真实性核查和提高基础资产的现金流独立性两个方面降低资产支持证券产品的违约风险。

加强对基础资产的真实性核查可以从完善基础资产的审核机制和加强资产证券化的法律基础等方面加以实施，应完善基础资产的审核机制，并建立相关的市场规则，积极推动资产证券化的统一立法，完善市场规则和法律基础，加大对基础资产造假、违规抵质押等行为的处罚力度。

提高基础资产的现金流独立性。首先，监管机构应推动产品的标准化，规范市场的准入机制，可从入库资产类型、期限、收益分配和信息披露等方面加强产品的标准化。其次，优化和精简产品结构，设立单独的募集资金专用账户，开设特殊目的载体账户并对收款账户进行监管，可以增强对原始权益人或差额支付承诺人的管控，避免基础资产回款无法保证、资金被融资企业挪用的问题。最后，完善产品的信息披露，加强投资者保护机制，严格法律方面对基础资产及其转让和交割的界定，提升基础资产的风险隔离效果。

第 13 章　中国债券市场对外开放*

- 2018 年以来，随着国务院常务会议提出要"稳步扩大金融业开放"，中国债券市场对外开放政策也开启新的篇章。通过开展"一带一路"试点、减免境外投资者投资境内债券税收政策及一系列对既有机制的完善，促进了相关制度规则与国际接轨，进一步提高了中国债券市场的国际化水平，对中国债券市场改革开放具有重要意义。

- 在债券市场对外开放实践中，中国债券进一步被纳入彭博巴克莱全球综合指数，熊猫债券继续大规模发行，通过"债券通"和结算代理渠道进入中国债券市场的境外投资者大幅增加，境外机构和个人对中国的债券投资规模增长迅速，中国国债和政策性金融债持续得到境外投资者青睐，境外机构参与中国债券市场力度和深度均有明显提升。

- 下一步，要继续加快债券市场对外开放。宏观层面，继续加强顶层设计与监管协调，持续加强基准利率培育；中观层面，积极推进财税政策、信息披露机制、投资者保护、评级体系及核心环节的金融基础设施建设；微观层面，不断完善做市商制度，完善风险对冲管理工具及创造投资者便利。同时，坚持在岸市场和离岸市场协调发展，坚持债券市场开放与人民币国际化的共同推进。

---

* 本章作者：刘康，中国工商银行金融市场部副研究员，国家金融与发展实验室特聘研究员。

13.1　中国债券市场对外开放新政策

2018年以来推动中国债券市场对外开放的政策主要围绕"一带一路"试点、既有机制完善以及税收减免展开。

首先，积极开展"一带一路"债券试点。

2018年3月2日，沪深交易所制定了《关于开展"一带一路"债券试点的通知》（本章以下简称《通知》），相关主体可以通过三种方式在沪深交易所发行"一带一路"债券融资：一是"一带一路"沿线国家（地区）政府类机构在交易所发行的政府债券；二是在"一带一路"沿线国家（地区）注册的企业及金融机构在交易所发行的公司债券；三是境内外企业在交易所发行，募集资金用于"一带一路"建设的公司债券。

其次，健全和完善债券市场开放中的信用评级机制。

2018年3月27日，为推动银行间债券市场对外开放，促进信用评级业务和银行间债券市场健康发展，交易商协会正式发布《银行间债券市场信用评级机构注册评价规则》（本章以下简称《注册评价规则》）、《非金融企业债务融资工具市场信用评级机构自律公约》（本章以下简称《自律公约》）及《非金融企业债务融资工具信用评级业务调查访谈工作规程》（本章以下简称《调查访谈工作规程》）。以上三则规定是银行间评级市场对外开放政策的具体落实，其中，《注册评价规则》要求对于国际信用评级机构，可以境外法人主体或境内法人主体方式申请注册，按照平等对待原则，境外与境内信用评级机构遵循相同的注册要求和注册流程；与《注册评价规则》同步发布的《自律公约》是信用评级机构承诺共同遵循的行为准则规范，有助于信用评级机构自律管理的制度革新和功能提升；《调查访谈规程》则重点对信用评级业务调查访谈工作进行细化规范。

再次，减免境外投资者投资境内债券税收政策。

8月30日，国务院常务会议提出，为推动更高水平对外开放，鼓励和吸引境外资本参与国内经济发展，对境外机构投资境内债券市场取得的债券利息收入暂免征收企业所得税和增值税，政策期限暂定三年。

最后，建立境外机构在银行间市场发行债券的制度框架。

9月25日，中国人民银行、财政部联合发布了《全国银行间债券市场境外机构债券发行管理暂行办法》（本章以下简称《公告》），促进债券市场对外开放，规范境外机构债券发行。《公告》在总结前期试点经验并借鉴国际经验的基础上，进一步明确了境外机构在银行间债券市场发债所应具备的条件、申请注册程序，并同时就信息披露、发行登记、托管结算以及人民币资金账户开立、资金汇兑、投资者保护等事项进行了规范。《公告》的发布，完善了境外机构在银行间债券市场发行债券的制度安排，促进了相关制度规则与国际接轨，有利于进一步提高中国债券市场的国际化水平，对于中国债券市场改革开放具有重要意义。

13.2　2018年中国债券市场对外开放实践

中国债券市场对外开放的实践，既包括中国政府、企业、金融机构等在海外金融市场进行融资、投资，也包括允许海外政府、企业、金融机构等在中国金融市场进行融资和投资。由于海外发达金融市场开放程度高，中国在海外市场进行投融资已经有较长的历史和较丰富的经验，通过一系列制度和基础设施建设，引入更多海外主体到中国金融市场进行融资和投资，成为近年来推动中国债券市场对外开放的主要努力方向。

2018年以来，中国债券市场对外开放的实践，在中国债券市场进一步被纳入国际指数、熊猫债券继续大规模发行、境外投资者加大投资中国债券市场等重要方面都取得了丰硕成果。

13.2-1　中国债券市场纳入国际指数的情况

中国债券市场的国际化程度随进一步被纳入国际指数而不断深化。2018年3月23日，彭博宣布将人民币计价的中国国债和政策性金融债纳入彭博巴克莱全球综合指数。这一行动是对中国近年来持续努力便利国际投资者参与国内债券市场的认可，是中国融入全球金融市场的重要一步。目前，人民币币值稳定，跨境资金流入流出平衡，债务占GDP比重已趋稳定。从"沪港通""深港通""债券通"到债券市场逐渐扩大开放，中国金融市场的大门正在逐步向全球投资者敞开，银行、保险和资产管理等领域的外资准入门槛也正在逐渐降低。

纳入全球综合指数的要求包括：本币债券市场的主权信用评级必须为投资级，货币必须可自由交易、可自由兑换和对冲，且没有资本管制。近年来，中国人民银行持续推进改革，目前以人民币计价的证券已达到所有相关要求。

中国债券纳入彭博巴克莱全球综合指数将从 2019 年 4 月开始，用时 20 个月分步完成。在此之前，中国人民银行和财政部需完善数项计划中的配套措施。完全纳入该指数后，人民币计价的中国债券将成为继美元、欧元、日元之后的第四大计价货币债券。在全球综合指数之外，2019 年 4 月起，人民币计价债券也将被纳入全球国债指数以及新兴市场本地货币政府债券指数。

后续，随着我国债券市场对外开放程度逐渐提高，中国债券将有望逐步纳入摩根大通国债－新兴市场指数、花旗全球国债指数等国际债券指数中，如可实现，将为国内债市带来可观的增量资金，中国债券市场开放的步伐也将越来越快。

13.2-2　熊猫债券

境外机构在中国大陆发行的以人民币计值债券被称为"熊猫债券"。2005 年 2 月 18 日，国际开发机构首次在银行间债券市场发行人民币债券，熊猫债券发行拉开帷幕。2005~2009 年，受中国资本账户开放和人民币可兑换状况和中国债券市场规则限制以及受发育程度总体较低的影响，境外机构在中国发行熊猫债券累计仅 40 亿元人民币（见表 13-1）。2009 年之后，熊猫债券的发行就进入休眠期。2014 年以来，随着人民币国际化战略的不断推进和中国债券市场对外开放力度的增加，境外机构的境内债券融资渠道不断拓宽，主体类型日益丰富，熊猫债券发行重启，发行主体也从最早的国际开发机构拓展到外国政府、境外金融机构和非金融企业。

表 13-1　熊猫债券发行概况

时间	发行数量	发行规模
2005~2009 年	4 只	40 亿元
2014~2015 年	16 只	160 亿元
2016 年	63 只	1262 亿元
2017 年	51 只	835.9 亿元
2018 年 1~9 月	46 只	726.9 亿元

资料来源：Bloomberg。

熊猫债券发行定价市场化程度提高。2005~2009年发行的熊猫债券，发行人主要是开发性金融机构，债券发行利率具有一定政策性色彩；2014年以来，随着发行量不断扩大，发行利率也随行就市，综合反映发行人信用资质和发行时市场整体状况，定价基本实现了完全市场化。

熊猫债券发行回暖。2016年以来熊猫债券发行迎来快速增长，2016年共发行63只，规模达1262亿元，在2017年有所下降之后，今年又重新回升。2018年1~9月，共有46只熊猫债券发行，发行节奏较去年有所增加，发行规模726.9亿元。从发行主体来看，外资企业、外资商独资企业、外国政府、中央国有企业都是熊猫债券市场上重要的发行人，2018年法国液化空气集团财务公司、日本三菱东京日联银行股份有限公司、菲律宾共和国、华润置地有限公司等在中国发行了熊猫债券。从发行期限来看，发行人可以根据自身财务安排和市场情况，自由选择债券期限，发行条款市场化程度继续提高。

熊猫债券发行的相关管理制度进一步完善和透明。随着中国人民银行、财政部联合发布《全国银行间债券市场境外机构债券发行管理暂行办法》（本章以下简称《办法》），《国际开发机构人民币债券发行管理暂行办法》正式废止。这是银行间债券市场自试点发行熊猫债券以来首部系统性的管理办法，是对过去数年熊猫债券发行管理成功经验的总结，也是对银行间债券市场熊猫债券未来发展做出的统筹规划。《办法》确立了央行、外管局和财政部各司其职的银行间债券市场熊猫债券发行监管框架以及银行间市场交易商协会的自律管理框架，并将熊猫债券发行人分为外国政府类机构、国际开发机构、境外金融机构、境外非金融企业法人四类，针对这四类发行人分别设定了发行条件、发行程序和信息披露等全流程规则，为各类发行人提供了可操作的规范，进一步提升了熊猫债券监管的协调性和统一性。《办法》的发布是我国银行间债券市场国际化发展的一个重要里程碑，发行规则的明晰化和确定化提升了熊猫债券发行制度的透明度，将有利于境外机构发行人降低沟通成本、提高发行效率，进一步增强了银行间债券市场对国际发行人和投资人的吸引力。

13.2-3　境外机构在中国债券市场投资

近年来，境外机构参与中国债券市场力度和深度都有明显提高。本部分从投资中国债券市场的境外机构数量、境外机构投资中国债券市场的规模和境外机构在中国债券市场的资产配置结构三个角度，描绘境外机构参与中国债券市场的行为轮廓。

1．境外机构开户

境外机构在中国人民币资产配置总量上的增长，既是存量机构对中国人民币资产配置增加的结果，也是新进入中国金融市场的境外机构数量扩张的结果。根据外管局数据，截至2018年10月末，共有QFII 286家，累计批准额度1002.56亿美元；RQFII已达203家，累计批准额度人民币6426.72亿元（见图13-1）。与2017年9月末相比，QFII和RQFII数量与额度保持基本稳定。根据中国人民银行数据，截至2018年9月末，通过结算代理方式进入银行间债券市场的机构共726家，其中，央行类机构68家，商业类机构658家（见图13-2）。根据中国外汇交易中心的数据，截至2018年9月30日，开通"债券通"的境外机构共445家。

2．境外机构和个人对中国的债券投资规模

关于境外机构和个人在中国的证券投资及人民币债券在其资产配置中地位的变化，我们可以从中国人民银行公布的"境外机构和个人持有境

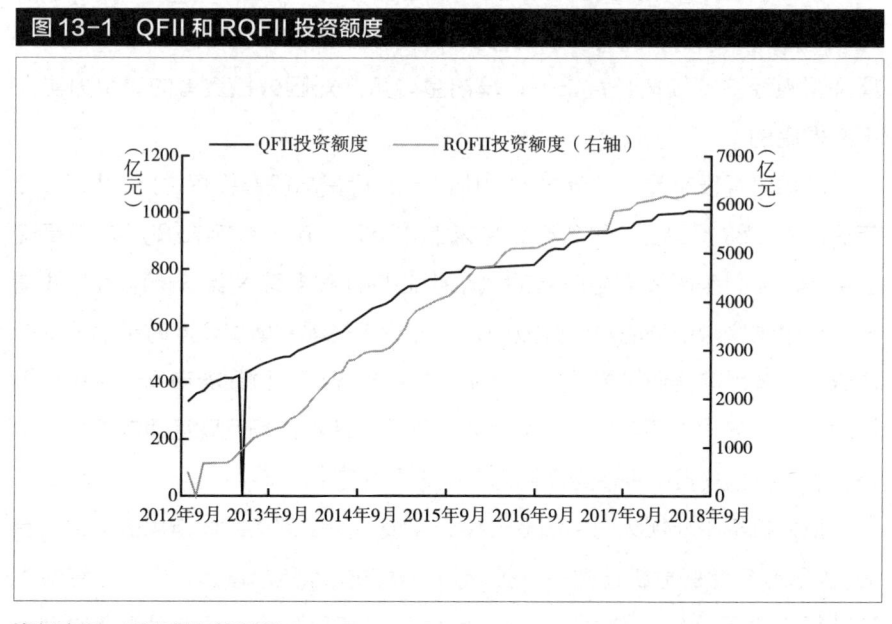

图13-1　QFII和RQFII投资额度

资料来源：国家外汇管理局。

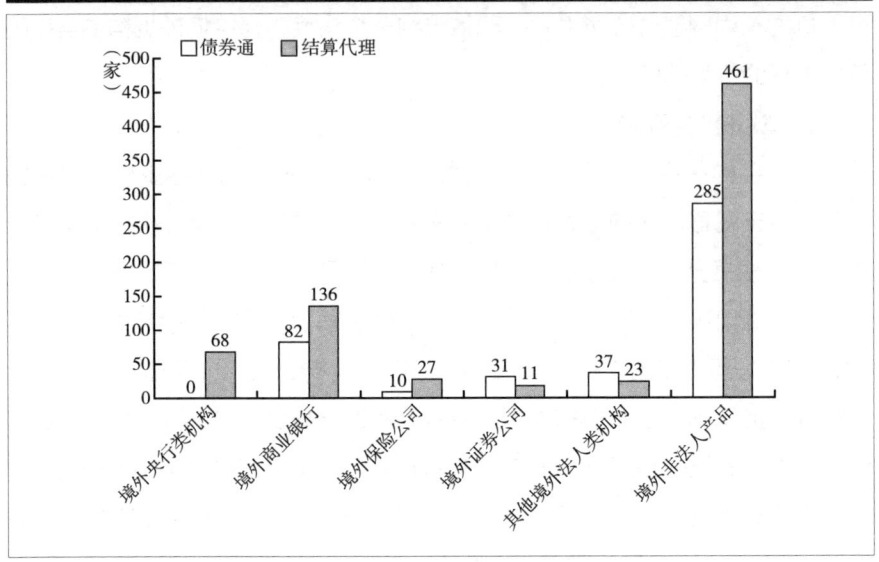

图 13-2　境外机构在银行间债券市场开户数量

资料来源：中国债券信息网。

内人民币金融资产情况"报表数据来观察。截至 2018 年 9 月，境外机构和个人持有境内股票合计人民币 1.2784 万亿元，持有境内债券合计人民币 1.745 万亿元，分别较 2017 年底增长 1038 亿元及 5462 亿元（见图 13-3）。尽管今年以来，国内资本市场出现一定动荡，但在开放大背景及国内经济持续增长背景下，境内金融资产对国外投资者的吸引力是在不断提高的。

从相对规模来看，境外机构对中国债券投资与股票投资之比，从 2017 年底的 102% 提高至 2018 年 9 月末的 136%，这一数字在 8 月末最高曾达到 142%。考虑债券与股票的风险收益特征和全球大类资产配置实践情况，在中国金融市场的对外开放中，境外机构在配置增量资产时更偏好中国债券。中国目前正通过多种途径吸引境外机构投资中国债券市场，包括积极推动中国债券纳入国际债券指数，通过与香港债券市场互联互通实现全球接入，境外机构投资中国债券规模仍有较大提升空间。

境外机构不断加大对中国债券投资规模，是多因素共同作用的结果。首先，2008 年金融危机动摇了以美元为主导的国际货币体系，中国已经成为全球第二大经济体，致力于深化金融体系改革和开放，一定程度上符合一

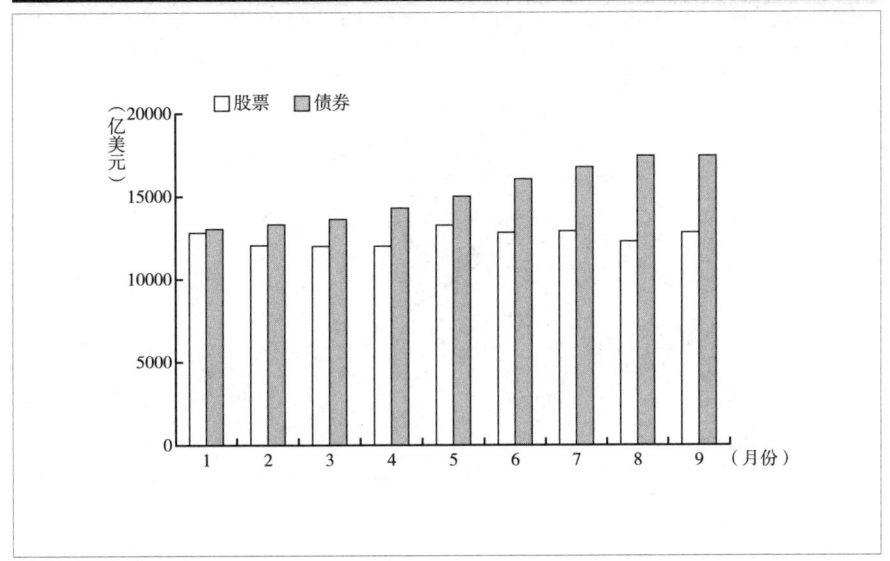

图13-3 中国国际投资头寸：境外机构和个人持有中国的证券投资总额

资料来源：中国人民银行。

些大国对国际金融与货币体系多元化改革的诉求。其次，中国政府近年来大力推动债券市场对外开放，为境外机构和资本进入提供了更加便利的条件。再次，在发达经济体长期超低利率环境而中国债券市场蓬勃发展的背景下，境内债券资产能够满足境外机构平衡收益和风险的要求。最后，随着全球尤其欧洲、中国经济企稳复苏，人民币汇率走向更健康的双向波动，对人民币贬值的担忧已经缓解，境外机构投资中国债券市场的步伐也明显加快。

3．境外机构投资境内债券市场的配置结构

从大类资产配置来看，在境外机构持有的人民币资产中，存款占比逐年下降，债券类资产比重则呈上升趋势。当然，不同性质境外机构的人民币资产配置偏好存在显著的差异。例如，境外央行、国际金融组织和主权财富基金类机构投资者，以及其他注重收益稳健的投资产品类账户非常看重资产的安全性和流动性，更多地投资于债券，尤其是高流动性的政府债券和高等级的信用债券；而QFII、RQFII则偏好股票资产，债券资产占比较低。在境外机构对中国境内债券的配置结构中，国债、政策性金融债和同业存单是最重要的配置品种（见图13-4）。

图 13-4 2018 年 9 月末境外投资者持有债券品种

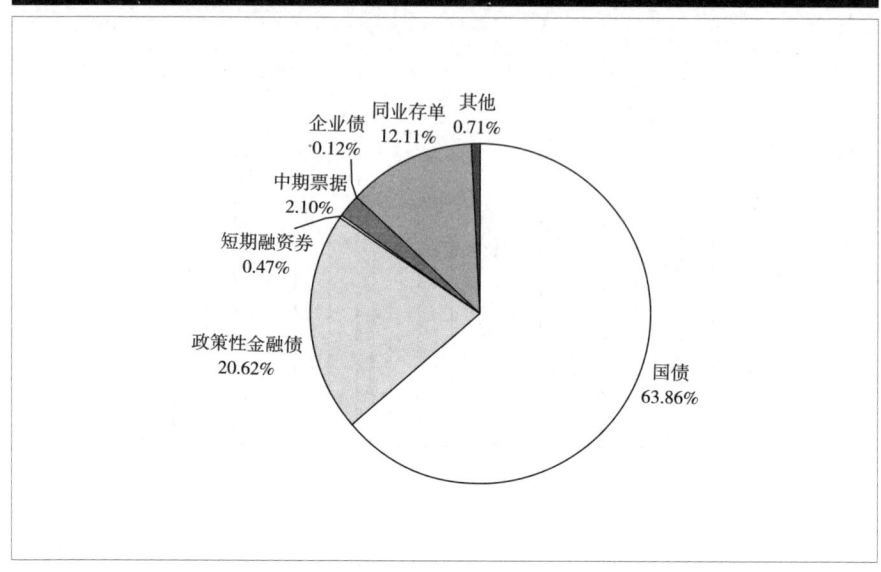

资料来源：中国债券信息网、上海清算所。

从境外投资者在中央结算公司、上海清算所的托管品种来看，国债和政策性金融债分别占境外投资者总托管量的 64% 和 21%。2017 年以来，中国大型商业银行发行的同业存单以其高票息、低信用风险的优势，吸引了境外大量商业机构对其进行投资，该类资产占比上升到 12%，境外机构已经增持同业存单超过 2009 亿元人民币。境外机构对境内非金融性公司信用类债券的投资以高信用等级、高流动性品种为主，不过整体占比较低。境外投资者投资信用债比例较低，原因可能包括：一是中国债券市场中信用类债券占比本身较低；二是信用类债券整体流动性弱于国债和政策性金融债，无法满足境外机构对资产流动性的要求；三是中外财务会计、信用评级、信息披露等规则存在较大差异，境外投资者对国内信用评级和财务数据认可度不高，投资信用类债券的机会成本——国债和政策性金融债的收益则较高；四是境外投资者进入中国债券市场时间还较短，对国内非金融性公司的信用状况研究不足，还需要时间来逐步熟悉和认可。

13.3 中国债券市场对外开放展望

13.3-1 扩大债券市场对外开放有利于加快推进人民币国际化

人民币国际化是大势所趋，又任重而道远。人民币作为国际贸易的计价与结算货币，总量得到了快速增长，但人民币在全球计价与结算中占比仍然不高，而在国际储备与国际价值储藏方面的功能则更弱。根据 SWIFT 公布的数据，人民币在国际支付中所占比例在近两年处于第五名左右，该比例出现过一定波动，但总体在 1.8% 左右（见图 13-5）。而根据 IMF 公布的数据，人民币在全球已配置外汇储备中所占比例，即便在 2017 年 6 月欧洲央行将等值 5 亿欧元转换为人民币资产后，至 2018 年 6 月末占比也仅在 1.8% 左右。无论在贸易与结算还是在储备功能上，人民币的国际地位与中国经济总量都是极不相称的。人民币的国际地位是中国金融体系国际影响力的一个缩影。只有中国金融体系和人民币高度融入国际体系并成为对国际金融与货币体系具有重要影响的因素之一，人民币才能在全球资本配置、定价中发挥与中国经济总量相称的作用。

人民币国际化需要成熟的境内资本市场和离岸金融市场，需要提供更多的在岸金融资产选择、更顺畅的交易渠道、更充沛的市场流动性。在岸债券市场的稳定发展和开放是其中非常重要的一环。相较股票市场，债券市场有更高的安全性，尤其对境外央行和清算行等机构投资者来说至关重要。通过吸引更多的境外投资者参与境内债券市场，丰富境外人民币用途，可以助推人民币国际化。

13.3-2 扩大中国债券市场对外开放有助于维护人民币汇率稳定

今年以来，受多种因素影响，人民币呈现小幅贬值走势。有观点认为，在人民币贬值背景下，不应盲目扩大本国金融市场开放。但数据表明，人民币汇率走势并未影响境外投资者对境内金融资产的信心（见图 13-6 和图 13-7）。今年以来，境外投资者已净增持国内债券 5500 亿元，净增持国内股票 5782 亿元。境外资金对境内资产的持续增持提高了人民币的需求，在人民币小幅贬值背景下有助于汇率的企稳。

实际上，目前中国 GDP 增长率仍居全球主要经济体前列。中国目前 10 年期国债收益率位于 3.5% 左右，仍高于主要经济体债券利率。人民币资产

图 13-5 国际支付及外汇储备币种结构

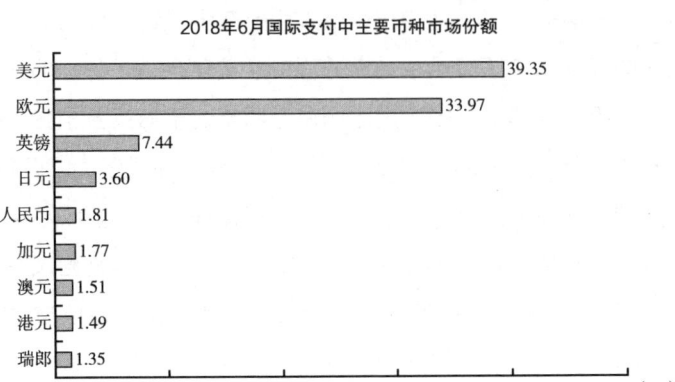

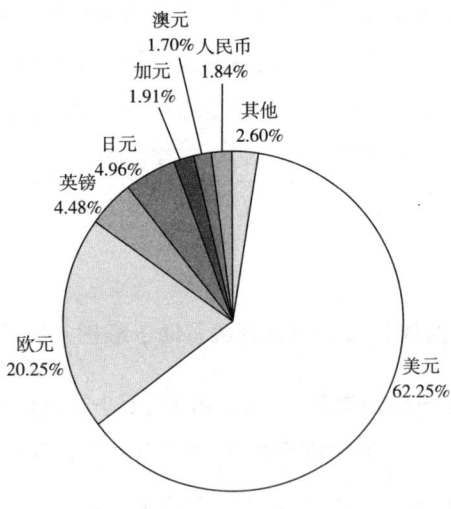

注：各类货币贸易与结算占比数据截至 2018 年 6 月末，已配置外汇储备币种结构数据截至 2018 年 6 月末。
资料来源：SWIFT，国际货币基金组织 COFER 数据库。

图 13-6 人民币汇率与境外机构债券托管量变化相关性不高

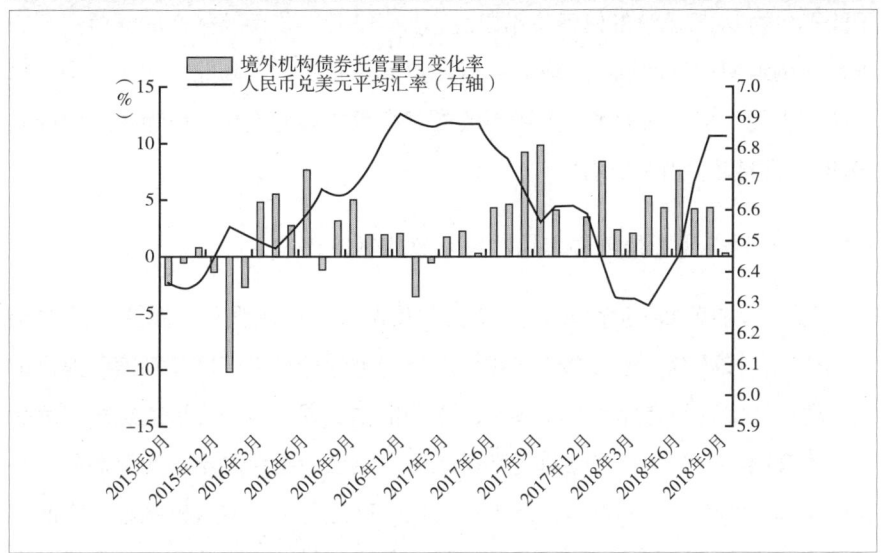

资料来源：中国人民银行，中国债券信息网，上海清算所。

图 13-7 人民币汇率变化预期与境外机构债券托管量变化相关性较高

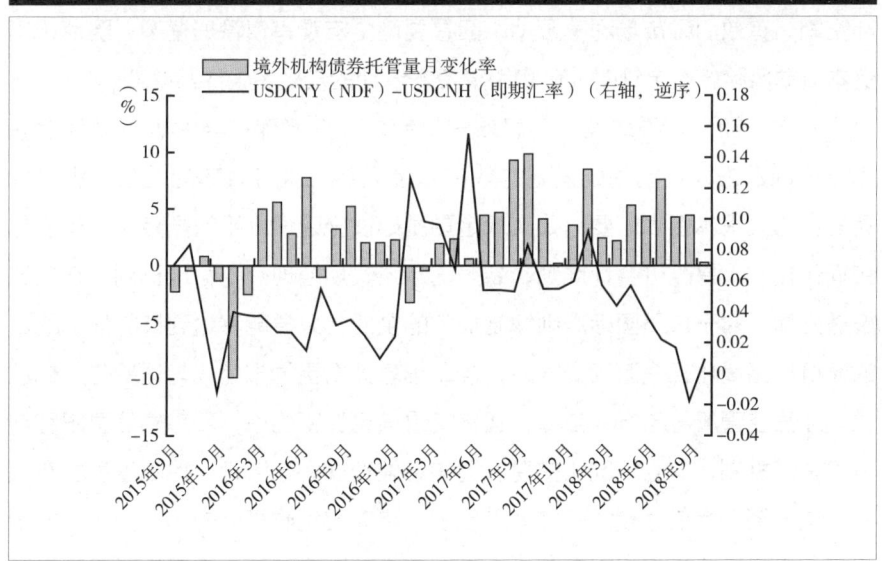

资料来源：中国人民银行，中国债券信息网，上海清算所。

在全球的吸引力仍处于较突出的地位，尤其是实行零利率或接近零利率的欧洲及日本地区，不少投资机构已经表达出对人民币债券及股权资产浓厚的兴趣。IMF 一项研究也显示，拥有开放的金融市场，资本可以同时大规模地流入和流出,有助于发达经济体应对国际资本流动冲击。人民币加入 SDR 货币篮子成为 IMF 承认的储备货币以后,按照 SDR 货币篮子构成配置资产的国际金融组织和其他机构、境外央行和其他官方机构、商业性配置机构等都有增持人民币资产的需求,人民币债券资产可能最为受益,进而对人民币汇率的稳定将起到积极作用。

13.3-3 进一步加快债券市场对外开放的具体建议

首先,继续加强顶层设计推动与监管协调。一是强化监管主体的内部协调机制,按照统一化、整体化和标准化的监管标准完善监管制度和指标体系。要逐步实现所有品种在不同市场之间自由交易,实现交易的统一,消除跨市场套利。二是持续加强基准利率培育。结合我国金融市场实际情况,在充分发挥市场作用的前提下,从市场发展、产品创新、监管机制等多方面有序培育基准利率的形成,引导各利率品种逐渐向基准利率收敛。三是不断提升利率传导效率。充分依托国务院金融稳定发展委员会沟通协调机制,完善"利率走廊"机制,规范市场主体的行为,加强行为监管,减少金融机构套利空间,有效引导市场利率预期。四是要健全宏观审慎管理框架,防范跨境资本流动风险,健全针对外债和跨境资本流动的宏观审慎政策框架。

其次,加强财税政策、信息披露机制、投资者保护与评级机制等金融基础设施建设。金融基础设施的效率是金融系统服务效率的上限,也是金融安全的最根本保障。要尽快实现金融基础设施建设水平的国际化、标准化和现代化。一是改进会计准则,参照国际经验规范现有的管理机制,在信息披露方面,对于按照国际准则编制报表的企业,只要能够达到披露信息的目的便可适当简化相关手续。同时,推动信息披露更为规范化、透明化、标准化。加强监管督导与行业自律,强化交易信息保密约束,如完善信息跟踪与信息留痕机制,建立标准化交易撤销信息处理规则与流程,提高信息发布频率,统一经纪商信息披露标准。二是进一步完善税收机制的相关安排,如明确境外机构税收执行规则及要求,进一步推动明确境外投资者纳税规则与流程,制定税收管理要求与执行细则。三是完善投资者保护制度等。增强信息监测和预警,防止境外发债主体违约风险的发生;打破刚性兑付、完善退市制度,使信用风险能真正体现在信用利差中,建立债券违约后的退出机制等事前预防、事中应急、事后处置等系统性措施;强化投资者保护条款,加强信息披露，消除信息不对称。四是完善评级体系。包括建立健全信用评级基本规范标准，提升评级机制的权威性和公信力，健全市场化退出机制，提高评级机构准入门槛，完善信用评级方法和指标体系，建立健全涵盖国际评级机构的统一注册管理制度，有序开放信用评级市场，明确境外机构发债选择评级机构的具体要求。五是继续加强交易、托管、清算等核心环节的基础设施建设，促进市场高效安全运行。建立统一的债券中央托管体系，扩大应用跨境人民币支付系统（CIPS），建立安全、高效、全球化的支付清算网络体系。

再次，继续加强做市商制度，完善风险对冲管理工具及创造投资者便利。一是继续加强做市商制度。降低做市商准入门槛，鼓励更多的金融机构参与做市业务，完善做市商考核制度，强化激励约束机制，提高积极性，最大限度地发挥做市商的作用。二是加强风险管理能力，丰富风险对冲管理工具。通过推进利率衍生品市场发展，完善标准债券远期市场，推进信用衍生品市场发展，并择机试点商业银行参与国债期货市场。三是进一步创造投资者便利，如在公开市场操作与地方国库现金管理业务中，对国有商业银行减免质押，进一步释放可交易券种。

最后，在债券市场开放中应该坚持在岸市场和离岸市场协调发展，使其与人民币国际化共同推进。一方面，应坚持离岸和在岸债券市场协调发展。促进离岸债券市场与资本项目开放、人民币国际化进程战略协调推进；离岸市场、在岸市场相互促进，不同离岸市场之间也应有所侧重，明确分工。同时，加快推动在岸市场的全面发展和开放，加快推进在岸市场的政策制度、基础设施完善，防止金融中心外移。另一方面，人民币的国际化离不开金融市场尤其是债券市场的开放，通过债券市场开放吸引更多的境外投资者持有人民币金融产品，增强人民币在全球范围内的价值储藏职能，进而推进人民币国际化；人民币国际化可以增强境外投资者对人民币债券的信心，增强境外机构发行人民币债券的动力，进而深化我国债券市场开放。

第三篇 | **专题**

第 14 章　从去杠杆到稳杠杆*

- 截至 2018 年 3 季度末，实体经济部门杠杆率基本平稳，比上年末微升 1.3 个百分点。居民部门杠杆率继续攀升，但比去年同期增速有所趋缓；非金融企业杠杆率保续 6 个季度的下降趋势，国企民企出现分化；政府部门杠杆率略升，应继续推进地方隐性债务显性化；金融部门杠杆率持续回落，去杠杆仍存空间。

- 当前杠杆率的核心问题在于国有企业与地方政府债务。国企与地方政府缺乏硬约束的行为模式，加上金融体系的国有偏好对这一行为的纵容，叠加隐性担保、政府兜底的"体制保障"，是高杠杆形成的最重要机制，也正是多年来我们所未能解决的传统体制的弊端。

- 中国的高杠杆之困实质上是体制之困，去杠杆的要旨是大力推进供给侧结构性改革：一是正确理解从去杠杆到稳杠杆；二积极推进破产重组，让市场清理机制发挥"强制性"作用；三是破除政府兜底幻觉，硬化约束，推进杠杆率风险的市场化分担。

---

* 本章作者：张晓晶，中国社会科学院经济研究所副所长，国家金融与发展实验室副主任；刘磊，国家金融与发展实验室国家资产负债表研究中心高级研究员。

14.1 杠杆率最新进展

14.1-1 实体经济部门总杠杆率基本平稳

实体经济部门杠杆率略有上升。2018年第三季度末,居民、非金融企业和政府部门的实体经济杠杆率由2017年末的242.1%增加到243.4%,上升了1.3个百分点。居民部门杠杆率仍在上升,3个季度累计上升了3.2个百分点;非金融企业杠杆率继续下降,从157.0%下降到154.5%;政府部门杠杆率基本保持稳定,由36.2%上升到36.7%(见图14-1)。

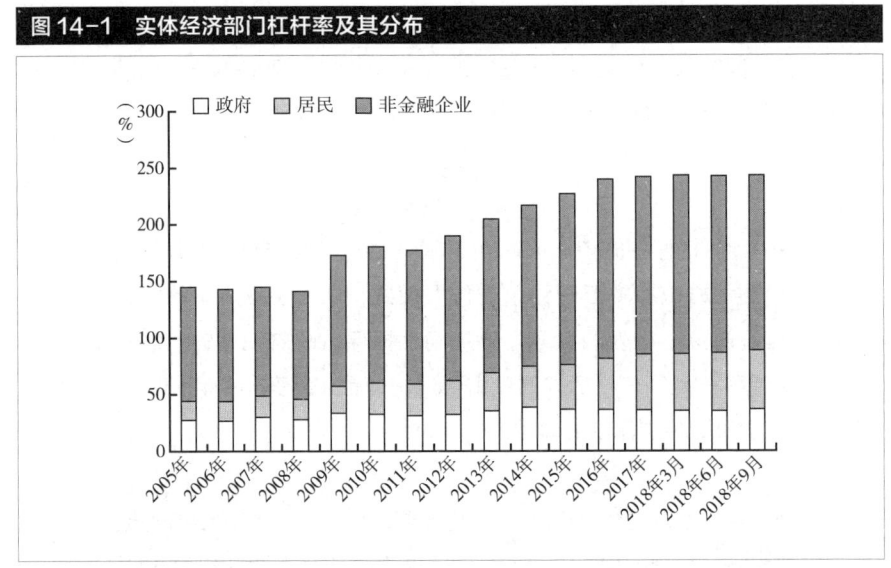

图14-1 实体经济部门杠杆率及其分布

资料来源:中国人民银行、国家统计局、财政部、WIND;国家资产负债表研究中心整理。

金融杠杆率继续回落。从资产负债两端统计金融部门杠杆率皆有所下降,资产方口径的金融部门杠杆率由2017年末的69.7%下降为60.9%,负债方口径由62.9%下降为60.2%(见图14-2)。

14.1-2 居民部门杠杆率继续攀升,比去年同期增速有所趋缓

居民部门杠杆率仍在快速上升,从2017年末的49.0%上升到2018年第三季度的52.2%,3个季度上升了3.2个百分点。去年前3个季度居民部门杠杆率共上升了3.8个百分点,今年的增速略有降低,如图14-3所示。

图 14-2　实体经济杠杆率与金融部门杠杆率

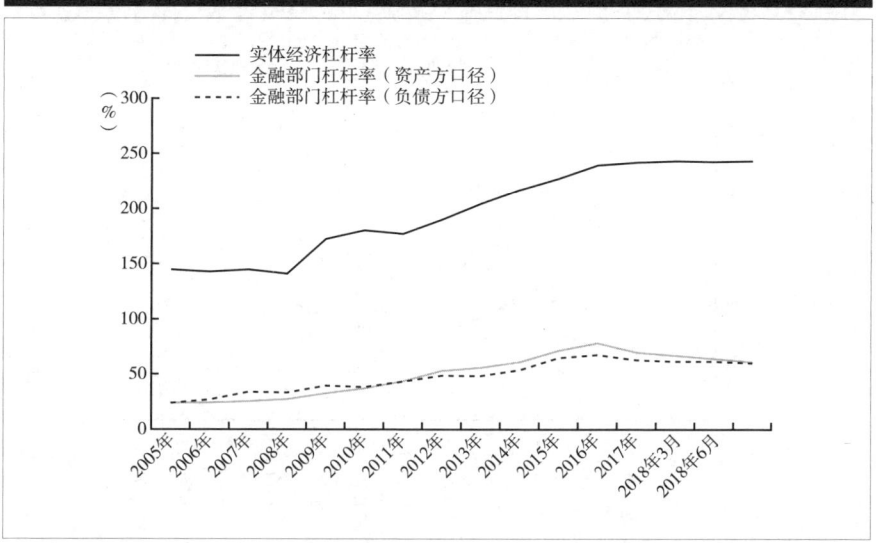

资料来源：中国人民银行、国家统计局、财政部、WIND；国家资产负债表研究中心整理。

图 14-3　居民部门杠杆率

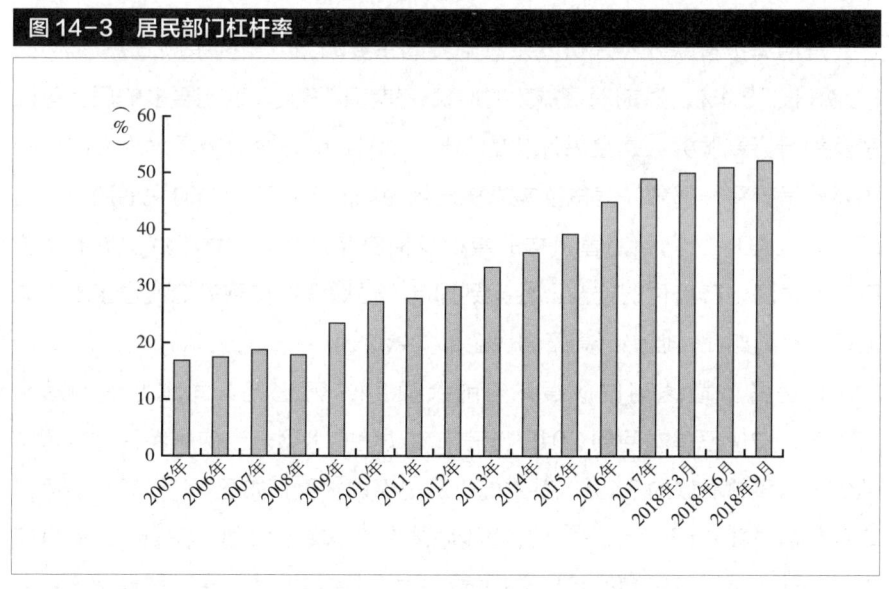

资料来源：中国人民银行、国家统计局、WIND；国家资产负债表研究中心整理。

2018 年 9 月，居民债务余额上升到 46.2 万亿元，同比增长 18.2%。居民债务增速虽然较高，但相比 2017 年初 25% 的高位已有大幅下降。短期消费贷款同比增速由 6 月末的 30.2% 下降到 28.1%，中长期消费贷款由 6 月末的 18.8% 下降到 17.8%，短期贷款的下降幅度较大，如图 14-4 所示。

第 14 章　从去杠杆到稳杠杆

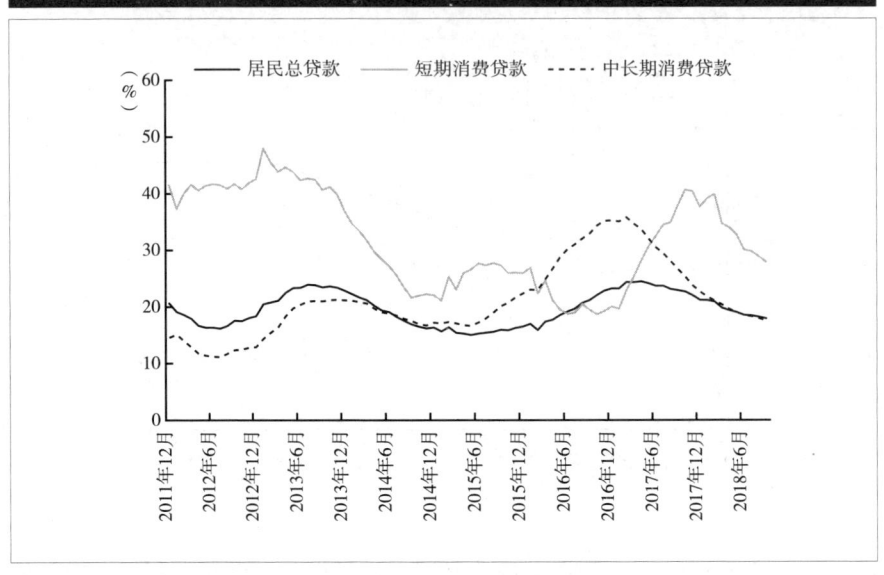

图 14-4　居民部门各项贷款同比增速

资料来源：中国人民银行、WIND；国家资产负债表研究中心整理。

短期消费贷款依然是贷款余额上升的主要动力，当前余额 8.2 万亿元，同比增长 28.1%。短期消费贷款的增长有其积极意义，说明更多的居民可以享受银行贷款服务，是金融深化的表现。2017 年房地产市场火爆后出台的限贷政策曾将一部分住房贷款需求挤压到短期消费贷款，当时短期消费贷增速曾超过 40%。随着监管机构的重视及相应监管手段加强，居民借消费贷款来支付房地产首付的现象已经得到抑制，短期消费贷款的增速也出现大幅回落，尽管如此，但仍远高于居民全部贷款增速。

住房贷款增速高位放缓，当前余额 24.9 万亿元，同比增速回落至 17.9%，增速已基本回到 2015 年房市启动前的水平。当前居民住房按揭贷款约占居民总贷款的 54%，基本处于历史平均水平，如图 14-5 所示。第三季度住房交易有所下降，一些三四线城市房价也有所松动。在现有政策框架下，预计未来一段时间居民住房按揭贷款的增速将继续下滑，居民部门杠杆率的上升趋势将进一步得到控制。

当前居民杠杆率面临的最大问题在于增速较快。2016 年和 2017 年全年分别上涨了 5.7 个百分点和 4.1 个百分点，2018 前 3 个季度也上涨了 3.2 个百分点，增速一直保持在高位，这给宏观金融体系带来一定的风险，但随着住房贷款增速下滑，居民杠杆率的增速应有所下降。

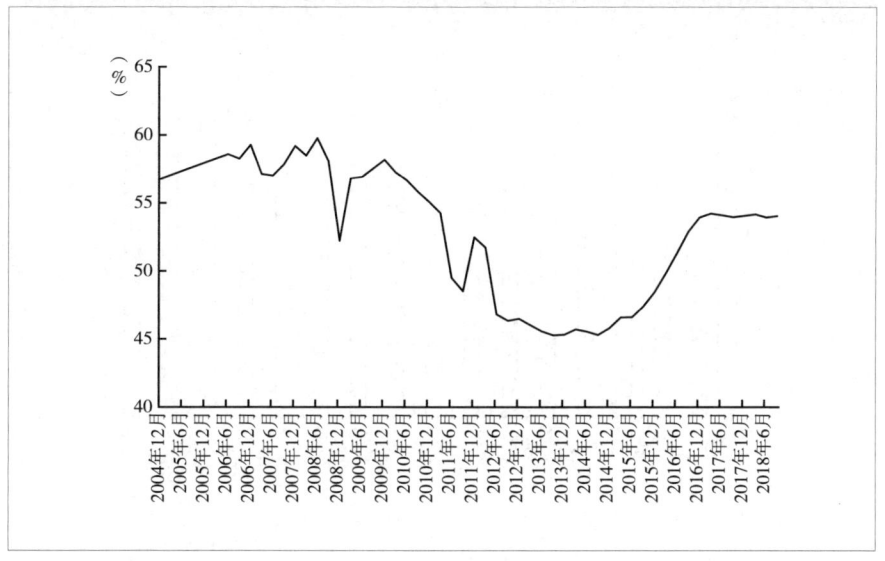

图14-5 居民住房按揭贷款占居民债务的比例

资料来源：中国人民银行、WIND；国家资产负债表研究中心整理。

14.1-3 非金融企业杠杆率保续6个季度的下降趋势

非金融企业部门杠杆率从2017年末的157.0%下滑到2018年第三季度末的154.5%，3个季度共下降了2.5个百分点。非金融企业杠杆率自2017年第一季度达到160.9%的峰值后持续下降，当前水平相比峰值时期已下降6.4个百分点，除今年第一季度稍有反弹外，下降趋势已保持了6个季度，如图14-6所示。

非金融企业银行贷款余额88.1万亿元，占GDP的99.5%，同比增长10.0%。企业贷款同比增速自2017年第一季度见底到7.3%后开始回升。但除贷款外的其他信用余额开始下降。信托贷款、委托贷款和未贴现银行承兑汇票（非标融资）的余额均相较2017年末有所下降：信托贷款由8.5万亿元下降到8.1万亿元，委托贷款由14.0万亿元下降到12.8万亿元，未贴现银行承兑汇票由4.4万亿元下降到3.8万亿元，三者总共下降了2.3万亿元，占GDP的比例由2017年末的32.6%下降到27.8%，如图14-7所示。

影子银行创造信用的三个主要方式是信托贷款、委托贷款和银行承兑汇票，其特征是创造信用的同时并不影响货币总量。2009年以来，影子银行信用创造加速，这部分债务余额占GDP比例快速上升，这在货币金融领域

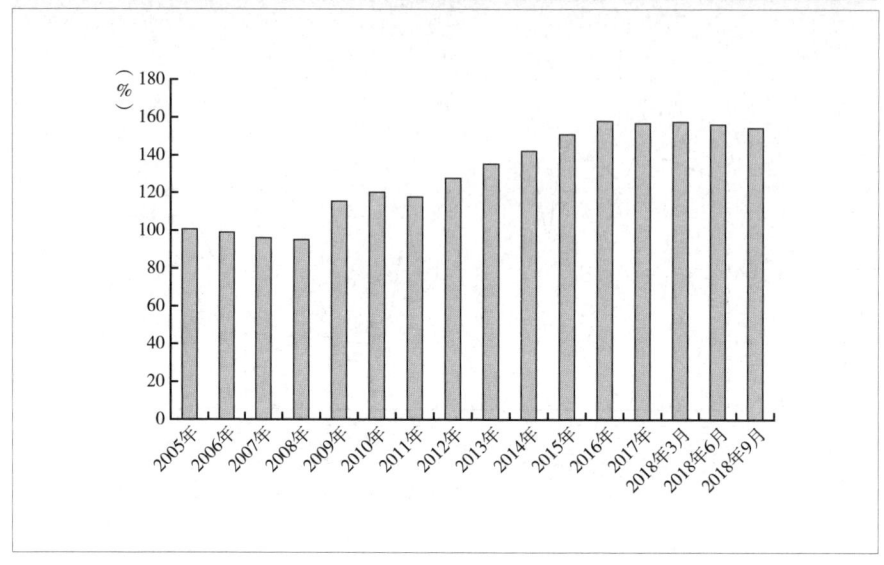

图 14-6 非金融企业部门杠杆率

资料来源：中国人民银行、国家统计局、WIND；国家资产负债表研究中心整理。

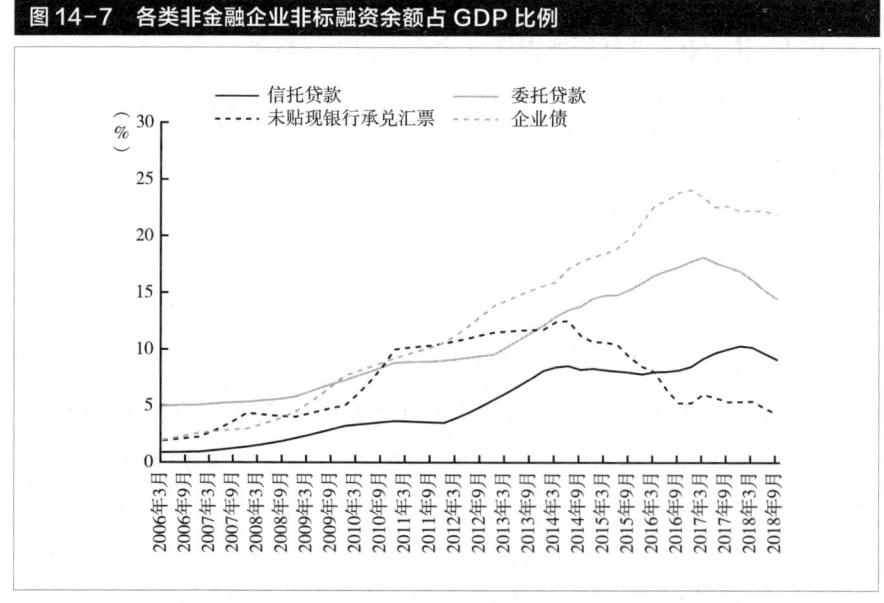

图 14-7 各类非金融企业非标融资余额占 GDP 比例

资料来源：中国人民银行、国家统计局、WIND；国家资产负债表研究中心整理。

属于典型的宽信用而不宽货币的行为。2009 年以来，我国实体经济杠杆率与 M2/GDP 指标开始出现分化，杠杆率以更快的速度上升，如图 14-8 所示。两者之间的缺口主要体现了影子银行的信用创造，这部分信用并未产生

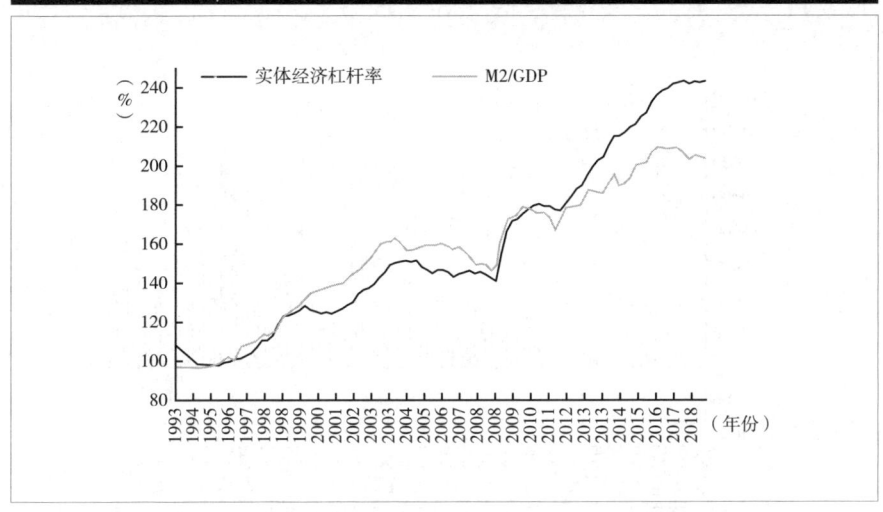

图 14-8 实体经济杠杆率与 M2/GDP

资料来源：中国人民银行、国家统计局、WIND；国家资产负债表研究中心整理。

相应的货币存量。2017年以来，非金融企业去杠杆的过程也主要体现在影子银行和企业非信贷融资部分，这会导致信用创造与货币创造过程重新回归一致，偏紧的信用环境与中性的货币环境相伴随，二者缺口将有所下降。

企业债余额仍在上升，从2017年末的18.4万亿元上升到当前的19.5万亿元，同比增速6.8%。第三季度非金融企业债券新增融资5887亿元，略高于上半年2个季度的新增规模，如图14-9所示。企业债的新增规模基本稳定，但今年以来债券违约数量和规模出现了较大幅度的上升。根据WIND统计，截至2018年11月，共有87只债券涉及违约，违约债券余额共计871亿元。2016年和2017年两年，违约债券余额共计731亿元，可见今年债券违约金额已大于过去两年的总和。尤其是今年第三季度以来，债券违约大幅增加，第三季度涉及违约的债券规模约500亿元，第四季度以来涉及违约债券也近200亿元。企业债券违约高企，较为依赖地方政府支出的一些企业出现了兑付困难。这些现象反映地方政府收缩隐性债务，导致收入来源严重依靠政府的企业的现金流暂时出现困难，成为第二季度以来债券违约爆发的主要因素。

国企和民企去杠杆出现分化是今年较为突出的现象。前3个季度，工业企业资产负债率有所上升，从2017年末的55.5%升至56.7%。其中：私营工业企业加杠杆趋势明显，资产负债率从去年年末的51.6%上升至56.1%；国有企业资产负债率下降，从去年年末的65.7%回落至65.0%，如图14-10所示。

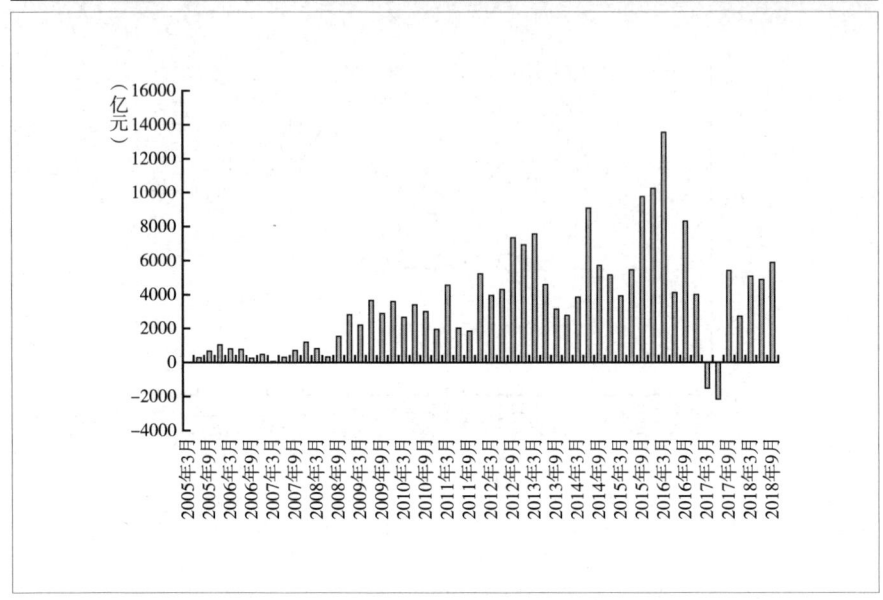

图14-9 非金融企业债券新增融资规模

资料来源：中国人民银行、WIND；国家资产负债表研究中心整理。

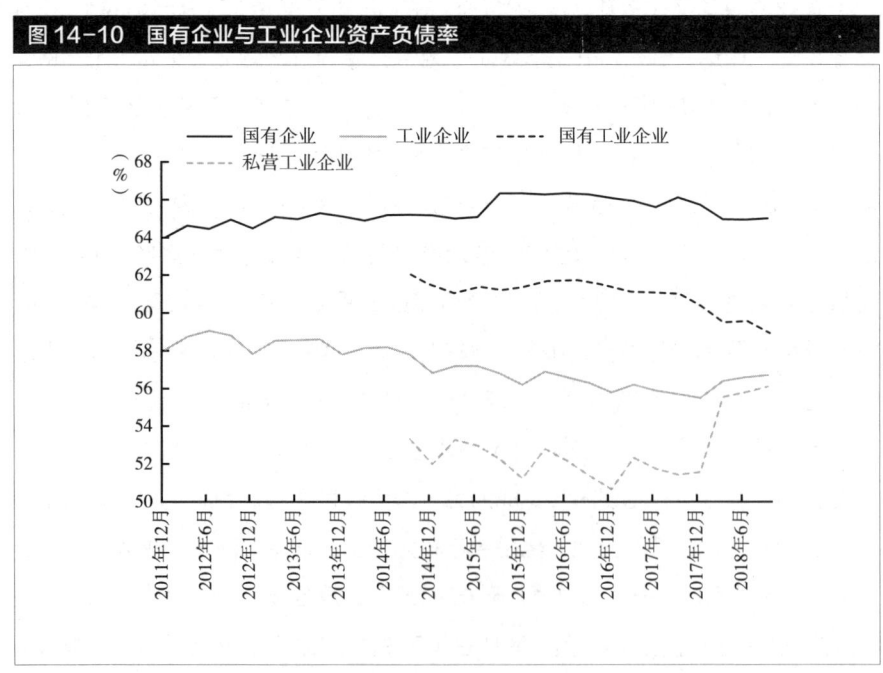

图14-10 国有企业与工业企业资产负债率

资料来源：国家统计局、财政部、WIND；国家资产负债表研究中心整理。

民企资产负债率上升，国企资产负债率下降，主因在于民企资产缩水而国企资产上升。前3个季度国企资产和负债分别增长了15.4%和14.1%；而民企占比较高的工业企业的资产和负债分别增长-0.8%和1.3%，其中，私营工业企业的资产和负债分别增长-6.1%和2.1%。可见，民营企业资产下降的同时债务上升是其被动加杠杆的主要原因；而国企资产扩张快于债务膨胀，致其资产负债率下降。

国企与民企杠杆率出现分化源于两者资产和负债增速的分化，主要原因有三个。第一，供给侧改革导致国企盈利增加，转化为企业资本金使国企资产负债率下降。第二，国企资本金得到进一步充实，资本结构得到优化。2017年以来，IPO速度加快，国有企业股权融资规模也相应上升；债转股工作也取得一定成效，多家央企正在进行债转股，相应促进了国企资产负债率下降。第三，民企因融资环境恶化而投靠国企，也致国企资产扩张，从而资产负债率下降。在去杠杆过程中，一方面，中小民企受冲击较大，融资环境恶化，叠加去产能的影响，部分民企被国企收购，也有部分企业退出市场，这导致民营企业资产负债率被动上升，但宏观杠杆率下降；另一方面，国企接管民企，尽管资产与负债都有所增加，但资产规模以更快的速度上升。

比较国企和工业企业总负债与营业收入之比，国企的状况尚未好转，这一比例从2017年末的191.0%上升至200.9%，上升了9.9个百分点，相比而言工业企业只有61.2%，远低于国企。因此，仅从偿付能力来看，国企的债务风险依然较重。但需要警惕的是，今年以来，工业企业的这一比例也在恶化，宏观经济风险压力加大，如图14-11所示。

14.1-4　政府部门杠杆率平稳，应继续推进隐性债务显性化

政府总杠杆率从2017年末的36.2%上升到2018年第三季度的36.7%，上升了0.6个百分点。其中，中央政府杠杆率从2017年末的16.2%下降到16.1%，下降了0.1个百分点；地方政府杠杆率从2017年末的19.9%上升到20.6%，上升了0.7个百分点（见图14-12）。

第三季度末国债余额达到14.3万亿元。2018年前3个季度共发行国债2.5万亿元，略低于2017年同期水平，中央政府杠杆率也因此保持稳定（见图14-13）。

地方政府显性杠杆率相比第二季度有所上升，从19.4%上升至20.6%，

图 14-11　国有企业与工业企业总负债与营业收入之比

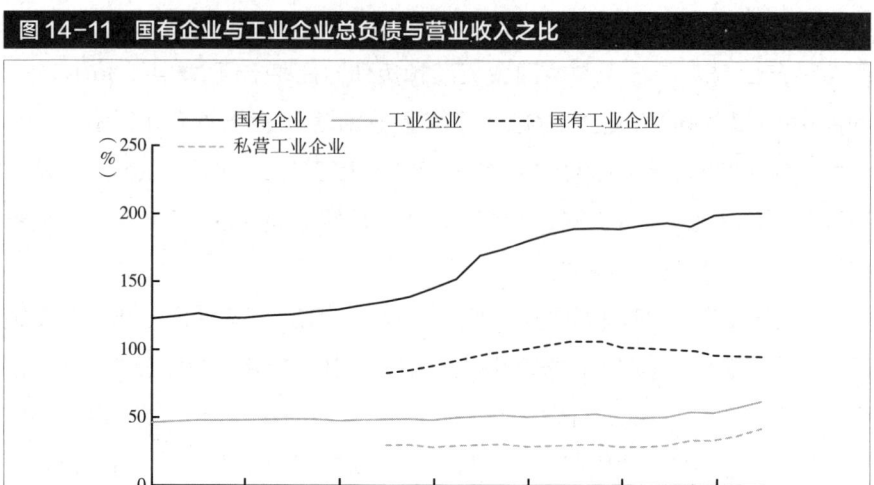

资料来源：国家统计局、财政部、WIND；国家资产负债表研究中心整理。

图 14-12　政府部门杠杆率

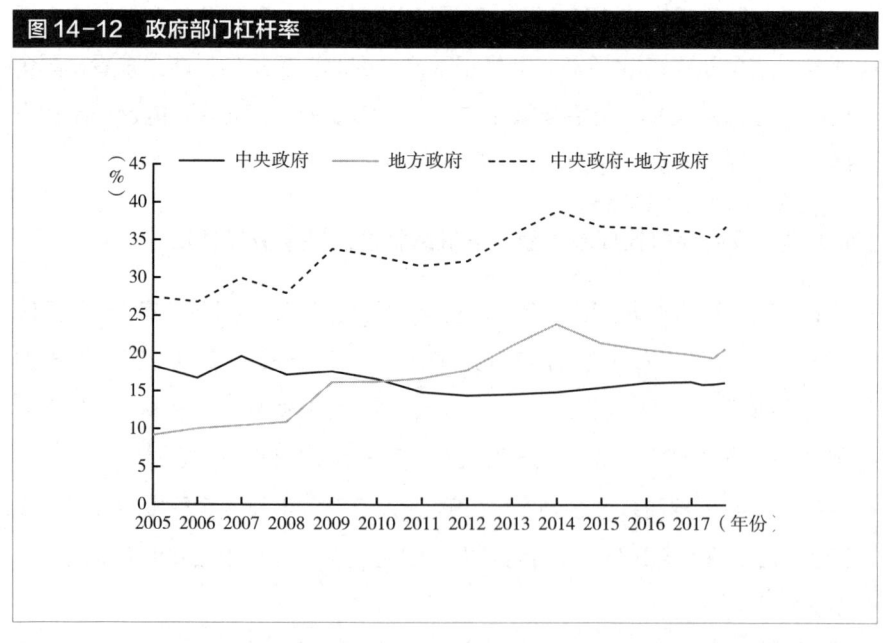

资料来源：中国人民银行、国家统计局、财政部、WIND；国家资产负债表研究中心整理。

图 14-13　国债季度发行额

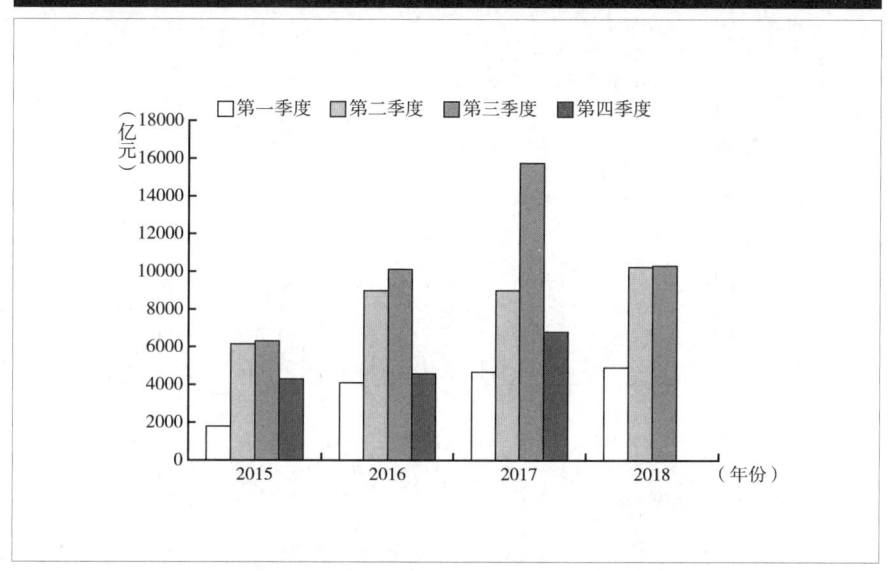

资料来源：中国人民银行、WIND；国家资产负债表研究中心整理。

上升了 1.2 个百分点。主要是由于地方政府债券规模增长较快，第三季度地方政府债券增长了 2.0 万亿元，当前余额已达 18.0 万亿元，前 3 个季度共增长了 3.3 万亿元，与去年同期的累计增长水平基本相当（见图 14-14）。虽然地方政府债务置换已接近尾声，剩余待置换债务余额仅有 2000 亿元左右。但预计未来地方政府债券的发行规模依然会较大，第四季度政府部门杠杆率还会小幅上升。首先，上半年地方政府去杠杆导致一定的财政紧缩，对地方基建投资造成拖累；其次，国际环境的种种变化对我国经济的冲击不容乐观。从第三季度开始，地方财政政策更加积极，单季度地方债券增速已接近历史最高点，第四季度仍将持续。

地方政府的隐性杠杆率在继续下降。第三季度末城投债余额为 7.2 万亿元，仅比 2017 年末增长了 2800 亿元，而 2004~2016 年各年的增长幅度都在 1 万亿元以上，2017 年同期增幅也大于今年（见图 14-15）。城投债是地方政府隐性债务的重要组成部分，其增速放缓反映了地方政府隐性债务的监管依然比较严格，"开前门，堵后门"的政策并没有变化。

从 PPP 规模来看，第三季度末 PPP 投资总额 17.2 万亿元，相比 2017 年末下降了 9500 亿元，其中，处于执行阶段的项目略有上升，从 4.6

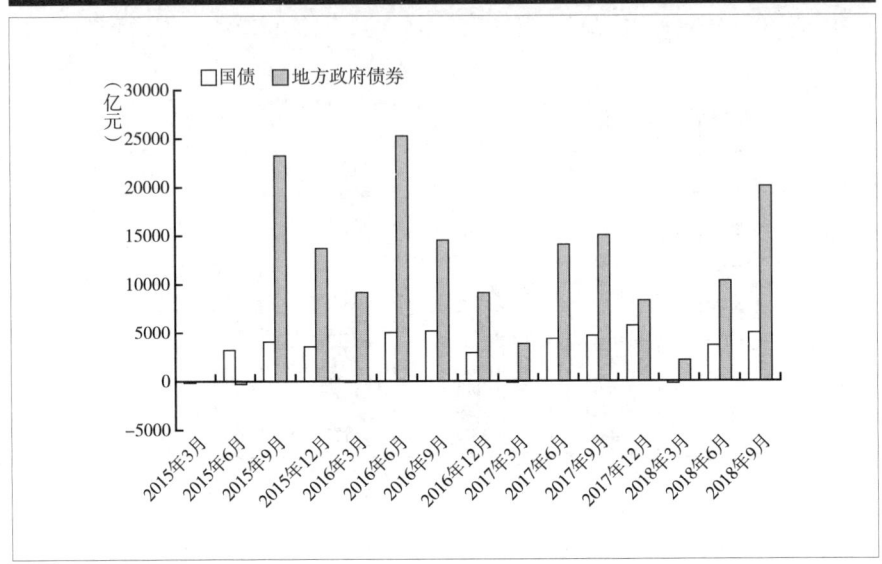

图 14-14 政府债券增长规模

资料来源：中国人民银行、WIND；国家资产负债表研究中心整理。

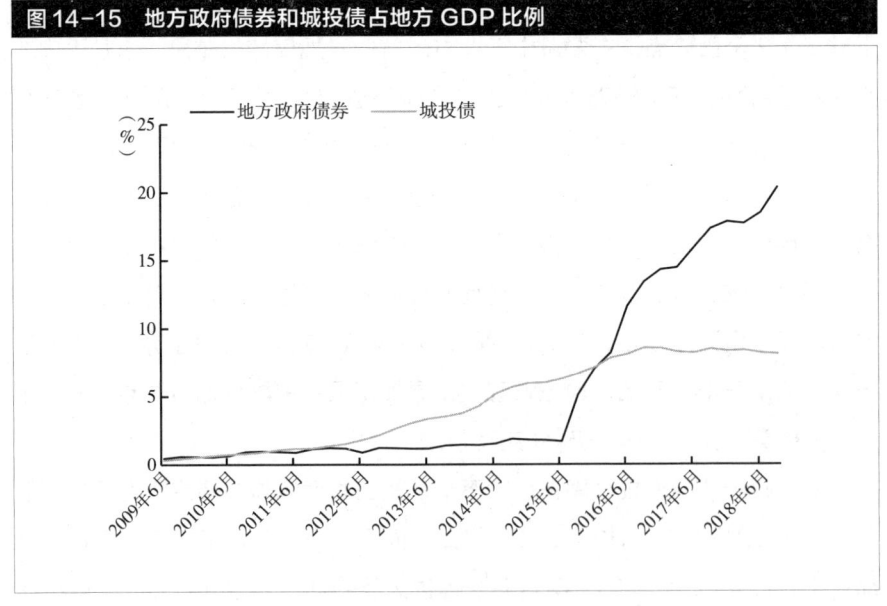

图 14-15 地方政府债券和城投债占地方 GDP 比例

资料来源：国家统计局、WIND；国家资产负债表研究中心整理。

万亿元上升至 6.7 万亿元；但处于识别、批准和采购阶段的 PPP 项目都有所下降（见图 14-16）。当前各地都在落实 PPP 项目集中清理工作，对不合格的项目进行清理退库或整改。由于处于执行前期的项目减少，地方政府

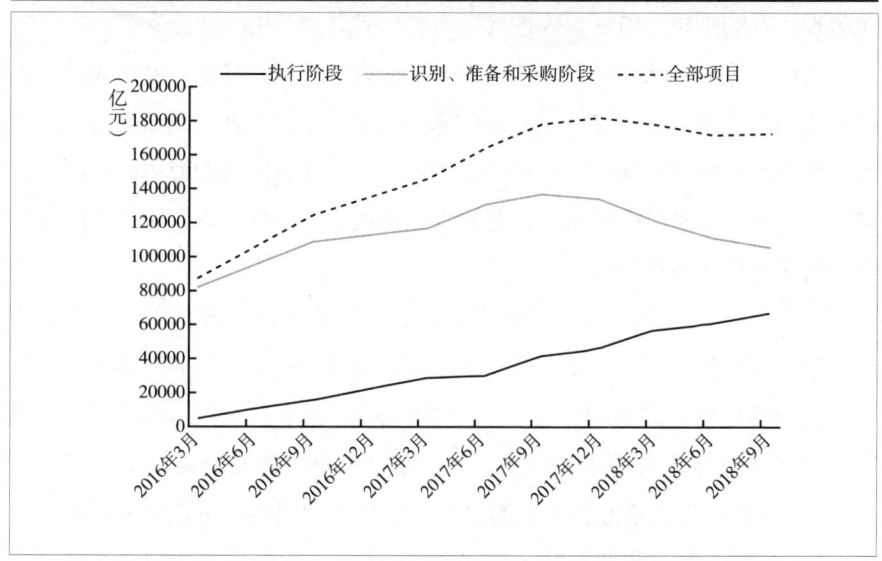

图 14-16 PPP 项目投资额

资料来源：国家统计局、WIND；国家资产负债表研究中心整理。

在 PPP 项目上的隐性杠杆率也将继续下降。

受地方政府去杠杆的影响，基建投资持续下滑，至第三季度末同比增速仅为 3.3%（见图 14-17）。基建增速出现断崖式下跌也是全社会总投资

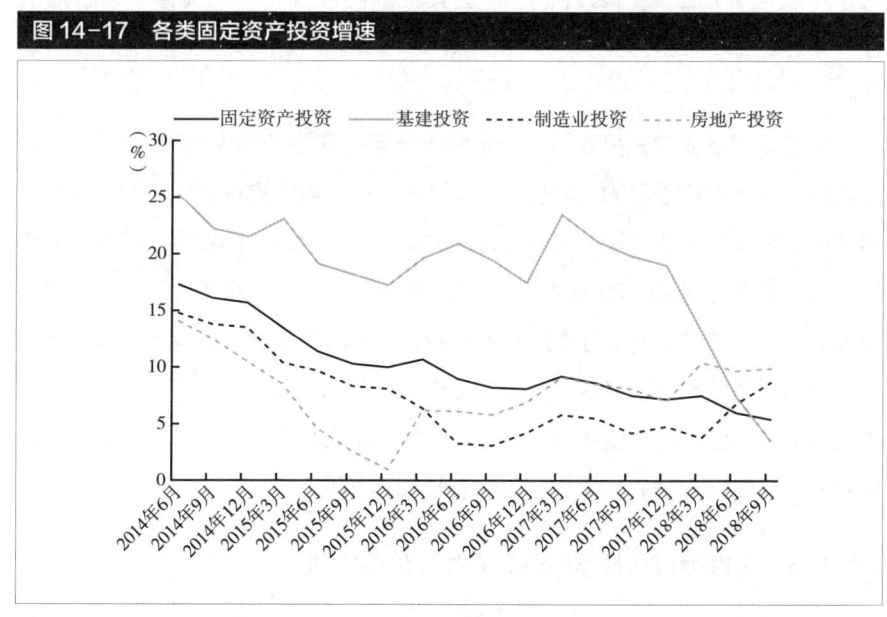

图 14-17 各类固定资产投资增速

资料来源：国家统计局、WIND；国家资产负债表研究中心整理。

增速下降的主要原因。虽然地方政府显性杠杆率在上升，但基建投资增速并未出现止跌的迹象。首先，隐性杠杆率控制得更为严格，第三季度地方债的新增规模并没有完全填补隐性杠杆率下降造成的缺口。其次，过去大量的政府投资缺乏经济效率，这很难在短时间内改变，由于缺乏符合市场经济规律且具有充足回报的基建项目，在严格的约束下，地方政府即使可以找到资金来源，也不敢轻易扩张投资。这些因素都导致在政府杠杆率有所回升的情况下，基建投资依然不见起色。

根据 IMF 的测算，基建投资大约占地方政府预算支出的 21%，占中央政府预算支出的 14%，占地方政府融资平台预算支出的 47%。要保持过去的基建投资增速，政府预算赤字率需要扩张到 10% 左右。由此考虑，在保持宏观经济稳定的环境下去杠杆，仍需继续推进地方政府隐性债务显性化（即用显性债务替换隐性债务）的过程，以及适度提高中央政府杠杆率。在"堵后门"的同时，要适当多放开些"前门"，在降低地方政府隐性债务的同时，适当增加显性债务，即适当提高地方政府一般债务限额与专项债务限额，保持地方政府投资支出的稳健性。

从风险角度来说，一是我国政府部门拥有大量资产，可以作为政府债务的抵押，适度提高政府杠杆率是风险可控的；二是在结构性去杠杆的大背景下，持续推进企业部门去杠杆，需要其他部门杠杆率有所支撑，鉴于居民杠杆率已经攀升到较高水平，"独木难支"，政府杠杆率的适度提高是有必要的。

从宏观经济稳定角度来说，当前我国全年基建投资总额约 18 万亿元，占全部固定资产投资总额的 1/4 左右，是经济增长的重要支柱。另外两大支柱是房地产投资和制造业，未来分别会受住房交易下滑以及国际贸易环境变化的影响，大概率会出现稳中有降的局面。此时如果基建投资继续下滑，则宏观经济将遭受较大的冲击。从实际生产角度来看，部分地方政府投资属于公益或准公益的性质，虽然缺乏经济效益，但本身具有一定的社会效益，有利于提高人民的生活福利。因此，适度加大财政赤字，提高中央政府的杠杆率，并推进地方政府的隐性杠杆显性化，是结构性去杠杆所必需的。

14.1-5 金融部门杠杆率回落，去杠杆仍存空间

金融部门杠杆率刻画的是金融部门内部的资产负债关系，是金融部门

运行效率的体现。资产方统计口径杠杆率由 2017 年末的 69.7% 下降到 2018 年第三季度的 60.9%，下降了 8.8 个百分点；负债方统计口径杠杆率由 2017 年末的 62.9% 下降到 2018 年第一季度的 60.2%，下降了 2.7 个百分点（见图 4-18）。单季度来看，第三季度金融去杠杆的力度依然很强，资产方口径下降了 3.4 个百分点，负债方口径下降了 1.4 个百分点。金融杠杆率依然在快速下降，且第三季度下降的速度高于上半年，金融部门仍处于加速去杠杆的区间中。

从银行的角度来看，第三季度末商业银行总资产同比增速为 7.3%，相比第二季度稍有上升，但也处于历史较低的水平。银行同业资产下降是总资产增速下降的主要原因，银行持有其他银行的债权从 2017 年末的 29.6 万亿元下降到 28.0 万亿元，银行持有其他金融机构的债权从 2017 年末的 28.1 万亿元下降到 25.9 万亿元，二者加总占银行总资产的比例从 23.1% 下降到 20.6%，已回落至 2013 年水平（见图 14-19）。虽然当前宏观经济出现一定困难，结构性去杠杆也会略向稳增长让步，但金融部门去杠杆是引导资金脱虚向实的重要手段，必须持续推进。当前，我国金融行业产能占比依然较大，金融杠杆率仍高于危机前水平，金融去杠杆有利于更多的金融资源服务实体经济，预计未来金融杠杆率还会处于下降趋势中。

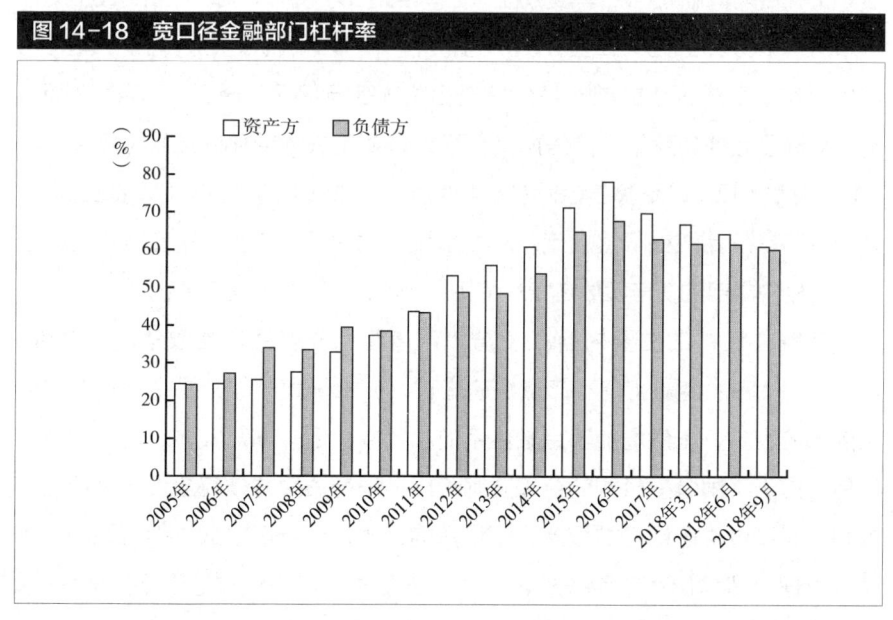

图 14-18　宽口径金融部门杠杆率

资料来源：中国人民银行、国家统计局、WIND；国家资产负债表研究中心整理。

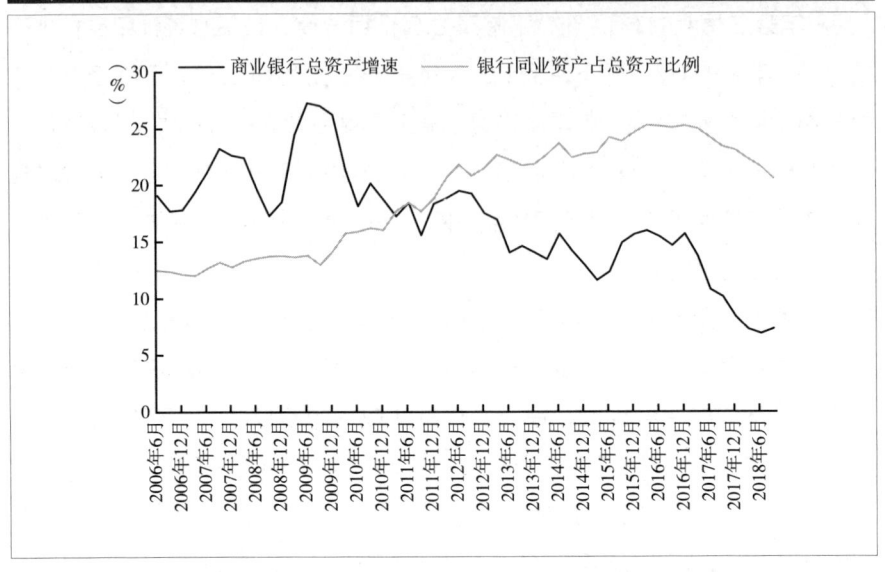

图 14-19　商业银行总资产增速及同业资产占比

资料来源：中国人民银行、WIND；国家资产负债表研究中心整理。

从非银行金融机构来看，基金公司及子公司专户业务规模从 2017 年末的 13.74 万亿元下降到 11.72 万亿元，3 个季度共下跌了约 2 万亿元；证券公司资管规模从 16.88 万亿元下跌至 14.18 万亿元，3 个季度共下跌了 2.7 万亿元；信托资产目前尚缺乏第三季度数据，但截至第二季度末，总资产余额由 2017 年末的 26.25 万亿元下降至 24.27 万亿元，半年下跌了近 2 万亿元，其中与银信合作关系最紧密的单一资金信托由 12.00 万亿元下降至 10.84 万亿元，半年下降了近 1.2 万亿元，信托资金下跌主要是去通道化的结果（见图 14-20）。由此可见，除私募基金外的各类非银行金融机构的总资产基本都在萎缩，主要原因是从商业银行直接流入这类金融机构的资产变少。这也从侧面体现了金融机构内部的资产负债链条在缩短，金融部门在继续去产能、去杠杆。

金融去杠杆的主要内容在于防止监管套利，加强审慎政策的有效性。2009 年以来，金融业资产存量快速增长，其中很大一部分是资金在金融体系内部的空转，虽然增加了金融体系的总资本，但并未对实体经济形成有效支持。由于不同金融机构的监管规则不同，银行资金并未完全遵守审慎监管规则，而通过影子银行被投入限制投资的领域。银行可以通过银行间同业资产以及理财资金出表等手段规避一些监管要求，最终造成监管规则的失效。这一过程也表现为金融部门杠杆率的快速上升。

图 14-20　各类非银行金融机构资产规模

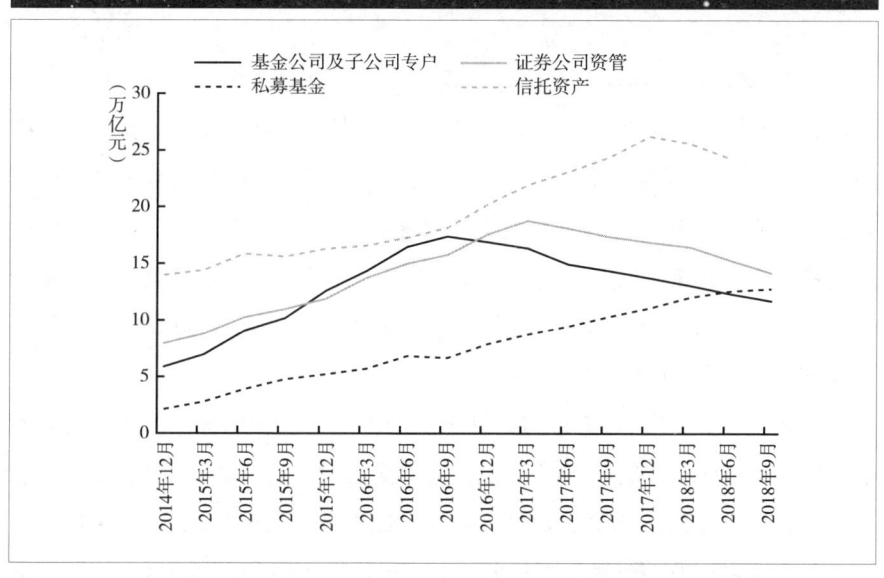

资料来源：证监会、中国信托业协会、WIND；国家资产负债表研究中心整理。

过去几年金融杠杆率上升的主要原因有三点。第一，刚性兑付问题导致金融市场不健全，居民偏向于低风险且收益率较高的产品。银行理财和信托产品是这种存在刚性兑付的金融产品的典型代表，它们的存在限制了金融市场的发展和居民的投资选择。第二，监管套利催生了大量影子银行资产，银行的一些资金可以借道影子银行投入那些被限制的行业。第三，金融业竞争不充分，无法为社会提供各类风险偏好和预期收益的产品，银行在整个金融体系中仍具有垄断地位。正是这三个因素导致居民的资金大量流入银行体系，再通过影子银行投入国企、地方政府以及其他产能过剩领域，同时导致国企、地方政府和金融的杠杆率快速上升。

金融去杠杆的目标是让金融业回归服务实体经济的本质，消除监管套利，让所谓的"资金空转"仅限于维持金融机构间短期资金融通的本质属性。只要还存在监管套利下形成的资金空转，金融去杠杆就仍将继续。只有银行能够通过自己的投研能力服务民营企业和新兴行业，同时居民的财富储存方式也不再完全依赖商业银行，从而将更大比例的财富分配到基金、信托、保险上，甚至直接持有股票和债券等多元化金融资产，资金的来源与需求实现匹配，金融去杠杆率才会告一段落。

14.2 债务规模与社会融资规模的关系

2018年中国人民银行社会融资规模的口径进行了两次调整：第一次是8月将"存款类金融机构资产支持证券"和"贷款核销"纳入社会融资规模统计，在"其他融资"项下反映；第二次是10月起，将政府专项债券纳入统计。在新口径下，10月新增社融7288亿元；在老口径下，10月新增社融仅有5787亿元，都出现较大幅度的下跌。由此也引发了市场上的一些恐慌。但我们认为，社融增量下降的现象既有季节性因素，也有随机性因素，更重要的是宏观上稳杠杆的必然要求。

据我们统计，2013年以来，在老口径下当月社融增量低于1万亿元的情况发生过20次，低于5000亿元的情况也发生过2次（见图14-21）。由于月度新增数据的波动性极大，经常会发生某些月份"腰斩"的情况，例如，今年4月和5月的社融增量分别为1.8万亿元和0.9万亿元，当时也有媒体喊过社融"腰斩"，但这种说法是不客观的，对于波动幅度较大的数据，采用某几个月加总的方式或者各类平滑方法消除其随机波动的因素，更能够反映其真正的发展趋势。

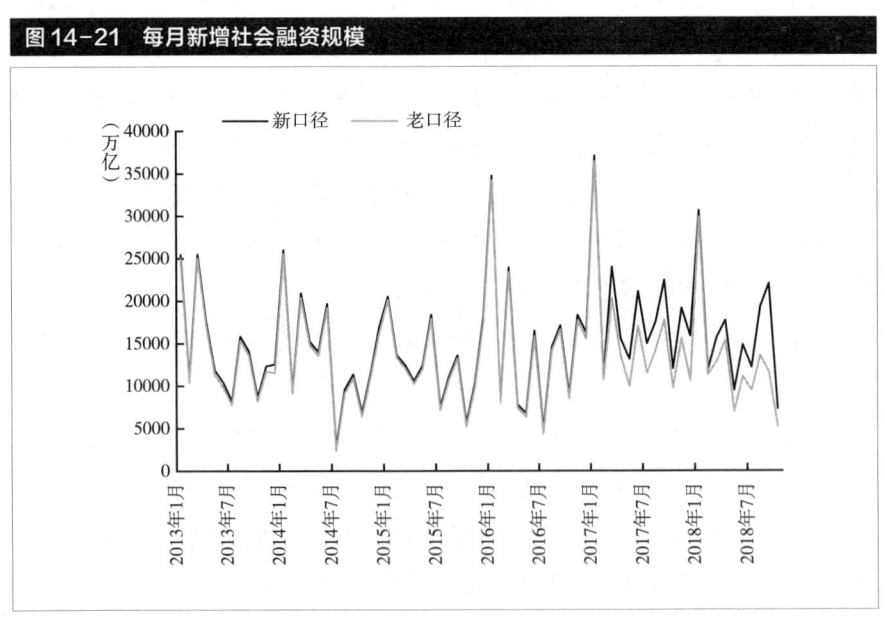

图14-21 每月新增社会融资规模

资料来源：中国人民银行、WIND；国家资产负债表研究中心整理。

另外，社融规模和实体经济债务具有较大的重合性。在实体经济总体稳杠杆、结构性去杠杆的过程中，社融增量势必会有所下降，这是去杠杆的客观要求。

调整前的社融包含人民币贷款、外币贷款、信托贷款、委托贷款、未贴现银行承兑汇票、企业债券和非金融企业股权融资，口径调整后又加入了存款类金融机构资产支持证券、贷款核销和政府专项债券。从融资结构来看，社融是一个混合型概念，既包括债权融资，也包括股权融资，但又不是将全部融资包含在内。其债权融资主要是指私人部门的融资，没有包括非金融企业在国外发行的债券，也不包括政府债务（新口径包含地方政府专项债券）；其股权融资部分仅包括非金融企业上市公司通过 IPO、增发、配股等行为从金融机构获得的融资，没有包括非股票类的股权融资部分。

我们在现有社融规模的基础上减去股权融资部分，再将专项债券之外的政府债务加入，得出调整后的债务融资，其占 GDP 的比重与我们所估算的实体经济杠杆率是非常接近的，如图 14-22 所示。由于杠杆率趋于稳定，那么无论是新增债务、新增货币，还是新增社融口径下的债务，都会出现增幅放缓的情况。

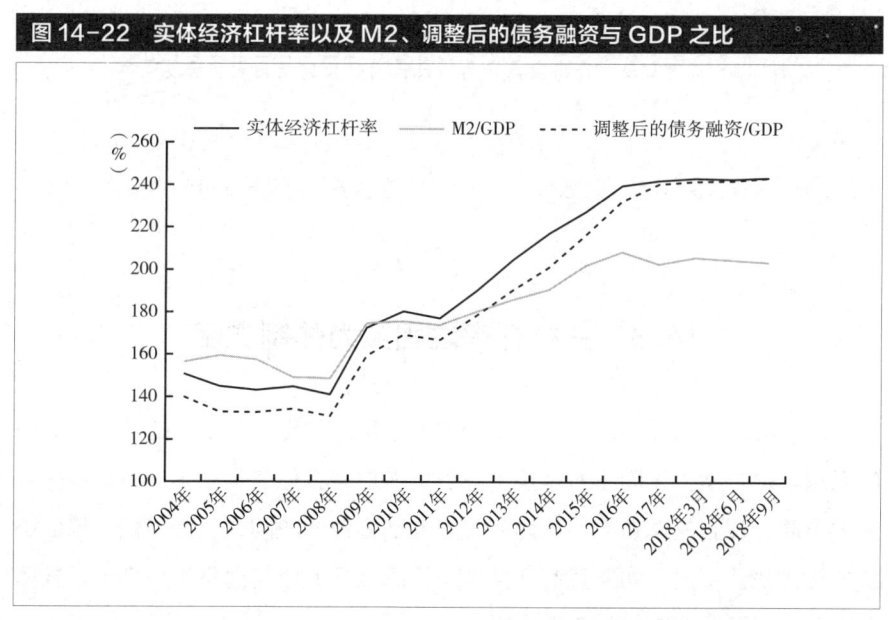

图 14-22　实体经济杠杆率以及 M2、调整后的债务融资与 GDP 之比

资料来源：人民银行、国家统计局、WIND；国家资产负债表研究中心整理。

将杠杆率中的核心债务（即贷款、债券等生息债务，也就是我们通常估算宏观杠杆率的分子）、M2和调整后的债务融资按同比计算其每年新增量（目的是消除季节性影响），并与当年GDP相比，可以发现新增债务和新增货币都在2009年达到顶峰，随后开始下降，当前每年的新增债务约占GDP的25%，略高于金融危机之前的水平（见图14-23）。随着2017年以来宏观杠杆率下降，新增债务与GDP之比必然会继续下降，对此不必过于恐慌。

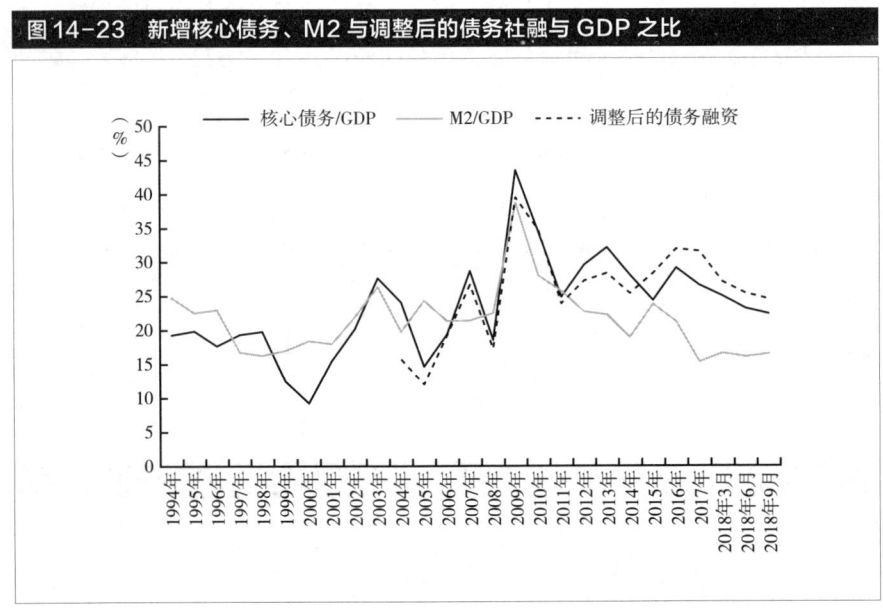

图14-23 新增核心债务、M2与调整后的债务社融与GDP之比

资料来源：中国人民银行、国家统计局、WIND；国家资产负债表研究中心整理。

14.3 高杠杆率之困实为体制之困

关于高杠杆的原因以及去杠杆的方案，可以列出一份长长的清单。现在的问题不是方案少了而是方案多了。怎样在这些貌似非常正确的方案中抓住主要矛盾、找到关键抓手，从而有针对性地高效解决问题，是我们当前面临的严峻挑战。不过，如果我们认真地剖析高杠杆的结构而不是纠结于杠杆率的水平，问题的症结也并不难找到。

根据国家金融与发展实验室国家资产负债研究中心的估算,当前我国实体经济部门杠杆率接近美国的水平,但在新兴经济体中是偏高的。再看杠杆率的结构,企业部门杠杆率不到160%,居民超过50%,政府不到40%。企业杠杆率在全球是数一数二的,其中,国企债务占比超过六成,而这些国有企业债务有一部分是所谓融资平台债务,这部分是和地方政府有直接关联的。因此,要分析企业高杠杆的内在构成。从政府杠杆率来看,无论中央还是地方,就国际比较而言都处在较低的水平,但这是指显性的政府杠杆率。如果考虑地方政府隐性债务,也就是所谓的预算外债务,包括传统的融资平台债务以及后来有所"创新"的政府投资基金、专项建设基金、PPP、政府购买服务等"新马甲",政府部门的债务水平就会很高。

居民杠杆率尽管近年来上升很快,也是需要警惕的方面,但总杠杆率的风险关键还在于企业(特别是国企)杠杆率与地方政府杠杆率居高不下。如果将国企杠杆率与地方政府杠杆率放在一起考量,问题一下子变得简单和明晰。因为,最终国企与地方政府这对"难兄难弟"的债务是"剪不断,理还乱",尤其是融资平台债务,在修正后的《中华人民共和国预算法》(本章以下简称《预算法》)出台之前归于政府部门,《预算法》出台之后又划归企业部门,这只是形式上的腾挪和转移,事实上,地方政府与企业特别是融资平台之间的切割并不彻底。在产权关系上,地方政府仍是城投企业的重要股东或实际控制人;在业务关系上,地方政府仍是城投企业的重要客户和收入源泉。面对规模可观的基建融资缺口和累积存量债务,城投企业承担的政府融资职能在实际操作中难以真正剥离。相比非城投公司的一般国有企业,城投公司在更大程度上依赖政府信用的支撑,其信用独立性尚未实现,财政兜底不可避免。

从杠杆率的结构分析我们能够发现,当前杠杆率的核心问题在于国有企业与地方政府债务。也正是有了这样的发现,我们才认为,中国的杠杆之困实际上是体制之困。国企与地方政府缺乏硬约束的行为模式,再加上金融体系基于国有偏好对这一行为的纵容,恰恰是高杠杆形成的重要基础,也正是多年来我们未能解决的传统体制的弊端。

体制之困可以进一步表述为以下几个方面。

一是国有企业。作为共和国的"长子",国企一直以来承担着很多社会责任，从而享有特别的"结构性优势"。其责任就是要实现社会性目标，既包括坚持基本经济制度、社会主义方向这样的宏大任务，也包括稳定宏观经济、实现社会公平、保障经济安全等方面的具体责任。正因为承担了这样重大的责任，国有企业才可以在税收、信贷、市场进入、产业政策等方面享有特别的优惠政策，尤其是软预算约束及政府的隐性担保（软预算约束与隐性担保或许可以看作一个硬币的两面，二者是相互支持和加强的）。以上这些恰恰是其他市场主体不能够享有的"结构性优势"。值得一提的是，国有企业不仅在市场进入方面得到特殊照顾（如获得优先的垄断地位），在市场退出方面更享有诸多保护。目前大量国有"僵尸企业"仍然未能退出市场，根本就在于体制惯性让其享受"铁帽子王"的待遇，可以在强制性的市场出清过程中获得"免死金牌"。

二是地方政府。地方政府肩负着发展地方经济的艰巨任务，特别是在地方基础设施建设等方面，负有不可推卸的责任。虽然一些社会基础设施（如医疗、社保等）现在正处于细分中央地方事权的时期，情况或有改观，但过去很长一段时期，包括未来一段时期（在新的改革方案未落地之前），地方要承担的责任还是非常多的。而这些责任（或事权），往往都需要中长期融资来支撑。中长期融资一直以来是市场无法很好解决的领域，地方政府需要找到自己的办法来解决。于是，我们看到土地财政、发展房地产等并非最优却无奈的选择。此外，就要依靠转移支付、地方政府专项债券的方式来解决。但这样仍然存在资金缺口怎么办？于是地方政府融资平台应运而生，让企业来完成政府该干的事。《预算法》出台以后，地方政府只好另辟蹊径，如PPP、政府引导基金、专项建设基金、政府购买服务等。政府的显性债务是压住了，隐性债务却一路攀升。这就是中国的国情。

三是金融体系。正是金融体系的"国有偏好"，使得国有企业与地方政府的"任性"扩张能够顺利实现。这里的"国有偏好"是指对于国有企业与地方政府的偏好，它可以看作传统所有制歧视的延伸。而这种"国有偏好"本质上是金融机构对于拥有国资或政府背景的投融资项目存在隐性担保和刚性兑付的幻觉，也是对于它们所谓结构性优势的依赖，这是体制内生的。尽管当前的金融体系已经不完全是国有资本一统天下，市场化的金融机构不断成长起来，但即便是非国有金融机构，也会惯性地产生这种幻觉和期待。这表明，隐性担保与刚性兑付已经根深蒂固，成了一般市场活动的前提，甚至成为不容置疑的既定潜规则。这样一种"体制保障"实质是在道义上对政府的"绑架"。有了这样的"保障"或潜规则,"欠债还钱"的市场铁律就会被打破,道德风险就会产生,而金融资产(信贷资源)的定价就会产生扭曲,金融资源配置也会变得低效并发生扭曲。这加剧了国有企业与地方政府的软约束,纵容了它们的"任性"加杠杆,并且在去杠杆过程中给它们亮起了绿灯。

客观地说,国有企业与地方政府的扩张冲动,以及金融体系的国有偏好,这三者的相互配合和加强,尤其是其中体现的政府主导、政府意志和战略安排,曾经是中国经济快速增长的重要法宝,是实现后发赶超的"秘密武器"。我们没有理由将这样的体制安排"一棍子打死"。但是,改革开放40年来,这种体制的弊端开始显现。今天,我们需要"改革再出发",通过解决体制之困来解决杠杆之困,实现经济的高质量发展。

14.4　从去杠杆到稳杠杆

今年第二季度以来,我国宏观经济面临内外部冲击,内部是严监管与去杠杆,外部是中美经贸摩擦,市场上一度出现较为紧张的情绪。在此背景下,宏观政策进行适度微调,放松了货币政策和金融监管政策,辅之以更加积极的财政政策,要求确保对地方政府融资平台合理融资需求和在建基建项目的资金支持,加大对小微企业的信贷投放,并支持发展消费信贷。有人认为,这是去杠杆政策转向的开始,甚至宣称去杠杆已经结束。这是对当前政策微调的误读。事实上,立足于防范化解风险,去杠杆政策方向没有变,也不能变。

首先,正确理解从去杠杆到稳杠杆。

中央提出结构性去杠杆,就是强调总杠杆率可以保持平稳,但结构上要更加平衡,即只是一些部门(而非所有部门)的去杠杆。有了这样的认识,就能理解"从去杠杆到稳杠杆"不过是结构性去杠杆的一种表述而已,去杠杆的大方向并没有改变。本轮国际金融危机以来,全球实体经济部门杠杆率不降反升,但在结构上有了较大变化:私人部门杠杆率下降,公共部门杠杆率上升。这表明,短期内要实现总杠杆率的下降并不现实,但杠杆率内部结构的调整和再平衡是可能的。综观其他国家的历史,成功的去杠杆过程都是在杠杆率逐渐企稳并缓慢下降的过程中实现的,并且总杠杆率缓慢企稳的过程一定会伴随各部门杠杆率结构的再平衡。金融危机之后,美国居民部门杠杆率有了显著下降,但政府部门杠杆率在上升,新增的政府债务有利于美国经济企稳并且减小了整体杠杆率过快下降的风险。这可以说是中央提出结构性去杠杆的国际语境和现实背景。从理论逻辑上来看,杠杆的风险更多体现的是杠杆率的错配及其引起的资源配置效率下降,而不单纯在于杠杆率的水平。正是不同部门、不同主体运行效率与负债能力的不同导致其承担风险的能力不同,从而在维持总杠杆率平稳的前提下,推动杠杆率内部结构的调整和优化是可以实现杠杆率风险的下降的。

应当看到,去杠杆是防控风险、增强金融稳定性的核心,不能一有经济下行压力就轻易放弃。毕竟保持杠杆率在合理水平是经济金融健康运行的必要条件。在这个意义上,去杠杆是长期战略。

其次,积极推进破产重组,让市场清理机制发挥"强制性"作用。

这包括推进国有企业的破产重组、清理"僵尸企业";同时,对于债务问题较为严重的地方政府进行债务重组,形成较强的外部压力。市场清理机制的残酷性是让国有企业或地方政府"长记性"的最好方式。去杠杆过程必然会伴随一定程度的阵痛,只有实现债务出清,才能出现新的增长。经济周期和金融周期是宏观经济客观存在的规律。19世纪以来,西方市场经济国家总是周而复始地出现经济周期现象,试图熨平周期的尝试至今没有成功的经验。而在经济衰退期,总是会出现以去杠杆为特征的债务出清。因为只要债务水平高企,大量新增产值就会作为利息支付,成为食利者收入,实体经济的利润就会被侵蚀。债务的积累只能导致经济体逐渐走向庞氏融资阶段,最终资不抵债,从而爆发更大的金融危机。有种说法,即以宽松货币环境实现完美去杠杆。这实际上是一种"误读"。桥水基金的达里奥指出了去杠杆的几个阶段。完美去杠杆的前一阶段是市场出清的过程,会出现糟糕的通缩式去杠杆;而完美去杠杆的下一阶段是过度加大信贷刺激力度,导致糟糕的通胀式去杠杆。因此,可以将强制性市场出清导致的经济收缩看作完美去杠杆的前提,没有市场出清(伴随企业破产倒闭和债务清理),就难以出现之后的经济复苏和杠杆率下降。那种只要完美去杠杆而不要债务出清的想法是"一厢情愿"的。特别要提到,鉴于信贷刺激措施实在是太好用了,以至于跟政府的其他选项相比,它们很可能会被滥用,从而导致"糟糕的通胀去杠杆"。从这个意义上看,当前去杠杆需要总体上偏紧一点的货币环境,而不是相反。我们也需要具有一定的政策定力,对于去杠杆可能会造成的经济冲击做好充分预估,只要经济增速仍在可承受的范围之内,就要坚决继续推进结构性去杠杆。

最后,破除政府兜底幻觉,硬化约束,推进杠杆率风险的市场化分担。

无论是国有企业还是地方政府,都要在现代企业制度及现代治理框架下建立规范的行为模式和激励约束机制,弱化扩张或赶超的冲动,打破刚兑,破除隐性担保,硬化预算约束。国企或地方政府不能在去杠杆过程中享受"特别照顾",或以种种理由请求"豁免"。事实上,只有市场经济规则的硬约束以及中央政府兜底幻觉的消除,才能够真正地让市场在去杠杆过程中发挥决定性作用。而那些指望或幻想国企、地方政府融资一定会获得某种隐性担保的市场化主体,也将在国企、地方政府破产重组中承担相应的损失,从而有序推进杠杆风险的市场化分担。

图书在版编目(CIP)数据

中国债券市场.2018/李扬，王芳主编.-- 北京：社会科学文献出版社，2018.12
 ISBN 978-7-5097-8780-9

Ⅰ.①中… Ⅱ.①李…②王… Ⅲ.①债券市场-研究-中国 Ⅳ.①F832.51

中国版本图书馆CIP数据核字（2018）第273411号

中国债券市场：2018

主　　编 /	李　扬　王　芳
出 版 人 /	谢寿光
项目统筹 /	恽　薇　陈　欣
责任编辑 /	陈　欣
出　　版 /	社会科学文献出版社·经济与管理分社（010）59367226 地址：北京市北三环中路甲29号院华龙大厦　邮编：100029 网址：www.ssap.com.cn
发　　行 /	市场营销中心（010）59367081　59367083
印　　装 /	三河市尚艺印装有限公司
规　　格 /	开　本：787mm×1092mm　1/16 印　张：24.75　字　数：415千字
版　　次 /	2018年12月第1版　2018年12月第1次印刷
书　　号 /	ISBN 978-7-5097-8780-9
定　　价 /	128.00元

本书如有印装质量问题，请与读者服务中心（010-59367028）联系

▲ 版权所有　翻印必究